PETITE ENCYCLOPÉDIE
HACHETTE DU VIN

© 2018, Hachette Livre (Hachette Pratique),
58, rue Jean Bleuzen - 92178 VANVES CEDEX

Direction Hachette Pratique : Catherine Talec
Responsable d'édition : Stéphane Rosa
Édition : Florine Marguin
Responsable artistique : Nicolas Beaujouan
Conception graphique : Nicole Dassonville
Réalisation intérieure : Les PAOistes
Illustrations : Bouqué et François Warzala
Fabrication : Cécile Alexandre
Responsable partenariats : Sophie Morier (smorier@hachette-livre.fr)

Dépôt légal : octobre 2018
88-5323-0
ISBN : 978-2-01-704703-2

Achevé d'imprimer en septembre 2018 par Industria Grafica Cayfosa en Espagne.

Pour l'éditeur, le principe est d'utiliser des papiers composés de fibres naturelles, renouvelables, recyclables et fabriqués à partir de bois issus de forêts qui adoptent un système d'aménagement durable. En outre, l'éditeur attend de ses fournisseurs de papier qu'ils s'inscrivent dans une démarche de certification environnementale reconnue.

PAPIER À BASE DE
FIBRES CERTIFIÉES

hachette
PRATIQUE s'engage pour l'environnement en réduisant l'empreinte carbone de ses livres. Celle de cet exemplaire est de : 3,5 kg éq. CO_2
Rendez-vous sur www.hachette-durable.fr

L'ÉCOLE
HACHETTE
DU VIN

PETITE ENCYCLOPÉDIE
HACHETTE DU VIN

hachette
VINS

SOMMAIRE

AVANT-PROPOS 6

Découvrir l'histoire du vin 9
L'Antiquité 10
Le Moyen Âge 18
Du XVIᵉ siècle à la Révolution 26
De la Révolution à nos jours .. 36

Comprendre le vin 51
Les cépages 52
Le terroir 70
Les hommes et la vigne 76
Focus : L'agriculture biologique 83
La vinification et l'élevage 84
Le millésime 102

Choisir et acheter le vin 105
Les catégories de vins 106
Les styles de vins 114
L'étiquette 120
La bouteille et les bouchons 128
Où acheter ? 136

**Servir, déguster et conserver
le vin** 149
Le service du vin 150
La dégustation 156
Focus : *Vin et santé* 162
Les accords mets et vins 164
Focus : *Le vin au restaurant* 180
La conservation 182

LES VINS DE FRANCE 191
L'Alsace 192
Le Beaujolais et le Lyonnais
.... 197
Le Bordelais 201
Focus : *Châteaux mythiques* 210

La Bourgogne 214
La Champagne 222
La Corse 230
Le Jura 234
Le Languedoc 237
Le Poitou et les Charentes .. 242
La Provence 246
Le Roussillon 251
La Savoie et le Bugey 255
Le Sud-Ouest 259
La vallée de la Loire
et le Centre 264
La vallée du Rhône 273

LES VINS D'EUROPE 281

  L'Italie 282

  L'Espagne 292

  Le Portugal 300

  L'Allemagne 306

  L'Autriche 312

  La Hongrie 317

  La Suisse 320

  La Grèce 326

  Le Maghreb 330

LES VINS
DU NOUVEAU MONDE 333

  L'Afrique du Sud 334

  Les États-Unis
  et le Canada 339

  L'Argentine 349

  Le Chili 354

  L'Australie 359

  La Nouvelle-Zélande 366

Annexes 371

Glossaire du vin 371

Glossaire des cépages 387

Chardonnay, IGP Pays d'Oc ou Côtes du Rhône ? Vous êtes face à un rayon de vins, vous ne savez pas ce que signifient ces indications, et personne n'est là pour vous informer. Une bouteille peut-elle se vendre comme un paquet de lessive ? Sauf à se rendre à la propriété, l'acheteur est confronté à des centaines de références dans le moindre point de vente.

Comment se repérer dans ces dédales et s'y reconnaître entre les multiples appellations d'origine, marques et cépages ? Quels sont les critères d'un vin de qualité, et comment l'élabore-t-on ? Comment l'apprécier à son optimum et l'accorder au mieux avec les mets ? Comment se repérer sur l'étiquette, dans les catégories réglementaires et mentions diverses, sans parler des indications valorisantes parfois mystérieuses, des labels, médailles. Comment choisir, quand la fourchette de prix s'étend de 1 à 500 €, voire davantage ? L'apprenti amateur, s'il a l'embarras du choix, est surtout dans l'embarras…

Imaginez : pour élaborer un vin, il suffit de disposer d'un sol et d'une vigne. Or cette plante s'est acclimatée sur tous les continents, et sur des territoires aussi variés que la France, la Hongrie, l'Argentine, l'Afrique du Sud ou l'Australie… Le monde du vin est aujourd'hui aussi vaste que le monde !

Une variété qui déroute le néophyte, mais qui passionne l'amateur, aussi curieux de nouveaux crus que l'amateur de livres des dernières parutions. L'occasion de dresser un état des lieux de la viticulture mondiale et un catalogue de tout ce que les vignobles des deux mondes, l'Ancien et le Nouveau, proposent de meilleur.

Sacralisé, maudit parfois, objet depuis l'Antiquité d'un vaste et fructueux commerce au long cours, signe de statut social, le vin est aussi devenu très tôt le symbole du plaisir et de la sociabilité. C'est cette fonction qu'il garde aujourd'hui, et ce livre n'a d'autre ambition que de vous fournir toutes les clés pour en tirer davantage de satisfaction et la faire partager.

Qu'est-ce qu'un arôme ?

DÉCOUVRIR L'HISTOIRE DU VIN

Si la vigne a de très vieilles racines, le vin s'imprègne de l'air du temps : ses territoires et ses caractères évoluent au fil des siècles, au gré des techniques, des rapports de force, des croyances et des passions humaines. Chaque âge a laissé ses strates. Le Néolithique découvre le vin, l'Antiquité, la notion de cru – vin de qualité lié à une origine géographique – et répand la viticulture au-delà du monde méditerranéen. Le Moyen Âge chrétien conforte l'usage culturel du vin et son image prestigieuse. Évêques, moines et seigneurs explorent des terroirs encore illustres de nos jours, tels le clos-de-vougeot, puis le développement urbain permet l'ouverture de nouvelles routes commerciales vers l'Europe du Nord.

L'époque classique améliore la garde et crée de nouveaux styles de vins, comme le champagne, le porto et les liquoreux. Au XIXe siècle, un négoce entreprenant porte au loin la renommée des grands vignobles, tandis que la science commence à percer les secrets du vin. Répertoriés et classés, les crus de prestige sont la vitrine de l'Europe, France en tête, alors que la révolution des transports favorise l'essor du « gros rouge » populaire. Puis les ravages du phylloxéra conduisent au greffage sur plants américains. Ils aggravent une période de crise qui aboutit en 1935 à l'instauration des appellations d'origine contrôlée : un édifice juridique qui lie la qualité à un terroir délimité et à des usages répertoriés.

Aujourd'hui, le vin est l'affaire d'un public éclairé. Il gagne des adeptes dans le monde entier. Mais la concurrence du Nouveau Monde suscite des débats sur la pertinence du modèle européen. Certains appellent de leurs vœux une production standardisée, vendue sous l'unique bannière de la marque. À cette approche résistent les amateurs amoureux de la diversité, qui voient dans le vin un peu d'espace et de temps enfermés dans une bouteille.

L'ANTIQUITÉ

Si le raisin peut fermenter naturellement, la culture de la vigne et la vinification demandent beaucoup de soin et supposent la sédentarité. Elles apparaissent au Néolithique, avec l'agriculture et la poterie, entre mer Noire, mer Caspienne et Méditerranée orientale il y a quelque six mille ans. La viticulture se répand durant l'Antiquité dans tout le Bassin méditerranéen. Consommé surtout par les notables, le vin est un produit à forte valeur ajoutée. Son origine importe aux consommateurs, et des crus se détachent peu à peu. Sa diffusion suit les routes commerciales et les conquêtes, se maintient grâce à la paix romaine. Dès les premiers siècles de notre ère, la viticulture a franchi la zone méditerranéenne pour s'installer en Bordelais, en Bourgogne, puis jusqu'aux coteaux de la Moselle.

Les premiers vins

Dès l'époque préhistorique, les fruits de la vigne sauvage ont constitué une ressource alimentaire, comme le prouvent des accumulations de pépins mises au jour par les chercheurs. On en a ainsi trouvé sur le site de Terra Amata, près de Nice, où homo erectus vivait il y a 400 000 ans. Ces pépins ressemblent à ceux de la première vigne cultivée et à d'autres retrouvés en Macédoine. Mais on ne saurait parler ici de viticulture. La localisation et la datation précises de la première vinification restent incertaines. Des archéologues ont décelé, dans des jarres datant de 5400 à 5000 av. J.-C. découvertes en Iran, au nord des monts Zagros, un dépôt de teinte rougeâtre et la présence d'acide tartrique, l'un des principaux composants du vin. D'autres jarres ayant contenu du vin, trouvées en Géorgie, dateraient d'environ 6 000 av. J.-C. On suppose que les premiers vins sont nés dans deux zones géographiques : d'une part, la Transcaucasie et les rives sud de la mer Caspienne (Arménie et Géorgie actuelles), connues pour la diversité et l'abondance de leurs vignes sauvages ; d'autre part, la Palestine et la Mésopotamie. Dans cette dernière région, berceau de l'écriture, on a trouvé mention du vin sur des tablettes d'argile. La bière était cependant la boisson la plus courante, en raison d'une importante production de céréales dans les plaines.

Le vin des pharaons

Les Égyptiens ont laissé des témoignages parmi les plus anciens et les plus vivants sur le vin. Des jarres de vin de Palestine ont été trouvées dans des tombes dès l'époque prédynastique. Un vin résiné et aromatisé à la fi gue a été découvert à Abydos : 4 500 L de ce breuvage étaient enterrés auprès de l'un des premiers rois égyptiens (environ 3150 av. J.-C.). Le vin a d'abord été importé. On peut admirer, sur des peintures funéraires datant de la période du Nouvel Empire (IIe millénaire), des représentations de bateaux syriens déchargeant du vin. À partir du IIIe millénaire av. J.-C., les Égyptiens le produisent eux-mêmes. Le peuple buvait surtout de la bière ; le vin était la boisson des pharaons, des fonctionnaires. Il était également offert aux dieux. Les fresques ornant les tombeaux fournissent bon nombre d'informations sur les pratiques culturales et la vinification : vendangeurs cueillant les grappes sur des treilles, fouleurs piétinant la récolte en s'arrimant à des courroies suspendues, fermentation du vin dans des jarres... Les Égyptiens ont transmis leur savoir en matière de vin aux Grecs.

NOÉ, LE PREMIER VIGNERON

À l'extrême est de la Turquie, se dresse le mont Ararat. Selon la Bible, c'est là que l'arche de Noé s'est arrêtée après le Déluge et que le patriarche, débarqué après ses animaux, s'est mis à cultiver la terre et à planter de la vigne. On notera que cette vigne de Noé est proche de la Géorgie, où ont été découverts les plus anciens pépins de vigne cultivée, et qui datent de 5 500 ans av. J.-C. environ. Les mythes fondateurs rejoindraient-ils la réalité ?

le vin casher

Les juifs orthodoxes observent l'ancienne règle selon laquelle aucun non-Juif ne peut intervenir au cours de l'élaboration du vin, qui doit être casher, c'est-à-dire pur, convenable.

Le monde judaïque

Thèmes récurrents dans l'Ancien Testament, le vin et la vigne imprègnent la culture judaïque. La vigne est un don de la Terre promise : partis explorer le pays de Canaan, « où coulent le lait et le miel », les émissaires de Moïse cueillent dans une vallée située au nord d'Hé-

bron une gigantesque grappe de raisin : « Ils arrivèrent jusqu'à la vallée d'Eshkol où ils coupèrent une branche de vigne avec une grappe de raisin qu'ils portèrent à deux au moyen d'une perche » (Ancien Testament – Nombres 13). Le vin constitue un élément fondamental de la vie sociale, religieuse et familiale. Encore aujourd'hui, il accompagne les rituels. Ainsi le Shabbat, jour de repos et de prière, et plusieurs fêtes juives commencent par la cérémonie du kiddush (« sanctification »), bénédiction psalmodiée sur une coupe de vin. Pour être festive, la consommation de vin ne saurait être débridée, et fait l'objet d'un strict contrôle rabbinique.

L'apport des Grecs

le « savoir boire » des Grecs

L'historien Thucydide écrivait au Vᵉ siècle av. J.-C. : « Les peuples méditerranéens commencèrent à sortir de la barbarie quand ils apprirent à cultiver l'olivier et la vigne ». Le vin est de fait au centre de la civilisation grecque. Sans doute léguée par des peuples venus d'Asie Mineure, la vigne, comme l'olivier, est déjà présente dans les civilisations préhelléniques de l'âge du bronze, au IIᵉ millénaire. De nombreuses mentions dans l'Iliade et l'Odyssée, écrites vers les IXᵉ et VIIIᵉ siècles avant notre ère, montrent l'importance du vin à l'époque d'Homère. On se souvient comment Ulysse, pour échapper au Cyclope, enivre cette créature monstrueuse qui ne connaît pas l'usage civilisé de ce breuvage. Platon (IVᵉ siècle av. J.-C.) donne pour cadre à l'une de ses œuvres majeures, Le Banquet, ce repas pris en commun autour du vin et entrecoupé de discours pleins d'esprit. À peu près à la même époque, le médecin Hippocrate recommande l'usage modéré de cette boisson et la conseille à des fins thérapeutiques, sans en faire une panacée.

la marque de l'origine

Vers le VIIᵉ siècle, on voit apparaître les premiers crus grecs, en liaison avec l'essor du commerce maritime. À l'époque classique sont ainsi renommés des vins produits sur les îles de la mer Égée : à Chios et à Thasos, puis à Lesbos. On cite aussi le pramnien au goût salé de l'île d'Ikaros, les vins de Cos, puis ceux de Rhodes et de Cnide, dans la mer Ionienne, ceux de Corcyre (Corfou) et de Leucade, et d'autres crus de la mer Noire.

Ces vins font l'objet d'un commerce lucratif et stratégique, dont les cités tâchent de s'assurer le monopole. Un milieu d'amateurs de vins apparaît, qui décrivent les différents crus et en comparent les mérites. Les notables des cités-États, issus de ce milieu, mettent en place toute une réglementation pour protéger l'origine et prévenir les falsifications et fraudes, ainsi que les litiges. Des amphores normalisées servent d'étalon pour vérifier la contenance des récipients lors de la vente. Leur forme diffère selon la provenance du vin, comme celle de nos bouteilles actuelles. La cité y fait parfois apposer sa marque. Les amphores de Thasos portent ainsi un sceau mentionnant l'origine, le nom du vérificateur de l'année (donc le millésime) et le nom (ou la marque) du producteur. Cépage ou « terroir » ? Quel est le principal facteur de la « bonté » du vin ? Le raisin ou le sol ? Le second prime aux yeux des Grecs. Ainsi, selon le poète philosophe Empédocle d'Agrigente (fin du Ve siècle av. J.-C.), pour les vignes, « ce ne sont pas leurs différences qui font la variété des vins, mais bien celles de la terre qui les nourrit ».

Le vin des Romains

Un symbole de statut social

En Italie, la viticulture s'est développée grâce aux colonies grecques de Grande Grèce, au sud de l'Italie et en Sicile, apparues à partir du VIIIe siècle av. J.-C., et sans doute aussi grâce aux Étrusques. Les Romains passent pour avoir vécu dans la frugalité dans les premiers siècles de la République. Ils découvrent le goût de la gastronomie et du vin grâce à l'ouverture commerciale et aux richesses apportées par leurs conquêtes, vers le IIe siècle av. J.-C. Dans une Rome enrichie, des classes de riches aristocrates et de notables s'affirment et se mettent à vivre comme les Grecs : on voit apparaître des connaisseurs soucieux de boire le meilleur, qui se font les arbitres du goût et hiérarchisent les crus. La viticulture devient un art et les agronomes romains, de Caton l'Ancien (234-149 av. J.-C.) à Varron et Columelle (Ier s. ap. J.-C.), ont dressé un inventaire des pratiques agricoles, dont une partie était héritée du monde grec. Dans son *Traité sur l'agriculture*, Caton l'Ancien conseille (selon notre terminologie) d'adapter le cépage au terroir. Columelle prône l'utilisation d'échalas, souligne l'importance du drainage, les avantages des vignobles en pente et des sols caillouteux. Il nomme des cépages, mais comme Pline l'Ancien, son contemporain, il indique que les variétés donnent des résultats différents selon les régions. Les agronomes romains ont été parmi les premiers à mettre à jour l'antagonisme entre quantité et qualité.

DIONYSOS, DIEU DU VIN

Originaire des confins orientaux du monde hellénique, c'est le dieu grec de la végétation, de la régénération, de la vigne, de l'ivresse et de la transe. Souvent représenté avec son cortège de satyres et de ménades échevelées, il faisait l'objet d'un culte à mystères, comportant des cérémonies initiatiques, et d'un culte officiel. Il est devenu à Athènes le père de la comédie et de la tragédie, car les fêtes en son honneur donnaient lieu tous les ans à des représentations théâtrales. Bacchus est le nom romain du dieu.

Des vins aromatisés

À partir d'une étude des nombreuses sources écrites et de fouilles, les archéologues André Tchernia et Jean-Pierre Brun, auteurs du Vin romain antique, ont pu décrire avec précision le goût du vin de l'époque. Les deux chercheurs ont même reconstitué chez un vigneron du Gard, au domaine des Tournelles, une vinification à l'antique. Les vins blancs très sucrés étaient les plus prisés. Comme les Grecs, les Romains les additionnaient de miel, d'épices et de plantes (fenouil, thym, résine, myrrhe, poivre, myrte...) ; ils les coupaient parfois d'eau de mer, les exposaient au soleil où ils s'oxydaient. On trouvait aussi des vins cuits, ou encore conservés dans des jarres enterrées. Le vin rouge semble avoir été moins réputé, tandis que le peuple buvait une sorte de piquette ou du vinaigre coupé d'eau.

« Crus classés » de Rome

Les crus réputés, à l'origine, sont grecs. Vers la fin du Ier siècle av. J.-C., un médecin mondain nomme dans un traité les premiers crus italiens, dont le falerne, un vin blanc. Pline l'Ancien (23-79 ap. J.-C.), auteur d'une monumentale Histoire naturelle, donne un véritable classement des vins de son temps : il recense 44 crus en Italie et dans les provinces occidentales et 21 en Méditerranée orientale, et les hiérarchise en quatre classes. Pline indique les limites du célèbre falerne et celles de son meilleur vignoble, le clos Faustinien. Il y aurait eu donc ainsi un « falerne régional » et un « falerne grand cru ». On retrouvera quelques siècles plus tard sa démarche en Europe dans les classements et les appellations d'origine. La notoriété de ces crus entraîne déjà la fraude, et le falerne devient un nom générique.

INTERDIT AUX FEMMES !

Dans les premiers siècles de Rome, le vin aurait été interdit au beau sexe. Les *pater familias* craignaient en effet que leurs épouses ne perdent le contrôle de leurs pulsions. Plusieurs auteurs rapportent des cas de femmes battues à mort par leur époux pour cette raison...

Essor de la viticulture en Europe

Sous l'impulsion des Grecs et des Romains, et localement des Phéniciens, la viticulture s'est étendue à une grande partie de l'Europe. Sur le territoire qui forme aujourd'hui la France, le premier vignoble implanté était situé à Massalia (Marseille), fondée par les Phocéens (Grecs de Phocée, cité grecque d'Asie Mineure) qui y avaient introduit la vigne près de 600 ans av. J.-C. Après la conquête romaine et la fondation de Narbonne (118 av. J.-C.), les plantations de vignes et d'oliviers s'étendent peu à peu dans toute la zone méditerranéenne.

L'édit de Domitien : la vigne, enjeu économique

Face à l'expansion du vignoble hors d'Italie, les Romains, une fois maîtres de ces territoires, ne tardent pas à prendre des mesures pour protéger leur commerce. La mesure la plus célèbre est l'édit de l'empereur Domitien (vers l'an 92 ap. J.-C.), qui ordonne l'arrachage de la moitié des vignes existantes et interdit toute plantation nouvelle dans les provinces. Une mesure protectionniste ? Les commentaires de l'époque évoquent aussi le refus de voir la vigne s'étendre aux dépens de cultures céréalières vitales. On gardera aussi à l'esprit que les citoyens romains avaient toute latitude pour planter. L'édit, qui ne fut rapporté qu'en 282 ap. J.-C., par l'empereur Probus, n'empêcha pas la vigne de se répandre vers Gaillac, en Bordelais, en Bourgogne, jusqu'à la Seine et jusqu'aux coteaux de la Picardie ou aux confins de la Germanie, sur les bords de la Moselle. Le retentissement de ces mesures montre à quel point la vigne constitue un enjeu économique et, au-delà, politique, et comment la puissance publique intervient dans les plantations, comme de nos jours.

AMPHORES ET TONNEAUX

Les amphores en terre cuite, rendues étanches à la poix, étaient bouchées au liège plâtré. Elles disparaissent au milieu du IIIᵉ siècle ap. J.-C, remplacées par le tonneau dont l'origine reste incertaine (gauloise ? étrusque ?). Un récipient plus facile à manier.

EN RÉSUMÉ

• La vigne, avec le blé et l'olivier, est l'un des piliers de l'agriculture méditerranéenne. Elle s'est probablement diffusée à partir d'une aire située dans les actuelles Géorgie et Arménie, entre 7 000 et 5 000 av. J.-C. Elle se répand dans le Moyen-Orient, en Mésopotamie, en Palestine et en Égypte. La vigne est la plante la plus fréquemment nommée dans la Bible, et Noé est le « premier vigneron ».

• Le vin se diffuse en Grèce dès l'âge du bronze. Vin sacré de Dionysos, vin social du banquet, il est au centre de la civilisation hellène et fait l'objet d'un commerce maritime actif et contrôlé par les cités, qui font marquer les amphores. Des crus célèbres apparaissent, écoulés au loin. Les colonies grecques diffusent l'usage du vin en Méditerranée occidentale, en Italie et en Gaule, à Marseille.

• Devenue « pays du vin », l'Italie commercialise ses crus et popularise cette boisson. Grâce à ses conquêtes, la culture de la vigne se répand en Gaule. Elle atteint les coteaux de Moselle à la fin de l'Empire.

LE MOYEN ÂGE

La vigne est aussi un héritage de la chrétienté. Après les grandes invasions, la viticulture s'est rétablie et propagée jusque dans les régions les plus reculées et les plus septentrionales d'Europe. Nécessaire à la liturgie, le vin a également gardé l'image prestigieuse qu'il avait à l'époque romaine. Les évêques et les abbés entourent de vignobles leurs cités et leurs monastères, les seigneurs laïcs font planter autour de leur château. Avec le renouveau commercial du XIe siècle, la production et le commerce du vin deviennent aussi l'affaire des villes et de leurs notables.

Les vignes des clercs

Devenu religion officielle de l'Empire romain en 380 et adoptée après sa chute par de nombreux princes germains comme Clovis, le christianisme a été le grand propagateur de la vigne loin des rives de la Méditerranée. Le vin occupe une place centrale dans la liturgie chrétienne. Commémoration de la Cène, dernier repas pris par le Christ avec ses apôtres avant sa mort sur la croix, la messe fait communier les fidèles – sous les deux espèces (pain et vin) jusqu'au XIIe siècle. Sang du Christ selon les Évangiles, le vin est présent à chaque office divin.

La culture de la vigne est aussi une question de prestige. À la suite des élites de l'empire romain, celles du haut Moyen Âge entendent planter. Le vin constitue plus que jamais une importante source de revenus. Les pratiques d'hospitalité entrent aussi en jeu.

LE CLOS DE VOUGEOT

Les moines de l'abbaye de Cîteaux, fondée en 1098, se sont vu progressivement confier l'entretien du vignoble situé entre Échezeaux et Musigny, en Bourgogne. Ce vignoble délimité par des murets de pierre, et devenu le Clos de Vougeot, s'étend en pente douce de la côte à la plaine sur quelque 50 ha. Soigné par les moines pendant près de sept siècles, il est devenu l'un des crus les plus renommés de Bourgogne. De nos jours, 80 propriétaires se partagent le Clos.

Évêques et chanoines

Après la disparition de l'administration romaine, l'évêque – souvent issu de familles aristocratiques – devient le premier personnage de la cité et le défenseur de ses intérêts. Il a été ainsi le premier viticulteur jusqu'à la fin du Moyen Âge. Toute une série d'évêques – d'ailleurs canonisés – sont à l'origine de vignobles qui ont traversé les âges. Saint Martin, à Tours, au IVe siècle ; puis au VIIe siècle, Didier, à Cahors, et Nivard, à Épernay et Hautvillers. Quant à l'archevêque de Bordeaux, il fait de Pessac l'un de ses vignobles, appelé lui aussi à un bel avenir. Au IXe siècle, l'évêque s'entoure d'un collège de chanoines. Ces clercs mettent eux aussi en valeur des vignobles aux abords des cités épiscopales et dans des villes plus petites, autour des collégiales. Évêques de Rome, les papes, qui ont installé leur siège en Avignon au XIVe siècle, lèguent à cette région de la vallée du Rhône le vignoble de Châteauneuf, encore modeste de leur temps.

Les vignes des moines

Les moines bénédictins puis ceux de l'ordre de Cîteaux plantent, et pour les mêmes raisons : production de vin de messe, commercialisation des surplus, devoir d'hospitalité. Le vin est offert aux pèlerins et aux personnages de haut rang – dont on espère des donations. Au XIIe siècle encore, les moines n'hésitent pas à cultiver des terres jugées aujourd'hui impropres à la viticulture, en Normandie, en Angleterre et en Flandres. Ces plantations ont été abandonnées à la fin du Moyen-Âge, mais de nombreux vignobles prestigieux qui perdurent aujourd'hui sont de fondation monastique : en Bourgogne, le Clos de Vougeot, le vignoble de Montrachet, pour citer les plus connus en Côte d'Or. Autres créations des moines, Sancerre, Pouilly et Bourgueil dans la Loire, Madiran dans les Pyrénées, Château-Chalon dans le Jura, Marcillac en Aveyron, Eberbach en Allemagne, Tokay en Hongrie. Si les crus d'origine monastiques sont nombreux en France, ils ont été sécularisés à la Révolution. Experts des sols, dont ils connaissent de façon empirique la nature, les moines tiennent compte de l'environnement avant de planter la vigne. Au fil des siècles, ils se transmettent leur savoir-faire. Au Clos de Vougeot, la légende veut qu'ils goûtaient la terre. Les terroirs qu'ils ont circonscrits selon des critères géologiques (les parcelles « Perrières » et « Grèves ») et liés à la végétation (« Genevrières » et « Charmes ») existent toujours, et leurs délimitations n'ont sans doute guère varié.

Le vin et l'Islam

Tandis qu'au Moyen Âge, la viticulture s'étendait en Europe, les conquêtes de l'Islam, à partir du VIIe siècle, ont freiné son essor dans les régions soumises

HAUTVILLERS, BERCEAU DU CHAMPAGNE

Vers l'an 650, l'archevêque de Reims, Nivard, aurait eu, au cours d'un voyage dans la région, une vision prophétique lui révélant le site d'un futur monastère. Dès lors, il ordonna la construction de l'abbaye bénédictine Saint-Pierre d'Hautvillers. Dom Pérignon allait officier dans ses chais un millénaire plus tard.

à son empire. Pour le Coran, le vin, qui coule en ruisseaux au Paradis, n'a pas sa place ici-bas. Nuisant à la santé physique, mentale ou spirituelle, les produits enivrants sont bannis. Cette interdiction prêta à débats : était-elle absolue ou portait-elle simplement sur l'ivresse ? Les interprétations les plus rigoristes l'ont généralement emporté. Du vivant de Mahomet, celui qui se risquait à boire du vin encourait quarante coups de fouet. Pourtant, des vignobles se sont maintenus dans le monde musulman. L'élaboration et le commerce du vin étaient aux mains des juifs et des chrétiens. Par ailleurs des personnages de haut rang n'hésitèrent pas à transgresser l'interdit, et il existe en Orient toute une tradition poétique de célébration du vin, d'Abû Nuwâs à Omar Khayyam. Mais la culture du vin a bel et bien pâli, notamment dans ce Moyen-Orient berceau de la viticulture.

Viticulture seigneuriale et princière

Dans la société aristocratique du haut Moyen Âge, ne pas servir largement du vin à un hôte est une manière de manquer à l'honneur (de cette pratique dérive l'expression de « vin d'honneur »). La faveur suprême consiste à servir des vins blancs doux venus des rivages méditerranéens. La rareté de ces crus a encouragé le développement en France d'une viticulture seigneuriale de qualité.

À la suite de Charlemagne (742-814), qui fait planter de la vigne dans ses domaines et impose des redevances en vin aux villae (fermes) du royaume, les rois de France, créent des vignobles, imités par les seigneurs laïcs. Les « Grands » ont parfois marqué de leur empreinte la viticulture de leur région. Ainsi, en 1395, une ordonnance célèbre de Philippe le Hardi, duc de Bourgogne, bannit le gamay de la province pour promouvoir le pinot noir, cépage préféré par les notables car plus qualitatif. Ce « noirien » fait toujours la réputation de la région. Seuls les seigneurs (laïcs ou ecclésiastiques) avaient la puissance suffisante pour faire installer les équipements nécessaire à la vinification, en premier lieu le pressoir. Ils en retiraient des privilèges qui se sont maintenus, quoiqu'affaiblis, jusqu'à la Révolution.

Privilèges

En vertu du droit de banvin, le seigneur est le seul à pouvoir vendre du vin, au moins pendant une partie de l'année. Il se réserve le droit d'écouler ses cuvées avant les autres producteurs. En réalité, il autorise la vente du vin sur ses terres, moyennant le prélèvement d'un impôt sur cette vente (appelé aussi « banvin »). Autre privilège, le pressoir banal : le seigneur s'attribue, dès le XIe siècle, le monopole d'installations dites banales, comme le pressoir et le moulin, que les paysans sont tenus d'utiliser contre une redevance.

Le droit de complant

Institué dès l'époque carolingienne, le contrat de complant définit les relations entre un propriétaire terrien et le vigneron chargé de cultiver son vignoble. Le paysan dispose de cinq ans pour effectuer tous les travaux préalables à la mise en valeur, du défrichage à la plantation. Au terme de ce délai, la vigne est partagée entre le propriétaire et le cultivateur. En échange de son travail, ce dernier reçoit sa part en toute propriété, à condition de respecter les clauses du contrat portant sur le bon entretien des vignes. L'autre moitié lui est louée moyennant une redevance annuelle. Le contrat de complant, surtout pratiqué à quelque distance des villes, a contribué au développement d'une viticulture populaire.

DROIT DE BAN

Ban : ce mot d'origine germanique désigne à la fois le territoire sur lequel s'exerce le pouvoir du seigneur, son pouvoir et une proclamation publique. En matière de vendanges, le ban est l'autorisation de récolte, prérogative du seigneur, souvent cédée aux villes au fil du temps. Aboli à la Révolution, le ban des vendanges s'est pourtant maintenu. Il correspond aujourd'hui... à un arrêté préfectoral, pris après consultation des organisations professionnelles et de l'INAO (Institut national de l'origine et de la qualité). La qualité de la récolte en est la raison d'être : il s'agit de s'assurer que le raisin est bien mûr. Il tend à devenir moins rigide, laissant plus de latitude aux producteurs.

LE XIIIᵉ SIÈCLE PRÉFÈRE LES BLANCS

Fabliau écrit vers 1226, La Bataille des vins donne un témoignage sur les vins consommés dans le royaume de France au début du XIIIᵉ siècle. Il met en scène une dégustation ordonnée par le roi Philippe Auguste ; un prêtre anglais les goûte, excommunie les piquettes. Véritable classement des crus de l'époque, le document montre une préférence pour les vins blancs, seuls retenus. Majoritaires à l'époque, ils sont très appréciés dans les pays du Nord. Le vainqueur est le vin de Chypre, un vin doux, suivi d'un vin d'Italie. Ce classement privilégie les vins du Nord de la France (Bassin parisien, Champagne, Orléanais, Auxerrois), puis de Normandie, d'Aunis et de Saintonge. Le Bordelais est mentionné (Saint-Émilion) mais peu présent.

Essor commercial et urbain

À partir de la fin du IIIe siècle et pendant les premiers siècles du Moyen Âge, le grand commerce avait été paralysé par les invasions successives qui provoquèrent et suivirent la chute de l'Empire romain : après les Germains, les Normands, sans parler des incursions sarrazines. L'effondrement de la puissance étatique, le morcellement territorial, la violence et le brigandage liés aux premiers développements de la féodalité jouaient contre les marchands. À compter du XIe siècle, cette tendance s'inverse et les échanges s'accroissent, en particulier par voie fluviale et maritime. Une viticulture commerciale se développe alors. Au Moyen Âge, le vin est par excellence la denrée d'exportation. Les villes, en plein essor, obtiennent franchises et privilèges, dévolus à l'origine aux seuls seigneurs. Elles développent une viticulture au profit de leurs notables.

Le marché d'Europe du Nord

Des progrès techniques améliorent la navigation en haute mer, avec l'apparition au XIIIe siècle de gros navires et du gouvernail d'étambot. Villes et bourgs situés à proximité des voies de circulation bénéficient directement des échanges. Ce renouveau commercial suscite un nouveau patriciat urbain qui apprécie le vin, notamment en Flandres et en Europe du Nord. Les vins de « France » (Bassin parisien, Champagne), de Basse Bourgogne transitent par Rouen. La Rochelle, fondée au XIIe siècle, développe avant Bordeaux un vignoble très prospère dans son arrière-pays. Au Moyen Âge, les villes voisines des fleuves profitent d'autant plus de ce commerce qu'elles s'affranchissent et se voient accorder par les rois de France et d'Angleterre des privilèges particuliers.

L'ascension de Bordeaux

La ville de Bordeaux, son port et son vignoble comptent au nombre des grands bénéficiaires du développement commercial au Moyen Âge, grâce aux liens particuliers qui se sont noués entre l'Aquitaine et l'Angleterre. Au milieu du XIIe siècle, Aliénor, duchesse d'Aquitaine, épouse Henri, duc de Normandie et comte d'Anjou, qui monte peu après sur le trône d'Angleterre. Les Bordelais ont tiré profit de cette position pour obtenir des exemptions de taxes. Après la prise de La Rochelle par les troupes françaises en 1224, leur vignoble supplante son rival charentais dans le commerce avec l'Angleterre.

En 1241, les Bordelais obtiennent en outre de la couronne le privilège de commercialiser leurs vins avant ceux du haut pays (en provenance des vignobles situés en amont sur la Garonne et dans la vallée du Tarn, du Lot), contraints d'attendre la fin de l'automne pour écouler les leurs. Un avantage compétitif certain à une époque où les vins se conservent rarement plus d'un an et où l'essentiel des transactions suivent immédiatement les vendanges. Quant aux négociants étrangers, ils ne peuvent traiter qu'avec les Bordelais. Autre mesure discriminatoire, une barrique de forme différente signalait les vins du haut pays. Ce « privilège de Bordeaux », maintenu par les rois de France après la guerre de Cent Ans, n'est aboli qu'en 1776.

À la fin du Moyen Âge, les vignobles couvrent une grande partie du territoire français mais ils périclitent dans les régions les plus septentrionales. On commence à trouver mention des cépages « vedettes » de chaque région : pinot en Bourgogne, chenin dans la vallée de la Loire, cabernet de l'Aquitaine à la Touraine, riesling, muscat, pinots et traminer en Alsace. Si une viticulture commerciale s'est affirmée, la polyculture demeure un principe essentiel de survie.

LE TONNEAU, UNITÉ DE MESURE

Le tonneau est devenu l'unité internationale pour évaluer la jauge d'un navire. Un terme qui laisse deviner la part du vin dans le commerce au long cours de l'époque. La capacité d'un tonneau est de 900 l, ce qui équivaut à quatre barriques bordelaises. Au Moyen Âge, un gros navire transportait plus de 100 tonneaux.

EN RÉSUMÉ

• Après la chute de l'Empire romain, l'Église assure la pérennité de la viticulture et sa propagation jusque dans les zones les plus septentrionales de l'Europe. Le vin occupe une place centrale dans la liturgie. Il a gardé aussi son image prestigieuse et tout personnage de haut rang, clerc ou laïc, se doit d'entretenir un vignoble. Ces puissants jouissent de privilèges, notamment pour vendre leurs vins.

• Des vignes seigneuriales ou ecclésiastiques sont le berceau de nombreux crus actuels. Institutions stables et puissantes, les abbayes accumulent les possessions foncières et transmettent de génération en génération un savoir-faire empirique mais précis sur les sols et les vinifications.

• Avec le renouveau commercial du XIe siècle, les élites urbaines participent à l'extension du vignoble. Les villes en plein essor obtiennent à leur tour des privilèges pour écouler leurs vins. Bordeaux commence à s'affirmer au XIIIe siècle. Une viticulture commerciale se développe, à destination de l'Europe du Nord.

DU XVIᴱ SIÈCLE À LA RÉVOLUTION

C'est durant cette période assez récente qu'apparaissent de nombreux vignobles européens considérés aujourd'hui comme traditionnels. Le marché d'Europe du Nord, qui reste le principal débouché des vignobles commerciaux, suscite l'essor de nouvelles régions viticoles et l'apparition de styles de vins inconnus jusqu'alors : des vins généreux, liquoreux comme le sauternes ou mutés à l'alcool comme le porto ; des eaux-de-vie de vin ; ou encore le champagne, dont la fortune débute à la fin du XVIIᵉ siècle. À la suite de trois innovations majeures, le soufrage des barriques, les bouteilles en verre et le bouchage en liège, les conditions sont réunies pour que sortent des chais des vins de garde.

Un goût pour les doux

À côté des Anglais, les négociants hollandais sont très actifs à partir du XVIᵉ siècle. Avec leur puissante marine, ils dominent les transactions internationales. Ils s'approvisionnent en France, en Espagne et au Portugal, comme les Britanniques. Les négociants du Nord de l'Europe s'efforcent d'obtenir des vins de bonne conservation, aptes aux voyages au long cours. En France, les Hollandais encouragent au XVIIᵉ siècle la plantation dans leur zone de prospection de cépages blancs pour élaborer des vins doux (voir page 91). Ces vins forts en alcool se gardent bien, pourvu qu'ils soient suffisamment acides, et leur clientèle en est friande.

En France : liquoreux et eaux-de-vie

Moelleux et liquoreux se répandent alors en Anjou, dans la vallée du Layon, et dans tout le Sud-Ouest, autour de Jurançon, de Monbazillac et de Sauternes, où le château d'Yquem est une valeur sûre dès le XVIIIe siècle. Ces régions fournissent aujourd'hui encore des vins liquoreux parmi les plus réputés de France. Les marchands hollandais apprécient aussi l'eau-de-vie pour les mêmes raisons : elle se conserve bien ; en outre, elle occupe moins d'espace que le vin dans les navires. C'est encore pour répondre à leur demande que les pays charentais et gascon se sont couverts d'alambics. Voilà l'origine du cognac et de l'armagnac qui demeurent, encore aujourd'hui, largement des produits d'exportation.

les liquoreux de l'Est : Allemagne et Hongrie

Les vignobles germaniques (allemands et alsaciens), qui tenaient au XVIe siècle le haut du pavé en Europe du Nord, renaissent après une longue éclipse causée par la guerre de Trente Ans (1618-1648). Les princes laïcs et ec-clésiastiques plantent le plus souvent du riesling dans les vallées de la Moselle, du Rhin et de leurs affluents. Les producteurs découvrent les vertus de la pourriture noble (voir page 92). En Hongrie, le tokay acquiert ses lettres de noblesse au XVIIe siècle. Les collines de Tokaji Hegyalja sont mises en valeur par la noble famille des Rakoczi à partir de 1617. Le mode de vinification en a été réglementé dès 1630, et l'appellation est l'une des premières au monde à avoir été juridiquement protégée, par un décret royal de 1737. Un classement des vins par crus est intervenu en 1772.

Progrès dans les chais

Le vin médiéval perdait toute valeur l'année suivant les vendanges. L'une des raisons tenait au mauvais entretien des fûtailles. Acheteurs de vin, les Hollandais ont également diffusé des pratiques visant à améliorer sa conservation, tel l'usage du soufrage des barriques : brûler dans des fûts préalablement rincés, avant remplissage, une mèche trempée dans du soufre (« allumette hollandaise ») stérilise les contenants.

D'autres procédés se répandent, comme l'ouillage : en veillant à ce que le tonneau reste toujours plein (en ajoutant du vin à travers la bonde), on évite l'oxydation précoce. D'autres progrès concernent la clarification, par soutirage et collage au blanc d'œuf (voir page 96). Enfin, le négoce encourage les assemblages, qui associent des raisins (ou des vins) d'origines différentes pour obtenir le résultat souhaité : il s'agit d'obtenir une qualité régulière. Certaines voix ont reproché aux négociants hollandais de frelater les vins. Il est vrai que les commerçants d'alors ne rechignent pas à mélanger des vins d'origines et de qualités très diverses, et notamment à recourir à des « vins médecins » pour rendre de la vigueur à des vins faiblards. Des « coupages » jugés inacceptables de nos jours pour les vins de qualité.

La révolution de la bouteille

La bouteille moderne, destinée à la cave, n'est pas antérieure au XVIIe siècle. Elle n'a rien à voir, par son usage, avec celles fabriquées à Venise à partir de la fin du Moyen Âge. Ces dernières participaient de l'art de la table. Ne pouvant ni

VENDANGES TARDIVES

La légende a cours dans tous les vignobles de liquoreux. Le maître est en retard pour les vendanges, les raisins s'altèrent, deviennent brunâtres et se ratatinent, l'intendant s'inquiète, la récolte semble perdue... Le seigneur arrive, on vinifie en désespoir de cause, et miracle ! Un nectar suave s'écoule du tonneau. La version la plus ancienne de cette histoire remonte au XVIIe siècle : des menaces d'invasions turques auraient fait retarder les vendanges jusqu'à l'hiver dans les vignes de Tokaj des Rakoczi. Au siècle suivant, on raconte une anecdote similaire au sujet du Château Yquem dans le Sauternais et du SchlossJohannisberg dans le Rheingau.

se boucher, ni tenir debout, elles s'apparentaient à la verrerie produite dans l'Antiquité. La bouteille hermétique des temps modernes a enfin permis au vin de vieillir. Mieux encore : d'acquérir des caractères gustatifs insoupçonnés avec le temps (voir page 132). La découverte de la bouteille renouvellera à terme l'intérêt des amateurs pour le vin. Mais au XVIIe siècle, ce contenant répond d'abord aux besoins des négociants qui recherchent une conservation optimale de leurs produits, surtout lorsqu'il s'agit d'un coûteux nectar. Le contenu d'un fût mis en perce doit être rapidement vendu, faute de quoi il s'oxyde. C'est l'Angleterre qui développe une production en série de bouteilles en verre épais pour son négoce. Dès 1620, le charbon est employé comme combustible : il chauffe plus que le bois et donne un verre sombre et très résistant. La France s'en tient au bois jusqu'au XVIIIe siècle. Les bouteilles, qui ont d'abord la forme d'un oignon aplati, deviennent cylindriques, ce qui permet de les conserver couchées et facilite leur transport. Le succès du champagne est directement lié à l'emploi des bouteilles de verre. Hors des vignobles producteurs de vins de prestige (Champagne, Bordelais, Bourgogne) cependant, les vins restent souvent commercialisés en vrac jusqu'à la seconde moitié du XXe siècle. À la même époque, les Anglais retrouvent l'usage du liège, perdu depuis l'Antiquité, pour obturer les bouteilles. Étanche et d'une grande élasticité (voir page 134), ce matériau remplace avantageusement le bois, le chanvre enduit de suif et le cachetage à la cire.

LE TIRE-BOUCHON

Les premiers tire-bouchons apparaissent en même temps que les bouteilles et les bouchons, au XVIIe siècle. À l'origine, ce sont des instruments rudimentaires, simples mèches montées sur une tige terminée par une poignée, qui demandent beaucoup de force. Aux siècles suivants, divers mécanismes permettent de réduire l'effort demandé pour l'extraction du bouchon. Jusqu'au XIXe siècle, les tirebouchons sont fabriqués par des artisans orfèvres ou des forgerons. Le prestige du vin de garde a suscité un artisanat raffiné. Un musée du tire-bouchon se visite à Ménerbes, dans le Luberon.

Les nouveaux crus bordelais

Soumis à la concurrence d'autres pays méditerranéens, le Bordelais choisit la qualité. Si la notoriété du vignoble était liée au Moyen Âge à ses relations privilégiées avec l'Angleterre, elle lui vient désormais de ses châteaux. Le pionnier ? Haut-Brion à Pessac, vignoble suburbain : un cru mentionné à Londres dès 1633. Arnaud de Pontac, président du Parlement de Bordeaux et propriétaire de ce vignoble sur graves entré dans sa famille au début du XVIe siècle, ouvre à Londres un établissement haut de gamme, Pontac's Head, fréquenté par les notables et des lettrés, comme Daniel Defoe, Jonathan Swift et John Locke. Ce dernier va jusqu'à visiter la propriété, pour découvrir les sols qui peuvent donner naissance à ce vin si particulier. Arnaud de Pontac exploite aussi des vignes du côté de Saint-Estèphe, dans le Médoc. Au Moyen Âge, la rive gauche de la Gironde n'était qu'une lande désolée et mal drainée. Les Bordelais, longtemps opposés à la plantation de ces terres situées en aval de leur port, s'intéressent désormais à leur mise en valeur. À partir du XVIIe siècle, la noblesse de robe et les négociants bordelais ou étrangers implantent des domaines sur les meilleurs terroirs de graves. Le mouvement s'accentue au siècle suivant, grâce à l'enrichissement créé par le commerce colonial. Bordeaux s'embellit, et le Médoc commence à se couvrir de châteaux. Les new French clarets sont plus denses que les vins du Moyen Âge.

Partie prenante de ce développement, les négociants des pays du Nord s'installent dans le port de Bordeaux, sur le quai des Chartrons, hors les murs. Ils sont à l'origine de dynasties qui géreront des maisons et acquerront des châteaux. Parmi eux, les Irlandais Thomas Barton et John Lynch, l'Écossais William Johnston, les Allemands Jacques Schröder et Jean-Marie Schÿler.

L'invention du champagne

Avant les bulles

Autrefois confondus avec les « vins de France » (du Bassin parisien), les vins de Champagne ne prennent le nom de leur région qu'à l'orée du XVIIe siècle. Il s'agit alors de vins tranquilles, souvent clairets ou gris, « œil de perdrix ». Le plus souvent, ils portent le nom d'un lieu-dit ou d'un village. La plupart de cette production est en général peu appréciée. Cependant, dès le XVIe siècle, les crus d'Aÿ, de Sillery et de Bouzy, dans la Montagne de Reims, étaient connus à la Cour, grâce à leurs vins de pinot noir. Il aura fallu trois siècles, de 1600 à 1900 environ, pour perfectionner la méthode champenoise (voir page 93). Il a fallu contrôler l'effervescence, concevoir la double fermentation, mettre au point une bouteille spéciale, pouvant supporter une pression de 6 kg, ainsi que de multiples opérations telles que le remuage et le dégorgement.

Dom Pérignon, « père du champagne » ?

Dom Pérignon (1638-1715) est, selon la tradition, le « père du champagne ». Cellérier (intendant) de l'abbaye d'Hautvillers, dans la vallée de la Marne, le moine bénédictin, contemporain de Louis XIV, a régné sur les caves et sur le vignoble du monastère presque aussi longtemps que le Roi-Soleil sur la France, de 1668 à sa mort. Mais ce n'est qu'après sa disparition que le champagne s'est imposé. En réalité, le moine n'aurait pas recherché l'effervescence, mais plutôt combattu cette mousse qui témoignait d'un nouveau départ de fermentation, provoqué par la présence de sucres résiduels : dans cette région septentrionale, les levures se mettaient facilement en sommeil avec les premiers frimas, sans avoir terminé leur travail de transformation des sucres en alcool ; la fermentation repartait au printemps, faisant mousser les vins.

La contribution du moine bénédictin à la naissance du champagne est pourtant réelle, grâce à ses innovations en matière de vinification. Ses efforts ont porté sur la qualité de la vendange : les raisins, cueillis de préférence le matin, ne seront pas écrasés, pour éviter que la peau ne colore les jus, et seront pressés sitôt la récolte. Une rupture avec la tradition puisque, jusqu'alors le raisin était foulé et faisait l'objet d'une macération. Le soutirage, perfectionné, permet une meilleure clarification : on emploie un soufflet et un boyau reliant le tonneau plein au tonneau vide, alors qu'auparavant, il fallait le transvaser à plusieurs reprises. Dom Pérignon innove également en assemblant plusieurs récoltes d'origines diverses avant de les presser (aujourd'hui, ce sont les vins que l'on assemble). L'assemblage reste encore la clé des champagnes réussis.

Le rôle des Anglais

C'est en Angleterre que le vin effervescent semble avoir trouvé ses premiers amateurs. On le mentionne dès le début des années 1660, alors qu'il faut attendre en France le tournant du siècle. Quand les jus étaient gardés en fût, ils laissaient échapper l'effervescence, tandis que celle-ci restait enfermée si le vin était conservé en bouteilles. La mise en bouteilles étant plus répandue en Angleterre qu'en France, les négociants anglais s'attachent à favoriser et à contrôler cette effervescence. Dès 1662, on découvre que l'ajout de sucre dans le vin garantit la reprise de la fermentation en bouteille. Les flacons anglais offrent aussi, dès cette époque, la résistance nécessaire pour supporter la pression du gaz carbonique.

les premières maisons

En France, le vin effervescent devient furieusement à la mode sous la Régence, période de frivolité après la sombre fin du règne de Louis XIV, mort en 1715. Pour l'aristocratie, il devient le compagnon obligé de la fête. Le transport du vin en bouteilles, autorisé en 1728, permet la création à Reims ou à Épernay des premières maisons de champagne par des banquiers ou des marchands drapiers – les plus gros négociants de l'époque. Après Ruinart, (1729), sont fondées Moët (1843), Delamotte (1765) et Clicquot (1772). Ces puissantes affaires investissent dans l'élaboration des vins,

qui demande des capitaux considérables. La clientèle ? La Cour, la noblesse et la plus riche bourgeoisie. Si le peuple urbain boit davantage de vin – comme le montre l'essor des guinguettes autour de Paris –, il ne fera guère sauter le bouchon avant le XXe siècle. En effet, le processus d'élaboration reste artisanal et hasardeux, et par conséquent très coûteux. Ainsi, les levures accumulées lors de la deuxième fermentation en bouteilles sont éliminées par de laborieux décantages successifs. Et l'explosion des flacons sous la pression du gaz carbonique est si fréquente qu'il faut se protéger d'un masque en entrant dans les caves ! Il faudra attendre la découverte en 1836, par un pharmacien de Châlonssur-Marne, d'un procédé visant à calculer le taux de sucre restant après la première fermentation pour mieux contrôler la prise de mousse.

Les crus bourguignons

À la différence de Bordeaux, la Bourgogne, éloignée du commerce maritime, exporte peu ses vins après le Moyen Âge, sauf en Flandre – longtemps rattachée au duché. Le vignoble est beaucoup plus étendu que de nos jours dans la région d'Auxerre et au nord de Dijon. Prolongement au sud de la Bourgogne, le Beaujolais et les monts du Lyonnais se couvrent de vignes aux XVIIe et XVIIIe siècles. On plante du gamay, comme dans le Mâconnais voisin, et même dans certaines plaines de la Côte-d'Or. Certains crus sont déjà réputés : Volnay, Chambertin et quelques clos (Tart, Vougeot, Romanée, Bèze, etc.). À l'exception du volnay, ce sont surtout des rouges de la Côte de Nuits, peut-être grâce à l'ordonnance de Fagon, médecin de Louis XIV, qui lui prescrit du vieux « nuits ». Quant à la Côte de Beaune, au sud, elle commence à miser sur les blancs. L'ensemble des vignobles de la Côte-d'Or bénéficie de l'amélioration des transports au milieu du XVIIIe siècle. Les premiers négociants-éleveurs s'installent à Beaune : Champy (1720), puis Bouchard père et fils (1731). La noblesse et la haute bourgeoisie dijonnaise prennent le relais à la tête des domaines des monastères en déclin.

La naissance du porto

Entre la fin du XVIIe siècle et le XVIIIe siècle naissent au Portugal un vignoble et un type de vin muté à l'eau-de-vie (voir page 95). Le porto doit beaucoup aux Anglais et son essor souligne le rôle de la géopolitique, des alliances et des conflits dans le marché du vin. Au XVIIe siècle, la France et l'Angleterre se font régulièrement la guerre, et les échanges entre les deux pays en pâtissent. Colbert décide-t-il de taxer les produits anglais ? Les Anglais commencent à importer du vin de Porto. Lorsque la guerre éclate en 1678, un blocus frappe les ports français. Les négociants anglais explorent alors le Nord du Portugal, pays allié, et commencent à acheter en masse des vins de Porto, que le traité de Methuen (1703) favorise sur le plan douanier. Durant les trois premières décennies du XVIIIe siècle, ils encouragent l'implantation d'un vignoble dans la vallée du Douro. Cette région est l'une des premières à bénéficier d'une aire géographique officiellement reconnue – l'esquisse d'une appellation d'origine. En effet, pour lutter contre le laxisme, la fraude et l'effondrement des prix, le premier ministre portugais fait délimiter le terroir.

Viticulture du Nouveau Monde

Après les Grandes Découvertes, les Européens ont créé une viticulture dans leurs colonies : plantations des jésuites ou des franciscains aux Amériques, des huguenots français en Afrique du Sud... Embryon des vignobles du Nouveau Monde, cette viticulture d'origine religieuse ne rivalise pas encore avec celle de l'Ancien Monde et son essor est parfois freiné par les métropoles.

AUTRES VINS D'INSPIRATION ANGLAISE

Le négoce anglais a favorisé l'ascension d'autres vignobles, à l'origine de vins puissants, souvent mutés (voir page 95). En Espagne, celui de Malaga et de Jerez, en Italie, celui de Marsala. Produit à la jonction entre la Méditerranée et l'océan Atlantique, le xérès, appelé jerez en Espagne et sherry en Angleterre, est exporté depuis la fin du XVe siècle. Le madère, vin de longue garde né au large de l'Afrique, se développe aussi en liaison avec l'ouverture des routes maritimes.

LES CARNETS DE THOMAS JEFFERSON

Ambassadeur des États-Unis en France avant d'en devenir le président, Thomas Jefferson profite de son séjour en Europe en 1787 pour en visiter les vignobles. Grand amateur de vins, il souhaite développer la viticulture en Amérique. Ses observations sont celles d'un agronome. Il note ainsi, dans le Bordelais : « Le sol du Haut-Brion, en particulier, que j'ai examiné, est fait de sable avec une quantité quasi égale de gravillons ou cailloutis, et très peu de terre végétale ». Thomas Jefferson distingue, en plus de Haut-Brion, trois vignobles de « première qualité » : Latour, Margaux et Lafite. Son classement des vins préfigure celui de 1855. Il classe aussi les grands crus par millésime (« Margaux 1784, meilleur millésime en neuf ans »).

EN RÉSUMÉ

• Aux XVIIe et XVIIIe siècles, l'Europe s'est enrichie de nouveaux styles de vins, tels que les vins liquoreux issus de pourriture noble, le champagne effervescent, le porto. En rouge, les vins se font plus concentrés, pouvant ainsi être destinés à la garde. Ces produits sont principalement réservés aux privilégiés et aux marchés internationaux.

• Des maisons de négoce qui existent encore aujourd'hui voient le jour en Champagne, en Bordelais et en Bourgogne. Les négociants viennent non seulement de France, mais aussi d'Europe du Nord (Allemagne, Angleterre, Irlande...). De grands propriétaires bordelais font aménager et drainer le Médoc, qui porte désormais de prestigieux vignobles.

• Les progrès de la vinification et de l'élevage, l'invention de la bouteille en verre épais et l'usage du bouchon de liège permettent enfin le vieillissement des vins, aussi bien dans les chais que dans les caves des particuliers. Les amateurs pourront à terme apprécier toute la subtilité des vins vieux.

DE LA RÉVOLUTION À NOS JOURS

Le vignoble français connaît une période faste au milieu du XIXe siècle. Vitrine du pays, il engendre des crus de prestige, portés au loin grâce à un négoce entreprenant et à une politique libre-échangiste. Il abreuve désormais largement le peuple, même dans les régions non viticoles, grâce au développement d'une production de masse. Puis il manque de disparaître sous les attaques répétées de parasites, dont le redoutable phylloxéra. Pénurie, fraude, puis surproduction, baisse de qualité, la crise s'installe. C'est alors que les pouvoirs publics, à partir du XXe siècle, encadrent peu à peu la production, dans un contexte plus dirigiste. Ils donnent une définition légale du vin et instituent les appellations d'origine contrôlée, adoptées ensuite par l'Europe. Depuis les deux dernières décennies du XXe siècle, de nouveaux continents viticoles s'offrent à l'amateur. Un défi pour les producteurs d'Europe.

Les deux révolutions

Deux révolutions impriment leur marque sur la viticulture : la Révolution française, suivie au XIXe siècle de la révolution des transports.

Révolution française et libéralisme économique

La chute de l'Ancien Régime a eu pour conséquence le transfert des derniers vignobles ecclésiastiques aux laïcs. Déclarées biens nationaux, les terres d'Église sont vendues aux enchères. Les notables se mettent sur les rangs, notamment en Bourgogne.

Autre conséquence de la Révolution, le triomphe du libéralisme économique : la liberté du commerce et le droit de propriété figurent dans la Déclaration des Droits de l'Homme de 1789. La loi Le Chapelier (1791) supprime les corporations, les réglementations et autres droits de ban, perçus comme l'expression d'un pouvoir arbitraire. Les négociants ont les mains libres pour commercer, pour innover... et pour trafiquer. Les taxes et les octrois baissent, le vin circule mieux qu'avant. Revers de la médaille, les vignobles célèbres sont juridiquement désarmés pour faire protéger leur production contre les imitations et les fraudes. C'est seulement en 1884 que les producteurs viticoles, comme les ouvriers, ont pu se regrouper en syndicats pour faire valoir leurs revendications.

Révolution des transports et démocratisation

L'essor des chemins de fer, au cours de la seconde moitié du XIXe siècle, a puissamment contribué au développement de la consommation du vin tout en bouleversant la carte viticole.

Les grands axes du réseau français sont construits au cours du Second Empire. Dès 1850, Paris est relié à Tours. Le train atteint Dijon en 1851, Bordeaux en 1853, Perpignan en 1858. Le chemin de fer favorise l'émergence d'une viticulture de masse dans le Midi de la France. Ces vins du Sud, destinés à des populations ouvrières, étaient de piètre qualité, en raison de pratiques culturales privilégiant la quantité.

La révolution du chemin de fer a eu pour autre conséquence la quasi-disparition de nombreux vignobles, dans des régions reculées du Sud-Ouest et du Massif central notamment. Autre victime, celui d'Île-de-France, jadis réputé, et qui a fourni longtemps le peuple de Paris. Dans la capitale, Le petit clos Montmartre est le dernier témoignage d'un vignoble qui couvrait la Butte dès le Moyen Âge, et l'un des rares vestiges du vignoble francilien qui comptait 42 000 ha au xviiie siècle (beaucoup plus que la Champagne et la Bourgogne actuelles).

BERCY

Les vins venus par bateaux étaient déchargés dans le village de Bercy, qui s'est développé à l'extérieur de la barrière d'octroi. En 1860, cette commune est annexée à Paris, et les entrepôts sont reconstruits quelques années plus tard. Fermé au grand public, ce « village pinardier » couvre 42 ha. C'est là que s'achètent et s'élaborent de nombreux vins de table. La ville reprend cet espace aux négociants à partir des années 1960, période qui voit aussi la désaffection des vins de table. La plupart des entrepôts sont détruits dans les années 1980. Aujourd'hui y est implanté Bercy Village.

L'apothéose des grands vins

Les grands vignobles apparus en Europe au cours des deux siècles précédents montent en qualité et bénéficient d'une forte demande mondiale. Sous le Second Empire, les troubles de la Révolution et des guerres napoléoniennes sont oubliés, la conjoncture économique est haute et le commerce bénéficie dans toute l'Europe d'une politique de libre-échange qui n'est remise en cause en France qu'en 1892. Les droits de douanes baissent, les grands vins s'exportent.

Nouvelles maisons de négoce

Le xixe siècle est un âge d'or pour les négociants. En Champagne, par vagues successives, des maisons voient le jour après les guerres napoléoniennes. Les Rhénans sont nombreux parmi les fondateurs, souvent alliés à des notables locaux : après Florens Louis Heidsieck, venu de Westphalie à la fin du xviiie siècle, c'est au tour de Joseph Bollinger, de Johann-Joseph Krug, ou encore d'Édouard Werlé, qui fut associé puis successeur de Mme Clicquot, de fonder leur entreprise. Les maisons Deutz, Mumm, Roederer ont également une origine allemande. On trouve aussi parmi ces fondateurs un Suisse (de Venoge), un Colombien (Ayala) et bien d'autres nationalités. De quoi « répandre le goût du champagne plus vite et plus loin » (Léo Moulin). À Bordeaux, les Britanniques sont plus nombreux à ouvrir des maisons de négoce, en raison des liens historiques avec la Guyenne (ancien nom de la région

Aquitaine), mais les Allemands ne sont pas absents. En Bourgogne, les maisons se multiplient autour des nouvelles gares de Beaune et de Nuits-Saint-Georges.

Consécration du champagne

Au début du XIXe siècle, les vins rouges tranquilles représentaient plus de 90 % de la production champenoise, et encore les deux tiers au milieu du siècle. À la fin du XVIIIe siècle, la vente annuelle de champagnes effervescents a été estimée à 300 000 bouteilles. En 1853, 20 millions de cols seraient sortis des caves ! Durant ces décennies, de multiples perfectionnements ont permis d'augmenter les volumes tout en abaissant les coûts de production. Les maisons de négoce se multiplient. Appuyées par des agents commerciaux instruits, aventureux et cosmopolites, elles maintiennent un positionnement haut de gamme tout en étendant la clientèle à la bourgeoisie. Le remuage et le dégorgement, ces deux opérations consécutives qui facilitent l'évacuation des levures accumulées au cours de la seconde fermentation en bouteille, sont mises au point entre la fin du XVIIIe siècle et celle du siècle suivant. Au XIXe siècle apparaissent les pupitres (panneau de bois, incliné et percé de trous obliques destinés à recevoir les bouteilles). En 1884 est inventé le dégorgement à la glace. Le champagne se diversifie en fonction des marchés : après les doux viennent les bruts. Ainsi s'installent les styles connus aujourd'hui. C'est aussi au cours du XIXe siècle que les Champenois prennent l'habitude d'assembler les vins issus de raisins blancs à ceux provenant de raisins noirs.

SERVIR FRAPPÉ !

Après son long élevage, le vin ne contient plus guère de sucre, celui-ci s'étant transformé en alcool au cours des deux fermentations. Les Champenois commencent donc à compléter le niveau de la bouteille après dégorgement avec du vin enrichi en sucres, la liqueur d'expédition. Le XIXe siècle ne lésinait pas sur le sucre. En 1882, les dosages montaient jusqu'à 275 à 330 g/l pour les Russes ! Tous les champagnes produits alors nous auraient semblé trop doux. Ce sont les Anglais qui ont imposé le champagne brut.

Les classements

Entre la fin du XVIIIe siècle et la fin du siècle suivant, on estime que la superficie du vignoble français a presque doublé : elle serait passée de 1 500 000 ha avant la Révolution à 2 874 000 ha en 1875 (extension maximale avant les plus gros ravages du phylloxéra). La production se diversifie et se hiérarchise. À côté d'une production de vins courants qui se concentre dans la deuxième moitié du XIXe siècle dans le Midi et en Algérie, les grands vignobles confirment leur aura. La notion de cru, lié à un terroir, avait fait son apparition au XVIIe siècle. Des classements, officieux au siècle précédent, sont établis au Second Empire.

CHÂTEAUX DU VIN

À partir du XVIIe siècle en Bordelais, les grands propriétaires se font bâtir au milieu des vignes d'élégantes demeures accompagnées de bâtiments d'exploitation. Sous le Second Empire, le Médoc se couvre de fastueux bâtiments de style éclectique, néogothique ou néorenaissance. C'est après cette époque que le mot « château » se met à désigner un domaine dans la région.

À Bordeaux : le classement de 1855

Il s'agit de la première hiérarchie officielle des crus du Bordelais, établie à la demande de Napoléon III pour l'Exposition universelle de 1855, vitrine du pays. Ce classement historique est toujours en vigueur aujourd'hui, à peine revu. Piloté par la Chambre de commerce de Bordeaux, il est l'œuvre de la chambre syndicale des courtiers, experts bien au fait des terroirs. Il a été établi notamment à partir de la moyenne des prix des principaux crus observés sur le long terme et repose surtout sur la valeur marchande des crus. C'est la propriété qui fait le classement. Le classement de 1855 concerne les vins du Médoc et du Sauternais ainsi qu'Haut-Brion, seul cru des Graves inclus à cette époque. En dehors des crus classés, le Bordelais a distingué des crus bourgeois. Le terme, qui remonte au Moyen Âge désigne de bons vignobles exploités par les notables de Bordeaux. En 1932, 444 domaines sont consacrés « crus bourgeois ». Ce classement, contesté, a fait l'objet d'une révision et la mention est attribuée désormais chaque année, sur des critères précis. On trouve aussi des crus paysans et une quarantaine de « crus artisans » mentionnés depuis les années 1860 : des propriétés familiales indépendantes qui assurent l'intégralité de la production ainsi que la commercialisation.

Hiérarchies bourguignonnes et champenoises

En 1855, l'année même du classement bordelais, le Dr Lavalle publie ***Histoire et statistique de la vigne et des grands vins en Côte-d'Or***, une classification hiérarchique des vins bourguignons en fonction des climats, des superficies et de la topographie. Dans cette hiérarchie, les vins « hors ligne » (« tête de cuvée n° 1 » : Romanée Conti à Vosne) précèdent ceux de « première » et de « deuxième cuvée ». Le comité de l'agriculture de Beaune réalise, pour l'exposition universelle de 1862, un plan statistique des vignobles produisant les grands vins de Bourgogne. Ce document suscite de nombreuses protestations. Pourtant, la grande majorité des vins distingués occupent le même rang de nos jours. C'est à la même époque (1859) qu'est institutionnalisée la vente aux enchères des hospices de Beaune qui contribue-

ra à la notoriété des vins de la région. En Champagne, les prix des vins étaient également fonction de leur provenance. C'est l'origine de l'échelle des crus, qui a encore cours aujourd'hui.

Les maladies du XIXe siècle

En moins d'un demi-siècle, de 1847 à 1878, le vignoble européen dut affronter quatre maladies, rançon des échanges ; toutes sont originaires d'Amérique : oïdium, phylloxéra, mildiou et black-rot. La deuxième faillit anéantir le vignoble.

L'oïdium

Venue d'Amérique du Nord, cette maladie causée par un champignon est la première à frapper, entre 1852 et 1856. Les feuilles de vigne sont tapissées d'une poussière grise, de petits points noirs, et les raisins se rident. La récolte est alors faible et de mauvaise qualité. De 28 millions d'hectolitres en 1852, la production tombe à 11 millions en 1854. Le traitement préventif, qui consiste en un poudrage de soufre, est rapidement découvert. La maladie vaincue, les vignerons augmentent les superficies et les rendements afin de répondre à la demande grandissante des campagnes et des villes, dont la population augmente de 9 à 12 millions entre 1851 et 1881. En 1875, la récolte française totale bat des records : 85 millions d'hectolitres. Mais une nouvelle maladie, plus pernicieuse, survient : le phylloxéra.

le phylloxéra

Un redoutable puceron qui s'en prend aux racines de la vigne : d'abord, les feuilles dépérissent et les raisins n'arrivent pas à maturité, finalement le plant meurt. L'insecte n'est pas d'emblée identifié. Il sévit d'abord dans les vignobles de Provence et du Gard (1861), puis dans ceux du Bordelais quelques années après. La récolte de l'Hérault diminue de 50 % entre 1875 et 1876. Lentement mais inexorablement, l'insecte se répand de racine en racine et sous l'effet du vent. La Champagne est déclarée infectée en 1901. La production nationale annuelle tombe à 23,4 millions d'hectolitres en 1889, soit la moitié de la consommation moyenne. Après plusieurs années de recherches, on trouve enfin la parade : les vignes américaines ne

souffrent pas des attaques de l'insecte. En greffant les vignes françaises sur des pieds américains sélectionnés, on obtient des plants résistants au ravageur et qui n'en produisent pas moins des raisins de qualité comme les vignes européennes. En 1883, un quart du vignoble de l'Hérault est déjà greffé.

le mildiou et le black-rot

Repéré dès 1878, le mildiou est un champignon qui détruit les feuilles et les raisins. Les vignerons étaient loin de se douter qu'il provenait des plants américains qu'ils étaient en train d'introduire dans leurs parcelles ! L'humidité et la chaleur favorisent sa propagation. Le remède fut trouvé en 1885 par la faculté des Sciences de Bordeaux : la bouillie bordelaise, mélange de cuivre, de chaux et d'eau. De teinte bleue, cette préparation est toujours utilisée. Enfin, une ultime maladie cryptogamique, le black-rot, toujours originaire d'Amérique, se propage à partir de 1885 dans l'Hérault. Le cuivre permet lui aussi, dans une certaine mesure, de lutter contre cette maladie.

Une crise durable

Les maladies de la vigne, dans un contexte économique général déprimé, inaugurent une longue période de crise pour les producteurs. Quant au consommateur, il ne sait trop ce qui se cache dans le breuvage étiqueté « vin ». De la définition du vin à celle des appellations d'origine contrôlée, un édifice réglementaire se met en place par étapes et par à-coups, souvent sous la pression des producteurs.

Cépages médiocres et hybrides

Les maladies de la vigne ne sont pas seules responsables de la plantation massive de variétés médiocres. La demande urbaine de vins courants explose avec la révolution industrielle. Elle encourage la plantation de cépages à forts rendements : le gamay envahit la Bourgogne et le Lyonnais, l'aramon la Provence et le Languedoc. Après la crise phylloxérique, on ne se borne pas à greffer des vignes européennes sur des plants américains. On crée des hybrides entre les deux espèces. Ces hybrides producteurs directs offrent la résistance aux parasites des plants américains, mais leurs raisins donnent des vins médiocres. Ils se répandent durant toute la première moitié du XXe siècle.

Fraudes massives

Plus d'un million et demi d'hectares de vignes ravagés par les maladies : il y a pénurie de vin. Qu'à cela ne tienne, l'industrie chimique y suppléera... Et les mauvaises habitudes auront la vie dure. De véritables usines produisent des potions alcoolisées improbables, vendues sous le vocable de vin. Le négociant roublard « arrange » les vins à coup de colorants artificiels (la fuchsine et ses dérivés, ou d'autres substances tirées de la houille) et de mouillage (ajout d'eau). La tromperie porte aussi sur l'origine : de faux bordeaux et bourgognes sont mis en circulation. En 1905, par exemple, on pouvait trouver sous le nom de gevrey-chambertin des « bibines » produites jusqu'à 150 km à la ronde. Or la surface de ce prestigieux vignoble bourguignon ne dépasse pas 400 ha ! Il appartiendra aux pouvoirs publics de préciser ce qui mérite le nom de vin et ce qui fait l'identité des vins régionaux réputés.

Syndicalisme et coopération

Face à la crise, les producteurs s'organisent. À partir des années 1880, ils se regroupent en syndicats pour défendre l'authenticité de vins réputés contre des pratiques jugées déloyales. Fondé en 1885, le syndicat viticole de Saint-Émilion est l'un des plus anciens. Les vignerons de Chablis se regroupent en 1900, ceux du Médoc l'année suivante. Le début du XXe siècle voit aussi l'apparition du mouvement coopératif : en s'assemblant, les vignerons peuvent investir dans du matériel de vinification et sont en mesure d'écouler des volumes suffisants pour faire pression sur les cours. La première coopérative naît en 1895 en Alsace, en 1901 dans le Languedoc. Dans ce « Midi rouge », le mouvement coopératif s'alimente des idées socialistes. Bientôt, une coopérative fleurit dans chaque village.

Révoltes : du Midi à la Champagne

Dans certaines régions, la chute des cours et la fraude poussent les vignerons à la révolte. C'est le cas de ceux du Midi, galvanisés par Marcelin Albert, un cafetier d'Argeliers, dans l'Aude. En 1907, ils organisent des manifestations monstres, soutenues par les maires. Des mouvements qui tournent à l'émeute et à l'insurrection quand les soldats tirent sur la foule, à Narbonne, tandis qu'un autre régiment se mutine pour ne pas avoir à tuer les vignerons de leur pays. Révolte encore des vignerons champenois, en 1910-1911. Ici aussi, la troupe intervient. Les négociants sont accusés de se fournir en raisins en dehors de la région. Mais quelles sont les bornes de la région ? En Champagne, c'est la délimitation de l'appellation qui sème la discorde.

LA CHAPTALISATION

Le XIXe siècle voit les chimistes s'intéresser à la vinification – les débuts de l'œnologie. En 1801, Jean-Antoine-Claude Chaptal révèle le lien entre teneur en sucre du moût et puissance alcoolique. Pour pallier le manque de sucre dans les baies les années peu ensoleillées, il conseille d'ajouter du sucre dans le jus de raisin. C'est justement sous l'Empire que le pouvoir encourage la production de sucre de betterave. Le conseil de Chaptal ne sera que trop suivi, d'autant plus qu'au XIXe siècle, le prix du vin était fonction de son degré alcoolique.

L'ère des réglementations

Avant la Grande Guerre, les pouvoirs publics avaient commencé par élaborer une réglementation pour encadrer la production. Il leur faudra trente ans, de 1905 à 1935, pour achever cette construction juridique.

1905 : loi sur la répression des fraudes

Cette loi du 1er août 1905, encore en vigueur aujourd'hui, est une première étape. Elle prévoit la répression des tromperies sur l'origine, mais sans exigence qualitative : le texte se borne à protéger la simple provenance. Encore trop général, il ne suffit pas à éteindre les révoltes vigneronnes. Un décret d'application, en 1907, précise la définition du vin, « produit provenant exclusivement de la fermentation alcoolique du raisin frais ou du jus de raisin frais ». Cette définition, qui permet de lutter contre le « faux vin », est toujours admise par les instances internationales.

1935 : naissance de l'AOC

La loi de 1905 est complétée en 1908 par une loi qui réprime l'usurpation d'appellation et qui instaure la délimitation par décret des régions viticoles, fondée « sur les usages locaux, loyaux et constants » – mais sans critères qualitatifs.

Parmi ces appellations ainsi définies, le champagne, le cognac, l'armagnac. De vives contestations tournant à l'émeute montrent les limites des délimitations administratives. La Champagne est en 1911 au centre de ces troubles. L'exclusion de l'Aube de la zone de production, en 1908, se heurtait aux traditions historiques : le négoce se fournissait de longue date dans ce département qui était au cœur de la province dès le Moyen Âge. Soulèvement des vignerons marnais opposés aux maisons s'approvisionnant auprès des viticulteurs aubois, contre-manifestations de ces derniers refusant d'être bannis de la Champagne et, plus tard, apparition de l'appellation infamante de « Basse Champagne », la question ne fut réglée – et pour le champagne seulement – qu'en 1927, année où fut définie cette appellation. La loi du 6 mai 1919 laisse aux tribunaux le soin de codifier les usages locaux, loyaux et constants. En réalité, les litiges portaient essentiellement sur les délimitations.

Les critères qualitatifs font leur apparition dans la loi de 1927 qui prohibe les hybrides (voir page 54). L'édifice est parachevé par les décrets-lois de 1935, des textes qui donnent à la viticulture française son cadre actuel, à peine modifié. Le Comité national des appellations d'origine (renommé INAO, Institut national des appellations d'origine, aujourd'hui Institut national de l'origine et de la qualité), organisme où sont représentées toutes les professions et toutes les régions viticoles, est chargé d'instruire les demandes de création des appellations. Les AOC (appellations d'origine contrôlée) sont désormais subordonnées à des conditions de production, qui visent à maintenir la qualité (voir page 111). Un corps d'experts assurera les contrôles.

Succès des AOC

La Communauté européenne consacre le lien entre l'origine et la qualité, distinguant les VQPRD (vins de qualité produits dans des régions déterminées) et les vins de table. La production en AOC, qui ne dépasse guère 10 % des vins produits en France après 1945, représente 50 % en 1990. Si l'augmentation des rendements des vins AOC intervient dans cette croissance, celle des superficies compte elle aussi pour beaucoup. Une augmentation liée à l'évolution des goûts des consommateurs. Le phénomène résulte-t-il des évolutions sociales, de la tertiarisation de la société ? Toujours est-il que le Français, comme les habitants des autres pays producteurs, a limité rapidement sa consommation, passée de 160 litres par habitant (de plus de quinze ans) et par an en 1965 (dont 4 litres de vins AOC) à moins de 57 litres aujourd'hui. Le vin a cessé d'être une boisson quotidienne pour devenir un pro-

LE VIN DES POILUS

Nombre de soldats de la Grande Guerre, originaires de régions non productrices, ont découvert le vin au front. Le « pinard », entre dans la ration du soldat, passant d'un quart de litre au début du conflit à trois quarts de litre en 1916. Le « gros rouge » devient la boisson quotidienne dans toutes les régions. Les cours du vin courant augmentent, tandis que les vignobles de qualité s'enfoncent dans la crise jusqu'après la Seconde Guerre mondiale.

duit festif. Buvant moins, le Français boit mieux, réclame un vin de meilleure qualité, qui parle d'une région, d'un vigneron.

UNE CATÉGORIE DISPARUE : LES AOVDQS

Une autre catégorie existait en France jusqu'en 2011 : les AOVDQS (appellation d'origine vin de qualité supérieure), sorte d'antichambre des AOC créée en 1949, palier entre ces dernières et les vins de pays. Nombre de vignobles de Provence, du Languedoc-Roussillon, du Sud-Ouest, de la vallée de la Loire sont passés par l'étape AOVDQS avant d'être reconnues en AOC. La nouvelle segmentation des vins a fait disparaître cette catégorie intermédiaire ; la plupart des AOVDQS ont choisi dès lors de passer en AOC.

Crise des vins de table

Ces mutations expliquent la mévente des vins de table sans provenance géographique, issus de coupage avec les vins d'Algérie, puis avec ceux d'Italie après l'indépendance de la colonie et la création de la Communauté économique européenne. Principales victimes de cette évolution, les viticulteurs du Languedoc renouent avec la révolte en 1976. La réponse des pouvoirs publics est multiple : des distillations de crise, l'arrachage subventionné de cépages communs, tandis qu'est encouragée la plantation de cépages qualitatifs comme la syrah. Le vignoble perd 128 000 ha entre 1976 et 1995 (une superficie supérieure à celle du Bordelais). De nouvelles AOC (faugères, minervois, coteaux-du-languedoc...) sont consacrées dans les années 1980. Parallèlement, une nouvelle catégorie de vins est instituée : les vins de pays. Ces vins affichent sur l'étiquette une provenance géographique (zone géographique plus ou moins large), même si leur lien au terroir est moins fort. En 2009, ces vins de pays sont devenus IGP (indication géographique protégée).

LE VIN ALGÉRIEN

Concurrent des vins du Midi, le vignoble algérien est aussi utilisé pour renforcer ces derniers et voit sa superficie quintupler entre 1880 et 1900. Au XXe siècle, il couvre quelque 400 000 ha et fournit jusqu'à 20 millions d'hectolitres. L'indépendance de l'Algérie en 1962 entraîne son effondrement.

Les défis d'aujourd'hui

La concurrence des pays du Nouveau Monde viticole

Depuis la dernière décennie du XXᵉ siècle, les producteurs de l'Ancien Monde subissent de plein fouet la concurrence des pays du Nouveau Monde viticole (voir page 335) – une dénomination qui inclut tous les pays ayant développé récemment leur viticulture à des fins d'exportation : États-Unis, Chili, Argentine, Afrique du Sud, Australie, Nouvelle-Zélande –, en attendant la Chine, qui s'intéresse au vin et plante massivement, elle aussi. L'appellation n'est plus une assurance économique. Entre 2009 et 2011, une campagne d'arrachage financée par l'Union européenne a encore fait disparaître 160 000 ha en Europe, dont 22 000 ha en France (41 % étaient implantés dans des aires d'appellation – Languedoc-Roussillon surtout, mais aussi Beaujolais, vallée de la Loire et même Bordelais). Le Nouveau Monde met en avant des vins de cépages issus de quelques variétés réputées, ce qui donne à son offre une apparence de simplicité. Son offre est cependant plus riche qu'on pourrait le croire : à côté de vins faciles produits et promus à faible coût grâce à la concentration de la propriété et à l'absence de réglementations contraignantes, certains pays offrent des vins d'assemblage sur le modèle bordelais, et de véritables grands crus. L'Union européenne assure aujourd'hui la tutelle de la viticulture des pays membres. Si elle maintient le lien entre origine et qualité, elle encourage l'assouplissement des règles (la règle des 85/15 pour le millésime et les cépages, voir page 122) et l'expérimentation de pratiques œnologiques calquées sur celles des nouveaux pays producteurs (copeaux, additifs œnologiques...). Ces derniers explorent en revanche leurs terroirs et créent des appellations dans leurs vignobles.

Vers une viticulture durable ?

Autre champ d'action pour les Européens, le développement d'une viticulture durable écartant autant que possible le recours à la chimie. Encouragée par l'Union européenne, la viticulture biologique (voir page 83), officialisée en France en 1980, a connu un essor considérable et représente une des filières végétales les plus dynamiques dans le pays ; les superficies concernaient en 2012 plus de 7 % du vignoble national. Cette même année, l'Union européenne a enfin publié un cahier des charges du vin bio, alors qu'aucun consensus n'avait été trouvé jusqu'alors pour la vinification. Les producteurs devront aussi anticiper le réchauffement climatique, qui pourrait les contraindre à revoir tous leurs usages en matière d'encépagement et de conduite de la vigne. Mais le principal défi est peut-être la baisse continue de la culture du vin dans l'Ancien Monde, et l'apparition d'une population croissante de non-consommateurs au sein des jeunes générations, dont le palais s'est formé aux sodas ou aux alcools forts... Aux amateurs de savoir leur transmettre le goût du vin.

EN RÉSUMÉ

• Le milieu du XIXe siècle est un âge d'or pour la viticulture française : c'est l'époque du classement de 1855 à Bordeaux, et le champagne s'affirme comme vin de fête dans le monde entier.
• À partir du milieu du XIXe siècle, la révolution des transports permet aussi l'essor d'une viticulture de masse dans le Midi qui s'achèvera à partir des années 1960.
• Les attaques du phylloxéra font disparaître la moitié du vignoble français dans les dernières décennies du XIXe siècle.
• L'édifice des appellations d'origine contrôlée naît en 1935. Protégé de la contrefaçon, le vin de qualité est défini par une appellation.
• Ce système a servi de modèle à la viticulture européenne. L'essor récent des vignobles du Nouveau Monde a suscité des débats sans remettre en cause ses principes.

COMPRENDRE

Qu'est-ce qu'un vin ? Le résultat de la fermentation alcoolique de raisins frais. Au cours de ce processus naturel, qui n'a été décrit qu'au xixe siècle par Louis Pasteur, le sucre du raisin se transforme en alcool. Le vin contient essentiellement de l'eau et de l'alcool, mais l'on n'obtient jamais de vin en mélangeant ces deux constituants. Il contient d'autres éléments, présents dans la baie du raisin ou apparus lors de la vinification. Ce sont ces derniers composants qui font tout son intérêt, lui donnent sa couleur, ses arômes, sa texture et font naître les émotions liées à la dégustation. La fermentation est un phénomène naturel, certes, mais qui demande une intervention attentive de l'homme pour donner naissance à un vin digne de ce nom.

Qu'est-ce qu'un « bon vin » ? Tous les goûts sont dans la nature, dit la sagesse populaire, et il entre une part de subjectivité dans l'appréciation. Toutefois, certains facteurs influencent positivement la qualité d'un vin : le choix du cépage, le terroir – sous-sol, sol et microclimat –, « l'effet millésime » – telle année donnera des vins de garde, telle autre des vins plutôt fluets –, sans oublier évidemment le savoir-faire de l'homme. Passage en revue du processus d'élaboration du vin et de ces « facteurs de qualité ».

LES CÉPAGES

À l'origine du vin, la vigne, plante domestiquée par l'homme depuis des millénaires. Mais pas n'importe quelle vigne : l'espèce *Vitis vinifera*, originaire d'Europe. Celle-ci comprend de nombreuses variétés appelées cépages. Dans chaque région, les hommes ont sélectionné les meilleurs plants, les plus adaptés aux caractéristiques géologiques et climatiques locales. Selon les vignobles ou les appellations, les vins sont le produit d'un seul cépage ou de l'assemblage de plusieurs variétés choisies pour leurs qualités complémentaires.

La baie de raisin

Qui n'a jamais croqué dans un grain de raisin ? La pellicule éclate, la pulpe juteuse fond sur la langue. Le plus souvent de couleur pâle, même lorsque la peau du raisin est sombre, la pulpe contient surtout de l'eau, des sucres et des acides. Les pépins et la pellicule de la baie sont riches en tanins qui donnent aux vins rouges leur texture et leur aptitude à la garde, et leur apportent dans leur jeunesse une saveur un peu âpre, astringente. La peau contient aussi des pigments bleus ou jaunes responsables de la couleur du vin, ainsi que des composés à l'origine des arômes. Bien visible sur la pellicule des raisins noirs, une fine couche blanchâtre et poudreuse : la pruine, qui abrite des levures, agents naturels de la fermentation.

De multiples cépages

Selon l'épaisseur et la couleur de leur peau (qui va du vert au bleu presque noir en passant par toutes les gammes du jaune, du doré, du rose et du violet), et selon leur taille, les baies de raisin offrent des saveurs diverses, dont les différences s'exacerbent à la vinification. Pour évoquer ces multiples variétés de vignes, on parle de cépages. Tous font partie de la grande famille botanique des Ampélidées (ou Vitacées), qui comprend des plantes grimpantes comme la vigne vierge aux baies minuscules et non comestibles. On a recensé quelque dix mille cépages sur toute la planète, mais seule une part infime est aujourd'hui réellement cultivée par les vignerons. Les cépages cultivés en Europe, et répandus ensuite dans le reste du monde, proviennent de vignes sauvages sélectionnées pour la qualité de leur production et améliorées au fil du temps. La vigne sauvage, c'est la lambrusque ou Vitis silvestris. Quant aux cépages cultivés aujourd'hui, ils font presque tous partie de l'espèce *Vitis vinifera*, originaire de l'Ancien Monde (Europe). Il existe également des cépages appartenant aux espèces américaines ou asiatiques, produisant des vins peu savoureux qui n'ont pas eu le même succès mondial.

Hybrides et porte-greffes

Malgré leurs défauts, les cépages d'origine américaine présentent l'avantage de bien résister au froid et à certaines maladies, en premier lieu le phylloxéra (voir page 78). C'est pourquoi, face aux attaques du puceron à la fin du XIXe siècle, furent créés des hybrides résistant au parasite, nés d'un croisement entre espèces américaines et européennes. Mais la qualité du vin n'était pas au rendez-vous, si bien que les hybrides ont presque tous été interdits en France. Le greffage, lui, permet de prévenir la maladie sans nuire à la qualité du vin : les vignes européennes sont greffées sur des espèces américaines ou sur des hybrides. La racine du porte-greffe résiste à la maladie, et le greffon à l'air libre conserve les qualités du cépage européen. On pratique aussi des croisements entre deux *Vitis vinifera*, notamment en Suisse et en Allemagne (le müller-thurgau, par exemple, croisement du riesling et du sylvaner).

La classification des cépages

Les spécialistes classent les cépages en fonction de critères morphologiques ou physiologiques : forme et aspect des feuilles, des grappes, des baies, précocité des vignes. Les viticulteurs les ordonnent aussi en fonction de leur destination : ils distinguent les cépages de table, destinés à fournir des raisins qui seront consommés non transformés, et les cépages de cuve, dont la principale vocation est de produire du vin. Certaines variétés sont polyvalentes, comme le chasselas, qui bénéficie d'une appellation aussi bien en raisin de table (chasselas de Moissac) qu'en vin (Alsace, Pouilly-sur-Loire, Suisse).

L'AMPÉLOGRAPHIE

C'est la science des cépages. Elle s'attache à décrire tous les organes de la plante – les rameaux, les bourgeons, les fleurs, les grappes, les feuilles (indice principal de reconnaissance d'un cépage) – et connaît leurs caractères (précocité, sensibilité aux maladies, qualité des raisins et des vins). L'ampélographie s'appuie sur des conservatoires de cépages et sur la génétique.

LE RAISIN ET LES TANINS

Les tanins, contenus dans la pellicule et les pépins, sont des composés phénoliques (polyphénols) qui jouent un rôle essentiel dans le caractère du vin, en particulier du vin rouge, en lui conférant non seulement de la couleur, mais aussi de la mâche, de l'astringence, bref de la structure (de la charpente). Leur quantité varie selon le type de cépage, la maturité du raisin, la durée de macération des baies (voir page 85). S'ils sont souvent astringents et âpres dans leur jeunesse, les tanins s'assouplissent, deviennent plus soyeux avec l'âge. Le fût de chêne apporte également des tanins.

en cépages blancs. En matière de cépages, l'expérience est essentielle. Par exemple, si le pinot noir a été planté dans des régions fraîches (Champagne, Bourgogne, Jura, Alsace, Valais suisse ou Piémont italien), c'est parce qu'il mûrit relativement tôt et qu'il s'adapte mieux sur les sols calcaires présents dans ces zones. En revanche, il a du mal à supporter les terrains gras, ainsi que les climats chauds des régions du Sud, qui donnent des vins moins complexes et souvent lourds. Des facteurs économiques et des phénomènes de mode entrent aussi en ligne de compte. Le viognier occupe moins de 200 ha dans sa terre d'élection de la vallée du Rhône septentrionale. La vogue du condrieu en a fait un des cépages blancs favoris dans le Sud de la France où il couvre environ 4 800 ha, avec des résultats inégaux.

Le choix des cépages

Pourquoi le riesling prospère-t-il en Alsace, le chardonnay en Bourgogne, et la syrah dans la vallée du Rhône ? La culture d'un cépage a été parfois précédée de plusieurs siècles d'essais, de tâtonnements, d'expérimentations. De grands vins rouges sont ainsi issus de vignobles autrefois plantés

L'âge des vignes

La vigne est une plante pérenne, d'une longévité certaine ; la ville de Maribor, en Slovénie, se flatte de posséder le plant le plus ancien du monde : plus de quatre siècles. Existe-t-il, comme on le dit, un lien entre l'âge de la vigne et la qualité des raisins, donc du vin ? On notera que pour les vins d'appellation, il faut en général attendre la troisième année après la plantation pour être autorisé à produire du vin. La qualité du vin s'affirme vraiment sur des vignes de trois décennies et au-delà. L'atout des vieilles vignes est d'être moins exposées au manque d'eau que les jeunes plants (moins de huit ans), grâce à leur système racinaire développé. Cette alimentation régulière en eau est aussi, pour les vins, un facteur de qualité. Les vieux ceps sont aussi plus robustes, même si leur rendement diminue après cinquante à soixante ans.

Les principaux cépages rouges

Cette liste prend en compte les cépages les plus cultivés et ceux dont les vins sont les plus renommés. La plupart des variétés célèbres, aujourd'hui cultivées dans le monde entier, sont d'origine française. On notera qu'en France les cépages rouges représentent plus des deux tiers des superficies.

Cabernet franc

Sans doute originaire du Sud-Ouest de la France, il se rencontre surtout dans la vallée de la Loire, en Anjou (anjou, saumur-champigny...) et en Touraine (bourgueil, saint-nicolas-de-bourgueil, chinon notamment), où il est souvent vinifié seul. Dans le Bordelais, il entre dans des assemblages, associé au merlot et/ou au cabernet-sauvignon, le plus souvent majoritaires ; il est surtout présent dans les vins du Libournais (pomerol, saint-émilion et ses satellites...). On le rencontre en Europe et dans le Nouveau Monde viticole, mais il est moins répandu que le cabernet-sauvignon. Il donne un vin au nez fruité, nuancé de réglisse dans le Bordelais et de cerise dans le Val de Loire, au palais rond, fruité et légèrement frais.

VINS DE CÉPAGE, VINS D'ASSEMBLAGE

Un vin de cépage désigne un vin élaboré à partir d'un seul cépage, et non de l'assemblage de plusieurs qualités complémentaires. L'expression désigne plutôt des vins des vignobles du Nouveau Monde ou IGP (vins de pays) dont la vinification met l'accent sur les arômes du cépage, dits variétaux. On ne l'emploie pas pour les vins d'appellation, même si nombre de ceux-ci, comme en Bourgogne, en Alsace, dans le Val de Loire, sont des vins monocépages.

Cabernet-sauvignon

Cépage phare de la rive gauche du Bordelais (Médoc, Graves), où il trouve son terroir de prédilection : de belles croupes de graves, des terres chaudes et bien drainées particulièrement propices à cette variété tardive. Les vins qui en sont issus évoquent le cassis, le cèdre et les épices (l'arôme de poivron vert est le signe d'une vendange manquant de maturité). Assez tanniques en bouche dans leur jeunesse, complexes et d'une grande finesse après quelques années, ils montrent souvent une réelle aptitude à la garde. En Bordelais, le cabernet-sauvignon est assemblé à d'autres cépages comme le merlot ou le cabernet franc. Il participe aussi aux assemblages de nombreux vins du Sud-Ouest, et (plus discrètement) d'Anjou, de Touraine, de Provence. Il s'est aussi répandu en Languedoc-Roussillon (malepère, cabardès, vins IGP). Le prestige des grands bordeaux a contribué à sa diffusion dans le monde, et c'est un des cépages les plus cultivés, aussi bien en Europe (Espagne, Italie, Bulgarie...) que dans le Nouveau Monde viticole (Californie, Chili, Argentine, Afrique du Sud, Australie...).

Cabernet-Sauvignon

Carignan

D'origine espagnole, il s'est répandu en Languedoc-Roussillon et dans la vallée du Rhône méridionale après la crise du phylloxéra, à la fin du XIXe siècle. Sa culture intensive a contribué à la mauvaise réputation des vins languedociens et il a été massivement arraché. Cependant, lorsqu'il est âgé, planté sur ses terroirs de prédilection (schistes, argilo-calcaires) et que les rendements sont maîtrisés, il donne des vins de caractère, bien colorés et charpentés, aux notes de fruits très mûrs et d'épices. On le trouve aujourd'hui dans les vignobles méditerranéens, souvent assemblé avec le grenache, la syrah, le mourvèdre ; il est assez présent dans les fitou et corbières.

Cinsault

Originaire du Rhône, il a comme le carignan été arraché après un usage intensif. Il entre essentiellement dans l'assemblage de vins rosés méridionaux (tavel, languedoc, coteaux-varois-en-provence...) et dans celui du châteauneuf-du-pape. En rouge, il produit des vins souples, sur les fruits rouges presque confiturés. Parfois vinifié seul (en vin de pays rosé notamment), il est souvent associé à d'autres cépages méridionaux. Sa souplesse permet d'atténuer le caractère tannique d'autres cépages comme le carignan.

Gamay

Banni de Bourgogne par Philippe le Hardi en 1395, ce cépage est désormais associé aux vins du Beaujolais. On le trouve également dans d'autres vignobles : vallée de la Loire (anjou-gamay, touraine-gamay...), Centre (châteaumeillant) et Massif central (côtes-du-forez, côte roannaise...), Savoie, Sud-Ouest (gaillac primeur) et Suisse. Il donne naissance à des vins très frais et bien fruités (fraise, framboise), aux tanins le plus souvent mesurés, plus étoffés dans certains crus du Beaujolais comme morgon ou moulin-à-vent.

Grenache noir

Originaire d'Espagne (Aragon), le grenache a conquis le Languedoc-Roussillon (vins doux naturels comme les banyuls, maury, rivesaltes... ; vins secs comme les côtes-duroussillon), la vallée du Rhône méridionale (châteauneuf-du-pape, côtes-du-rhône, rasteau...). C'est l'un des cépages rouges les plus cultivés en France après le merlot. Vinifié seul ou en assemblage dans de nombreux vignobles méditerranéens, il produit des vins puissants et généreux, aux arômes de cerise à l'alcool, de poivre, puis de figue et de cacao avec l'âge. Il existe aussi du grenache blanc et du grenache gris.

Malbec

Cépage caractéristique du Sud-Ouest, et notamment de Cahors (où il a d'abord été connu sous le nom d'auxerrois), il a gagné le Bordelais sous le nom de malbec, et la vallée de la Loire (Touraine), avant de devenir le cépage principal d'Argentine. Il produit des vins très colorés, tanniques dans leur jeunesse, qui s'assouplissent avec l'âge et révèlent notamment des arômes de cerise noire. Le nom de malbec est aujourd'hui le plus répandu, sauf dans la vallée de la Loire.

Merlot

Cépage noir le plus cultivé en France, principalement dans le Bordelais, il doit sa renommée à son expression dans les saint-émilion et les pomerol, où il est souvent majoritaire, associé notamment au cabernet franc ou au cabernet-sauvignon. Il domine aussi en superficie dans toute la Gironde (Médoc et Graves exceptés). Un peu plus précoce que le cabernet-sauvignon, il s'accommode de sols plus froids, argileux ou argilo-calcaires. Le merlot est également répandu dans le Sud Ouest, ainsi qu'en Languedoc-Roussillon, en vins AOC (limoux, cabardès, malepère) ou en vins IGP. Il donne aux vins de la couleur, de la souplesse et de la rondeur, des arômes de fruits confiturés, d'épices, parfois de pruneau lorsque le raisin est très mûr. Les vins issus de merlot sont faciles à déguster jeunes, tout en montrant une bonne aptitude à la garde. Cultivé en Suisse (Tessin), en Italie, en Europe de l'Est, le cépage s'est largement répandu dans le Nouveau Monde viticole, même si sa progression a été plus lente que celle du cabernet-sauvignon.

cépage Merlot

Mourvèdre

Cépage méridional très cultivé en Espagne (où il est appelé morastell ou monastrell), il est aussi implanté en Provence, où il s'exprime particulièrement bien dans les AOC palette, cassis et bandol. Dans cette dernière appellation, il représente au moins 50 % de l'assemblage des vins rouges, allié au grenache, au cinsault, à la syrah et au carignan. Il entre aussi dans l'assemblage de vins du Languedoc-Roussillon et de la vallée du Rhône méridionale. Il offre aux vins beaucoup de couleur, de tanins et de générosité, d'arômes d'épices et de fruits noirs, et un fort potentiel de garde.

Nebbiolo

Cultivé dans le nord-ouest de l'Italie, c'est l'un des plus grands cépages rouges de la Péninsule, à l'origine du barolo et du barbaresco, deux vins d'appellation du Piémont qui figurent parmi les appellations phares du pays. Il donne naissance à des vins dont la concentration, la forte acidité et la charpente autorisent une longue garde. La palette aromatique des vins qui en sont issus mêle les fruits rouges mûrs, la violette, les épices et des notes empyreumatiques (fumée, torréfaction), qui gagnent encore en complexité avec le temps (truffe, cuir, fruits confiturés...).

Pinot noir

Indissociable des vins rouges de Bourgogne (chambertin, romanée-conti, clos-de-vougeot...), il est peu productif mais hautement qualitatif. Il engendre des vins d'une belle couleur quoique peu intense, au nez complexe (griotte, petits fruits rouges et noirs dans les vins jeunes, cerise à l'eau-de-vie, gibier avec l'âge), aux tanins soyeux et fondus, et une belle capacité de garde. Sa maturation précoce lui permet de produire des vins d'une grande finesse dans les régions septentrionales alors qu'il réussit moins dans les secteurs chauds. En Champagne, le pinot noir entre dans de nombreux assemblages, aux côtés du chardonnay et parfois du pinot meunier. On le trouve aussi, plus discrètement en Alsace, dans le Centre-Loire et dans le vignoble jurassien. Il est cultivé aussi en Allemagne (Spätburgunder), en Suisse et dans d'autres pays voisins. Plus récemment, il a été acclimaté avec succès dans le Nouveau Monde (Oregon, Nouvelle-Zélande...).

Sangiovese

Originaire de Toscane, il est répandu en Italie centrale où il participe à la notoriété du chianti, du brunello di Montalcino et du vino nobile di Montepulciano. Il est également cultivé en Corse, sous le nom de nielluciu : c'est le cépage principal de l'AOC patrimonio. Dans les AOC vin-de-corse et ajaccio, il est assemblé à d'autres variétés insulaires comme le sciaccarellu ou méridionaux comme le grenache. Colorés, chaleureux et tanniques, ses vins supportent bien la garde.

Syrah

Grand cépage de la vallée du Rhône septentrionale (côte-rôtie, hermitage, cornas, saint-joseph...), également présente en Suisse, la syrah est une cousine de la mondeuse savoyarde. Sa culture a littéralement explosé depuis 1960 dans le sud de la vallée du Rhône, en Provence et en Languedoc-Roussillon, si bien qu'elle fait partie des cépages les plus plantés en France., souvent assemblée aux cépages de ces régions comme le grenache ou le mourvèdre. Elle est très cultivée dans tous les vignobles du Nouveau Monde où elle fournit nombre de cuvées mono-cépages. Elle porte en Australie le nom de shiraz. La syrah donne des vins sombres, charpentés et de garde, aux arômes puissants et complexes de violette, d'épices et de fruits noirs.

Cépage Syrah

Tempranillo

Le cépage le plus cultivé de la péninsule ibérique donne son caractère à de nombreux vins réputés de l'Espagne, comme le rioja, le ribera del Duero et à de nombreuses appellations de la Castille, de la Manche, de l'Aragon et de la Catalogne, au nord et au centre du pays. Sous le nom de tinta roriz, il entre aussi dans l'assemblage du porto. Il donne naissance à des vins à la robe profonde, complexes, célèbres pour leur aptitude à la garde, mais dont la vinification peut aussi privilégier la rondeur et le fruité.

Touriga nacional

Ce cépage portugais est cultivé dans la vallée du Douro et dans le Dao. Assemblé avec d'autres variétés comme les touriga francesa, tinta amarela, tinta barroca, tinta roriz et tinto cao, il est au cœur du porto ainsi que de vins rouges secs du Douro. Qu'ils soient mutés ou secs, ses vins sont corsés, chaleureux, complexes et de garde.

Les principaux cépages blancs

Chardonnay

L'un des premiers cépages blancs de qualité. C'est la variété presque exclusive des vins blancs de Bourgogne dont les plus illustres (chablis, corton-charlemagne, meursault, montrachet, pouilly-fuissé) l'ont rendu mondialement célèbre. Sa popularité et sa capacité d'adaptation aux conditions climatiques les plus variées en font l'une des variétés les plus plantées. En Champagne, le chardonnay est assemblé au pinot noir ou vinifié seul (blanc de blancs). On le trouve encore dans le Jura, vinifié seul ou assemblé au savagnin, en Savoie, dans le Val de Loire, en Auvergne et même sur les terres les plus fraîches du Sud (AOC limoux, vins IGP). Dans le Nouveau Monde viticole, il est cultivé notamment en Californie, au Chili, en Australie ou en Afrique du Sud. Il donne des vins élégants, amples, gras, complexes (fruits blancs, beurre, noisette, agrumes), qui prennent mille nuances selon les terroirs et l'élevage (souvent en fût). Vifs et minéraux dans les régions septentrionales, ceux-ci se font beurrés et plus ronds dans les secteurs plus chauds.

Cépage Chardonnay

Chenin

Un cépage vigoureux et précoce du Val de Loire, cultivé en en Anjou (quarts-de-chaume, bonnezeaux, coteaux-du-layon, savennières…), dans le Saumurois, en Touraine occidentale (vouvray, mont-louis-sur-loire…) et dans la vallée du Loir (jasnières). Ses vins se déclinent dans tous les styles (sec, demi-sec, moelleux, effervescent). Floraux, miellés et fruités (agrumes), ils sont pourvus d'une belle vivacité qui contribue à leur potentiel de garde. La pourriture noble, qui se déve-loppe aisément sur les baies de chenin, permet d'obtenir des vins liquoreux (bonnezeaux, quarts-de-chaume…) d'une

---

CÉPAGES ROUGES À (RE)DÉCOUVRIR…

Quelques cépages moins diffusés mais intéressants.

Carmenère : ancienne variété bordelaise pratiquement disparue en Gironde et devenue une variété vedette au Chili. Ses vins fruités et ronds, moins tanniques que ceux issus de cabernet-sauvignon, s'apprécient jeunes.

Mondeuse : ce cépage autochtone de la Savoie engendre des vins colorés, fruités floraux et épicés (framboise, cassis, mûre, violette, poivre…), pleins de mâche, qui méritent de vieillir jusqu'à cinq ans.

Négrette : une variété du Sud-Ouest, cultivée au nord de Toulouse, donnant sa personnalité à l'appellation fronton. Ses vins sont colorés et aromatiques, avec des notes caractéristiques de violette, de réglisse et d'épices.

Tannat : ce cépage du Sud-Ouest donne des vins charpentés et de garde. Surtout cultivé dans le piémont des Pyrénées occidentales, il constitue le cépage principal du madiran. Des Basco-Béarnais l'ont importé avec succès en Uruguay.

grande fraîcheur. En vin tranquille, le cépage est le plus souvent vinifié seul. Il a fait souche dans plusieurs pays du monde, notamment en Afrique du Sud.

Furmint

Cultivé en Hongrie et dans les pays limitrophes d'Europe centrale, il est au cœur des célèbres vins blancs de la région de Tokaj, parfois associé à des cépages secondaires (harsevelü, muscat). Ses raisins prennent facilement la pourriture noble et ses vins associent richesse en sucres et forte acidité. Ils peuvent être vinifiés en vins secs, demi-secs et liquoreux. Les raisins atteints par la pourriture noble sont mis en foudres et foulés pour obtenir une pâte nommée aszu. Celle-ci est ajoutée au moût dans une proportion variable qui détermine la catégorie du tokay, du plus riche au moins liquoreux.

Gewurztraminer

Typique de l'Alsace, où il donne des vins secs, moelleux (vendanges tardives) ou liquoreux (sélections de grains nobles), ce cépage est reconnaissable à ses baies roses. Il engendre des vins aux arômes caractéristiques de rose, de litchi, d'agrumes et de pain d'épice, qui prennent des accents de miel et de fruits confits lorsqu'ils sont issus de vendanges surmûries.

Muscats

Plusieurs cépages portant le nom de muscat donnent naissance à des vins puissants et très aromatiques. Cultivé depuis l'Antiquité sur les bords de la Méditerranée, le muscat à petits grains passe pour le plus fin. On en tire des vins doux, souvent issus de mutage, et parfois des vins secs (en IGP). En France, c'est le cépage unique des vins doux naturels du Languedoc, de Corse et de la vallée du Rhône. Il entre aussi dans la composition de blancs effervescents (clairette-de-die ; moscato d'asti et asti spumante en Italie) et de l'alsace-muscat. Complexes, les vins évoquent le raisin frais, la rose, les fruits exotiques, les agrumes, les épices. Le muscat d'Alexandrie, peut-être originaire d'Égypte, est cultivé principalement dans les Pyrénées-Orientales. Il est assemblé parfois au muscat à petit grains dans le muscat-de-rivesaltes. Il produit des vins onctueux évoquant le raisin passerillé et la figue sèche. Le muscat ottonel, cultivé en Europe de l'Est, entre dans l'encépagement de l'alsace muscat.

Pinot gris

Cette variation grise du pinot noir trouve sa meilleure expression en Alsace, en Allemagne, en Suisse, en Autriche, en Italie du nord et en Europe orientale. On en tire aussi bien des vins secs que des vins moelleux et liquoreux. D'un jaune doré, les vins nés de pinot gris sont ronds et corpulents et offrent des arômes de fruits jaunes, de fruits secs, de miel, de fumée, de sous-bois.

Riesling

Un ancien cépage rhénan, l'un des plus réputés du monde germanique. C'est le plus cultivé en Allemagne, sur les rives du Rhin et celles de ses affluents comme la Moselle. Il figure aussi en bonne place en Alsace, et s'est répandu dans quelques zones fraîches du Nouveau Monde (Australie, Canada). Les vins issus de ce cépage se distinguent par des notes florales (tilleul, aubépine), par un fruité délicat (citron, pêche blanche) et par une grande fraîcheur minérale. Secs, moelleux ou liquoreux, ils gardent cette acidité fine et élégante qui assure leur équilibre et leur confère un très bon potentiel de garde. Avec le temps, leur palette peut prendre des accents « pétrolés » caractéristiques.

Cépage Riesling

Roussanne

Cépage de la vallée du Rhône et de la Savoie, la roussanne, bien que difficile à cultiver, est appréciée des vignerons pour ses arômes intenses et élégants (aubépine, fruits jaunes, miel...) et pour son acidité qui lui confère une bonne aptitude à la garde. Elle est souvent associée à la marsanne (hermitage, crozes-hermitage, saint-joseph, saint-péray), au grenache blanc et à la clairette (châteauneuf-du-pape, languedoc La Clape). En Savoie, elle donne le remarquable vin du cru Chignin.

Sauvignon

Originaire du Bordelais, le sauvignon a conquis le monde entier, de la Californie à la Nouvelle-Zélande. Dans sa région d'origine, il est souvent associé à la muscadelle et au sémillon dans les vins secs de l'Entre-deux-mers, des Graves et dans les liquoreux (sauternes, barsac, monbazillac...). Il en va de même dans ceux du Bergeracois et du Lot-et-Garonne. Très répandu dans la vallée de la Loire, il constitue la variété exclusive de nombreuses appellations : pouilly-fumé, sancerre, quincy, reuilly blanc... Il fournit des vins de cépages dans d'autres régions de France. Ses vins sont très aromatiques, frais, sur les fleurs et les fruits blancs citronnés, voire le buis (ou pipi de chat) si le vin manque de maturité.

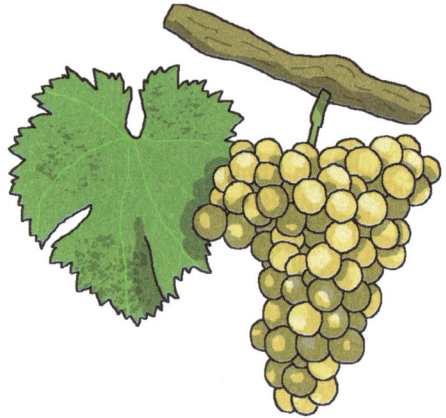

Cépage Sauvignon

Sémillon

Cépage blanc du Bordelais qui a fait la réputation des vins de ce vignoble et du Bergeracois voisin (monbazillac), notamment en matière de liquoreux (sauternes, barsac...). Dans ces régions, il est assemblé au sauvignon et parfois à la muscadelle pour donner des vins de qualité, secs ou doux. Moins aromatique que le sauvignon, il donne au vin des notes de miel, de cire d'abeille, de fruits secs, et apporte beaucoup de rondeur et de gras en bouche. Dans les vignobles du Nouveau Monde, il est parfois vinifié seul (Australie).

Ugni blanc

D'origine italienne, ce cépage aux grandes grappes donne des vins légers et vifs, adaptés à la distillation : c'est aujourd'hui le cépage principal pour l'élaboration du cognac et de l'armagnac. À ce titre, c'est la variété blanche la plus cultivée en France. Elle peut entrer dans l'assemblage d'appellations de Provence et de Corse, souvent associée à la clairette, le grenache blanc ou le sauvignon qui apportent des arômes et de la structure.

Viognier

Peu productif et difficile à cultiver, il s'est néanmoins imposé dans la vallée du Rhône septentrionale, dans les AOC condrieu et château-grillet où il est vinifié seul. Il peut également entrer en petite proportion (moins de 20 %) dans l'assemblage de certains grands vins rouges de la région comme le côte-rôtie, où il est associé à la syrah. Il s'est répandu dans le Sud de la France où il fournit notamment des vins de cépage, ainsi que dans certains vignobles du Nouveau Monde. Il donne des vins riches, amples et ronds, aux accents intensément fruités (abricot, pêche) et floraux (fleurs blanches), et mêlés d'épices et de miel.

EN RÉSUMÉ

- La vigne à l'origine du vin provient de l'espèce Vitis vinifera, originaire d'Europe.
- La baie du raisin contient de nombreux composants à l'origine des caractères du vin : de l'eau, des sucres, des acides, ainsi que des pigments, des tanins, des précurseurs d'arômes.
- Il existe des milliers de cépages, mais une part infime est cultivée.
- Le greffage des vignes européennes sur des plants américains a permis de lutter contre le phylloxéra.
- Les cépages sont sélectionnés par les vignerons en fonction de leur adaptation à un terroir, à un climat, en fonction de leur résistance et des qualités organoleptiques de leurs vins.

Cépage Carignan

Cépage Chenin

Cépage Cinsaut

Cépage Furmaint

Cépage Garnay

Cépage Gewurztraminer

Cépage Grenache Noir

Cépage Malbec

Cépage Mourvedre

Cépage Pinot Gris

Cépage Pinot Noir

Cépage Roussanne

Les cépages

Si le vin tire nombre de ses caractères des cépages d'où il est issu, le terroir joue un rôle tout aussi fondamental. Et c'est bien l'association des deux qui donne au vin toute sa spécificité. Le terroir, alliance d'un sol et d'un climat, est révélé, façonné, amélioré par l'homme, qui choisit le mode cultural adapté. Il est donc influencé par une culture propre à chaque région. En Europe, si les vins de qualité affichent de plus en plus souvent le nom du ou des cépages qui les composent, ils s'identifient depuis l'Antiquité avec leur origine géographique, et portent des noms de lieux, comme le bordeaux ou le chianti.

Le sol

Couche superficielle de la croûte terrestre, où se mêlent éléments minéraux, apports organiques, air et eau, le sol reçoit les semences, les engrais et permet à la végétation de se développer. La vigne possède un système racinaire très développé, capable de descendre jusqu'au sous-sol. Ses racines superficielles, au niveau du sol, absorbent les précipitations de surface tandis que la racine principale, long pivot, plonge à la verticale et ancre profondément le cep dans le sous-sol, poursuivant sa course grâce à ses radicelles. Ces fines racines peuvent atteindre une profondeur dépassant les 50 mètres ! Elles percent même le plafond de certaines cavités creusées sous le vignoble à Bourgueil, ou à Saint-Émilion et dans ses alentours. Les racines permettent à la plante de tirer divers éléments minéraux et aussi, en période de sécheresse, de puiser l'eau parfois emmagasinée en profondeur. Argiles, graves siliceuses, calcaires, marnes, schistes, granites..., la vigne s'accommode de nombreux types de sols pourvu que ceux-ci ne soient pas trop riches en humus et en éléments organiques. Elle peut prospérer sur des sols pauvres, impropres à d'autres cultures – mais pas trop arides, sauf à l'irriguer. Les meilleurs sols sont ceux qui assurent une alimentation régulière en eau.

Les éléments minéraux et la texture des sols sont-ils responsables du goût du vin ? C'est la question, complexe, de l'« effet terroir ». À force de travail et d'essais, l'homme a pu observer que la nature du sol et celle du sous-sol influençaient la qualité naturelle des raisins, et donc la saveur du vin. On a aussi observé que chaque cépage a des préférences pour certains types de sol : le grenache donne le meilleur de lui-même sur des galets roulés (Châteauneuf-du-Pape) ou des schistes (Banyuls) ; le chardonnay apprécie les sols crayeux, marno-calcaires et calcaires, le cabernet-sauvignon, tardif, a besoin de sols chauds comme les graves, le gamay affectionne le granite...

LE TERROIR, UNE « INVENTION FRANÇAISE »

Le mot « terroir » n'a pas d'équivalent dans d'autres langues – en particulier en anglais. De fait, la littérature française sur le vin met constamment en avant cette notion. Le terroir n'est-il pas le principal fondement des appellations d'origine contrôlée, à côté de la notion des « usages loyaux et constants » ? N'est-ce pas l'étude minutieuse et séculaire des sols, sous-sols et microclimats qui a abouti à la notion d'AOC ? L'Europe partage aussi cette approche. En revanche, les vignerons du Nouveau Monde n'avaient pas à l'origine cette connaissance des terres dont ils étaient les pionniers. C'est tout naturellement qu'ils identifiaient leurs vins par le cépage qui leur avait donné naissance.

L'influence du climat

La vigne ne se développe pas sous tous les climats. Elle n'évolue dans de bonnes conditions qu'entre les 30e et 50e degrés de latitude (hémisphère Nord) et entre les 30e et 40e degrés de latitude (hémisphère Sud). Elle est en effet sensible au grand froid, même durant son repos hivernal.

Plusieurs variétés de vignes à raisins de table survivent lorsque le thermomètre descend en dessous de - 35 °C. Il n'en va pas de même des plants destinés à la production de vins, qui ne résistent pas durablement aux températures inférieures à - 15 °C. Les gelées prolongées qui ont sévi en France en 1956 ont ainsi fait périr les plants dans plus d'une région. Quant aux gelées de printemps, elles peuvent compromettre la floraison et la naissance des fruits. En France, elles sont à craindre jusqu'aux « saints de glace », entre le 11 et le 13 mai. Les pluies continues favorisent la dilution et la prolifération des maladies cryptogamiques (c'est-à-dire provoquées par des champignons), autant de facteurs nuisibles à la qualité de la vendange. Utiles au printemps pendant la croissance de la végétation, elles sont regardées avec inquiétude à partir du milieu de l'été, lorsque les raisins prennent leurs couleurs et mûrissent. La vigne réclame de la lumière et de la chaleur pendant son cycle végétatif. S'il n'y a pas de soleil pendant la maturation, on retrouve peu de sucres et peu de couleur dans les rouges. Les chaleurs excessives ne sont cependant pas souhaitables. Au-delà de 40 °C, l'activité végétative peut être menacée, voire stoppée, surtout lorsque la sécheresse est de la partie, comme c'est souvent le cas lors d'une canicule. On assiste à des blocages de maturation, ou bien les raisins « grillent », perdant leur subtilité aromatique. Ces exigences expliquent la répartition mondiale de la vigne. La viticulture est localisée dans les zones méditerranéennes aux étés chauds et secs (même si la vigne y souffre parfois de la sécheresse), dans les régions tempérées, océaniques ou semi-continentales, pourvu que les caractères de ces climats (pluviosité et froid) ne soient pas trop accentués. Sa culture est anecdotique dans les zones tropicales humides ou équatoriales. Certains vignobles du Nouveau Monde viticole (Californie, Chili, Argentine, Australie...), ont pu se développer dans des zones semi-arides, grâce à l'irrigation.

L'influence du microclimat

Au hasard d'une promenade à la campagne, on peut voir surgir des nappes de brouillard ou se heurter à des averses très localisées. Ces phénomènes sont souvent liés à la présence de microclimats, influencés par divers éléments naturels : altitude, vent, sols, luminosité, montagne ou colline, mer, cours d'eau, nappe phréatique, orientation, forêt, etc. Ainsi, dans les régions fraîches, la pente accentue l'effet de l'ensoleillement (Moselle, Alsace, Bourgogne, Côtes de Bordeaux...). La proximité des cours d'eau et des lacs favorise le rayonnement lumineux et une bonne régulation thermique, et celle de la mer (régions méditerranéennes par exemple) la pénétration des brises marines humides... Deux vignobles relativement proches peuvent ainsi être soumis à des conditions météorologiques assez différentes.

Facteurs humains et historiques

Autrefois, la Champagne a été réputée pour ses vins rouges, et Saint-Émilion pour ses blancs. Quant au Médoc, ce n'était qu'un marécage désolé avant d'être planté en vignes. C'est bien la preuve que l'approche du terroir a évolué au fil de l'histoire et des découvertes. La notion de terroir est en effet indis-

LES INCIDENCES DU RÉCHAUFFEMENT CLIMATIQUE

À la suite du réchauffement climatique observé à partir des années 1980, on estime que la bande géographique favorable à la culture de la vigne s'est déjà déplacée de 80 à 240 km vers le nord, et qu'elle pourrait gagner jusqu'à 500 km d'ici à 2099. Une hypothèse avancée par Bernard Seguin, coordinateur de la Mission Changement climatique et effet de serre à l'Inra d'Avignon. En Angleterre, un nombre croissant de propriétaires plantent et se piquent de rivaliser avec les producteurs continentaux, notamment en matière de vins blancs et de mousseux. Une des conséquences du réchauffement climatique pourrait être le changement de l'encépagement traditionnel de certains grands vignobles.

sociable des interventions de l'homme. Le vigneron sert de révélateur d'un terroir en choisissant les parcelles et les bons cépages, en remodelant les sols en terrasses, en drainant, amendant, réduisant les rendements, en respectant sa terre... La valorisation des terroirs découle aussi de nécessités sociales, économiques et pratiques autant que des aptitudes des sites. À l'origine, en l'absence de facilités de transport, il s'agissait de produire du vin au plus près des lieux de culte, des châteaux ou des bourgades. Durant des siècles, le bateau était le moyen de transport le moins onéreux pour le commerce entre les pays et les régions. La proximité des voies fluviales explique ainsi le développement des vignobles autour de Bordeaux, le long du cours de la Loire, du Rhône ou de la Moselle.

UN EXEMPLE DE MICROCLIMAT : LE CIRON ET SAUTERNES

Le Ciron, petite rivière toujours fraîche venue des Landes, se jette dans la Garonne aux eaux plus chaudes dans la région de Sauternes. Le matin, en automne, la zone de confluence s'enveloppe de brouillards que le soleil finit par dissiper. Des conditions idéales pour le développement du Botrytis cinerea, cette pourriture noble qui concentre les sucres et les arômes des raisins botrytisés, à l'origine de l'un des plus célèbres vins liquoreux du monde.

EN RÉSUMÉ

Les facteurs de qualité d'un terroir sont :
• un sol pauvre mais bien drainé, donnant des rendements limités ;
• une situation en pente pour favoriser l'évacuation des eaux de pluie ;
• une bonne exposition au soleil ;
• un climat et un microclimat adaptés, ni trop froids, ni trop chauds, ni trop pluvieux en été et au moment des vendanges ;
• une intervention de l'homme respectueuse de l'environnement.
La notion de « bon terroir » est relative, car la qualité du terroir dépend de sa mise en valeur et avant tout des cépages qui y sont plantés.

Le terroir

LES HOMMES ET LA VIGNE

Bon nombre de vignerons vous diront que la qualité d'un vin « se fait » en grande partie à la vigne. Autrement dit, si la qualité des raisins est excellente au moment des vendanges, il « suffit » ensuite de bien vinifier cette matière première. En fonction du climat, le mode de conduite de la vigne permet aussi d'agir sur la production, en termes de qualité et de quantité. La plantation à haute densité, la taille et d'autres pratiques visent à limiter les rendements par pied, ce qui est un facteur de qualité. Bien que la vigne soit en butte à de nombreuses maladies, les viticulteurs sont de plus en plus sensibles au respect de l'environnement.

Le cycle de la vigne

Le cycle végétatif, du repos hivernal à la chute des feuilles, varie selon les cépages et le milieu. Le vigneron accompagne ce cycle naturel en accomplissant différents travaux : on dit qu'il « conduit » la vigne.

• Jusqu'aux mois de février-mars, c'est la période de repos hivernal (dormance) ; la vigne est capable pendant cette période d'affronter des gels sévères (- 17 °C).

• Aux mois de mars-avril, le réveil de la vigne commence par les « pleurs » : la sève s'écoule à l'endroit où ont été taillés les sarments. Puis vient le débourrement, qui marque la reprise de la végétation, d'abord visible au gonflement des bourgeons, puis à leur éclatement. Une période pendant laquelle le vigneron redoute le gel de printemps (à - 2,5 °C) qui détruit les bourgeons, compromettant la récolte.

• En mai ou en juin, la floraison intervient environ cent jours avant les vendanges.

• En juin, après la floraison, on observe la formation des raisins (nouaison).

• En juillet ou en août, les raisins prennent leur couleur, blanche, rose ou rouge, et les baies deviennent translucides. C'est la véraison, qui

Les travaux de la vigne

La taille et la conduite de la vigne

La vigne, une liane. La vigne est une plante grimpante qu'il faut domestiquer. Livrée à elle-même, elle atteint facilement une dizaine de mètres et plus. Pour croître, elle a besoin d'un support, auquel elle s'agrippe par ses vrilles. On peut encore la voir au nord du Portugal s'enrouler sur plusieurs mètres de long à des pergolas, à des arbres ou à de hauts piquets, selon des traditions remontant à l'Antiquité. On l'a longtemps fixée à des échalas, une pratique qui se maintient dans les parcelles irrégulières et escarpées du nord de la vallée du Rhône (condrieu, côte-rôtie). Aujourd'hui, la vigne est le plus souvent palissée : aux piquets s'ajoutent des fils de fer auxquels on accroche les rameaux. Ce mode de conduite permet d'améliorer l'exposition des grappes et facilite la mécanisation. On peut encore découvrir la vigne sans support, taillée courte et ramassée comme un petit arbre : la végétation retombe, ce qui protège les grappes d'un fort soleil ou du vent. Ces vignes taillées en gobelet se rencontrent notamment en Espagne, en Roussillon et parfois en Beaujolais.

Contrôler la charge de la vigne. Pratiquée avant le redémarrage de la végétation entre janvier et mars, la taille est une étape très importante dans le calendrier du viticulteur. En limitant la prolifération anarchique des rameaux, elle favorise la pérennité de la plante. Livrée à elle-même, la vigne produit en effet de moins en moins et finit par s'épuiser. La taille permet de régulariser la production et de produire du raisin de qualité en quantité suffisante. Le viticulteur ne laisse sur le cep que les rameaux qui porteront la prochaine récolte, en ajustant leur longueur et le nombre de bourgeons fructifères (les yeux). Pour limiter les rendements, la « taille courte » est appliquée aux cépages productifs, et la « taille longue » à ceux qui le sont moins. Favorisant la pérennité de la plante, la taille a aussi de nombreuses répercussions sur le système racinaire, la surface foliaire, l'exposition au soleil, au vent et aux maladies, etc. Il existe plusieurs modes de taille selon les cépages et les terroirs : en gobelet ;

en cordon ; la méthode Guyot, simple ou double... Le cahier des charges de chaque appellation d'origine contrôlée fixe en général le(s) mode(s) de taille.

Autant de modes de conduite, autant de paysages. Mers de vignes ou étroites terrasses, les régions viticoles offrent ainsi des visages variés. La vigne, non contente de fournir du vin, dessine le paysage.

l'entretien des sols

Au début de l'hiver, le viticulteur laboure le vignoble et ramène la terre vers les pieds de vigne pour les protéger du gel (buttage) ; les rigoles ainsi créées entre les rangs permettent l'écoulement des eaux de ruissellement. Le labour permet aussi d'aérer le sol, d'enfouir les débris végétaux (et ainsi de favoriser la vie du sol) et les fumures. On observe un retour des labours à l'aide d'un cheval ou d'un âne. Si les vignerons ont abandonné le tracteur, c'est parce que celui-ci tasse la terre, favorise l'érosion et ne permet pas un travail en finesse. Autre danger pour le sol : les traitements répandus (pesticides, engrais et désherbants) qui portent atteinte à la vie microbienne. Selon l'agronome Claude Bourguignon, un sol en bon état contient un milliard de micro-organismes par gramme. Pour maintenir l'équilibre du sol, il faut également limiter les apports de compost. Sinon, la vigne n'ira plus puiser ses ressources dans les différentes couches du sous-sol. Sol et sous-sols sont des composants importants du terroir et doivent, à ce titre, être préservés.

VENDANGES EN VERT

La vendange en vert consiste à éliminer des grappes avant maturité, notamment pour réduire le rendement final des plants. Il arrive que cette méthode soit appliquée sur des cépages greffés et clonés dont on souhaitait, à l'origine, augmenter le rendement. Cette pratique est parfois critiquée, car elle peut aboutir à modifier le rapport entre le jus, la pellicule et la pulpe dans les baies et à donner des raisins de moindre qualité.

La maîtrise des rendements et de la vigueur de la vigne

Le rendement de la vigne s'exprime en poids de raisins (au kilo ou au quintal) ou en volume de jus (hectolitre) à l'hectare. Si la qualité du vin n'est pas uniquement fonction du rendement – les conditions météorologiques de l'année et le travail de vinification sont aussi des facteurs importants – elle est souvent liée à un rendement faible : plus une vigne est chargée en raisins, moins ceux-ci mûrissent correctement ; ils conservent après la vinification des arômes variétaux (apporté par le cépage) désagréables ou des tanins trop astringents.

LE ROSIER ET LA VIGNE

Dans certains vignobles, des plants de rosiers très décoratifs sont plantés au début de chaque rangée de vignes. Leur rôle est de prévenir le vigneron de la présence d'oïdium, une maladie cryptogamique qui atteint le rosier avant la vigne. Cette pratique ancienne servait de signal d'alarme aux vignerons pour traiter les vignes.

Pour limiter les rendements, les viticulteurs jouent sur la densité de plantation : plus il y a de pieds à l'hectare, plus la compétition entre eux est grande, et moins ils sont sujets à un excès de vigueur. Ils pratiquent parfois l'enherbement : l'herbe limite la vigueur de la vigne. Les vignerons s'attachent à maîtriser les rendements mais aussi la vigueur de la plante qui, trop intense, risquerait de retarder la maturation du raisin, et à respecter un bon équilibre entre fruit et végétation pour obtenir un raisin de qualité. Pour cela, ils procèdent à l'écimage (couper le sommet des rameaux), au rognage (suppression de rameaux et de feuilles autour du pied), à l'effeuillage (coupe des feuilles au niveau de la grappe). En France, les rendements, donc le volume de la production, sont limités par les règlements des IGP/vins de pays et des AOC. Ils sont susceptibles d'être augmentés lors des bonnes années.

La lutte contre les maladies de la vigne

La vigne est en butte à de nombreux fléaux : insectes (cicadelle, acariens), champignons (oïdium, mildiou, pourriture grise), bactéries, virus… Le plus célèbre est le phylloxéra, un puceron qui faillit anéantir les vignobles européens au XIXe siècle (voir page 42). Dès le début du cycle végétatif, les maladies menacent, surtout si le temps est doux et humide. La plupart d'entre elles ont pour effet de diminuer la récolte ou d'altérer sa qualité. Mais certaines, comme le phylloxéra, l'esca (maladie du bois) ou la flavescence dorée (transmise par la cicadelle) font périr la plante.

Les viticulteurs ont longtemps plébiscité l'emploi massif et préventif de solutions chimiques (pesticides, insecticides, fongicides). Mais face à l'efficacité toute relative de ces méthodes (développement de résistances naturelles chez les parasites et ravageurs), et à l'impact sur l'environnement, sur la santé (la leur et celle des consommateurs), voire sur la qualité des vins, ils recherchent des solutions moins agressives (voir page 83). Les partisans de la lutte raisonnée (ou intégrée) ne renoncent pas aux produits chimiques de synthèse ; ils ne sont donc pas considérés comme « bio ». Mais ils appliquent des traitements plus ciblés et plus efficaces à doses plus faibles ; ils ont également recours à des techniques culturales fondées sur l'observation (enherbement pour stopper l'érosion et maîtriser la vigueur de la vigne par exemple) et donc à revenir à des pratiques abandonnées au nom de la productivité. Ils respectent un cahier des charges et sont contrôlés par un organisme indépendant.

Les vendanges

Évaluer l'état de la maturité du raisin et choisir la date des vendanges est essentiel pour la qualité du vin. Dans une même appellation, cette date peut varier selon les terroirs, les cépages, les conditions climatiques, et d'une année à l'autre. La réglementation des appellations d'origine fixe seulement la date à partir de laquelle peuvent débuter les vendanges. Les vignerons ont donc tout loisir de choisir le moment qui leur semble le plus opportun. En France, les vendanges peuvent débuter dans la seconde quinzaine d'août pour les cépages précoces (voire plus tôt lors des années caniculaires ou dans les vignobles méridionaux) et se terminer début janvier pour d'exceptionnelles vendanges tardives. Dans l'hémisphère austral, elles ont lieu entre février et mai. Conséquence du réchauffement climatique, en l'espace d'un demi-siècle, elles interviennent plus précocement partout en France – par exemple avec 18 jours d'avance à Châteauneuf-du-Pape, selon l'Institut rhodanien.

Les vendanges à la machine sont aujourd'hui largement majoritaires. Les partisans de la récolte mécanique font valoir sa rapidité et l'économie de main-d'œuvre. Autre avantage, sa souplesse d'emploi : elle peut être utilisée de nuit, ce qui permet sous des climats chauds de garder aux raisins leur fraîcheur. Ses inconvénients ? Elle peut abîmer les vignes en les secouant pour faire tomber les raisins, et les sols en les tassant. Et certains utilisateurs doivent tout de même trier les mauvaises grappes à la main avant le passage de la machine, ou au chai, sur les tables.

Les vendanges manuelles exigent une main-d'œuvre qualifiée et reviennent donc plus cher, mais elles permettent de ne cueillir que les bons raisins et de les garder intacts. Les domaines prestigieux y restent attachés. Elles sont obligatoires pour certaines appellations de liquoreux ou encore pour les champagnes et autres vins de méthode traditionnelle.

DEUX VENDANGES PAR AN

Dans les régions où les températures ne sont jamais inférieures à 10-12 °C et dépassent 20 °C durant la majorité de l'année, le cycle végétatif de la vigne est plus long que sous les climats tempérés. Sous les climats tropicaux, la vigne peut ainsi produire deux à trois récoltes de raisins, de qualité inégale.

La vigne connaît un cycle végétatif variable selon les cépages, le terroir et le microclimat. Le vigneron accompagne ce cycle naturel en accomplissant différents travaux : on dit qu'il « conduit » la vigne.

• La taille, essentielle pour obtenir des raisins de qualité, varie selon les cépages et les terroirs, et il existe plusieurs méthodes.

• Les vignerons s'attachent à limiter les rendements (réglementés) et la vigueur de la vigne pour obtenir une meilleure qualité du vin.

• Pour combattre maladies et parasites, les viticulteurs tendent à se détourner du recours massif à la chimie, plébiscitée à l'époque productiviste. La lutte raisonnée limite l'emploi des engrais, désherbants et pesticides de synthèse dans l'entretien de la vigne et des sols et l'agriculture biologique les bannit.

• La date des vendanges dépend de la maturité du raisin. Elle dépend de nombreux facteurs : terroirs, cépages, climat, conditions météorologiques de l'année et type de vin souhaité.

• Les vendanges peuvent se faire à la main (qualité des grappes préservée) ou à la machine (rapidité, économie de main-d'œuvre, souplesse d'utilisation).

Zoom sur : l'agriculture biologique

Amorcé dans les années 1970, le mouvement bio est particulièrement dynamique en viticulture. Il faut dire qu'en raison de la virulence des maladies de la vigne, le recours à la chimie a longtemps été massif et agressif. L'agriculture biologique est encadrée par la loi française et européenne. Il existe plusieurs démarches, et des labels privés, souvent plus exigeants.

Démarches bio

Les producteurs en bio bannissent tout engrais, désherbant et pesticide de synthèse – avec une tolérance pour le soufre (contre l'oïdium) et le cuivre (contre le mildiou). En outre, pour bénéficier du logo, ils doivent respecter au chai un cahier des charges de vinification défini par l'Union européenne en 2012 (voir page 127). Avant cette réglementation qui a défini le vin bio, c'était le raisin qui était « bio ». La mention, sur les étiquettes, était la suivante : « vin issu de raisins de l'agriculture biologique » (ou « de raisins biologiques » ou « cultivés en agriculture biologique »).

Quant à la biodynamie, c'est une forme d'agriculture biologique inspirée par une vision du monde spiritualiste, soucieuse de l'harmonie universelle. Dans cette démarche, la plante est appréhendée dans ses liens avec le cosmos. Le calendrier des travaux est organisé en fonction du cycle et de l'influence de la lune et du soleil, une vieille pratique en agriculture. La vie du sol est assurée par des préparations naturelles (tisanes d'ortie, bouse de corne...) diluées à l'extrême selon les principes de l'homéopathie.

Le bio mode d'emploi

En France, l'agriculture « bio » a été reconnue par la loi de 1980, puis confirmée par divers règlements européens. Afin d'être autorisé à s'en prévaloir sur l'étiquette, le domaine doit notifier son activité à l'administration et passer par une période de conversion de trois ans durant laquelle il respecte les règles de l'agrobiologie sans pouvoir apposer de logo. Il doit passer un contrat avec l'un des organismes certificateurs privés accrédités par l'État, qui soumettent l'exploitation à des contrôles annuels, inopinés et approfondis, portant sur les parcelles, les lieux de stockage, de vinification, la comptabilité, etc.

LE « BIO » EN CHIFFRES

La filière viticole "bio" est particulièrement dynamique en France. Selon l'Agence Bio, entre 1995 et 2011, les surfaces de vignes conduites en bio (vignes en conversion incluses) ont été multipliées par 13, passant de 4 854 hectares à 64 801 ha. Elles représentent 7,4 % du vignoble français (moins de 4 % dans l'agriculture, toutes filières confondues). Plus des deux tiers des surfaces en vigne certifiées sont implantées dans le Languedoc-Roussillon, la Provence-Alpes-Côte d'Azur et l'Aquitaine.

Source : Agence bio.

LA VINIFICATION ET L'ÉLEVAGE

Vignerons ou maîtres de chai adaptent la vinification au type de vin recherché : rouge, blanc, rosé, tranquille ou effervescent, sec ou doux. La durée de vinification et d'élevage est très variable : moins de deux mois pour un vin rouge primeur, pour un rosé ou certains blancs, jusqu'à deux ans, voire davantage, pour un rouge élevé en fût de chêne. L'élaboration du vin mobilise des techniques éprouvées, grâce aux progrès de l'œnologie, et le vinificateur apporte sa touche personnelle, en fonction de sa démarche et des styles de vins qu'il affectionne.

La fermentation

Pendant des siècles, les hommes n'ont su expliquer la fermentation. C'est Louis Pasteur (1822-1895) qui a découvert que ce phénomène procédait de l'action de levures, champignons microscopiques qui vivent sur la pellicule des grains de raisin. Ce sont les mêmes levures qui font lever le pain. La fermentation alcoolique est la transformation, sous l'action de levures, des sucres du raisin en alcool éthylique (éthanol). Outre l'alcool, la fermentation permet l'apparition de nombreux produits secondaires (esters, glycérols...) qui contribuent à la saveur et aux arômes du vin. Elle s'accompagne d'un dégagement de gaz carbonique et de chaleur qu'il convient de maîtriser pour maintenir l'activité des levures : privés d'air, ces micro-organismes meurent ; dans le froid, ils ne travaillent plus ; par forte chaleur, ils finissent par périr. Cette métamorphose naturelle du raisin est surveillée par le maître de chai. Elle est favorisée par l'emploi de techniques plus ou moins sophistiquées et strictement réglementées (levures sélectionnées, enrichissements comme la chaptalisation, techniques de concentration, contrôle des températures...).

LES TYPES DE VINS

Ils sont définis par des caractères
très généraux du vin :

• la couleur : vins blancs, rouges et rosés.
À noter que les raisins rouges peuvent
donner des vins dans les trois couleurs
(pour produire du vin blanc,
on évite toute macération des peaux
dans les jus).

• la teneur en gaz carbonique.
Elle permet de distinguer les vins
tranquilles et les effervescents
(pétillants, mousseux).

• la teneur en sucres résiduels (sucres
du raisin non transformés en alcool) :
on distingue les vins secs (moins de
4 g/l de sucres), demi-secs (4 à 12 g/l),
moelleux (12 à 45 g/l) et liquoreux
(plus de 45 g/l). Pour les vins
effervescents, l'échelle est différente
et tient compte du dosage (sucre
souvent ajouté en fin de vinification).
La douceur tient à la richesse en sucres
des raisins. L'ajout d'alcool (mutage)
avant ou pendant la fermentation
permet aussi de conserver une partie
des sucres du raisin (cas des vins doux
naturels et des vins de liqueur).

La vinification des vins rouges

Égrappage et foulage

Les vins rouges tirent leur couleur de la macération des peaux du raisin, car la pulpe du raisin est le plus souvent incolore. Le raisin est parfois éraflé au préalable : les rafles, petits branchages supportant les baies, sont ôtées pour éviter les goûts herbacés. Cette pratique n'est pas généralisée, certains vinificateurs considérant que la rafle, riche en tanins, apporte davantage de structure au vin. Encore récemment, personne ne pratiquait l'éraflage en Beaujolais notamment, en raison du mode de vinification en vigueur dans ce vignoble, qui suppose des grains entiers. On n'égrappe pas non plus les raisins destinés à l'élaboration du champagne, dont les baies doivent, elles aussi, rester intactes.

Après l'éraflage, le raisin est foulé : on fait éclater délicatement les grains, sans écraser les pépins, afin de mettre en contact jus, pulpe, pellicule et levures, et de favoriser un départ rapide de la fermentation. Réalisé jadis avec les pieds, le foulage est le plus souvent mécanique.

Fermentation et macération

Le moût (jus non fermenté) est ensuite mis en cuve pour la fermentation. Au début de ce processus, le gaz carbonique fait remonter à la surface de la cuve les matières solides (peau, pépins et pulpe), qui forment un « chapeau » ou marc. Le vinificateur cherche à favoriser le contact entre le jus et le chapeau pour extraire couleur, tanins et arômes. Pour mener à bien l'extraction, il dispose de plusieurs techniques : le remontage, pratiqué notamment dans le Bordelais, consiste à prélever le jus en bas de la cuve pour le verser au-dessus du chapeau ; le pigeage, méthode utilisée essentiellement en Bourgogne, consiste à enfoncer le chapeau dans le jus. Plus ou moins poussée, l'extraction détermine un style de vin. Une forte extraction donne un vin très charpenté ; excessive, elle donne des vins dits surextraits, trop denses, trop tanniques, et donc déséquilibrés. Pour les vins rouges, la température de fermentation doit être suffisammemnt élevée (autour de 28 à 32 °C), car elle favorise l'extraction de la couleur et des tanins. Après l'extraction, le jus reste encore en contact avec le marc : c'est la macération, plus ou moins longue selon le caractère du vin souhaité, au moins deux ou trois semaines pour des vins de garde riches en tanins, quelques jours pour les vins légers et souples à consommer jeunes.

Décuvage et fermentation malolactique

Après la fermentation, le vinificateur fait s'écouler la partie liquide pour recueillir le vin de goutte (ou grand vin), tandis que le marc est pressé pour donner le vin de presse, plus âpre. Celui-ci peut être mélangé lors de l'élevage avec le vin de goutte pour renforcer la structure tannique de ce dernier. Vin de goutte et vin de presse sont remis en cuve séparément pour accomplir les fermentations d'achèvement : élimination des sucres résiduels et fermentation malolactique. Dans cette deuxième fermentation, l'acide malique du vin est transformé en acide lactique sous l'action de bactéries lactiques. Les vins ayant fait leur fermentation malolactique sont perçus comme moins nerveux en bouche. Après la fermentation, le vin est clarifié puis élevé en cuve ou en fût de chêne jusqu'à la mise en bouteilles.

LEVURES INDIGÈNES OU SÉLECTIONNÉES ?

Les levures présentes naturellement sur les pellicules des raisins sont dites indigènes. Pour activer leur effet, le vigneron utilise comme un levain une petite quantité de moût en fermentation récupérée sur une récolte antérieure. Il conserve ainsi les particularités de son vignoble. Il peut aussi recourir à des levures sélectionnées, fournies par le commerce sous forme déshydratée. Certaines d'entre elles modifient le caractère du vin et lui confèrent certains arômes – par exemple le célèbre arôme de banane. D'autres se contentent d'activer le processus de fermentation. Les vignerons « bio » préfèrent se limiter aux levures indigènes.

UNE VARIANTE, LA MACÉRATION CARBONIQUE OU SEMI-CARBONIQUE

La macération carbonique consiste à laisser fermenter des raisins introduits en grappes entières dans la cuve, sans éraflage ni foulage, dans une atmosphère saturée de gaz carbonique. La fermentation se déroule d'abord à l'intérieur des grains sous l'action d'enzymes qui se trouvent à l'intérieur des baies. Ce processus exalte le fruité du raisin. Dans la vinification semi-carbonique ou beaujolaise, le gaz carbonique n'est pas ajouté ; il provient de la fermentation classique des grains du fond de la cuve qui se retrouvent écrasés, tandis que la fermentation se développe au cœur des baies du haut de la cuve. Cette méthode, pratiquée en Beaujolais avec le cépage gamay, donne des vins fruités et souples comme le beaujolais nouveau.

La vinification et l'élevage

VINIFICATION DES VINS ROUGES

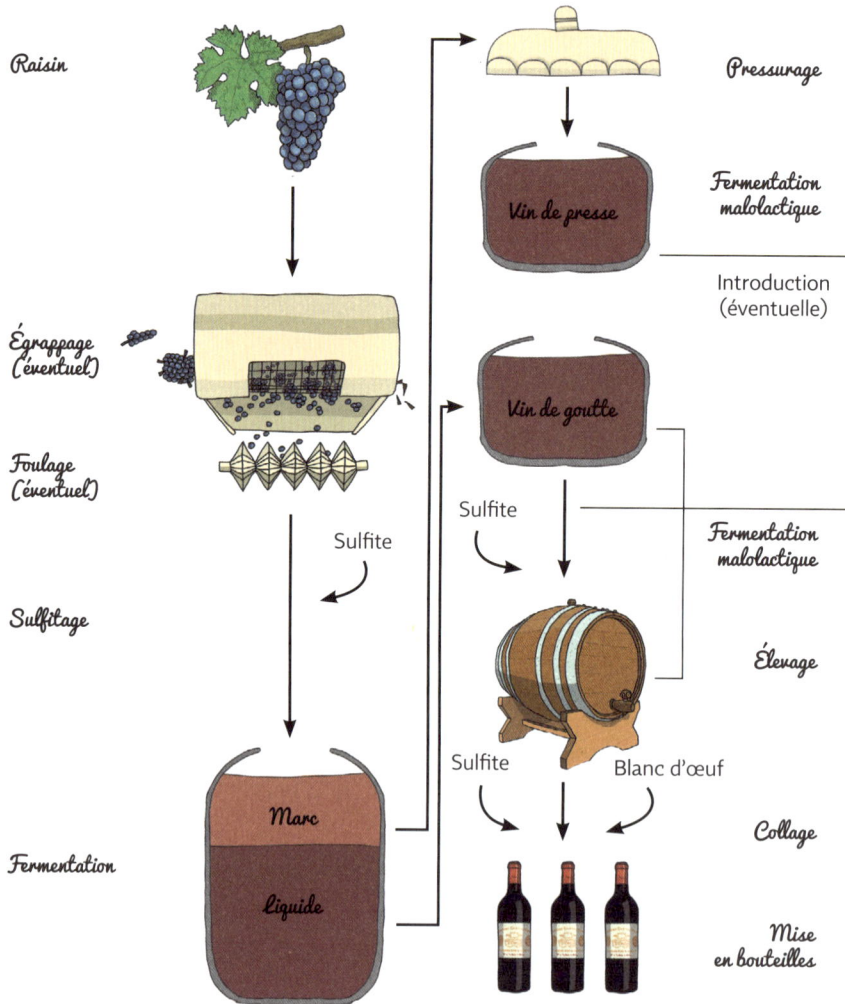

Raisin

Pressurage

Égrappage
(éventuel)

Vin de presse

Fermentation
malolactique

Foulage
(éventuel)

Introduction
(éventuelle)

Vin de goutte

Sulfite

Fermentation
malolactique

Sulfite

Sulfitage

Élevage

Marc

Sulfite

Blanc d'œuf

Collage

Liquide

Fermentation

Mise
en bouteilles

La vinification et l'élevage

VINIFICATION DES VINS BLANCS

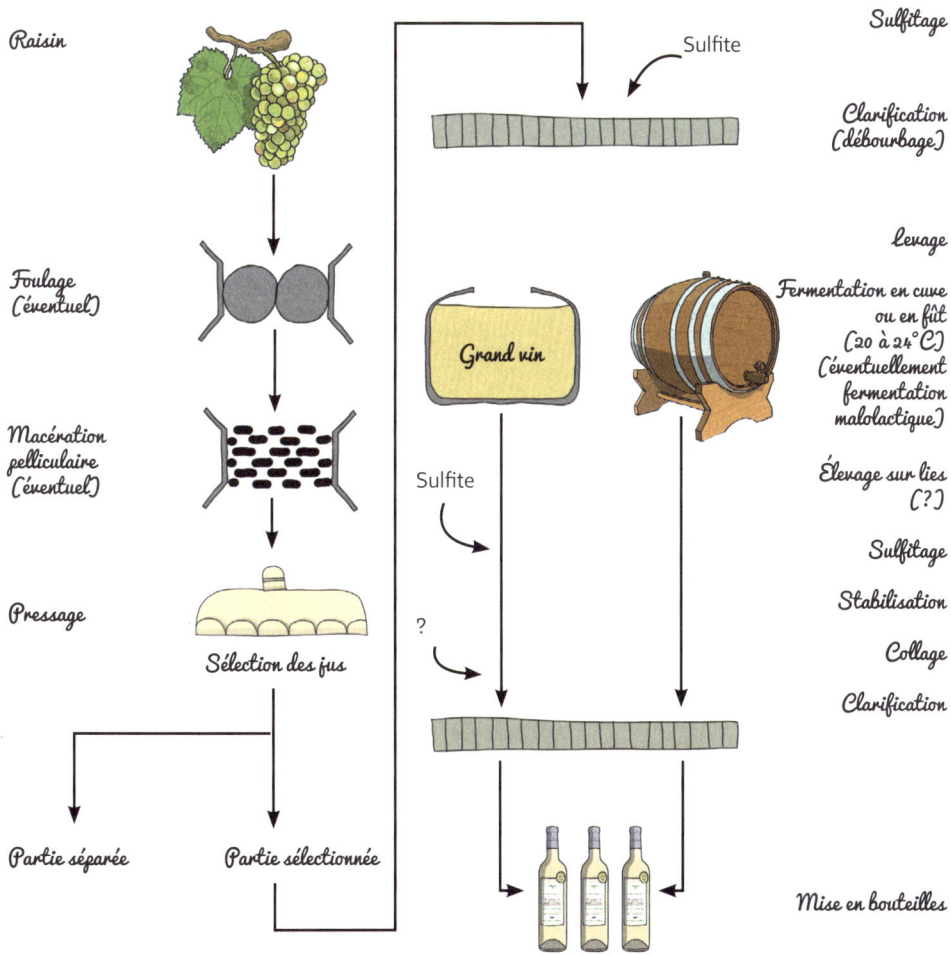

Raisin

Foulage
(éventuel)

Macération
pelliculaire
(éventuel)

Pressage

Sélection des jus

Partie séparée

Partie sélectionnée

Sulfite

Grand vin

Sulfite

?

Sulfitage

Clarification
(débourbage)

Levage

Fermentation en cuve
ou en fût
(20 à 24°C)
(éventuellement
fermentation
malolactique)

Élevage sur lies
(?)

Sulfitage

Stabilisation

Collage

Clarification

Mise en bouteilles

La vinification et l'élevage

La vinification des vins blancs

le pressurage avant la fermentation

Les vins blancs sont le plus souvent obtenus à partir des raisins de cépages blancs ; toutefois, il est possible d'en obtenir à partir de cépages rouges vinifiés à la manière des blancs, car la couleur du raisin provient de pigments situés dans la peau et non dans la pulpe. C'est le cas des champagnes blancs de noirs (voir page 226). Dans la vinification des vins blancs, le pressurage précède la fermentation alcoolique, contrairement aux vins rouges pressés après macération. En général, les raisins sont pressés directement, sans foulage ni égrappage, et seul le jus est mis en fermentation.

Dès que le jus s'écoule du pressoir, on clarifie le moût par débourbage : on laisse se déposer les résidus solides restés dans le jus (les bourbes) ou on les filtre. Une fois le moût débarrassé de ces impuretés, la fermentation peut débuter, menée en cuve ou en barrique. La température de fermentation (18-20 °C) est inférieure à celle souhaitable pour les vins rouges, car trop élevée, elle conduit à une perte d'arômes.

Alors que la fermentation malolactique est systématique pour les vins rouges, elle n'est pratiquée pour les blancs que si l'on désire leur donner plus de gras et d'ampleur. C'est le cas des grands vins blancs de Bourgogne, issus de chardonnay et élevés en fût. Si le vinificateur souhaite privilégier la vivacité dans le vin, la « malo » est évitée.

LE RÔLE DU SOUFRE DANS LE VIN

Pour protéger le vin en cours de vinification ou d'élevage contre les risques d'oxydation ou d'attaques par des bactéries indésirables, l'ajout de dioxyde de soufre (sulfitage) est une des méthodes les plus éprouvées et les plus anciennes. Anti-oxydant et antiseptique, même à faible dose, le soufre ne détériore guère la qualité du vin. Toutefois, utilisé à l'excès, il peut provoquer des allergies et des migraines, si bien que des teneurs maximales sont fixées pour chaque type de vin et que les pratiques actuelles tendent à limiter les doses. L'Union européenne impose de signaler la présence de sufites à partir d'un certain seuil, très bas. La vinification bio admet le soufre, mais à doses inférieures à celles de la vinification conventionnelle. Les vins sans soufre sont à la mode, mais ils sont souvent fragiles.

le cas des vins doux (liquoreux et moelleux)

Les vins doux proviennent de raisins riches en sucres. Avant que tous ces sucres n'aient été transformés en alcool, on arrête la fermentation par ajout de soufre, passage au froid et filtration. Au sein des vins doux, les vins blancs sont largement majoritaires. On distingue les moelleux et les liquoreux selon leur taux de sucres résiduels.

UNE VARIANTE : LA MACÉRATION PELLICULAIRE

Pour certains blancs, on pratique parfois avant le pressurage une courte macération à froid des raisins, dite préfermentaire ou pelliculaire. Cette technique a pour but d'exalter les arômes fruités et de donner plus de rondeur. Dans ce cas, les raisins sont éraflés et foulés avant pressurage.

Les liquoreux. Ils contiennent plus de 45 g/l de sucres résiduels, une proportion qui peut dépasser parfois 300 g/l ! Leur degré alcoolique varie de 12,5 à 16 % vol. Ils sont élaborés grâce à des raisins surmûris dont la concentration en sucres peut tenir à plusieurs facteurs.

Le passerillage est le dessèchement des raisins. Les grappes se dessèchent sur le pied à l'arrière-saison (cas du jurançon notamment) ou après la récolte, comme dans les vins de paille – ainsi nommés car les raisins destinés à leur élaboration sont mis à sécher pendant au moins six semaines sur des lits de paille ou sur des claies, ou sont suspendus dans un grenier bien aéré. Pour obtenir ces vins très liquoreux, originaires du Jura, et de manière confidentielle de la vallée du Rhône (hermitage), on favorise l'évaporation de l'eau contenue dans les raisins (déshydratation), jusqu'à ce qu'ils soient flétris comme des raisins de Corinthe. Puis les grappes sont pressurées, et le moût mis en fût pour la fermentation. Un long vieillissement vient parfaire l'ouvrage. La pourriture noble est provoquée par le développement sur la peau des baies du champignon Botrytis cinerea, qui rend la pellicule du raisin perméable. L'eau contenue dans le raisin s'évapore alors, d'où la concentration en sucres et l'apparition d'arômes confits et rôtis. On parle de raisins botrytisés. Le développement irrégulier du champignon impose une récolte en plusieurs passages (vendanges par tries successives). La formation de la pourriture noble est favorisée par la présence de brumes automnales le long de cours d'eau, comme dans le Sauternais, la vallée du Layon, le Rheingau, la région de Tokaj. Les alsaces sélections de grains nobles sont également issus de raisins botrytisés.

VINS DE GLACE ET CRYO-EXTRACTION

Provenant surtout d'Allemagne, d'Autriche et du Canada, ces vins liquoreux sont issus de vendanges si tardives (en janvier parfois) que les raisins sont cueillis gelés et pressés tels quels. Lorsque les baies sont récoltées gelées, on parle de vin de glace (eisswein, icewine). Un procédé beaucoup plus rapide et moins contraignant consiste à reproduire les conditions de production d'un vin de glace en congelant partiellement les raisins en chambre froide, pour les pressurer ensuite à basse température (cryo-extraction).

Les moelleux. Ils contiennent 12 à 45 g/l de sucres. Cette richesse est due à des vendanges très mûres, mais qui n'ont pas été concentrées par le passerillage ou la pourriture noble. Quand la fermentation a généré le taux d'alcool requis (environ 12 % vol.), le vigneron stoppe l'activité des levures pour garder les sucres non fermentés. Cette richesse en sucre apporte de la rondeur et de l'ampleur aux vins. De nombreuses régions produisent ce style de vins : coteaux-du-layon, vouvray et montlouis-sur-loire dans la vallée de la Loire, gaillac et pacherenc-du-vic-bilh dans le Sud-Ouest, vendanges tardives en Alsace…

La vinification des vins rosés

Le rosé est un vin à part entière : il ne s'agit pas d'un mélange de vins rouges et de vins blancs, pratique interdite par la réglementation française et européenne pour les vins de qualité. Une exception : le champagne rosé, dont la couleur est parfois ajustée par un ajout de vin rouge. C'est à partir de cépages rouges que l'on obtient un vin rosé (même si une petite proportion de raisins blancs est admise dans la cuve pour certains rosés méridionaux comme le tavel). Il existe deux méthodes pour y parvenir : la saignée ou le pressurage direct.

Les rosés de pressurage direct. Ils sont vinifiés comme pour élaborer un vin blanc. Un léger pressurage permet d'obtenir un moût de couleur pâle, et les rosés ainsi élaborés, parfois appelés vins gris, sont très clairs, frais et fruités, à consommer jeunes.

Les rosés de saignée. Leur vinification débute comme celle d'un vin rouge : foulage, puis courte macération des raisins (entre 9 et 36 h). La cuve est ensuite « saignée » : une partie du liquide est écoulée, puis vinifiée. De couleur souvent plus soutenue que les rosés de pressurage (variable selon la durée de macération), les rosés de saignée apparaissent légèrement tanniques. Les clairets sont des rouges légers. La technique de la saignée, ancienne, est également utilisée pour obtenir des vins rouges plus concentrés : l'écoulement du vin encore rosé permet une diminution du volume de jus par rapport au marc. Les rosés n'étant généralement pas destinés à la garde, ils sont mis rapidement en bouteilles pour conserver la fraîcheur et les arômes de jeunesse.

La vinification des vins effervescents

Les bulles : du gaz carbonique en surpression

Sous le nom d'effervescents, on désigne tous les champagnes, mousseux et pétillants : ces vins contiennent un volume important de gaz carbonique en surpression (supérieure à 3 kg), qui se détend à l'ouverture de la bouteille. Cette caractéristique explique le célèbre bruit du bouchon qui saute, la libération de la mousse à l'ouverture de la bouteille et les chapelets de bulles qui montent à la surface du verre. Selon le taux et la pression du gaz carbonique présent dans le vin, on obtient des profils différents : dans les vins pétillants, à la bulle légère, le taux et la surpression du gaz carbonique sont environ deux fois plus faibles, et plus encore dans les vins perlants, à la bulle peu mobile, qui ne sont plus vraiment des effervescents. Pour obtenir un vin effervescent, il faut conserver le gaz carbonique dans le récipient de vinification. Plusieurs méthodes sont possibles.

La méthode traditionnelle

C'est la méthode champenoise (terme réservé par la réglementation à la seule Champagne), appelée dans les autres régions « méthode traditionnelle » (saumur, vouvray, montlouis-sur-loire et tous les crémants). Elle produit les effervescents les plus complexes et les plus réputés. On vinifie d'abord un vin tranquille. Pour obtenir le dégagement de gaz carbonique à l'origine de la prise de mousse, on ajoute au moment de la mise en bouteille un mélange de sucres et de levure, appelé liqueur de tirage. Il se produit alors une seconde fermentation. Tous les sucres se transforment en alcool et, au cours du processus, du gaz carbonique se libère, piégé dans le flacon. Pendant l'élevage, d'une durée variable selon la qualité visée, les bouteilles sont conservées en position horizontale ; le vin reste sur ses lies, formées par les levures mortes, et ce contact modifie sa structure tout en lui apportant de nouveaux arômes. À l'issue de l'élevage, le remuage a pour but de permettre au dépôt formé par les lies de s'accumuler dans le goulot. Les bouteilles sont régulièrement remuées (à la main, sur un pupitre, ou mécaniquement)

et de plus en plus inclinées, goulot en bas. Lorsque le dépôt a rejoint le niveau du bouchon, on procède au dégorgement – l'expulsion du dépôt après congélation du goulot. Pour combler le vide laissé par l'expulsion, on ajoute une liqueur, mélange de sucre et de vin (liqueur de dosage ou d'expédition), dont la teneur en sucres définit le style du vin : extra-brut, brut, sec, demi-sec, doux.

CHAMPAGNE ET CRÉMANT, QUELLE DIFFÉRENCE ?

La méthode d'élaboration est globalement la même, mais les Champenois se sont réservé le terme de méthode champenoise. Les différences tiennent parfois aux cépages employés, qui sont ceux cultivés dans les régions (par exemple on peut trouver du poulsard ou du savagnin dans le crémant-du-jura, du chenin dans la vallée de la Loire). Enfin, le temps de vieillissement est plus court pour les crémants que pour les champagnes (un an minimum après la prise de mousse pour les crémants, contre quinze mois minimum pour les champagnes non millésimés.

Variantes économiques

Méthode moins qualitative que la méthode traditionnelle, la méthode transfert évite le remuage des bouteilles. Dans la méthode Charmat ou « cuve close », la seconde fermentation ne se produit pas en bouteille, mais dans une cuve close hermétiquement. Le procédé est plus industriel, plus rapide et moins coûteux que la méthode traditionnelle. Produisant des vins plus simples, il n'est pas admis en France pour les effervescents en AOC. Il est parfois utilisé en Italie et en Allemagne.

La méthode ancestrale

Appelée aussi méthode rurale, c'est la plus ancienne méthode d'élaboration des effervescents. Le vin est mis en bouteille avant la fin de la fermentation, alors qu'il conserve une partie de ses sucres ; la fermentation repart dans le flacon, sans ajout de liqueur de tirage. Le repos du vin sur lies est assez bref (quatre mois), si bien que le sucre n'a pas été entièrement transformé en alcool, et l'on n'ajoute pas de liqueur de dosage avant la mise en bouteille. On obtient des vins assez doux, fruités et légers. C'est la méthode utilisée pour la blanquette-de-limoux ou la clairette-de-die, par exemple.

La gazéification

La mousse est obtenue par injection de gaz carbonique directement dans la cuve. Le procédé est à l'origine de « vins mousseux gazéifiés » qui représentent le bas de gamme des effervescents. Il n'est jamais admis pour les vins d'appellation.

La vinification des vins mutés

Le mutage consiste à ajouter de l'alcool avant, pendant, voire après la fermentation. Lorsqu'il intervient avant la fermentation, on obtient des mistelles (vins de liqueur) aux arômes de fruits frais ; pratiqué en cours ou en fin de la fermentation, il donne des vins doux naturels (VDN), comme les rivesaltes, maury, banyuls, et les muscats des vignobles méditerranéens comme le muscat-de-beaumes-de-venise, le muscat-du-cap-corse, le muscat-de-frontignan... Pour ces VDN, on utilise de l'alcool neutre (sans goût). Pour les vins de liqueur, on emploie de l'eau-de-vie de vin (armagnac, cognac) ; c'est le cas du floc-de-gascogne, du pineau-des-charentes et du macvin-du-jura en France, ainsi que du porto et de certains xèrés.

L'ajout d'alcool a pour conséquence l'interruption de la fermentation, ce qui conserve une grande quantité de sucres résiduels dans le vin. Il intervient à des moments différents selon la richesse en sucres souhaitée, donnant suivant les cas des secs, demi-secs, demi-doux ou doux. En rouge, l'alcool est parfois ajouté sur le vin avant pressurage (mutage sur grains) ; on obtient ainsi plus de couleur, d'arômes, de puissance et de tanins pour des vins élevés à l'abri de l'air qui seront de longue garde. Selon leur élevage, qui les expose ou non à l'air, les vins mutés offre des profils très divers.

La vinification des vins de voile

Malgré leur teinte dorée, il s'agit de vins secs, élevés en fût sans ouillage – une pratique qui consiste à remplacer régulièrement le vin qui s'évapore progressivement à travers le bois légèrement poreux du tonneau. Alors qu'habituellement, on évite le contact du vin avec l'air, qui provoque une oxydation, le vin de voile, lui, résulte d'une oxydation très lente (c'est « l'oxydation ménagée »). Comment ce phénomène le plus souvent dommageable reste-t-il ici mesuré ? Dans certains milieux, il se forme à la surface du liquide un voile de levures qui le protège et qui joue le rôle d'un filtre entre l'oxygène et le vin. Cet élevage particulier donne une couleur proche du jaune d'or et fait s'épanouir de surprenants arômes de noix. En France, les représentants les plus renommés de ce type sont les vins jaunes du Jura, élaborés à partir du cépage savagnin, élevés six ans et trois mois et embouteillés dans la célèbre bouteille clavelin (62 cl) ; quelques vignerons de Gaillac élaborent des vins de voile, mais l'autre grand pourvoyeur de ce style de vin est l'Espagne, avec le xérès fino d'Andalousie.

L'élevage

Clarifier et stabiliser

La vinification terminée, le vin est trouble, chargé de gaz carbonique. Le maître de chai doit lui apporter toute une série de soins, le clarifier, le stabiliser, l'affiner pour obtenir une qualité optimale. C'est la phase d'élevage, en cuve ou en fût, pendant laquelle le vin prend son caractère définitif. Au terme de la fermentation, on procède à la clarification : les lies – dépôts au fond de la cuve ou du tonneau pouvant provoquer maladies et goûts désagréables – sont séparées du vin par des soutirages (on transvase le vin dans une cuve ou une barrique vide sans remuer les lies) plus ou moins répétés selon le style de vin recherché. Dans certains vins blancs néanmoins, les lies dites « fines » sont remises en suspension par bâtonnage (remuage) afin de donner gras, complexité aromatique et ampleur au vin. Cet élevage « à la bourguignonne » est appliqué à la production de vins blancs de garde et a conquis beaucoup d'autres régions. On l'applique même à certains vins rouges. Le collage – ajout d'une colle (gélatine, blanc d'œuf...) qui entraîne les particules en suspension dans le bas du récipient – permet également de clarifier le vin avant sa mise en bouteilles. En cours d'élevage, le vin s'évapore. Afin de le protéger de l'oxydation par contact avec l'air, le maître de chai fait régulièrement le plein de la barrique ou de la cuve (ouillage). Autre soin apporté lors de l'élevage : éviter les dépôts de tartre qui risquent de se retrouver dans la bouteille, en passant le vin au froid (0 à 5 °C). Le dioxyde de soufre peut être utilisé pendant l'élevage afin de protéger le vin des bactéries et de l'oxydation.

LES VINS CUITS

Ils sont souvent assimilés, à tort, aux vins doux naturels. La tradition de cuisson des vins à la chaleur du feu remonte aux Romains et perdure dans le Sud de la France (Provence, Languedoc-Roussillon, Sud-Ouest). Ces vins cuits n'entrent pas dans la catégorie des vins d'appellation. En revanche, les célèbres madères sont bien issus de vins chauffés après mutage à l'alcool.

« NON COLLÉ, NON FILTRÉ »

On lit parfois sur les étiquettes la mention « non collé, non filtré ». Certains vignerons, estimant que le collage et la filtration appauvrissent le vin (ce qui n'est pas le cas lorsque ces opérations sont bien menées, avec modération), élaborent des vins sans coller ni filtrer, ce qui donne souvent des vins très extraits, denses, avec beaucoup de mâche, à la limite de la rusticité. Un style qui a ses amateurs.

Cuve ou fût ?

On peut élever le vin en cuve ou en fût ou associer les deux. La cuve a pour principaux atouts une surveillance de la température et une protection contre l'oxydation plus aisées, une meilleure conservation des arômes frais et fruités du vin jeune – c'est pourquoi la plupart des vins blancs secs sont élevés en cuve – et un coût d'investissement et de main d'œuvre plus faible que le fût. Les inconvénients ? Parfois des goûts de réduit, une clarification plus lente et donc des soutirages plus fréquents. Le fût de chêne, traditionnel dans l'élevage des crus de prestige, libère des tanins qui stabilisent ceux du vin et apportent de la structure et des arômes spécifiques (vanille, épices, café...). Le vin doit être suffisamment solide pour que son fruit ne soit pas masqué par ces apports. C'est pourquoi l'usage de la barrique (ou fût) est généralement réservé aux vins charpentés, aptes à la garde. Le fût facilite en outre les échanges avec l'air, provoque une oxydation très douce qui assouplit les tanins et facilite la clarification. Les inconvénients du fût ? Son coût. Les barriques sont chères, ont une durée de vie limitée ; elles requièrent un entretien drastique, une main-d'œuvre qualifiée, de la place pour les entreposer. Enfin, l'élevage sous bois prend du temps – en moyenne un an et demi pour les grands crus – pour que le chêne s'harmonise parfaitement avec le vin.

Les copeaux de chêne

Afin de donner un goût de boisé aux vins sans les passer en fût, certains viticulteurs utilisent de petits morceaux de chêne qu'ils ajoutent dans la cuve. Les adeptes de cette pratique autorisée mais décriée (du moins en Europe) la justifient par une économie de temps et de coût pour des qualités organoleptiques identiques, ou encore par une diminution du risque sanitaire (conservés hermétiquement et n'étant utilisés qu'une fois, les copeaux n'apportent pas de bactéries). Ses détracteurs affirment que le fût de chêne n'est pas utilisé pour donner un goût boisé mais pour affiner le vin, pour lui apporter des tanins, de la structure et donc une plus grande capacité de garde. Le vin dans le bois, et non le bois dans le vin en somme...

les assemblages

Pratique courante, l'assemblage consiste à mélanger, dans un but qualitatif, des vins de même provenance géographique mais généralement issus de cépages vinifiés séparément. Cette vinification séparée permet de récolter chaque variété à maturité optimale et de lui appliquer les méthodes de vinification les plus adaptées. Néanmoins, dans des régions méridionales, comme à Châteauneuf-du-Pape, les cépages sont parfois mélangés dans la cuve de fermentation afin de jouer sur leur « fusion » aromatique. Le vigneron associe parfois aussi des vins d'un même cépage produits sur des terroirs différents d'une même appellation. Grâce à l'assemblage, le vinificateur associe des caractères propres à chaque cépage et à chaque terroir, qui lui semblent complémentaires, en vue d'élaborer un vin plus complexe. En Bourgogne, où les vins proviennent le plus souvent d'une seule variété (pinot noir ou chardonnay), les vignerons jouent plutôt sur l'influence des terroirs. Les Bordelais et les vignerons du Sud de la France pratiquent volontiers l'assemblage, chaque cépage jouant sa partition. Une restriction cependant : les vins mis en bouteilles à la propriété (au château) ne peuvent être assemblés qu'avec des vins ou des raisins issus du même domaine. Quant aux vins d'appellation d'origine des négociants ou des coopératives, qui sont souvent des assemblages, ils ne peuvent provenir que des vignobles classés dans l'aire d'appellation correspondante.

L'ŒNOLOGIE

L'œnologie, science et technique de l'élaboration et de la conservation des vins, entretient de nombreux rapports avec la physique, la chimie et la biologie. On parle parfois de « vins d'œnologue » : cette expression péjorative vise à dénoncer les recettes uniformes appliquées à toutes sortes de vins, quels que soient le cépage et le terroir. Aujourd'hui, un bon œnologue connaît parfaitement les vignes, le terroir, et assume une mission de conseil auprès du vigneron. Il y a encore quelques années, le viticulteur se contentait de confier ses raisins à un œnologue, que l'on appelait aussi « chimiste » ou « médecin du vin ». Les vignerons sont de plus en plus nombreux à maîtriser ces connaissances scientifiques, quand ils ne sont pas eux-mêmes œnologues.

FOUDRES ET AUTRES TONNEAUX

Le terme « fût » désigne tous les types de récipients en bois destinés à l'élevage du vin. Ces tonneaux varient en taille et changent de nom selon les régions. Utilisés notamment en Alsace, les foudres sont des tonneaux de grande capacité (200 à 300 hl). Rarement en bois neuf, ils ne lèguent pas d'arômes boisés au vin. Les feuillettes sont de petits tonneaux, de 136 l dans le Chablisien, et de 114 l en Côte-d'Or. La barrique bordelaise a une contenance de 225 l, la pièce bourguignonne de 228 l. Le demi-muid peut contenir 600 l. À chacun son tonneau...

La mise en bouteilles

Une fois l'élevage arrivé à son terme, le vin est mis en bouteilles. Cette dernière étape nécessite beaucoup de soins et de propreté afin de ne pas contaminer le vin, de le garder aussi stable que possible et de respecter le volume indiqué. Les vins sont aujourd'hui embouteillés sur des chaînes automatiques qui lavent, remplissent, bouchent, étiquettent et conditionnent les bouteilles. La tâche est le plus souvent confiée à des sociétés spécialisées. Certains négociants assurent eux-mêmes l'embouteillage. Quant au choix de la bouteille et des bouchons, il est fonction de la qualité des vins et de leur aptitude à la garde. Car après l'embouteillage, le vin continue sa vie : sa couleur évolue, tout comme ses arômes et sa structure.

ASSEMBLAGE DE MILLÉSIMES EN CHAMPAGNE

La situation septentrionale du vignoble champenois ne permet pas de présenter chaque année un champagne millésimé de qualité. Il est donc possible – et courant – d'assembler des millésimes dans ce vignoble, pour obtenir des bruts sans année. Il en va de même dans les autres vignobles producteurs d'effervescents. Les vignerons champenois ont créé une sorte de banque de vins – les « vins de réserve » – dans laquelle le chef de cave puise pour réaliser des cuvées qui ne pourront être millésimées.

LE COUPAGE

On ne confondra pas assemblage et coupage. Ce dernier consiste à mélanger des vins d'origines différentes (cas des vins sans indication géographique, les « vins de France »). Il ne peut donc être pratiqué dans les appellations d'origine contrôlée ni dans les IGP/vins de pays. De même, un rosé n'est pas le fruit d'un coupage entre vins rouges et vins blancs. Cette pratique, employée par certains pays du Nouveau Monde comme l'Australie, a pourtant alimenté la chronique viticole en 2009 après que la Commission européenne a proposé de lever l'interdiction sur ce type de coupage pour l'élaboration des vins de table rosés. Devant la fronde des vignerons européens, le projet a été annulé.

EN RÉSUMÉ

La fermentation alcoolique est la transformation des sucres en alcool sous l'action des levures.

• En fonction du type de vin souhaité, les modes de vinification varient.

• Le vin rouge est issu de la macération plus ou moins longue des parties solides (pellicules, pépins) dans le jus issu des raisins éraflés et foulés ; le vinificateur cherche à en extraire couleur, arômes et tanins.

• Le vin blanc est le plus souvent issu du jus pressé sans la pellicule ni la pulpe du raisin (pressurage direct), clarifié puis fermenté.

• Les vins rosés sont élaborés par saignée (macération comme pour un vin rouge, mais séparation précoce du jus des parties solides pour obtenir la couleur souhaitée) ou par pressurage direct (vinification de raisins rouges comme pour un vin blanc).

• Les vins peuvent être secs, demi-secs, moelleux ou liquoreux en fonction du taux de sucres résiduels, la plupart des rouges étant secs.

• Les vins effervescents sont obtenus par plusieurs techniques, dont la plus ancienne est la méthode ancestrale et la plus réputée est la méthode traditionnelle (prise de mousse par seconde fermentation en bouteille comme pour le champagne).

• Il existe d'autres vinifications spéciales : mutage à l'alcool, vinification sous voile.

• L'élevage, en cuve ou en fût, consiste à apporter au vin toute une série de soins jusqu'à la mise en bouteilles pour obtenir une qualité optimale.

LE MILLÉSIME

Nombreux sont ceux qui ont un jour ou l'autre consulté un tableau des millésimes pour voir comment étaient notés les vins de leur année de naissance ou de celle d'un proche, en pensant déjà au futur cadeau qu'ils pourraient faire pour les trente ans ou le demi-siècle à venir. Alors, quelle joie... ou quelle déception à la lecture des « résultats » ! Pour l'amateur, le millésime est une notion essentielle, qui détermine la date d'apogée du vin et sinon sa qualité, son potentiel de garde.

L'année de naissance du vin

Date de naissance du vin, le millésime figurant sur l'étiquette correspond obligatoirement à l'année de la cueillette des raisins. Un millésime 2008 est un vin élaboré avec des fruits vendangés en 2008 (une exception, les rares vins de glace issus d'une récolte effectuée en janvier, qui portent le millésime de l'année précédente). La mention du millésime n'est pas obligatoire. Elle est même interdite pour les vins issus d'un assemblage de plusieurs années (certains champagnes et crémants, des vins de liqueurs comme le pineau-des-charentes et de nombreux styles de portos). Depuis peu toutefois – mondialisation oblige ! –, la réglementation européenne autorise la mention du millésime sur l'étiquette d'un vin pouvant contenir jusqu'à 15 % de vin d'une autre année.

Qu'est-ce qu'un bon millésime ?

La qualité d'un millésime dépend des conditions climatiques enregistrées durant les quatre saisons de l'année correspondante, et notamment pendant la période de la maturation (de la véraison aux vendanges). Les millésimes tardifs sont souvent difficiles, car le risque d'intempérie au moment des vendanges est plus grand ; les années caniculaires sont tout aussi délicates, qui entraînent blocages de maturité et risquent de produire des vins peu acides, chauds et lourds. On doit aussi juger les conditions du millésime à l'aune du climat régional et local, voire du microclimat. Par exemple, le millésime 2004 est bien meilleur pour les blancs liquoreux de la région de Bergerac que pour ceux du Sauternais. La qualité peut aussi varier en fonction du cépage. Dans une même appellation et un même millésime, des différences existent entre les parcelles et les domaines. Car le travail du producteur influe sur la qualité du millésime : certains n'hésitent pas par exemple à sacrifier une partie de leurs raisins pour favoriser la maturité des autres. C'est pourquoi l'on parle de « millésimes de vigneron » pour évoquer les années délicates où les choix et l'implication des producteurs conditionnent la réussite. De manière générale, une bonne année voit se succéder un hiver froid, un printemps clément, un été ensoleillé et frais la nuit.

Pour les vendanges, période cruciale, le soleil et le vent sont préférables à la pluie et au froid. La vigne n'apprécie pas la sécheresse, les orages, surtout accompagnés de grêle, les atmosphères à la fois humides et chaudes favorisant la pourriture grise. Un millésime doit donc être équilibré pour donner des vins de garde : apporter ce qu'il faut d'acidité pour les blancs (trop d'acidité, et le vin est raide, pas assez et il est mou) ; et ce qu'il faut de maturité des tanins pour les rouges.

Bordeaux n'est pas la France

Chaque année, au mois de septembre, les médias se tournent vers Bordeaux pour juger de la qualité du millésime en France. Or, pour le millésime 2000, les rouges sont globalement excellents à Bordeaux, mais médiocres en Bourgogne ; en 2003, en revanche, les rouges de Bourgogne sont meilleurs que ceux de Bordeaux. 2002 ? Honnête sans plus à Bordeaux, superbe en Champagne, sinistré dans la vallée du Rhône. 2007 ? Remarquable dans la vallée du Rhône, de petite garde en Gironde. Donc, pas de jugement hâtif ! Il convient d'ailleurs de relativiser la notion de qualité des millésimes. Les petits millésimes offrent des vins plus simples d'accès, sans grandes perspectives de garde mais qui peuvent se révéler excellents à boire jeunes. Les tableaux de millésimes sont donc à considérer comme des indicateurs généraux, donnant des tendances larges, des moyennes qui prennent en compte ni les microclimats ni le travail des producteurs à la vigne et au chai. Prudence également à l'égard des notes de dégustation pour les ventes de grands crus bordelais en primeur ; elles portent sur des échantillons prélevés sur fût ou sur cuve, avant assemblage, qui peuvent encore largement évoluer lors de l'élevage.

MILLÉSIMES MÉMORABLES

Rares sont les millésimes qui brillèrent dans toutes les régions. On peut citer néanmoins 1945, 1947, 1961, 1989, 2005. Quant au millésime 2000, s'il n'a pas démérité, son succès fut avant tout lié à l'effet « médiatique » du nouveau millénaire.

EN RÉSUMÉ

• Date de naissance du vin, le millésime correspond à l'année de la vendange.
• Ses caractéristiques sont déterminées non seulement par les conditions climatiques générales, mais aussi et surtout par les microclimats, le cépage et par la compétence du viticulteur et du maître de chai.
• Pour un même millésime, les conditions varient d'une région, d'une appellation ou même d'une parcelle à l'autre.

CHOISIR ET ACHETER LE VIN

Sur les linéaires des grandes surfaces et sur les rayons des cavistes, les bouteilles s'alignent en nombre pléthorique : une diversité qui a de quoi dérouter le néophyte. Pour choisir son vin en ayant toutes les cartes en mains, il est utile de connaître toutes les facettes de cette offre si diverse.

• La réglementation : l'Union européenne classe les vins des pays membres en fonction de leur provenance et de leur rapport au terroir. Elle distingue les vins « sans indication géographique », à la base de la hiérarchie, et les appellations d'origine protégée, plus connues en France sous le nom d'appellation d'origine contrôlée. Fer de lance du « modèle à la française », les AOC garantissent le respect du terroir et des méthodes de vinification et d'élevage éprouvées.

• Le style : le vin se décline en une large palette de types et de styles. Rouges, blancs secs, moelleux, liquoreux, vins effervescents... Autant de types, autant de goûts divers. Et chaque grand type offre plusieurs profils.

• L'étiquette : carte d'identité du vin, elle apporte également des informations utiles, si l'on garde une certaine distance critique.

• La bouteille : le contenant offre lui aussi quelques indices sur le caractère du vin, notamment sur son aptitude à la garde. Tout comme le bouchon.

• Les circuits d'achat : si la grande distribution est devenu le principal acteur en matière de commercialisation, les circuits d'achat sont nombreux et variés, chacun offrant avantages et inconvénients. On choisira son mode d'achat selon ses propres critères et ses priorités : les prix pratiqués, le conseil apporté, l'étendue et la qualité des sélections proposées.

Vin de la Communauté européenne, vin de France, indication géographique protégée, appellation d'origine protégée : la réglementation de l'Union européenne classe les vins selon leur origine et leur rapport au terroir. Des règles strictes définissent l'appartenance à l'une ou l'autre de ces catégories, qui s'ordonnent en un système hiérarchique. En haut de la pyramide : les appellations d'origine protégée ou contrôlée (AOP/ AOC), garantes du respect d'un terroir et d'usages strictement codifiés. Au sein des appellations d'origine contrôlée ont parfois été classés des crus, le nec plus ultra de l'offre. Si le modèle français a influencé l'Europe, et au-delà le Nouveau Monde, l'UE, aujourd'hui à la source du droit viticole, a infléchi la réglementation dans un sens plus libéral.

Les appellations d'origine contrôlée

Une réaction aux crises

Si au Moyen Âge, les moines avaient délimité des parcelles viticoles en Bourgogne, la notion d'appellation d'origine contrôlée prend sa source dans les crises du XIXe siècle, en particulier dans la crise phylloxérique. En réaction aux fraudes nées de la pénurie de vin (voir page 43) et pour protéger les productions régionales traditionnelles, les pouvoirs publics ont mis progressivement en place l'édifice des appellations d'origine contrôlée, codifié en 1935. Ce système a été repris dans ses grandes lignes par l'Union européenne.

L'équivalent européen de l'appellation d'origine contrôlée (AOC) est l'appellation d'origine protégée (AOP). Ce terme fait référence à la protection de l'Union européenne contre toute usurpation. Sur les étiquettes des vins français en AOP figure le plus souvent la mention traditionnelle « appellation d'origine contrôlée ».

Un terroir et des conditions de production

L'AOC ne signifie pas simplement une provenance. Elle est définie par :

• **une aire géographique** strictement délimitée à la parcelle selon des critères de terroir (sous-sol, sol, microclimat et autres facteurs naturels) ;

• **des conditions d'élaboration** en matière de viticulture et de vinification : cépages principaux et accessoires, densité de plantation, modes de taille, rendements, richesse en sucres des raisins, degré alcoolique minimal, mode et durée d'élevage… Le décret de chaque appellation indique les limites de l'aire géographique, correspondant à une liste précise de communes (voire à des parties de communes) et fournit un cahier des charges tout aussi détaillé, fondé sur la notion « d'usages locaux, loyaux et constants ». Ces usages ne sont cependant pas fi gés, et les décrets sont régulièrement révisés, comme en 2011. Pour les vins, cidres et eaux-de-vie, il existe plus de 400 appellations. Si les vignobles historiques ont été promus en AOC dès la fi n des années 1930, des AOC sont encore créées de nos jours. Les vins en AOC représentent environ 59 % des superficies plantées pour 45 % des volumes produits (les rendements sont moindres).

Une hiérarchie d'appellations

L'aire géographique de l'appellation peut correspondre à une région (AOC bourgogne par exemple), à une sous-région (AOC mâcon), à une commune (AOC pommard), voire à un lieu-dit, comme les grands crus de Bourgogne (chambertin, richebourg, montrachet…). Dans le Bordelais, on distingue aussi les appellations régionales (bordeaux, bordeaux supérieur), sous-régionales (médoc, graves) et communales (pomerol, margaux…). La plupart des vignobles sont constitués d'appellations emboîtées et hiérarchisées. En général, plus une AOC est de superficie restreinte, plus les contraintes d'élaboration sont fortes.

Des contrôles

Pour pouvoir bénéficier de l'AOC, les vins étaient soumis à des examens analytiques et des dégustations à l'aveugle au terme desquels ils obtenaient (ou non) l'agrément. Ce système a été réformé, et les agréments sont désormais remplacés par des contrôles de qualité sur les conditions de production. Ce sont les professionnels (organismes de défense et de gestion (ODG) – des associations ou syndicats de producteurs agréés par l'INAO), qui établissent le cahier des charges de l'appellation ainsi que le plan de contrôle de la production. À cet effet, ils choisissent des organismes de certification. Les cahiers des charges de chaque appellation d'origine contrôlée sont désormais validés et enregistrés par l'Union européenne.

Les AOC, gage de qualité ?

Le système des AOC est-il un gage de qualité ? Certaines voix ont souligné la rigidité des cahiers des charges et le considèrent comme un carcan bridant la « créativité » des vignerons, mais chacun est libre de produire en AOC ou dans une autre catégorie. Les conditions d'agréments étaient parfois jugées trop laxistes (peu de vins refusés) ou partielles car intervenant sur des échantillons de vins non finis ou assemblés. C'est pourquoi certains comités interprofessionnels ont institué des contrôles en aval sur les bouteilles commercialisées.

De fait, l'AOC garantit avant tout une origine et un mode d'élaboration plus que la qualité proprement dite, qui dépend des méthodes du producteur, de la vigne au chai (recours ou non aux levures exogènes, aux enzymes, au collage, à la filtration, à la désalcoolisation partielle...). Mais, s'il n'est pas parfait, ce système rigoureux est le meilleur garde-fou contre les fraudes et garantit le respect de règles établissant l'adéquation entre un terroir, des cépages et des modes de cultures adaptés et éprouvés.

En Europe et dans le monde

Le modèle français (et sud-européen) des AOC a été adopté en Europe. En 1970, l'Union européenne a classé les vins sur ce schéma : vins de table ou vins de qualité produits dans une région déterminée (VQPRD). En Italie, des DOCG (Denominazione di origine controllata e garantita) avaient été établies (1963), Au Portugal, des DOC (Denominação de origem controlada) (1986), en Espagne DO (Denominación de origen) dès 1926. L'Allemagne a créé également des catégories de vin fondées sur l'origine géographique et des degrés de maturité.

Dans les vignobles du Nouveau Monde se créent également des indications géographiques inspirées des AOC, comme les American Viticulture Areas (AVA) des États-Unis. Elles sont moins contraignantes que leur équivalent européen :
– 15 % du vin peut provenir d'une autre aire délimitée, le cépage mentionné sur l'étiquette peut ne représenter que 75 % de l'assemblage, elles ne comportent pas de contraintes en matière de cépages ni de rendements. D'autres pays, comme l'Afrique du Sud, l'Australie, le Chili ou l'Argentine, ont défini des délimitations d'origine, sur un modèle également plus souple. On notera que si les vignobles du Nouveau Monde tiennent compte de la spécificité des terroirs, l'Union euro-

péenne tend à diminuer les contraintes, dans un mouvement inverse. Elle a ainsi adopté la règle des 85-15 pour le millésime et le cépage : si l'étiquette indique un millésime ou un cépage, il suffit que 85 % du vin en proviennent.

LA NOUVELLE SEGMENTATION DES VINS

En 2008, une réforme européenne a abouti à une nouvelle classification des vins européens. Cette réforme segmente désormais la production entre les vins sans indication géographique, à la base de la hiérarchie, et les autres vins, eux-mêmes scindés en deux catégories : les AOP (appellations d'origine protégée), et les IGP (indication géographique protégée), les anciens vins de pays. Ces derniers, classés jusqu'alors en vins de table, se rapprochent des AOP. Les vins en IGP et en AOP doivent toujours afficher un nom géographique (ex. : Châteauneuf-du-Pape, Vaucluse) à côté de la dénomination de vente, AOC ou IGP.

Les crus et les classements

Grands crus, premiers crus, crus classés : au sein des AOC s'ajoutent dans certaines régions la notion de crus, officiellement reconnus pour leurs qualités. Terroir (lieu-dit), domaine ou commune, la notion de cru correspond à des réalités diverses selon les régions.

Dans le Bordelais : un château

Les crus classés du Bordelais sont des domaines particuliers et non des terroirs. Quatre classements officiels existent : Médoc, Sauternais, Graves et Saint-Émilion.

L'emploi du terme « château », synonyme de cru dans le Bordelais, n'exige pas l'existence d'un véritable château sur les terres du domaine. Il peut s'agir d'une maison de maître, d'un chai, d'une simple batisse. Le château doit cependant correspondre à une exploitation viticole et le vin provenir des vignes du domaine ainsi désigné. On trouve des châteaux dans d'autres vignobles. La Provence a aussi ses crus classés, qui sont eux aussi des domaines.

En Bourgogne et en Alsace : un lieu-dit

La Bourgogne possède des premiers crus délimités au sein de ses appellations communales, ainsi que des grands crus qui sont au sommet de la hiérarchie de ses vins. Par exemple, Le Clos Saint-Jacques est un premier cru délimité de l'appellation communale gevrey-chambertin, tandis que le célèbre Chambertin est un grand cru. Le terme de cru désigne ici un climat (entité cadastrale présentant des sols et un microclimat spécifiques). L'Alsace possède aussi 51 AOC grand cru (comme Mambourg ou Kitterlé), qui sont aussi des lieux-dits, des terroirs. Le seul grand cru de la Loire, le quarts-de-chaume, est aussi un terroir. À la différence des crus du Bordelais, ces grands crus bourguignons ou alsaciens peuvent être exploités par plusieurs propriétaires.

En Champagne

Ce sont les communes qui sont classées, en premier cru ou en grand cru : chaque village est coté en fonction de la qualité de sa production sur l'« échelle des crus ».

Les vins de pays/ IGP

Un territoire, sinon un terroir

Créés à la fin des années 1960 pour résoudre la crise des vins de table – nom donné aux vins génériques bas de gamme- boudés par les consommateurs, les vins de pays étaient à l'origine des « vins de table avec indication de la zone de production ». La réforme européenne de 2008 en a fait des indications géographiques protégées (IGP), une catégorie qui existait déjà pour des produits agro-alimentaires (voir pages 112-113).

À la différence des vins en AOC, ces vins ne font pas l'objet d'une délimitation parcellaire en fonction du type de sol et sont soumis à des règles plus souples en termes d'encépagement, de rendements, de vinification et d'agrément. En un mot, leur rapport au terroir est moins fort que celui des AOC. Chaque IGP n'en comporte pas moins aujourd'hui un cahier des charges qui précise notamment les communes concernées, les cépages autorisés (dont la liste est souvent plus large que pour les AOC), les types de vins...

Le cépage en vedette

Alors que les vins d'appellation d'origine contrôlée tirent leur notoriété de leur origine géographique, si bien que leur étiquette ne met pas en avant le cépage (voire le passe sous silence), les étiquettes des vins de pays, dès l'origine, peuvent mentionner le nom du ou des cépages employés. De nombreux vins de cette catégorie sont des vins de cépages (merlot, cabernet-sauvignon, sauvignon...), immédiatement reconnaissables par le consommateur (et notamment ceux des nouveaux pays consommateurs, habitués à identifier les vins par le cépage). Certains producteurs voient aussi dans les vins de pays l'occasion d'expérimenter des types de vins, des cépages, des assemblages non autorisés en AOC.

Grandes et petites zones

Il y a trois catégories d'IGP, selon l'extension de la zone géographique dans laquelle ils sont produits :

• dénomination régionale ou de grande zone (IGP Pays d'Oc ; Méditerranée ; Comtés tolosans ; Méditerranée ; Val de Loire ; Comtés rhodaniens ; Franche-Comté) ;

• dénomination départementale (ex : IGP Ardèche, Gard) ;

• dénomination de petite zone (ex : IGP Coteaux du Pont du Gard).

La plupart des vins en IGP proviennent du Sud de la France. La grande zone du Pays d'Oc, qui correspond dans les grandes lignes au Languedoc-Roussillon, en fournit environ les deux tiers. Le type de vins proposés en IGP augmente. Depuis 1990, les vins de pays peuvent être commercialisés en primeur à partir du troisième jeudi du mois d'octobre suivant la récolte. Les derniers cahiers des charges admettent les vins effervescents.

Les vins sans indication géographique

Du « vin de table » au « vin de France »

Ce sont les anciens vins de table : la catégorie de base définie par l'Union européenne. Si le vin résulte d'un mélange de produits de plusieurs États membres de l'Union, l'étiquette portera la mention « Vin de la Communauté européenne ». S'il provient exclusivement du territoire national, il entre dans la nouvelle catégorie « vin de France ».

Dans la dénomination « vin de France », le terme « France » désigne ici une simple provenance – rien à voir avec le terroir. L'indication du pays n'en est pas moins valorisante. D'autant que la réforme autorise les producteurs à mentionner sur l'étiquette de ces vins cépage(s) et millésime, mentions qui étaient interdites sur celles des anciens vins de table. Ces indications les rapprochent aux yeux du consommateur des vins de catégories supérieures. Un « vin de France » de cabernet-sauvignon 2010 est plus attirant qu'un « gros rouge » générique. Notamment sur les marchés d'exportation où les vins de cette catégorie sont en progression.

Pour ces catégories, aucune contrainte de rendement. La vinification devra seulement bannir les pratiques de vinification interdites par la réglementation européenne. Enfin, la production de ces vins doit être déclarée ; elle est soumise à des contrôles de traçabilité.

Si les vins sans indication géographique sont souvent des produits d'entrée de gamme commercialisés en gros volumes, il existe aussi des vins de France de propriété, des « vins d'auteur ».

Le vigneron face au choix de la catégorie

Un vigneron dont les parcelles sont comprises dans une aire d'appellation d'origine, mais qui ne souhaite pas en suivre toutes les règles, a la possibilité de classer sa production en IGP ou en vin de France. Certains vignerons voient leurs vins refusés aux dégustations d'agrément de l'appellation pour « manque de typicité », de conformité à un idéal type : ils commercialisent alors leurs vins dans la catégorie des vins de France en adoptant un profil de franc-tireur. D'autres ne revendiquent pas l'appellation d'origine, car ils ne la jugent ni valorisante ni suffisamment rémunératrice ; il s'agit parfois de marketing bien pensé. On peut ainsi trouver des vins de France ou vins de pays plus chers que ceux des appellations d'origine ! En termes de volumes, ces vins de France d'auteur constituent des productions de niche. Les vini da tavola (vins de table) de Toscane, vins de grande qualité produits en dehors des canons de l'appellation, qui avaient conquis les marchés internationaux à la fin des années 1960 sous le nom de « super toscans » constituent le modèle.

EN RÉSUMÉ

• Les vins en AOC (appellations d'origine contrôlée) désignent des vins issus d'une aire de production délimitée (région, sous-région, commune, lieu-dit) et élaborés selon un cahier des charges détaillant les conditions de culture et d'élaboration.
• À l'intérieur des AOC peuvent exister des premiers crus, des grands crus, des crus classés, dont la définition diffère selon les régions : un terroir, une zone géographique ou un domaine.
• Les vins en IGP (indications géographiques protégées), les anciens vins de pays, affichent eux aussi obligatoirement une indication géographique mais ils sont soumis à des règles plus souples que les appellations d'origine.
• Les vins sans indication géographique sont les anciens vins de table, issus du coupage de vins de différentes origines. Parmi ces derniers, les vins de France peuvent mélanger des vins de plusieurs vignobles de l'Hexagone.

LES STYLES DE VINS

Vins rouges, blancs secs, doux, rosés, effervescents...
On peut ramener les vins à quelques types, en se fondant sur la couleur des raisins, sur les procédés de vinification et d'élevage ou encore sur le taux de sucres résiduels. Dans les faits, les vins déploient une diversité peu commune, qui répond à celle des sols, des climats, des cépages utilisés, des traditions régionales. Ou encore des partis pris de chaque vigneron ou maître de chai. Si bien que les experts tentent d'établir des typologies plus fines, par styles de vins, en fonction de leur profil gustatif, de leurs perspectives de garde ou des accords avec les mets. Un exercice forcément réducteur, qui donne des familles de vins différentes suivant le critère privilégié, mais stimulant et utile pour se repérer.

Les vins rouges

les vins gouleyants et fruités

D'un rouge rubis tirant sur le violet, ils séduisent par leur structure très souple, peu tannique, par leur vivacité et leurs arômes de fruits rouges frais. Parmi les représentants de ce type, certains sont vinifiés en macération semi-carbonique et issus du cépage gamay. Ils s'apprécient jeunes, dès leur commercialisation pour les « nouveaux », dans l'année souvent et rarement au-delà de trois ans. Exemples : beaujolais (notamment nouveau), anjou ou touraine gamay, mâcon rouge, bourgogne passe-tout-grain, coteaux-bourguignons rouges, côte roannaise, côtes-du-forez, certains alsaces pinot noir élevés en cuve, vins IGP rouges.

les vins charnus de structure moyenne

Ils présentent une structure encore souple et ronde, mais étayée par des tanins soyeux, parfois plus sévères en finale. Dominée par des arômes de fruits ou de fleurs, parfois d'épices, leur palette aromatique s'exprime assez rapidement, si bien qu'il n'est guère besoin de les attendre longtemps pour les apprécier : de quelques mois à deux ans. Ils offrent suffisamment de charpente pour se conserver quatre ou cinq ans, voire davantage les bonnes années. Ceux issus de cépages méridionaux offrent un supplément de rondeur, de générosité et d'épices. Exemples : crus du Beaujolais (brouilly, chiroubles, fleurie, juliénas...) ; bordeaux, bourgognes d'appellation régionales, côtes-de-bordeaux ; côtes-de-bergerac ; vins de Loire issus du cabernet franc (saumur-champigny, anjou-villages, bourgueil...) ; vins du Rhône (appellations régionales) ; languedoc, corbières, saintchinian ; côtes-de-provence rouges.

les vins tanniques et de garde

D'une couleur variable mais souvent soutenue, ils sont puissants et longs, structurés par des tanins serrés qui les rendent sévères dans leur jeunesse mais qui leur assurent une longue garde : dix ans, vingt ans, voire davantage. Fermes, ils apparaissent aussi fermés dans leur jeunesse : les arômes ne sont pas épanouis ; le fruit est souvent en partie masqué par des notes boisées, car ce type de vins charpentés et ambitieux est souvent élevé en barrique. Suivant les millésimes, les appellations et les producteurs, il faut les attendre entre cinq et dix ans. Avec le temps, leurs tanins se font soyeux et élégants, tandis que leur palette gagne en complexité (fruits mûrs, truffe, cèdre, notes animales...). On peut diviser cette vaste catégorie en deux profils : les vins suaves, qui s'ouvrent un peu plus rapidement, et les vins fermes, encore plus longs à se faire, les champions de la garde. Exemples : appellations communales du Bordelais (pauillac, saint-estèphe...) ; premiers crus et grands crus de Bourgogne (chambertin, corton, clos-de-vougeot, romanée-conti...) ; crus de la vallée du Rhône (hermitage, côte-rôtie, cornas) ; barolo du Piémont.

Les vins blancs secs

les vins vifs et légers

D'un jaune très pâle, dominés par des arômes d'agrumes et de fleurs blanches, ils sont à la fois nerveux et délicats, légers en alcool et à boire jeunes. Exemples : alsace sylvaner, gros-plant-du-pays-nantais, vins-de-savoie cépage jacquère.

les vins vifs et corsés

Plus vifs, plus structurés, plus longs et montrant souvent plus de complexité que les précédents, ils offrent des perspectives de garde de quelques années, variables selon les appellations. Exemples : alsace riesling (notamment grand cru) ; graves élevés en cuve ; sancerre.

les blancs de garde

Structurés, ils allient vivacité et impressions de rondeur et d'onctuosité. Un élevage en fût peut renforcer leur structure et leur complexité. Ils peuvent souvent affronter la garde. Exemples : bourgognes blancs à base de chardonnay (chablis, meursault, corton-charlemagne, montrachet) ; hermitage ; condrieu ; alsace pinot gris ; savoie chignin-bergeron.

les blancs aromatiques

Certains vins blancs secs sont dominés par de puissants arômes hérités de leur cépage d'origine. Leur côté très aromatique les destine à l'apéritif ou à certains types de mets, exotiques par exemple. Ce caractère est le seul point commun de vins qui sont très différents entre eux. Exemples : muscats secs (AOC alsace muscat et IGP) ; alsace gewurztraminer ; colombard (IGP).

Les vins blancs doux

les vins moelleux

Contenant moins de 45 g/l de sucres résiduels, ils sont ronds, suaves et doux, tout en laissant une impression de vivacité et de légèreté. Agréables jeunes, ils sont de garde mais leur potentiel est moindre que celui des liquoreux (cinq à dix ans). Exemples : alsace vendanges tardives, coteaux-du-layon, pacherenc-du-vic-bilh, côtes-de-bergerac.

les vins blancs liquoreux

Contenant plus de 45 g/l de sucres résiduels, ils affichent une teinte jaune d'or qui annonce leur concentration. Leurs arômes puissants et complexes de fruits confits, d'abricot, de rôti, de miel et d'écorce d'orange gagnent en complexité avec le temps. Ils doivent être vifs pour être pleinement réussis. Leur longévité se chiffre souvent en décennies. Exemples : sauternes, quarts-de-chaume, alsace sélection de grains nobles.

Les vins rosés

Le mode de vinification aboutit à deux styles :

les vins gris

Issus de pressurage, ce sont des vins rose églantine, vifs et légers. Exemples : côtes-de-toul, coteaux-du-vendômois.

les rosés de saignée

Ils sont plus colorés, corsés et fruités. Exemples : tavel, rosés du Rhône. On distinguera aussi les rosés secs (côtes-de-Provence, Rhône) des rosés demi-secs (cabernet-d'anjou), suaves, un peu doux.

Les vins effervescents

Ils offrent deux styles principaux selon le mode d'élaboration :

la méthode ancestrale

Des vins très légers en alcool, suaves, simples et très fruités (voir p. 95). Exemples : clairette-de-die (méthode ancestrale) aux arômes de muscat ; gaillac (méthode gaillacoise) aux arômes de pomme.

la méthode champenoise ou traditionnelle

Des vins plus corsés et complexes. Ce type (surtout les champagnes) se décline en outre en de multiples styles, liés au dosage (de l'extra-brut au doux), à la couleur (blancs ou rosés), aux cépages dominants (blancs de blancs, blancs de noirs...), à la durée de l'élevage sur lies (voir les styles de champagne page 226). Les crémants régionaux, dont l'élevage sur lies est généralement plus court, sont souvent moins complexes. Exemples : champagne, crémants, saumur effervescent.

Les vins spéciaux

Les vins mutés

Toujours puissants et généreux, ils offrent des profils très divers selon leur couleur, le cépage, la vinification et le mode d'élevage (voir page 95).

Les mistelles (vins de liqueur). Elles sont dominées par des arômes de fruits frais, car l'alcool est ajouté au moût avant la fermentation ou au tout début de celle-ci. Exemple : pineau-des-charentes.

Les vins doux naturels. Ils diffèrent par le type d'élevage. Élevés à l'abri de l'air et mis rapidement en bouteilles, ils offrent de puissantes nuances de fruits frais : la cerise du grenache ou la rose et les agrumes du muscat. Si les rouges peuvent vieillir, les blancs s'apprécient plutôt jeunes. Exemples : banyuls rimage, appellations de vins doux naturels issus de muscats Exposés à l'air, voire au soleil, au cours d'un long élevage en foudre ou en bonbonnes, ils offrent des teintes tuilées pour les rouges, ambrées pour les blancs. Leur texture se fait soyeuse et leur palette aromatique prend des tons évolués de fruits secs, confits, de café et de chocolat. Exemples : banyuls, muscat-de-frontignan.

Les vins de voile

Avec leurs arômes de noix et d'épices, ces vins originaux constituent un style à eux tous seuls (voir page 96). Exemples : château-chalon, xérès fino.

LE GOÛT DES CÉPAGES

Chaque variété de raisin lègue aux vins des caractères gustatifs et aromatiques, si bien qu'il est tentant de dessiner des typologies de vins fondées sur le cépage. De nombreuses appellations françaises ou étrangères sont dominées en effet par un seul cépage. On pourrait obtenir les « familles » suivantes : cabernet-sauvignon, merlot, syrah, grenache, pinot noir en rouge ; sauvignon, chardonnay en blanc. Ainsi la famille Cabernet-sauvignon se signalerait, par exemple, par des vins tanniques, complexes, longs à se faire, aux arômes de cassis, de fruits rouges. Mais si les vins issus d'un même cépage offrent un air de parenté, le terroir ou la vinification marquent des différences. Fera-t-on le même usage, prévoira-t-on le même accord gourmand avec un puissant chambertin âgé et un jeune sancerre vif et frais, nés du même pinot noir ? Avec un vin de pays rouge ou un vieux banyuls, tous deux issus du grenache noir ?

EN RÉSUMÉ

• Parmi les différents types de vins, il est possible de déterminer des styles en fonction de leur profil gustatif, de leur potentiel et de leur usage.

• Les vins rouges se distinguent surtout par leur structure tannique et par leur puissance alcoolique.

• Les vins blancs se différencient par leur puissance alcoolique, par leur acidité, par leur onctuosité et par leur taux de sucres résiduels.

• Les rosés se distinguent par leur mode d'élaboration (pressurage ou saignée) et par leur taux de sucres résiduels.

• Les effervescents se distinguent par leur élaboration et leur durée d'élevage, par les raisins mis en œuvre, par leur teneur en sucres.

• Les vins mutés offrent divers styles en fonction du moment où intervient l'ajout d'alcool, des cépages utilisés et de leur élevage, à l'abri de l'air ou oxydatif.

• On peut établir des typologies fondées sur les cépages, qui contribuent au style du vin. Cependant, il peut être réducteur de définir un vin par son cépage.

Catégorie de vin, degré alcoolique, nom de l'embouteilleur, marque ou nom du domaine, mentions sanitaires, certification « bio », style de vin, nom de cuvée, ... Nombre d'informations, obligatoires ou facultatives, figurent sur l'étiquette et la contre-étiquette d'une bouteille, sans oublier le bouchon et la capsule : une véritable carte d'identité du vin, et une somme d'indices sur son caractère. Connaître ces mentions et leur signification permet d'acheter en connaissance de cause.

Les mentions obligatoires

La réglementation européenne impose l'inscription sur l'étiquette d'un minimum d'informations, obligatoires pour la commercialisation du vin. Le cas du champagne et des vins effervescents est à part (voir page 126). Ces informations sont les suivantes :

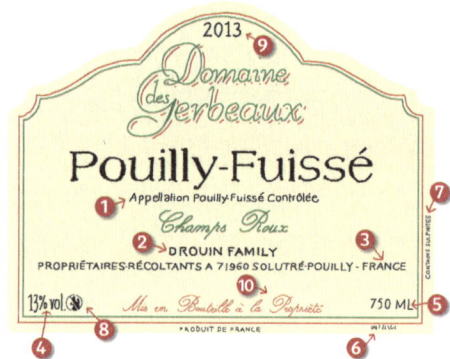

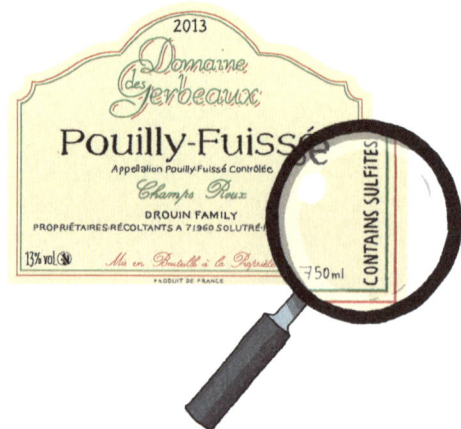

① La catégorie réglementaire : vin de France, vin de pays/indication géographique protégée (vin de pays), vin d'appellation d'origine contrôlée (ou protégée), avec obligatoirement l'indication de l'origine géographique du vin pour ces deux dernières ;

② Le nom et l'adresse de l'embouteilleur ;

③ Le degré d'alcool. Ce titre alcoométrique est exprimé en pourcentage d'alcool pur par rapport au volume de liquide contenu dans la bouteille ;

④ La contenance de la bouteille ;

⑤ Le numéro de lot, qui peut aussi être inscrit directement sur la bouteille ;

⑥ Le message sanitaire pour les femmes enceintes : symbolisé le plus souvent par un picto, il rappelle en France aux femmes enceintes qu'elles doivent s'abstenir de consommer de l'alcool.

⑦ Produits potentiellement allergènes : à la mention « contient des sulfites » (voir encadré), devront s'ajouter d'autres produits comme les œufs ou le lait si des résidus apparaissent à l'analyse (le blanc d'œuf et la caséine du lait sont parfois utilisés en vinification).

⑧ La provenance : « produit de France ».

Les mentions facultatives

En dehors des mentions obligatoires, on peut lire plusieurs indications destinées à informer le consommateur. Certaines sont fort utiles ; d'autres peuvent se révéler moins éclairantes.

Marque et domaine

Pour personnaliser le vin, nombre de producteurs lui donnent une marque : marque commerciale ou, notamment chez les récoltants, nom familial. Les termes « château » ou « domaine » sont assimilés à des marques. Les références à une exploitation (Château, Clos, Domaine, Mas) sont réservées aux vins avec indication géographique, « Château », « Clos » et « Cru » aux AOC.

Millésime

La mention est autorisée dès lors que la bouteille contient au moins 85 % de vin produit lors de l'année mentionnée sur l'étiquette. Elle n'est pas obligatoire mais fort utile pour déterminer les perspectives de garde.

Cépage(s)

La mention du cépage n'est pas la règle pour la plupart des vins en AOC qui fondent leur notoriété sur leur origine géographique : on parle de « pommard », non de « pinot noir ». Toutefois, elle apparaît toujours sur les vins d'Alsace, est fréquente dans certaines régions (Jura, Savoie, Touraine) et s'affiche même sur les bourgognes et bordeaux en AOC régionales. Répandue en vins IGP, elle est désormais autorisée pour les anciens vins de table, les vins de France (voir page 112). Comme pour le millésime, l'Union européenne a adopté le système des « 85/15 » : elle permet d'indiquer le nom du cépage principal même si 15 % du vin provient d'une autre variété. Le cépage n'est pas sans influence sur le goût du vin (voir page 52).

Mise en bouteille à la propriété

La mention garantit que le vin a bien été embouteillé sur le domaine producteur, par le vigneron ou une société spécialisée, et qu'il provient donc bien de la propriété. À noter qu'une coopérative est considérée comme une extension de la propriété. On peut donc trouver « mis en bouteille à la propriété » sur un vin élaboré en cave coopérative.

Classement officiel (en grand cru, cru classé, premier cru, etc.).

On trouve ces mentions dans certaines appellations du Bordelais, de Bourgogne, de Champagne, d'Alsace, voire de Provence et d'Anjou.

Méthodes de production

Certaines donnent un indice sur le style de vin. Nombre de ces mentions sont dites traditionnelles et ont un caractère officiel : « vendanges tardives » (vin moelleux), « sélection de grains nobles », « vin de paille » (vins liquoreux), « vin jaune » (vin de voile), « méthode traditionnelle », « crémant de … » (effervescents élaborés comme le champagne), méthode ancestrale (effervescents fruités et doux), « vin gris » (rosé de pressurage vif et clair), « sur lie » (un muscadet), ou encore les adjectifs « grenat » (vins doux naturels rouges élevés à l'abri de l'air). Elles sont souvent réservées à certaines régions. Autres précisions réglementées : la mention « sec » ou « doux » en blanc, utile lorsque l'appellation produit les deux types de vins.

« Sec », « méthode traditionnelle », « méthode ancestrale », « sur lie », « ambré », « vendanges tardives » : tous ces termes définissent une méthode d'obtention précise du vin, et donc son style. Leur emploi est réglementé.

Certification bio

Pendant longtemps, l'élaboration du vin n'a fait l'objet d'aucun cahier des charges officiel. Selon la réglementation européenne initiale, c'était donc le raisin qui était « bio ». La mention, sur les étiquettes, était la suivante : « vin issu de raisins de l'agriculture biologique » (ou « de raisins biologiques » ou « cultivés en agriculture biologique »).

Depuis 2012, on parle de « vin bio », car l'Union européenne a publié un cahier des charges en matière de vinification biologique. Fruit d'un compromis, ce texte est moins contraignant que certains cahiers des charges privés. Un vin bio doit non seulement provenir de raisins biologiques, obtenus sans pesticides ou autres produits chimiques (voir page 83), mais respecter des contraintes au chai : interdiction de certaines méthodes, de certains additifs trop technologiques, et limitation des doses de sulfites par rapport aux pratiques conventionnelles.

Si certains domaines, parfois prestigieux, suivent une démarche bio sans le signaler sur l'étiquette, ceux qui la revendiquent doivent faire figurer le logo européen (et facultativement le logo français AB, propriété du ministère de l'Agriculture). Autre obligation, indiquer au moins le code de l'organisme certificateur qui procède aux contrôles. Bon à savoir : cette certification n'est pas gratuite ; elle est facturée annuellement au producteur. Sur l'étiquette, certains logos (Déméter, Biodyvin, organismes de droit privé) indiquent une démarche biodynamique. La mention « Terra Vitis », quant à elle, signale une viticulture raisonnée. Il ne s'agit pas d'une démarche bio, mais d'une agriculture conventionnelle plus respectueuse de l'environnement.

Mentions réglementées, mentions libres

Si certaines mentions sont facultatives, on n'en déduira pas qu'elles peuvent être utilisées librement par le producteur. Par exemple, il n'est de « vin jaune » que dans le Jura ; et de « vendanges tardives » qu'en Alsace et dans quelques vignobles du Sud-Ouest comme Jurançon. Beaucoup de ces mentions réglementées se rapportent à un style de vin. Ce sont souvent des « mentions traditionnelles », réservées par la réglementation européenne à certains vignobles. Les mentions libres sont moins éclairantes. En voici quelques exemples.

LES CONCOURS

On trouve parfois sur les bouteilles une mention concernant une médaille obtenue à un concours officiel – régional ou local. La reproduction de la médaille n'est valable que pour la cuvée et le millésime distingués. Celle-ci n'est pas automatiquement un gage de qualité, chaque concours étant organisé différemment : il convient de se renseigner sur les modalités de sélection et de récompense des vins.

Vieilles Vignes

En principe, les ceps âgés donnent de faibles rendements, ce qui est de bon augure. Mais la mention, non réglementée, n'informe en rien sur l'âge des vignes.

Vendanges manuelles

Elles ne constituent pas un gage de qualité, mais justifient un prix plus élevé, la vendange à la machine étant plus économique. L'absence de mention n'implique d'ailleurs pas que la récolte soit mécanique.

Élevé en fût de chêne

Certes, la mention exclut l'utilisation de copeaux de bois, et le vin doit bien avoir fait l'objet d'un coûteux élevage en barrique ; il en aura sans doute tiré un goût boisé, vanillé, torréfié… peut-être excessif. Si le vin est trop mince, on obtient un « goût de planche ».

Grand vin de Bourgogne ou Bordeaux

Ces mentions ont pour seule utilité de situer dans une région l'appellation (pas toujours très connue). Côtes-de-blaye ? On cherchera côté Bordeaux ; Côte-de-Beaune ? Côté Bourgogne. On n'identifiera pas le vin avec un grand cru.

Cuvée spéciale

« Prestige », « Cuvée sélectionnée » ? Une cuvée désigne un vin homogène. Son nom sert à distinguer un vin dans la gamme d'un producteur. Chaque producteur peut ainsi élaborer une cuvée spéciale à partir d'une parcelle de vignes, d'une vinification ou d'un élevage particuliers. Le prix est souvent plus élevé. Mais la mention n'est pas une garantie de qualité.

Non filtré, non collé

Les vins non filtrés passent pour être plus authentiques, mais certains peuvent se révéler fragiles et décevoir, tout comme les vins « sans soufre ». Tout dépend du vigneron.

VILLAGES

La mention désigne le plus souvent des terroirs plus qualitatifs au sein d'un vignoble d'appellation (exemple : côtes-du-rhône-villages, beaujolais-villages, côtes-du-roussillon villages).

ÉTIQUETTE ET CONTRE-ÉTIQUETTE

Si l'étiquette unique est encore très répandue, la contre-étiquette, collée à l'opposé de l'étiquette principale, apparaît de plus en plus en plus souvent sur les bouteilles. Cette dernière donne souvent des informations facultatives complémentaires : cépage(s) utilisé(s), description du terroir, mode d'élaboration et/ou description du vin, perspective de garde, conseils de dégustation (température de service, mets en accord). De plus en plus souvent, la contre-étiquette est la véritable étiquette, celle qui fournit les mentions obligatoires : pour rendre leur étiquette principale attirante, certains producteurs privilégient le graphisme et reportent la plupart des mentions obligatoires sur la contre-étiquette, à commencer par les rébarbatives mentions sanitaires.

L'étiquette du champagne

Outre les mentions obligatoires pour tous les vins, l'étiquette du champagne doit préciser :

• le dosage (teneur en sucre, qui va de zéro à plus de 45 g) : brut nature, extra-brut, brut, extra-dry, sec, demi sec ou doux. Cette obligation vaut pour tous les vins effervescents.

• l'immatriculation professionnelle, précédée des deux initiales correspondant au statut de celui qui élabore (« manipule ») et/ou commercialise le champagne : NM, négociant-manipulant ; CM, coopérative de manipulation ; RM, récoltant-manipulant ; SR, société de récoltants ; RC, récoltant-coopérateur ; ND, négociant-distributeur ; MA, marque d'acheteur, auxiliaire ou autorisée. Une information utile pour le consommateur.

La mention de la catégorie de vin (AOC) est en revanche facultative et très rare : le terme « champagne » (qui est bien une AOC) suffit.

L'expression « mis en bouteille » est remplacée par le terme « élaboré par », suivi du nom d'une personne physique ou d'une société.

D'autres mentions facultatives sont autorisées dès lors qu'elles correspondent à une réalité : millésime ; « blanc de blancs » ou « blanc de noirs » (uniquement issu de raisins blancs/noirs) ; « grand cru » et « premier cru » (selon l'échelle du classement officiel des vignobles).

L'étiquette des vins de Bourgogne

L'étiquette des bourgognes mentionne souvent un lieu-dit, terroir délimité, appelé climat. (voir page 215). Elle montre la place du vin dans la hiérarchie des AOC

• grand cru : une appellation à part entière, au sommet de la hiérarchie.

• 1er cru : un terroir délimité de haute qualité au sein d'une commune ; l'étiquette porte le nom de la commune et le nom du climat 1er cru, qui peut être écrit dans le même corps de caractère que le nom du village.

• appellation communale : un nom de village. Le climat éventuel est écrit en caractères plus petits.

• La réglementation européenne impose l'inscription sur l'étiquette d'un minimum d'informations obligatoires pour la commercialisation du vin : catégorie réglementaire du vin, nom et adresse de l'embouteilleur, degré alcoolique, contenance, messages sanitaires, numéro de lot.

• Parmi les informations facultatives, on repèrera celles qui sont le plus utiles au consommateur (millésime, nom du domaine, cépage(s), classement, méthode d'élaboration, vin bio).

• L'étiquette des champagnes et des effervescents comporte des mentions spécifiques, comme le degré de sucres.

• Le « vin biologique » est issu de raisins biologiques et respecte en matière de vinification un cahier des charges publié en 2012, qui proscrit certaines pratiques, additifs et limite les doses de sulfites.

• Certains domaines prestigieux pratiquent une viticulture bio sans le signaler, cette mention restant à la discrétion du viticulteur.

Bordelaises ou bourguignonnes, clavelin ou flûte alsacienne, demi-bouteilles ou nabuchodonosor ..., il faudrait plutôt parler « des » bouteilles, et même des contenants avec l'apparition de nouveaux conditionnements comme la fontaine à vin ou Bag-in-Box. Et si selon le proverbe « qu'importe le fl acon, pourvu qu'on ait l'ivresse », la bouteille fait aussi partie du plaisir et du cérémonial de la dégustation. Elle donne également quelques indications, certes vagues et incertaines, sur le style de vin, sa destination, voire son origine. Quant aux bouchons, si environ la plupart sont fabriqués avec du liège, entier, aggloméré ou reconstitué, il existe plusieurs autres types d'obturateurs.

La bouteille

le conditionnement : bouteilles ou Bag-in-Box

Le choix du conditionnement répond à plusieurs critères : prix, conservation, présentation, transport.

La bouteille en verre présente l'avantage de pouvoir être obturée par un bouchon de liège et de ne pas laisser pénétrer l'oxygène, ce qui est idéal pour le vieillissement du vin. Plus la bouteille est grande (magnum), plus le vin évolue lentement et se conserve. Plus le verre est foncé, plus le vin est à l'abri des rayons nocifs de la lumière (les ultraviolets).

Autre avantage de la bouteille : elle est pratique à transporter et à entreposer. Le cubitainer, léger et solide, facile à empiler, sert avant tout pour le transport car, une fois ouvert, ce petit tonneau laisse passer l'air, et le vin s'oxyde rapidement. Le Bag in Box (Bib), également appelé fontaine à vin, est de conception plus récente. Il s'agit d'une poche souple et hermétique, en matière plastique, contenue dans une boîte en carton munie d'un robinet. Quand on tire du vin, elle se rétracte, mettant le liquide à l'abri de l'air.

Le vin ainsi conditionné peut être consommé après ouverture pendant un à deux mois. Le Bib, qui triomphe dans les pays récemment convertis au vin, a acquis en France une visibilité certaine ; il concerne aussi certains vins d'appellation. Il permet également aux restaurateurs de proposer des vins de qualité au verre.

Les Australiens proposent des conditionnements en canette alu, et l'on voit surgir des côtes-du-rhône, bordeaux ou autre beaujolais (nouveau) en bouteille PET (matière plastique), et du vin IGP en Tetrapak. Mais en France, dans l'univers des vins de qualité, la bouteille de verre reprend ses droits. Non seulement parce que les vertus de ces nouveaux matériaux restent à prouver pour la garde, mais aussi parce que la dégustation festive des vins est associée à un certain cérémonial, ne serait-ce que le bruit du bouchon.

À chaque région sa bouteille, ou presque

Selon le standard adopté au niveau international, la bouteille classique contient 0,75 l. On trouve aussi des demi-bouteilles de 0,375 l, des bouteilles de 0,50 l, souvent utilisées pour les vins liquoreux.

La bouteille et les bouchons

Des formats plus petits, individuels (0,25 l voire 0,20 l), ont fait leur apparition, pour les vins d'entrée de gamme ou même les champagnes.

En France, la forme de la bouteille varie selon la région et renvoie généralement à des traditions : épaules marquées pour la bouteille bordelaise, également utilisée dans le Sud-Ouest et le Languedoc-Roussillon, courbes douces et ventrues pour la bouteille bourguignonne, répandue dans le Beaujolais, la vallée du Rhône et à Sancerre. Cette dernière inspire également la Champagne, avec un verre plus épais. La Loire préfère pour ses vins tranquilles les bouteilles élancées. Quant à la flûte d'Alsace, sa forme est réglementée. Il en va de même du clavelin, bouteille trapue contenant 0,62 l, réservée au vin jaune du Jura. Aujourd'hui des formes nouvelles apparaissent, et le producteur peut mettre sa touche personnelle dans le conditionnement (bouteilles bleues, en forme de flacons de parfums...).

LES GRANDS FORMATS DE BOUTEILLES

Nom de la bouteille	En Champagne	En Bordelais
Magnum	2 bouteilles (1,5 l)	2 bouteilles (1,5 l)
Double magnum		4 bouteilles (3 l)
Jéroboam	4 bouteilles (3 l)	6 bouteilles (4,5 l)
Impériale		8 bouteilles (6 l)
Mathusalem	8 bouteilles (6 l)	
Salmanazar	12 bouteilles (9 l)	
Balthazar	16 bouteilles (12 l)	16 bouteilles
Nabuchodonosor	20 bouteilles (15 l)	20 bouteilles (15 l)
Melchior/Salomon	24 bouteilles	24 bouteilles

Bouteilles géantes

Bien connu, le magnum contient l'équivalent de deux bouteilles standard. Mais les Champenois (et les Bordelais) se sont plongés dans la Bible, à la suite des Anglais, pour trouver les noms de bouteilles de plus en plus grosses, qui portent les noms d'anciens rois de l'Ancien Testament.

La capsule

La circulation des boissons contenant de l'alcool est réglementée par la Direction des Douanes, et leur commercialisation est soumise à des taxes. On peut acheter des vins à la propriété et les transporter, à condition de se procurer un « congé », formulaire délivré par le service des impôts et les bureaux de tabac. Le congé est souvent remplacé par une « capsule représentative de droits »,
apposée sur le bouchon : bleue pour les vins de France et vins de pays/IGP ; verte pour les vins tranquilles ou les mousseux d'appellation d'origine (le cas échéant, elle porte en plus la mention « champagne », obligatoire pour les vins de cette région) ; orange pour les vins de liqueur (exemple : pineau-des-charentes) et les vins doux naturels (mention « VDN ») ; grise pour les autres produits intermédiaires (exemple : ratafia) ; jaune d'or pour le cognac et l'armagnac ; blanche pour les autres alcools. Il existe maintenant des capsules génériques (applicables à tous les vins sauf aux mousseux et aux vins doux naturels), de couleur lie-de-vin.

Les bouchons et les obturateurs

Le bouchon en liège

L'écorce du chêne. Le petit cylindre que l'on extrait de la bouteille à l'aide d'un tire-bouchon provient de l'écorce du chêne-liège, le Quercus suber, implanté sur le pourtour du Bassin méditerranéen occidental et sur la façade atlantique des pays méditerranéens. L'utilisation du liège date de l'Antiquité : les Grecs et les Romains s'en servaient pour obturer leurs amphores. Une différence de taille distingue cependant les professionnels d'aujourd'hui de leurs ancêtres : la connaissance des conditions nécessaires à la fabrication de bouchons de qualité.

Un terroir. Le chêne-liège provient du Portugal (55 % environ de la production mondiale), d'Espagne et d'Afrique du Nord, dont les climats – lumière, humidité ambiante et chaleur – et les sols lui conviennent. Il vit en moyenne de cent cinquante à deux cents ans, mais la première récolte du liège à bouchon ne peut se faire qu'après vingt-cinq ans, puis à des intervalles compris entre neuf et onze ans, et seulement de mai à août.

Durant sa vie, un chêne-liège ne donne en théorie pas plus de 15 récoltes, soit 20 000 bouchons. Pas moins de 3 ha de subéraie (forêt de chênes-lièges) sont nécessaires pour fabriquer 1000 bouchons haut de gamme. On peut s'attendre prochainement à une pénurie de liège de bonne qualité, pour plusieurs raisons : progression mondiale des mises en bouteilles, subéraies dévastées par le feu, plaines fertilisées à outrance pour la production de céréales et servant en même temps de subéraies. L'augmentation de la production mondiale de vins a conduit les fabricants de bouchons à récolter le liège plus jeune et à produire des bouchons de qualité inférieure.

La solution à cette pénurie pourrait provenir du développement... des bouchons alternatifs. Si ces derniers se répandent, la demande en liège baissera, si bien que les fabricants pourront à nouveau élaborer des bouchons en liège haut de gamme.

Goût de bouchon ? Chacun a fait au moins une fois cette mauvaise expérience : goûter un vin « bouchonné ». Ce mauvais goût se retrouve parfois dans plusieurs bouteilles du même lot. Il est essentiellement dû à une mauvaise qualité du liège utilisé pour fabriquer le bouchon, lequel favorise alors la « contamination » du vin par ce goût caractéristique de moisi ou de poussière. Il peut également être causé par la présence dans les chais de trichloroanisoles (TCA), molécules malodorantes favorisées par certains produits de traitement du bois et qui peuvent contaminer les fûts et autres matières sèches, dont les bouchons de liège. Ce goût de bouchon affecterait de 3 % à 5 % des bouteilles obturées avec du liège ; un défaut qui rend les vins « non loyaux » et « non marchands ». Autrement dit, ces boissons n'auraient jamais dû être mises en vente : on comprend mieux pourquoi tous les distributeurs s'engagent à remplacer les bouteilles bouchonnées.

Que faire d'une bouteille bouchonnée ? Si elle a été achetée chez le producteur, on la ramènera et celui-ci se fera un plaisir de l'échanger. Si elle a été acquise chez un caviste, et si ce dernier est un vrai professionnel doublé d'un commerçant avisé, il en fera de même (mais on ne rapportera pas la bouteille aux trois quarts vide !).

La bouteille suinte. Un suintement apparaît au niveau du goulot. Or ce type de défaut entraîne rarement l'apparition de mauvais goûts – moisi, poussiéreux ou liégeux –, mais plutôt une oxydation accélérée du vin, qui évolue plus rapidement. La qualité du liège n'est pas en cause, dans la plupart des cas, puisque les obturateurs synthétiques ou métalliques n'empêchent pas toujours le suintement. Selon les scientifiques, les problèmes d'étanchéité du bouchon sont dus, dans 85 % des cas environ, à un défaut d'embouteillage (machine déréglée, goulot abîmé ou mal adapté à l'obturateur, etc.) ou de stockage, ce qui entraîne de trop fortes variations de température et d'hygrométrie, en particulier pour le liège.

QUE FAIRE D'UNE BOUTEILLE BOUCHONNÉE ?

Si elle a été achetée chez le producteur, on la ramènera et celui-ci se fera un plaisir de l'échanger. Si elle a été acquise chez un caviste, et si ce dernier est un vrai professionnel doublé d'un commerçant avisé, il en fera de même (mais on ne rapportera pas la bouteille aux trois quarts vide !).

Les autres types de bouchons

Parmi tous les nouveaux types d'obturateurs, la capsule à vis s'impose comme la principale rivale du classique bouchon de liège, en particulier dans les pays anglo-saxons. D'autres émergent progressivement (bouchons en verre, bouchons DIAM).

Les agglomérés. Élaborés avec des morceaux concassés de lièges de qualités diverses, les agglomérés offrent l'avantage pour les fabricants d'un prix de revient plus intéressant. Le revers de la médaille est une qualité variable. Souvent réalisés avec un liège de moindre qualité, ils se révèlent plus sensibles aux contaminations par les TCA.

Les capsules à vis. À l'inverse, les capsules à vis, en étain ou en aluminium, se montrent efficaces contre le goût de bouchon et l'oxydation. Elles sont faciles à dévisser et à revisser. Leur fermeture hermétique grâce à une membrane en silicone permet en outre de préserver les arômes. Leur coût de fabrication n'est pas forcément plus intéressant que celui des bouchons en liège. Si les capsules à vis sont majoritaires dans des pays comme l'Australie, la Nouvelle-Zélande ou la Suisse, elles restent souvent associées en France à des vins bon marché, et leur développement s'en trouve limité.

Les capsules métalliques. Elles sont fabriquées en aluminium recyclé, renforcées d'une couche de silicone. Utilisées pour la bière et, avant leur remplacement par un bouchon en liège, pour l'élevage des champagnes, elles offrent une bonne résistance à l'oxydation et au goût de bouchon. L'inconvénient ? On ne peut les remettre sur la bouteille. Et elles ne sont pas associées au vin par les consommateurs.

Les bouchons synthétiques. Ces bouchons fabriqués à partir de matières plastiques sont le plus souvent utilisés pour les vins à boire jeunes. Ils présentent néanmoins quelques inconvénients : difficulté à les retirer et à les remettre, risque plus important d'oxydation en cas de goulot défectueux et parfois, affirment certains, « goût de plastique » dans le vin.

Le Vino-Lok. Ce bouchon en verre avec joint d'étanchéité en silicone semble offrir lui aussi une bonne résistance aux

TCA et à l'oxydation. Il peut en outre être aisément réutilisé et recyclé. Son inconvénient demeure son prix de revient, deux fois plus important que celui d'une capsule à vis.

Bouchons DIAM. Élaboré à partir de liège traité par le procédé breveté Diamant®, également utilisé pour décaféiner le café, ce bouchon technologique élimine l'essentiel des TCA grâce à l'emploi de gaz carbonique supercritique. Il offre d'autres avantages : conservation de la fraîcheur aromatique et débouchage facile.

Quel bouchon pour quel vin ?

Une question se pose : le degré d'étanchéité du bouchon influe-t-il sur le niveau d'oxygène présent dans les flacons, et donc sur la qualité du vin au fil du temps ? Dans le cas de vins à boire jeunes, qu'ils soient blancs, rouges ou rosés, les échanges avec l'air ne sont pas profitables, et la question du type de bouchon se pose beaucoup moins. A contrario, les vins de garde semblent avoir besoin d'un soupçon d'oxygène pour atteindre leur apogée. Le liège demeure ici le meilleur choix, même si les capsules métalliques, de plus en plus sophistiquées, tendent à le rattraper (des expérimentations sont menées dans plusieurs régions). Mais les professionnels manquent encore de recul pour apprécier la capacité des nouveaux obturateurs à bien laisser vieillir le vin.

EN RÉSUMÉ

• Il existe aujourd'hui de nouveaux conditionnements, dont les Bag in Box ou fontaines à vin, qui ont connu un développement notable. Mais si l'on souhaite acquérir un vin pour qu'il se bonifie en cave, on l'achètera dans sa bouteille traditionnelle, en verre suffisamment lourd et souvent teinté, dont la forme varie selon les régions.

• Les bouchons en liège constituent aujourd'hui encore l'essentiel du marché, notamment en France. Toutefois plusieurs obturateurs alternatifs apparaissent. En tête de liste, les capsules à vis, fort répandues dans les pays anglosaxons. Leur avantage principal est d'éviter « goût de bouchon », dû le plus souvent à une mauvaise qualité de liège et aux TCA, molécules qui contaminent le vin au chai.

OÙ ACHETER ?

Les circuits d'achat se sont multipliés. Pour fixer son choix, le prix est loin d'être le seul critère : le conseil, l'étendue et l'intérêt des sélections entrent en ligne de compte, ainsi que le nombre de bouteilles à acheter et leur destination (pour une consommation immédiate ou la constitution d'une cave)... Selon ses besoins, on privilégiera l'un ou l'autre de ces circuits, qui ont chacun leurs avantages et leurs inconvénients. L'idéal est de goûter le vin avant d'acheter, si possible avec celui qui l'a élaboré, mais il existe de multiples ressources pour l'amateur qui ne peut parcourir les vignobles.

À la propriété

Chez un vigneron

Existe-t-il une meilleure formule d'achat que la vente directe, du producteur au consommateur ? Un vigneron qui aime son métier consacre un peu de son temps au client pour lui faire goûter sa production, lui expliquer son travail et répondre à ses questions. Qui mieux que lui saurait le renseigner ? En outre, le vin que l'on goûte à la propriété n'a pas été chahuté dans les transports ni, on peut l'espérer, mal conservé. Un autre avantage ? Sur place, on peut tout observer : l'état des vignes et des sols, l'entretien et l'équipement de la cave, les produits stockés, etc. Enfin, on découvre le vin dans le cadre et le paysage qui l'ont vu naître, ce qui permet d'élargir sa culture du vin.

Dernier avantage de ce circuit : la possibilité de dénicher des vins très peu diffusés en raison de leur production restreinte. Le revers de la médaille ? L'achat à la propriété n'est pas fait pour le consommateur pressé, les propriétés étant parfois perdues dans la nature. S'il est inconvenant d'accaparer tout le temps du vigneron, à quoi servirait cependant une rencontre expéditive ? Difficile de pratiquer ces visites à la chaîne. Et mieux vaut les préparer, prenant conseil d'amis connaisseurs et de guides d'achat. Stopper au premier panneau « vins de terroir » venu, céder à la faconde du producteur peut conduire à des désillusions. Il est d'ailleurs recommandé de prendre rendez-vous.

En achetant à la propriété, fait-on des économies ? La vente directe évite les intermédiaires qui prennent leur marge. Il faut savoir cependant que certains châteaux prestigieux ne vendent pas à la propriété. D'autres producteurs, qui fournissent aussi les négociants, ne pratiquent pas de prix plus bas qu'eux pour ne pas les concurrencer.

SÉCURITÉ ROUTIÈRE

Souvent, les propriétés viticoles ne sont accessibles qu'en voiture. Il ne faut pas avaler le vin, surtout si l'on visite plusieurs propriétés. Professionnels du vin, les producteurs auront bien un crachoir à proposer à leur client.

À la coopérative

Les coopératives sont des regroupements de producteurs visant à mettre en commun leurs moyens de production et à défendre leurs intérêts économiques, en particulier face au négoce. Elles sont apparues au début du XXe siècle dans un contexte de crise, répondant à des préoccupations sociales : défendre tous leurs adhérents, même les plus fragiles. Elles sont même l'expression de valeurs politiques de solidarité. Dans le Midi viticole, elles ont longtemps contribué à l'essor d'une viticulture de masse, dont l'excellence n'était pas l'objectif premier. Pour survivre dans un environnement compétitif, beaucoup d'entre elles misent aujourd'hui sur la qualité grâce à des aménagements performants et à des équipes techniques pointues qui imposent à leurs adhérents le respect d'un cahier des charges. Elles vinifient aussi pour le compte de viticulteurs. On trouve des coopératives dans tous les vignobles, y compris dans le Médoc ou en Champagne ; ou encore dans des vignobles longtemps méconnus, qu'elles ont contribué à faire revivre.

LE STATUT DU PRODUCTEUR

Le vigneron indépendant vend exclusivement le vin de sa propriété. Le vigneron-coopérateur apporte son raisin à la coopérative, qui élabore le vin et le commercialise, à moins qu'elle ne l'embouteille pour le compte du viticulteur. Le négociant, parfois propriétaire de vignes, passe des marchés avec des vignerons dont il embouteille et commercialise la production, souvent sous sa marque. S'il assure lui-même la vinification et l'élevage, on parle de négociant-éleveur.

Ces caves sont de plus en plus nombreuses à ouvrir des magasins de vente directe, qui proposent souvent une importante gamme de vins, du vrac au grand cru. Comme chez les vignerons, elles permettent de goûter avant d'acheter. Certaines ont créé un restaurant attenant où elles servent leurs vins ou ceux d'autres coopératives associées. Des coopérateurs assurent des permanences au magasin.

LES FAUSSES BONNES AFFAIRES

Il peut arriver qu'un producteur propose un vin prétendument « moins cher » mais payable en espèces. D'où proviennent ces vins vendus en bouteilles, sans étiquette et sans capsule (ou avec une étiquette correspondant à un cru inférieur) ou en cubitainers ? D'une fraude ! Le rendement des vignobles classés en appellation d'origine ou en vin de pays est plafonné par décret pour chaque aire de production (40 hl/ha, par exemple), dans un but qualitatif. Il n'existe toutefois pas de contrôle systématique. Si un vigneron, contournant la réglementation sur la déclaration de récolte, ne respecte pas ce seuil, l'excédent ne pourra être écoulé qu'en dehors des circuits légaux. La qualité du vin ainsi vendu risque d'être douteuse, celle-ci dépendant justement des rendements.

Au caveau du village

Dans certaines régions, les syndicats de vignerons ont créé des caveaux de dégustation où chaque producteur assure, à tour de rôle, l'accueil des visiteurs. La plupart du temps, ils regroupent des vignerons appartenant à la même appellation. L'avantage de cette formule est de donner à déguster en un seul endroit les vins produits par tous les vignerons adhérents de la structure. On pourra se rendre ensuite chez ceux dont les vins ont particulièrement plu pour déguster les autres cuvées du domaine.

Par souscription

Il existe plusieurs formules d'achat par souscription, mais elles supposent toutes plus qu'un simple contrat passé entre le vigneron et le souscripteur : une véritable complicité. La souscription permet aux vignerons de disposer d'un peu de trésorerie et aux consommateurs de bénéficier de tarifs avantageux. La solution la plus simple consiste à payer à l'avance une partie du vin commandé. Jumelées ou non avec cette solution, d'autres formules prévoient des participations du souscripteur aux travaux de la vigne : labours, taille, vendanges. Un supplément d'intérêt : on a alors vraiment l'impression d'avoir participé à l'élaboration du vin.

Foires et salons

À défaut d'aller chez le producteur, l'achat sur les salons est un bon compromis. Chaque année, il s'en tient plusieurs centaines. Certaines de ces manifestations sont confidentielles, d'autres drainent les foules, comme le Salon des vignerons indépendants (voir encadré) qui rassemble plus d'un millier de caves particulières. On en trouve dans la plupart des grandes villes de France. Les vignerons qui viennent ainsi à la rencontre des consommateurs profitent de l'occasion pour livrer leur clientèle. Si la manifestation rassemble beaucoup de producteurs, on a intérêt à préparer sa visite en organisant par exemple ses dégustations autour d'un thème (vins rouges d'une région, blancs liquoreux, vins à bulles, etc.) ou en sélectionnant à l'avance les stands à visiter. On évitera les jours et les heures d'affluence. Même s'il faut dans certains cas se garder de quelques représentants accrocheurs qui vendent des bibines à prix d'or, nombre de ces salons permettent à l'amateur qui ne peut se déplacer dans les régions de rencontrer d'authentiques vignerons et de goûter leurs produits.

Chez le caviste

La profession de caviste n'est pas réglementée et l'on trouvera dans le métier des vendeurs de tous les horizons, parfois autodidactes. Le ministère de l'Éducation nationale a cependant créé en 2000 un diplôme homologué de « caviste-technicien conseil en commercialisation des vins ». Il existe deux types de cavistes : les franchisés, qui appartiennent à un groupe (Nicolas, Le Repaire de Bacchus...) et vendent en général les vins sélectionnés par la centrale d'achat ; les indépendants, qui choisissent les vins en fonction de leurs goûts personnels et de leur clientèle. Ces détaillants font parfois découvrir des appellations ou des vignerons à la production confidentielle,

LES VIGNERONS INDÉPENDANTS

Il s'agit d'une confédération de producteurs (anciennement Confédération nationale des caves particulières) qui se sont regroupés à la fin des années 1970. Leurs nombreux membres se signalent sur les bouteilles ou sur les catalogues par un logo : un vigneron stylisé portant sur ses épaules un petit tonneau. Ils tiennent salon à Paris et dans de nombreuses grandes villes de France.

d'autres se spécialisant dans les millésimes anciens ou dans certaines régions. Si les franchisés sont tributaires des choix de l'acheteur, et les indépendants parfois moins pointus sur certaines aires viticoles, tous offrent des conseils appréciables. Les avantages de l'achat chez le caviste sont l'écoute, la compétence, les suggestions d'accords avec les mets et le suivi des vignerons et de la clientèle. Certains installent dans leur boutique un bar à vins ou organisent des sessions d'initiation à la dégustation, faisant de leur boutique un pôle d'attraction pour les amateurs. Les inconvénients de ce circuit ? Des prix parfois excessifs. Il est rare qu'on ait recours au caviste pour des achats en nombre.

LES BARS À VINS

Même si la sélection, composée des coups de cœur du patron – mais c'est là l'un des avantages –, est plus limitée que chez un caviste ou, a fortiori, une grande surface, les bars à vins et autres caves à manger sont un lieu idéal pour découvrir des vins parfois peu connus, généralement autour d'un plat bistrotier, d'une bonne assiette de charcuteries, de tapas ou de fromages, le tout « arrosé » de conseils avisés. Nombre d'entre eux proposent également les vins à emporter.

En grande surface

Aujourd'hui, la grande distribution vend plus de 85 % des volumes de vins consommés. Le poids croissant de ce circuit s'explique : outre la forte présence sur le territoire et la praticité des grandes surfaces, les foires aux vins ont contribué à ce succès.

L'offre des grandes surfaces

Les grandes surfaces proposent un vaste choix de références : plus de 500 en hypermarché (sans compter le champagne et les spiritueux), à peine moins dans les supermarchés des centres-villes. Jusqu'à 150 m de linéaire en hyper ! Des vins de négoce comme de propriété, et aussi des marques de distributeurs.

Si l'on raisonne en termes de catégories de vin, la gamme est très large : les bouteilles d'entrée de gamme sont légion en grande surface, mais on y déniche aussi des bouteilles de prestige, notamment à l'époque des foires aux vins. Malgré l'existence de centrales d'achat, l'offre n'est pas uniforme. Elle peut différer selon les quartiers et le niveau socio-économique de la clientèle, selon les régions (les grandes surfaces des régions viticoles faisant souvent une place à la production locale). La tenue du rayon vin reflète aussi, dans une certaine mesure, les compétences de son responsable.

Les prix ? La puissance d'achat considérable des enseignes tend à les tirer vers le bas. Mais il n'y a pas de miracle : nul ne trouvera, même en grande distribution, de grands vins à petit prix.

Un bémol dans l'offre des grandes surfaces : les appellations confidentielles et les petits vignerons sont moins présents. La grande distribution n'est pas le circuit privilégié pour la découverte.

Grandes surfaces – médiocrité ?

Les rayons vins des grandes surfaces font l'objet de nombreuses critiques. La rentabilité des hypermarchés est calculée au mètre linéaire, et le vin y est traité comme les paquets de lessive. Parfois sans égards, manipulé, secoué, exposé aux néons (une exposition à la lumière dont pâtissent particulièrement les champagnes et autres effervescents).

La pression sur les prix peut conduire à privilégier des vins médiocres. Elle encourage une production standardisée, élaborée à grand renfort d'artifices œnologiques, et fait pression sur les vignerons, dont certains refusent les propositions d'achat des enseignes. Les organismes interprofessionnels de vins, qui achètent régulièrement des bouteilles dans ces commerces en vue de les analyser, dé-

plorent que l'on y trouve trop de mauvais crus. La grande distribution ne rechigne pas à faire des « coups » commerciaux autour de vins de moindre qualité.

LES MARQUES DE DISTRIBUTEURS

Il s'agit de vins sélectionnés par les enseignes et qui portent soit leur nom soit une autre marque ; par exemple Pierre Chanau (Auchan), L'Âme du terroir (Cora), Le Club des Sommeliers (Casino), Monoprix... Des vins de négoce souvent. Qu'ils soient de cépage ou d'appellation, ils sont rarement d'une grande complexité. Les meilleurs sont d'honnêtes vins d'initiation.

Grandes surfaces = labyrinthes ?

Le plus souvent, la clientèle ne trouve aucun conseil en grande surface. Dans le meilleur des cas, les vins y sont classés par couleur et par grandes régions, les effervescents, vins doux naturels et vins étrangers étant rangés à part. Certains magasins placent dans des rayons distincts les vins de pays (IGP) ou les vins sans indications géographique. Les plus mal tenus se bornent à un rangement par couleur et n'hésitent pas à faire voisiner des vins très différents par leur origine géographique, leur catégorie, leur prix, leur style et leurs usages : le meursault peut côtoyer le muscadet, et le côtes-de-provence le rosé aromatisé saveur pamplemousse ! Même lorsque l'acheteur semble guidé par un balisage adéquat, des têtes de gondole viennent brouiller les pistes... Une bonne affaire ? Ou une bonne marge pour l'enseigne ? L'absence de conseil s'étend à l'usage du vin : à boire tout de suite ou à garder ? Avec quel plat ? Il y a de quoi égarer le néophyte. Certains rayons sont cependant tenus par des personnels compétents, notamment lors des foires aux vins. Et les contre-étiquettes, que l'on voit de plus en plus sur les bouteilles (voir page 120), visent à pallier ces déficiences.

Reste que pour acheter en grande distribution, mieux vaut être quelque peu initié au vin. On est à même de reconnaître des étiquettes, des crus déjà appréciés auparavant ou recommandés par des amis ou des guides. On peut juger de la valeur de l'offre et découvrir des rayons de qualité : ceux qui proposent de bonnes bouteilles couchées (les plus précieuses étant parfois stockées dans des espaces climatisés) ; ceux qui, dans des régions viticoles, font découvrir des vignerons intéressants du secteur. Enfin, on profite pleinement des foires aux vins.

LES CLUBS

Quantité de bouteilles, livrées en cartons ou en caisses, arrivent directement chez l'amateur grâce aux clubs qui offrent à leurs adhérents un certain nombre d'avantages. Le choix est assez vaste et comporte parfois des vins peu courants. Il faut toutefois noter que beaucoup de clubs sont en fait gérés par des négociants.

les foires aux vins

Ces manifestations bisannuelles (au printemps et en automne) se sont généralisées et ont contribué à améliorer la réputation des grandes surfaces en matière de vin. Les enseignes y proposent en effet une offre plus diversifiée et surtout plus relevée, avec des bouteilles prestigieuses et de garde. Les foires d'automne sont les plus courues. Elles s'étalent pendant presque toute la durée du mois de septembre, parfois un peu au-delà. La puissance d'achat des enseignes, qui se font négociants et achètent parfois directement à la propriété, permet d'offrir de grandes bouteilles à des prix dits raisonnables. Si les crus classés du Bordelais sont très en vue, les autres régions sont présentes. Les bouteilles sont certes fort manipulées, mais il s'agit de millésimes récents, moins fragiles et qui auront tout le loisir de se reposer dans la cave des particuliers. Elles sont écoulées si rapidement qu'elles n'ont guère le temps d'être maltraitées.

Un bon conseil : lors des foires aux vins, on préparera soigneusement sa liste d'achat à l'aide des informations disponibles (guides, revues, sites Internet). Et on arrivera parmi les premiers.

LES ÉCUEILS DES FOIRES AUX VINS

Attention aux petits millésimes, qui finissent souvent dans ce circuit. Ils donnent certes l'occasion de goûter des vins haut de gamme dont les grandes années sont inaccessibles aux budgets modestes, mais il ne faut pas espérer acquérir des vins de longue garde. On ne se laissera pas non plus duper par une vieille technique destinée à attirer les amateurs, le « produit d'appel » : la grande surface fait de la publicité autour d'un grand cru, dont elle ne met en vente que trois caisses, à partager entre des milliers d'acheteurs.

Par correspondance et par Internet

Si Internet facilite les échanges avec les producteurs, il est plus délicat d'y choisir ses bouteilles à la seule vue de références multiples, sans connaissances préalables. Il est difficile d'acquérir des vins sur la seule base d'arguments publicitaires, même si certaines sociétés de vente par correspondance, ou clubs, ont pignon sur rue depuis des décennies et se sont mises en ligne. Mieux vaut y acheter des vins que l'on connaît déjà. Pour se prémunir contre les mauvaises surprises, on épluchera les conditions tarifaires afin de connaître le montant facturé toutes taxes et frais compris (TVA, livraison, etc.), et les conditions contractuelles pour être éclairé sur les garanties. Pour en savoir plus, on peut se renseigner auprès du syndicat de la vente par correspondance.

En primeur

Une forme de vente par souscription. Cette pratique d'achat, dont le principe est très ancien, a été répandue par les négociants bordelais. Elle s'est beaucoup développée ces deux dernières décennies. Maintenant accessible aux particuliers, elle s'est étendue à d'autres vignobles, même si elle concerne surtout les crus classés du Bordelais.

La vente en primeur consiste à acheter un vin qui n'est pas encore fini et qui sera livré à l'acquéreur un ou deux ans plus tard. L'usage est de payer la moitié de la somme convenue à la commande et le solde à la livraison. La formule présente l'avantage de la sécurité : on est assuré d'obtenir le vin que l'on désire (sauf faillite) à des conditions tarifaires en principe favorables, le prix étant inférieur à celui du vin à sa mise sur le marché.

Mais le risque n'est pas mince de voir les prix baisser entre le moment de la souscription et celui de la livraison. Cela s'observe en cas de crise brutale, même si ces chutes rendent accessibles des crus vendus à des prix prohibitifs en période plus faste.

Deuxième inconvénient, qui n'est pas mineur : acheter un vin dont l'élevage n'est pas fini sans l'avoir goûté. Mieux vaut bien connaître la production du domaine. Autre risque à assumer : il faut faire confiance aux informations de professionnels qui « goûtent » en avant-première cent cinquante à deux cents cuvées par jour. Ces professionnels vivent d'une activité liée au vin, et sont-ils objectifs ? On peut être déçu par la qualité du breuvage qui avait justifié le prix initial investi.

Aux enchères

S'il vaut mieux avoir des connaissances sur le vin pour se tourner vers ce mode d'achat, la vente par adjudication au plus offrant permet d'acquérir des vins introuvables ailleurs, des vieux millésimes par exemple. Le commun des mortels devra toutefois renoncer aux vins cultes (les meilleurs millésimes des crus classés les plus prestigieux ou les grands crus bourguignons), que les milliardaires s'arrachent à prix d'or de Londres à Hong Kong.

L'acheteur bénéficie d'une garantie légale de dix ans portant sur l'authenticité de la bouteille acquise, telle qu'elle est décrite au procès-verbal, dans le catalogue et sur le bordereau. Il se renseignera sur la provenance du vin et sur les conditions de conservation. La note descriptive indique le niveau du vin dans la bouteille (attention si le niveau est bas !), l'état du bouchon (très important), de la capsule (bien vérifier si elle n'a pas été trouée) et de l'étiquette (pour les collectionneurs). L'acheteur doit ajouter environ 10 % de frais au prix d'adjudication.

On s'adressera aux maisons spécialisées, en particulier celles qui ont l'habitude d'organiser des ventes aux enchères de vins. Acheter en ligne sur les sites d'enchères grand public ? Une entreprise à vos risques et périls… Dans ces circuits, nul commissaire-priseur, nul expert ne vient garantir l'authenticité du cru. Il s'agit d'ailleurs en général de tous petits lots.

Prix du vin et budget

Les éléments du prix d'un vin

Il faut entre 1,3 kg et 1,5 kg de raisins pour faire un litre de vin. Les coûts de production varient en fonction des charges opérationnelles (engrais et produits), des frais en équipements, matériel, fournitures, énergie et eau, assurance, banque, foncier et main-d'œuvre.

Selon des statistiques officielles, le coût moyen, en France, de la production d'un kilogramme de raisins s'établissait en 2006 à 1,50 € pour les vignes classées en appellation d'origine contrôlée et à 0,40 € pour les autres vignes (vin de pays ou sans indication géographique). Viennent à cela s'ajouter les frais de vinification, d'élevage, de mise en bouteilles, d'étiquette et de bouchon. Il faut toujours garder ce repère à l'esprit pour évaluer le prix des vins.

LE PRIX D'UN GRAND CRU

Le prix de revient d'un grand cru est estimé à 11,30 € la bouteille. Ce montant suppose une propriété restée inchangée, excluant tout investissement dans le domaine foncier. Voici le détail des coûts : frais d'exploitation, 4,3 € ; vendanges, 1,5 € ; élevage en fûts neufs, 2 € ; frais de mise en bouteilles, 2 € ; frais de commercialisation, 1,5 €. La notion de frais de commercialisation englobe les dépenses publicitaires directes et indirectes : invitation de prescripteurs, voyage, cadeaux, dégustations internationales, réceptions, etc.

À propos du budget

Il est difficile d'éluder la question du budget. Une chose est sûre : les bouteilles les plus chères ne sont pas toujours les meilleures. Certains « buveurs d'étiquette » fortunés n'hésitent pas à surenchérir pour acquérir un vin rare et renommé mondialement, ce qui explique le prix excessif de certains crus, qui appartiennent parfois à des sociétés cotées en bourse. Le prix d'un vin artisanal est difficilement comparable à celui d'un breuvage industriel. Un vin bio est plus coûteux à élaborer qu'un vin classique en raison des frais de main-d'œuvre, qui sont supérieurs de 20 à 30 %. À qualité égale, le vin de coopérative ou de négociant devrait être moins cher qu'un vin de propriétaire. Entre le vin de consommation plus courante et celui que l'on choisit spécialement pour un dîner, le choix est large. On peut trouver dans toutes les régions viticoles de bons vins blancs, rouges et rosés, « passepartout », fruités, frais et pas trop généreux en alcool. Notons que les régions les moins connues recèlent d'agréables surprises. Pour un dîner, les achats sont à adapter au style du repas et aux invités. Seront-ils ouverts aux découvertes ? Apprécient-ils toutes les couleurs de vin ? Préféreront-ils boire le même vin durant tout le repas ou en découvrir un nouveau sur chaque plat ? Tout est possible ! On pourra les étonner avec des bouteilles jeunes ou vieilles, un liquoreux ou du champagne, des vins issus d'une ou plusieurs régions, voire de pays différents...

LE TYPE DE VIN PAR FOURCHETTE DE PRIX D'UNE BOUTEILLE

Jusqu'à 3 € la bouteille, on peut parler d'un vin de base ; de 3 à 5 €, d'un plaisir simple ; de 5 à 10 €, d'un réel plaisir ; de 10 à 25 €, on entre dans la catégorie des vins de dégustation ; de 25 à 50 €, dans celle de l'émotion ; et à plus de 50 €, c'est du grand art.

LES VINS LES PLUS CHERS DU MONDE

Ce sont des millésimes très anciens des vins de garde et des grandes années des grands crus bourguignons (La Romanée Conti en tête) et des premiers crus classés bordelais qui tiennent la vedette des enchères. Avec la mondialisation du marché, les montants explosent. En 2010, à Genève, un impérial (6 litres) du Château Cheval blanc 1947, premier cru classé de Saint-Emilion, a été adjugé à 304 375 $ (223 967 €). À Hong Kong, c'est pour la modique somme de 232 692 $ le flacon qu'un lot de trois bouteilles de Château Lafite-Rothschild 1869, premier cru classé de Pauillac, a été vendu par Sotheby's. Et en 2011, à Londres, un Château d'Yquem de 1811 est parti à plus de 85 000 euros.

EN RÉSUMÉ

• Grandes surfaces, cavistes, producteurs... Chaque circuit de distribution comporte des avantages et des inconvénients. L'amateur, en fonction de son type de consommation, de ses objectifs du moment et de ses contraintes, en privilégiera un plutôt qu'un autre.
• Il est toujours préférable de goûter, surtout si l'on achète plusieurs bouteilles.
• La visite à la propriété est un moment privilégié de découverte du vin. On peut aussi rencontrer les producteurs sur les foires et salons.
• Le caviste offre le conseil et permet parfois la découverte.
• En grande surface, les prix sont souvent intéressants, mais le conseil rare : on a intérêt à connaître au préalable les vins que l'on achète, au moins de réputation. Pour les foires aux vins, on préparera sa visite et on arrivera parmi les premiers.

SERVIR, DÉGUSTER ET CONSERVER LE VIN

Voici venu le moment de la dégustation, attendu parfois des années,
le temps que le vin s'affine en cave, à l'ombre et au frais comme il se doit.
L'amateur examine la robe, sa limpidité, ses nuances et son intensité.
Il hume le vin une première fois, puis fait tourner le verre pour que l'air
fasse monter d'autres parfums. Il met en bouche une petite gorgée.
Le vin s'échauffe, diffuse de nouveaux arômes et révèle alors –
on l'espère – son harmonie et son élégance. Le vin avalé, on apprécie
sa persistance aromatique. Plus le vin est riche en arômes, plus il est
dense et séveux, plus il tapisse longuement le palais. Pour que les vins
donnent le meilleur d'eux-mêmes, mieux vaut respecter quelques règles :
ils doivent être débouchés avec art, servis à bonne température et
dans un ordre qui les mette chacun en valeur. On choisira des verres
adaptés, en forme de tulipe, d'une contenance suffisante. Certains vins
seront carafés, ce qui leur permettra de s'aérer et d'exprimer tous leurs
arômes, à moins que le passage en carafe n'ait pour objectif la séparation
des dépôts. Quant aux accords avec les mets, s'ils sont avant tout affaire
de goût, on aura intérêt à connaître les alliances malheureuses.
Voilà tout le cérémonial du vin, que l'on retrouve dans les meilleurs
restaurants, orchestré par le sommelier. Du snobisme ?
Non, juste quelques menues contraintes pour aiguiser le plaisir
de la dégustation, car il est bien question de plaisir...
à savourer avec modération.

LE SERVICE DU VIN

Pour mettre en valeur une bonne bouteille, il faut d'abord l'avoir laissée reposer. Le débouchage demande un petit tour de main pour ne pas altérer le goût du vin avec le liège du bouchon ou d'autres impuretés. On pourra servir le vin en bouteille ou en carafe, montrer ou non l'étiquette. Le plus important est de choisir des verres adaptés, car leur forme influe sur les perceptions, peut magnifier un cru comme l'affaiblir. Et de servir le vin à la bonne température, car rien n'est plus susceptible de gâcher une bonne bouteille qu'une température inadaptée.

Comment déboucher

Pour un débouchage réussi

On coupera la capsule en dessous de la bague ou au milieu. Le vin ne doit pas entrer en contact avec le métal de la capsule. On ne découpera pas non plus au ras du goulot, car des moisissures ou traces d'oxydation parfois présentes sous la capsule pourraient souiller le vin lors du service. Dans le cas d'un goulot capsulé à la cire, on enlèvera la cire avec un couteau sur la partie supérieure du col. Pour le débouchage, il faut introduire la virole (queue de cochon) droit, au milieu du bouchon, et veiller à ne pas transpercer ce dernier pour éviter que de petits bouts de liège ne tombent dans le vin. Une fois le bouchon extrait, il ne sert à rien de humer le goulot : le goût de bouchon (voir page 132) ne se détecte vraiment que dans le vin lui-même. Ensuite, on goûte le vin avant de le servir à ses convives.

LE DÉBOUCHAGE DU CHAMPAGNE

Après avoir enlevé la capsule, il faut retirer le muselet (l'armature en fil de fer) en veillant à maintenir goulot et bouchon pour éviter un départ intempestif de ce dernier. On débouche la bouteille en tenant le bouchon d'une main et en faisant tourner la bouteille par la base de l'autre. C'est la bouteille qui tourne, et non le bouchon. Le fameux bruit du bouchon de champagne est synonyme d'un débouchage hâtif qui risque d'entraîner un échappement de gaz et de mousse.

Les tire-bouchons

Le limonadier, outil de travail des sommeliers, est le tire-bouchon standard. Sa virole doit mesurer 6 cm (soit cinq tours). Le modèle pince à levier enserre le goulot, puis l'on descend le levier à fond et l'on remonte sans effort. Le tire-bouchon à air comprimé est muni d'un système d'aiguille creuse qui insère de l'air entre le vin et le bouchon, et expulse ce dernier par pression. Avec le tire-bouchon à vis sans fin, on tourne toujours dans le même sens et le bouchon remonte. Le tire-bouchon à lames, d'un maniement délicat, sera plutôt réservé aux vieilles bouteilles dont le bouchon a pu être altéré : on enfonce délicatement les deux lames autour du bouchon que l'on sort petit à petit par un mouvement rotatif. Quant au tire-bouchon « cep de vigne », il est souvent muni d'une virole trop grande ou trop petite.

En carafe ou en bouteille ?

Le carafage sert à deux opérations distinctes : l'aération et la décantation du vin. L'aération consiste simplement à verser le vin dans une carafe afin de mettre en valeur sa robe et de permettre à ses parfums de mieux s'exprimer après un séjour plus ou moins long dans une atmosphère confinée. Le passage en carafe, une demi-heure au moins avant le service, favorise l'épanouissement des arômes des jeunes vins rouges tanniques, des blancs gras et élevés en fût, des liquoreux. Il est moins utile pour les rosés et les blancs vifs, ou pour les rouges gouleyants, qui livrent spontanément leur fruité. Les champagnes ? Ils perdraient leur effervescence, mais on peut tenter de passer (avec précaution) en carafe les vieux millésimés.

Pour les vins plus anciens, la décantation est souvent recommandée : il s'agit de séparer du vin, si possible devant une source lumineuse, les sédiments déposés avec le temps au fond de la bouteille. Cependant si certains de ces flacons vé-nérables gagnent à la décantation, les plus fragiles, mis en contact avec l'air, s'oxydent rapidement et perdent leurs arômes. Il vaut mieux goûter le vin avant de le carafer. Dans le doute, on évitera de décanter un vin ancien à l'avance. On manipulera la bouteille avec précaution en utilisant éventuellement un panier verseur qui la maintient à l'horizontale.

Types de vins	Service
Vins blancs aromatiques Vins primeurs rouges et blancs Vins courants rouges et blancs Vins rosés	Déboucher, boire sans délai. Bouteille verticale.
Vins blancs de la Loire Vins blancs liquoreux	Déboucher, attendre 1 h. Bouteille verticale.
Vins rouges jeunes Vins rouges à leur apogée	Carafer 1/2 h à 2 h avant consommation.
Vins rouges anciens fragile	Déboucher en panier verseur et servir sans délai ; éventuellement décanter et consommer tout de suite

Les températures de service

Avant un repas, on a tout intérêt à préparer à l'avance les bouteilles conservées en cave ou achetées chez le marchand, ne serait-ce que pour les servir à la juste température. Principe général : aucun bon vin ne saurait être bu à une température inférieure à 8° C ou supérieure à 17° C. Pour rafraîchir un vin de 22 à 8° C, il faut le plonger quinze minutes dans un seau à glace (moins si on ajoute une poignée de gros sel) ou le garder deux heures au réfrigérateur. Mieux vaut le servir un peu trop frais, car il se réchauffe rapidement dans le verre (jusqu'à 1° C par quart d'heure). Par fortes chaleurs, on prévoira des récipients avec eau et glace.

Types de vins	Température de service
Grands vins rouges de Bordeaux à leur apogée	16-17 °C
Grands vins rouges de Bourgogne à leur apogée	15-16 °C
Grands vins rouges avant leur apogée, vins rouges de qualité	14-16 °C
Grands vins blancs secs de garde	12-14 °C
Vins rouges légers, jeunes et fruités	11-12 °C
Vins blancs secs vifs et légers	10-12 °C
Vins primeurs et rosés	10 °C
Vins moelleux et liquoreux, vins doux naturels	8-9 °C
Champagne et crémants de plus de dix ans	10 °C
Effervescents autres (champagne, crémant)	8-9 °C

les différents seaux

Le classique seau à rafraîchir, rempli avec de l'eau et des glaçons, a pour inconvénient majeur l'eau sur les bouteilles au-dessus des assiettes. On trouvera également le manchon réfrigérant, la brique en argile, le rafraîchisseur isotherme ou le seau rafraîchisseur électrique pour rafraîchir et/ ou maintenir le vin à température.

LES ROUGES AU RÉFRIGÉRATEUR ?

Dans la plupart des cas, la pièce où l'on dîne est trop chauffée par rapport à la température idéale de service des vins. L'été, par 25 °C, on n'hésitera pas à placer les rouges dans la porte du réfrigérateur, mais pas trop longtemps pour ne pas les servir glacés. Le froid durcit en effet les tanins des vins rouges charpentés.

Les verres

On oubliera le verre épais des gobelets. Sensiblement pour le même prix, on peut acheter des verres à pied simples. Le pied permet de tenir le verre sans réchauffer le vin et de faire tourner le li-

quide (voir page 158). On veillera à bien rincer les verres pour ne pas laisser subsister d'odeurs (détergent ou emballage). Le verre idéal a des bords fi ns. Il a une contenance d'au moins 20 cl, pour laisser un espace au-dessus des 12 cl de vin servi. Si la transparence du verre permet d'admirer les nuances de couleur, sa forme influence la perception gustative. Ainsi, l'intensité aromatique est davantage préservée dans un verre dont la partie supérieure est légèrement resserrée. Les verriers proposent des formes destinées à magnifier les qualités des différents vins (Bourgogne, Bordeaux, Loire, Alsace, etc.).

Le cadre de la dégustation

Pour déguster dans les meilleures conditions un vin pour lui-même, mieux vaut se trouver dans une pièce bien éclairée (lumière naturelle ou éclairage ne modifiant pas les couleurs), sans odeurs prononcées telles que parfums, fumée (tabac ou cheminée), odeurs de cuisine ou de fleurs. La température ne doit pas dépasser 18-20 °C. Le meilleur moment est le matin vers 11 h ou l'après-midi vers 18 h. À table, autour d'un plat, le vin révélera une facette différente mais tout aussi – voire plus – intéressante de sa personnalité.

COMMENT CONSERVER UNE BOUTEILLE ENTAMÉE ?

Une bouteille entamée peut être conservée quelques jours, d'autant que le vin peut alors révéler d'autres qualités, s'épanouir davantage. Pour cela, il faut la protéger de l'oxydation et la maintenir au froid. Il existe un système ingénieux et facile à trouver dans le commerce de pompe à vide qui extrait l'air de la bouteille. Quant au champagne, la petite cuillère dans le goulot relève du folklore, et seul un bouchon spécial préservera la bouteille quelques heures.

EN RÉSUMÉ

Le service du vin obéit à certaines règles dont le respect permet de déguster dans les meilleures conditions. On veillera :
• au débouchage évitera d'altérer le goût du vin ;
• au respect des températures qui varient en fonction du type de vin ;
• à l'emploi de verres adaptés à la dégustation pour une expression optimale des arômes ;
• au cadre de la dégustation (pièce bien éclairée, température mesurée,...).
On pratiquera au besoin un carafage qui permet au vin de mieux libérer ses arômes en s'aérant ou, avec précaution, un décantage s'il s'agit d'un vin vieux.

LA DÉGUSTATION

Savoir déguster, c'est découvrir toutes les facettes du vin en trois étapes : l'œil, le nez, la bouche. S'il demande un peu d'attention, cet exercice d'analyse est gratifiant : on apprécie mieux tout ce que l'on parvient à traduire en mots, ses sensations par exemple. On ne tirera pas de conclusions hâtives à la vue de l'étiquette, ou même à l'aspect du vin : qu'il soit tiré de la bouteille ou servi dans un verre tout noir, les impressions peuvent diverger. La dégustation fait appel à tous les sens : la vue, l'odorat et le goût, au premier chef, et même l'ouïe ou le toucher. Ne parle-t-on pas du soyeux ou le « croquant » d'un vin ?

L'œil

L'examen de l'aspect extérieur du vin, ou robe, est riche d'enseignements, notamment sur l'âge et l'origine du vin.

La limpidité

La limpidité des vins rouges s'apprécie en inclinant son verre sur un fond blanc. La plupart des vins commercialisés de nos jours ne sont pas troubles. Seuls quelques cristaux de bitartrates, peuvent apparaître dans les vins blancs sans altérer leur qualité.

La nuance de la robe

Elle donne un indice sur l'âge du vin, sur son évolution. Jeune, un blanc apparaît souvent pâle, avec des reflets verts. Avec le temps et au contact de l'air, il prend des nuances or, puis cuivrées ou ambrées. À l'inverse, le vin rouge, de couleur sombre aux reflets violets dans sa jeunesse, s'éclaircit au fil du temps pour révéler des reflets tuilés.

L'intensité

L'intensité de la couleur du vin peut être fonction du cépage. Le pinot noir à l'origine des vins rouges de Bourgogne donne ainsi des robes moins soutenues que celle des cabernets et merlot assemblés dans les bordeaux. Les méthodes de vinification, d'élevage et de vieillissement exercent également une influence. Un vin « noir » peut ainsi être obtenu par une technique de surextraction. Un blanc élevé en barrique est plus foncé qu'un autre élevé en cuve, parfois presque incolore.

Les larmes ou jambes

Il s'agit des écoulements qui apparaissent sur la paroi du verre quand on l'anime d'un mouvement rotatif. Les larmes traduisent la présence de glycérol, un composé visqueux au goût sucré qui se forme pendant la fermentation et qui donne au vin son onctuosité (le « gras » du vin).

Nuances	Intensité	Limpidité
Blancs : jaune clair, paille, or, ambré Rosés : églantine, œil de perdrix, saumon, rose, framboise, grenadine Ruges : rubis, cerise, pivoine, pourpre, grenat, violet	Légère Soutenue Intense Foncée Profonde	Opaque Louche Voilée Cristalline

POURQUOI FAIRE TOURNER LE VERRE ?

Imprimer un mouvement de rotation au verre permet de faire apparaître de nouveaux arômes sous l'effet du contact avec l'air. Les composants aromatiques du vin s'expriment selon leur volatilité. Il s'agit en quelque sorte d'une évaporation du vin, ce qui explique que la température soit si importante : trop froide, les arômes ne s'expriment pas ; trop chaude, ils s'évaporent trop rapidement, s'oxydent et ressortent des éléments aromatiques lourds.

Le nez

Chacun est capable de percevoir les senteurs du vin simplement en mettant son nez au-dessus du verre. Ce geste, qui procure un grand plaisir, est aussi une mine d'informations. Plus ou moins volatils, les parfums se diffusent successivement selon la température et le contact avec l'air. On peut décupler leur perception grâce à un mouvement de rotation du verre qui aère le vin. Puis, grâce à de lentes et profondes inspirations, on découvre de nouvelles notes olfactives. Avant même de porter le vin en bouche, on sait déjà beaucoup de choses sur lui.

La bouche

Pour déguster, il faut avoir une bouche « neutre ». On évitera donc de mâcher un chewing-gum ou tout aliment marqué gustativement, ou encore de fumer. Tout au plus peut-on manger un morceau de pain. La gorgée mise en bouche doit être d'un volume raisonnable afin que le vin puisse circuler dans la cavité buccale. Pour accentuer les perceptions, il suffit, tout en goûtant le vin, d'inspirer un peu d'air, les lèvres resserrées, en creusant les joues. Dans la bouche, le vin se réchauffe, diffuse de nouveaux éléments aromatiques recueillis par la voie rétronasale, qui relie le palais aux fosses nasales. Quant aux papilles de la langue, elles ne sont sensibles qu'aux quatre saveurs élémentaires : l'amer, l'acide, le salé et le sucré. Voilà pourquoi une personne enrhumée ne peut goûter un vin : sa voie rétronasale est inopérante.

Outre les quatre saveurs élémentaires, la bouche est sensible à la température du vin, à sa viscosité, à la présence ou à l'absence de gaz carbonique et à l'astringence (effet tactile : absence de lubrification par la salive et contraction des muqueuses sous l'action des tanins).

C'est en bouche que se révèlent l'équilibre, l'élégance d'un vin ou, au contraire, ses défauts de structure. L'harmonie des vins blancs et rosés s'apprécie à leur équilibre entre acidité et alcool pour les vins secs, acidité et moelleux (sucre) pour les vins doux. Pour les vins rouges, elle tient à l'équilibre entre l'acidité, l'alcool et les tanins. Un grand vin se distingue par sa construction rigoureuse et puissante, quoique fondue, par son ampleur et par sa complexité aromatique.

Après l'analyse en bouche, le vin est avalé (ou recraché, dans les dégustations professionnelles). On mesure sa persistance aromatique, appelée aussi longueur en bouche. Les professionnels l'expriment en secondes ou caudalies. La persistance ne porte que sur la longueur aromatique, à l'exclusion des éléments de structure du vin (acidité, amertume, sucre et alcool). Plus le vin est riche en arômes, plus il est dense et séveux, plus il tapisse les muqueuses du palais. En somme, plus un vin est long, plus il est estimable.

S'EXERCER À LA DÉGUSTATION

Il existe dans le commerce des flacons d'arômes qui aident à développer son nez. On peut organiser chez soi des séances d'entraînement, avec jeux de reconnaissance de parfums et de dégustations de vins. On apprend beaucoup en comparant : on choisira pour commencer des couples de vins très différents, comme un bourgogne (cépage chardonnay) et un sancerre (cépage sauvignon) en blanc ; un pomerol (dominante de merlot) et un côte-rôtie (syrah) en rouge, ou encore un vin boisé et un autre non boisé. On s'intéressera au goût des aliments ainsi qu'à l'harmonie des vins et des mets. Les passionnés s'inscriront aux stages proposés par de multiples organismes.

Les arômes du vin

Familles d'arômes

Les arômes du vin sont classés par familles qui renvoient à des évocations connues de tous. On distingue généralement les arômes :

• fruités : fruits rouges (cerise, fraise, framboise...), noirs (cassis, mûre...), blancs (pomme, poire...), jaunes (pêche, abricot, mirabelle...), exotiques (litchi, fruit de la Passion...), agrumes (citron, orange, pamplemousse...) ;

• floraux : fleurs blanches (aubépine, jasmin, acacia...), tilleul, violette, iris, rose, pivoine...

• végétaux : herbe, fougère, mousse, sous-bois, champignon, garrigue...

• épicés : poivre, vanille, gingembre, cannelle, noix muscade, clou de girofle...

• balsamiques : résine, pin, térébenthine, santal...

• animaux : viande, cuir, fourrure, musc, gibier...

• empyreumatiques : fumé, grillé, toasté, torréfié (café, cacao), caramel, tabac...

• minéraux : pierre à fusil, pétrole, iode...

• de pâtisserie : brioche, miel ...

• lactés : beurre frais, crème...

Arômes primaires, secondaires, tertiaires

Les arômes sont également classés en fonction de leur apparition aux différents stades de la vie du vin. Les arômes primaires ou variétaux proviennent des cépages (pinot noir et cerise, syrah et violette, cabernet-sauvignon et poivron, sauvignon et buis, muscat et raisin frais...). Les arômes secondaires ou fermentaires se dévoilent avec la fermentation alcoolique (fruits rouges et bonbon anglais liés à une macération carbonique par exemple) ou malolactique (crème, beurre frais...). Les arômes tertiaires apparaissent lors de l'élevage (torréfaction, vanille du fût...) et du vieillissement (gibier, sous-bois, champignon...).

Déviations aromatiques

Certains arômes – ou plutôt mauvaises odeurs – sont synonymes de défauts. Ils tiennent à une mauvaise qualité du raisin (trop vert ou pourri), à une vinification ou à un élevage mal conduits, à un manque d'hygiène. Le plus connu est le goût de bouchon (voir page 132). Les odeurs de vinaigre sont dues à une bactérie qui transforme l'éthanol en acide acétique, phénomène qui se produit le plus souvent lors d'un contact avec l'air, dans un fût mal fermé par exemple. Une oxygénation insuffisante du vin peut provoquer au contraire des arômes de réduction (de renfermé). Une mauvaise hygiène dans les chais peut être à l'origine d'odeurs de moisi ou de croupi, proches du goût de bouchon. Une mauvaise filtration peut provoquer des arômes de carton ou de terre. Un sulfitage trop important peut laisser dans le vin un goût de soufre (œuf pourri) et provoquer des maux de tête. L'odeur de géranium est le résultat d'un ajout mal maîtrisé d'acide sorbique (utilisé pour freiner la fermentation). Quant aux arômes végétaux (comme celui de pipi de chat, qui rappelle aussi le buis que l'on relève dans le sauvignon), il caractérise une vendange insuffisamment mûre.

EN RÉSUMÉ

• La dégustation fait principalement appel à trois sens : la vue, l'odorat et le goût. Le sens du toucher est également mobilisé pour apprécier la texture d'un vin.

• Analyse du vin, la dégustation permet de décrire la robe, les arômes (au nez comme en bouche), puis la structure du vin, son équilibre et sa longueur. Les mots « œil », « nez » et « bouche », dans le vocabulaire des dégustateurs, désignent les sensations perçues respectivement par la vue, l'odorat et le palais.

• Les arômes du vin sont classés en familles créées par analogie avec les fleurs, les fruits, les végétaux, les parfums, des denrées alimentaires... (fleurs blanches, agrumes, fruits rouges, épices...).

• Certains arômes déplaisants révèlent des défauts (vinaigre, réduction...).

Zoom sur : vin et santé

Pendant longtemps, on a attribué au vin des vertus thérapeutiques et, au début du XXe siècle, le vin rouge était considéré comme un aliment, au même titre que le pain. Au début des années 1990, la théorie du French paradox, qui met en avant les bienfaits du vin rouge consommé avec modération, a rencontré un certain écho, notamment aux États-Unis. À la même époque, en France, les autorités politiques et médicales mettent l'accent sur la toxicité de l'alcool et se sont donné pour objectif d'en limiter la consommation. Si le débat sur les effets bénéfiques d'une consommation mesurée reste ouvert, il est certain que le vin n'a rien d'un médicament.

Le French paradox et autres études
En 1991, la presse américaine met en lumière les travaux du professeur Serge Renaud, chercheur à l'INSERM, qui mettent en lumière le French paradox, à savoir le fait que les Français, notamment les habitants du Sud-Ouest, sont moins exposés aux risques de maladies cardiovasculaires que les habitants d'autres pays industrialisés, malgré un régime alimentaire plus riche en graisses. La raison invoquée ? La consommation quotidienne de deux à trois verres de vin, rouge en particulier, aurait des effets bénéfiques grâce aux tanins du vin, qui jouent un rôle d'antioxydants et favorisent l'assimilation des graisses. D'autres études mettent

en exergue le rôle potentiellement protecteur du vin (à faible dose) contre certains cancers et la maladie d'Alzheimer, ou encore contre le diabète de type 2 et l'hypertension. Mais les débats font rage, et les recherches continuent sur les multiples composants du vin et leurs éventuels pouvoirs protecteurs. Quoi qu'il en soit, le vin n'est pas un remède et doit être consommé avec modération.

VIN ET SANTÉ, UNE QUESTION MULTISÉCULAIRE

Les effets du vin sur la santé sont enseignés et recensés depuis plusieurs millénaires. Il en est fait mention dans les inscriptions des temples égyptiens vers 4000 av. J.-C. Les Hindous estimaient le vin nécessaire pour l'équilibre de l'humeur. Les Chinois l'associaient au ginseng et l'administraient comme médicament. En Grèce antique, Hippocrate l'employait notamment comme antiseptique. À Rome, Galien le recommandait comme antidote et opérait des distinctions entre les types de vins selon leurs vertus médicinales. La médecine arabe et orientale, sous l'influence d'Avicenne, trouvait elle aussi des principes bénéfiques dans l'alcool et le vin.

Zoom sur : vin et santé

Les dangers de l'abus d'alcool

Si les vertus du vin sont hypothétiques, les dangers en cas de consommation excessive sont avérés : immédiatement, amoindrissement des réflexes, perte de la conscience du danger, baisse de la vigilance et risque d'accidents ; à plus long terme, dépendance (alcoolisme), maladies (cirrhose du foie, cancer du pancréas, des voies digestives, de la bouche, de la gorge, du sein, hypertension artérielle, risques accrus d'infarctus, d'accidents vasculaires cérébraux, maladies neurologiques...), troubles psychiques et comportementaux. Concernant les femmes enceintes, la toxicité de l'alcool à forte dose pour le fœtus est établie (risques de retard de croissance pré ou postnatal, de malformations du cerveau, de retard du développement intellectuel...). Faute de pouvoir établir un seuil minimal en dessous duquel l'enfant ne courrait aucun risque, les pouvoirs publics déconseillent toute consommation d'alcool durant la grossesse. Depuis l'année 2007, un pictogramme de mise en garde est présent sur toutes les étiquettes (voir page 120).

On évoquera enfin les risques d'allergies liées à l'emploi de produits utilisés en vinification : le dioxyde de soufre peut provoquer des réactions, notamment chez certains sujets asthmatiques ; il en va de même des résidus des produits utilisés pour le collage (œufs, poisson, lait...) qui peuvent subsister dans le vin. Mais les doses comprises dans le vin sont largement inférieures au seuil de tolérance et les risques sont très faibles. Il en va de même des levures qui ne laissent que très peu de traces. Quoi qu'il en soit, en cas de doute sur sa consommation, il est vivement conseillé de consulter son médecin.

Qu'est-ce que la modération ?

La plupart des études scientifiques s'accordent sur une consommation quotidienne d'un à deux verres par jour. Mais la tolérance de chacun à l'alcool est variable selon la taille, le poids et le profil génétique. Les pouvoirs publics donnent comme seuil maximal deux unités (verres standard de 10 cl) par jour pour les femmes et trois pour les hommes, et prônent au moins un jour sans alcool.

LES ACCORDS METS ET VINS

Le goût étant une affaire éminemment subjective, il ne saurait être question ici de fournir de façon péremptoire une liste des « accords parfaits ». Marier les vins et les mets est tout un art... il ne s'agit donc pas d'une science, et il n'y a pas de vérité absolue en la matière. Le vin en effet n'est pas un produit de série ; chaque bouteille portant l'empreinte d'un certain milieu et du travail du vigneron, l'imagination et la subjectivité de chacun sont les bienvenues. Le consensus se fait plus aisément autour des mauvaises associations que des bons accords. Plutôt que des règles strictes, voici donc des suggestions d'associations.

Quelques règles pour bien démarrer

Accompagner le plat ou accompagner le vin ?

L'harmonie avec les mets n'est que l'un des éléments – certes important – qui motive le choix d'un vin. L'envie momentanée, la saison et les convives comptent tout autant. Et pourquoi le vin serait-il cantonné à un rôle d'accompagnateur ? Le repas peut aussi bien être construit autour d'une bouteille ou d'un magnum que l'on souhaite partager avec des amis. C'est le vin qu'il conviendra alors d'accompagner. Rien n'empêche en effet de servir un seul vin pour l'ensemble du repas. Cette pratique s'accorde avec les impératifs de modération et de simplicité des repas courants, parfois constitués d'un plat unique. On pourra alors choisir un vin aimable, facile à accorder avec la plupart des plats prévus ; ou bien réserver la bouteille au plat principal, en suivant les règles d'accords des mets et des vins.

L'envie, la saison et les convives

À 40 °C à l'ombre de la tonnelle, peut-on imaginer déboucher un pauillac puissant et tannique pour faire connaissance avec les nouveaux voisins ? Pour choisir un vin, mieux vaut tenir compte de l'occasion, du nombre d'invités et, si on les connaît, de leurs préférences. Il est important aussi de servir le vin sur des mets de saison. Ainsi, il serait plus judicieux d'accompagner le pauillac d'un gibier à poil lors d'un dîner hivernal. Tenir compte de la saison et des circonstances permettra aussi de servir le vin à une température idéale. En plein été, surtout en plein air, il est moins hasardeux de proposer un vin rouge léger qui supportera facilement un bref rafraîchissement dans un seau à glace, qu'un grand cru tannique qu'il faut servir entre 15 et 17 °C. Servi plus frais, ses tanins sévères ressortiraient et à température estivale, il apparaîtrait lourd et alcooleux.

Les différents mariages possibles

On peut construire le repas autour d'un ou de plusieurs vins, ou bien autour de recettes. Dans les deux cas, on veillera à établir des correspondances entre le liquide et le solide. La sensation d'harmonie tient à des facteurs divers. Pour résumer, les associations entre les vins et les mets sont de deux ordres :

Le mariage des semblables. On associera les arômes et les saveurs des aliments et ceux des vins – le côté iodé des fruits de mer et la minéralité d'un vin blanc jeune, les notes de garrigue d'un vin rouge du Languedoc et une viande au romarin... Les correspondances peuvent être celles des textures – un vin puissant et un plat riche, haut en goût, un vin gouleyant et un plat plus léger, l'onctuosité d'un vin moelleux et le fondant du foie gras... Le mariage géographique est également envisageable : un fromage de chèvre de Touraine et un vin blanc vif de la vallée de la Loire, un cassoulet et un vin rouge charpenté du Sud-Ouest, une choucroute et un blanc d'Alsace...

Le mariage des contraires. Les oppositions de styles, de saveurs complémentaires contribuent à la sensation d'équilibre. On opposera par exemple au gras d'un mets ou d'une sauce la vivacité d'un vin blanc sec par exemple.

Il n'existe pas de vérité absolue. Une seule règle : veiller à ce qu'aucun ingrédient ne soit sacrifié et à ce que le vin n'écrase pas le plat, ou l'inverse. On pensera aussi aux sauces, épices et condiments, dont il faut tenir compte pour le choix du vin. Enfin, il faut oublier tous les préjugés : un vin rouge sur un poisson peut se révéler aussi sublime qu'un blanc sec sur une viande blanche.

L'IMPORTANCE DES DÉCOUPAGES ET DES CUISSONS

Découpage et cuisson jouent un rôle essentiel dans le choix des vins. On ne servira pas le même vin sur un tartare, une côte de bœuf et un bœuf en sauce. À la texture souple du tartare, on associera un vin gouleyant et fruité ; à la texture serrée et charnue de la côte de bœuf, un vin plus puissant, subtilement boisé pour répondre aux arômes de grillé de la viande ; pour le bœuf en sauce, mijoté et confit, un vin rouge tendre, aux tanins bien fondus.

Les ennemis du vin

Certains aliments et condiments s'accordent très mal avec le vin : vinaigre non cuit, œuf dur, yaourt, concombre, ail cru, etc. On proscrit aussi, en général, les associations redondantes, trop lourdes tant d'un point de vue gustatif que diététique, comme un liquoreux sur un dessert très sucré. D'autres mariages sont voués au divorce avant même d'être consommés, tout simplement parce qu'ils sont aberrants : un bourgogne rouge grand cru sur des asperges, un sauternes sur des sardines en boîte... Enfin, pour apprécier les vins servis au repas, on évitera de boire du whisky, de la vodka, et toute autre boisson fortement alcoolisée ou anisée, car tous ces spiritueux saturent le palais pendant quelques heures.

L'ordre des vins

Mangerait-on des crevettes après un carré de chocolat ? Ce type d'incompatibilité existe aussi entre les vins. On dit souvent que les vins jeunes devaient être servis avant les vieux millésimes, et les vins blancs avant les vins rouges. Si l'on suit ce raisonnement jusqu'au bout, on risque de boire au moment du fromage et du dessert un vin rouge âgé ou un vin rouge plus léger qu'un blanc puissant, un liquoreux par exemple. Or le palais, saturé en fin de repas, ne sera plus capable de l'apprécier, et l'accord avec le mets sera bancal. Il est plutôt conseillé de boire le vin âgé plus délicat ou le vin plus léger en début de repas, lorsque les papilles sont fraîches. Pourquoi ne pas les proposer à l'apéritif ? Prenons un exemple : si l'on a prévu de servir un rouge âgé, un blanc sec et un liquoreux (à condition que les mets s'y prêtent), on peut très bien suivre cet ordre :

• le rouge en apéritif ou en début de repas ;

• le blanc sec sur l'entrée (pour faire la transition) ;

• le liquoreux sur un poulet grillé ou sur le fromage. Il sera le dernier servi en

LE RÔLE DE L'EAU

L'eau ne joue pas dans un repas un rôle purement anecdotique. Elle permet en effet de « nettoyer » la bouche, de la vivifier et de faire place nette pour chaque nouveau vin servi. On n'oubliera donc pas de servir un verre d'eau aux convives entre les plats et avant chaque nouveau vin.

raison de sa puissance aromatique, et peu de vins pourront lui succéder.

D'une manière générale, la règle est la suivante : aucun vin ne doit faire regretter le précédent, il faut aller crescendo, du plus léger au plus corsé.

Apéritif

Si l'apéritif ne constitue pas le repas mais précède le déjeuner ou le dîner, mieux vaut éviter de le transformer en mini-repas. Il est préférable de l'incorporer au début de repas, en évitant les sempiternels biscuits salés ou autres cacahuètes grasses. Les convives apprécieront d'autant plus le vin blanc sec, le champagne ou le crémant léger de l'apéritif qu'ils ouvriront l'appétit sans alourdir l'estomac. Ces vins toniques accompagneront parfaitement petites tartes salées, feuilletés et autres gougères. Les papilles restent ainsi disponibles pour goûter d'autres vins. Un apéritif original ? Un grand vin rouge âgé accompagnant une préparation maison (terrine sur toasts par exemple).

Entrées

Les amateurs de vins éviteront les crudités, à tout le moins celles accompagnées de sauce vinaigrette, car le vinaigre cru est incompatible avec le vin. On peut piocher dans la gamme d'une extraordinaire diversité des blancs plutôt fruités et légers (alsace riesling, pouilly-fumé, reuilly, quincy, sancerre, mâcon...) pour mettre en valeur les mets de début de repas : potages, consommés, soufflés, feuilletés, coquillages, terrines de poisson... Les vins rouges peu tanniques, à base du cépage gamay par exemple (beaujolais, touraine, côte-roannaise...), se prêtent également très bien aux entrées à base de viande ou de charcuterie, de même que les rosés (tavel, côtes-de-provence, lirac, costières-de-nîmes, languedoc...). Les asperges ? Un vrai casse-tête. Peu de vins leur conviennent, exceptions faites de ceux du Jura (cépage savagnin), de quelques vins issus du sauvignon, le touraine par exemple, du muscat d'Alsace ou de certains rancios secs du Roussillon.

> ## UN GRAND CLASSIQUE : LE FOIE GRAS
>
> Grand classique de la gastronomie française, le foie gras est souvent accompagné d'un vin doux. L'onctuosité d'un sauternes, d'un jurançon, d'un coteau-du-layon ou d'un alsace vendanges tardives, par exemple, soulignera le fondant du foie gras. Attention à ne pas choisir ces vins trop riches, au risque de rendre l'accord trop lourd. On peut préférer un vin blanc sec, opulent et gras, comme un meursault ou un pessac-léognan. Les vins rouges ont aussi leur place ici ; on les choisira plutôt veloutés et épicés (médoc, haut-médoc, saint-émilion, pomerol âgé, saint-joseph...).

Coquillages et crustacés

On les sert, le plus souvent, accompagnés de vins blancs. C'est ici l'occasion de rappeler que certains blancs injustement délaissés, comme le sylvaner d'Alsace, le picpoul-de-pinet et le gros-plant-du-pays-nantais ont notablement progressé en qualité : ils font honneur aux huîtres creuses (crues), tout autant qu'un rouge de Mareuil des fiefs-vendéens. Le goût profond des huîtres plates appelle, en revanche, des blancs puissants, sans goût de boisé : alsace riesling, chablis ou certains muscadets sur lie (cru Gorgeois par exemple). Pour les coquillages et crustacés cuisinés, on a l'embarras du choix : un blanc léger et vif (touraine, reuilly...) avec des moules marinières ou des gambas grillées ; un blanc plus généreux et expressif (vouvray ou montlouis-sur-loire demi-secs, châteauneuf-du-pape, limoux, condrieu, palette, pessac-léognan...) avec des coquilles Saint-Jacques à la crème ; un rosé de caractère (lirac, côtes-du-roussillon...) ou un rouge pas trop tannique (côtes-du-vivarais, alsace pinot noir...) sur des coques ou des crevettes en persillade, pour un accord avec la sauce.

LE ROI DES CRUSTACÉS : LE HOMARD

Le nec plus ultra des crustacés, rare et cher, délicieux juste grillé, cuit à la vapeur ou rôti au four, appelle des vins blancs haut de gamme et racés qui s'harmoniseront à la délicatesse de la chair : hermitage, châteauneuf-du-pape, meursault, corton-charlemagne, château-chalon (vin jaune)...

Charcuterie

Même si ce n'est pas dans l'air du temps, il faut rappeler que les charcuteries, dont la gamme est vaste et ô combien diverse – rillettes, boudin, terrines, jambon cru ou cuit, andouillette... –, si elles sont consommées avec modération, sont du « bon gras » contrairement aux matières grasses industrielles, moins visibles et bien plus nocives pour la santé. Le vin auquel on les associe doit donner une impression de légèreté, qu'il soit blanc (anjou, bourgogne aligoté, bugey...), rosé (marsannay, fronton) ou rouge (arbois, régnié, moulin-à-vent et autres crus du Beaujolais, crozes-hermitage, irancy). Voici quelques mariages inratables :
• jambon séché et rancio sec du Roussillon en vin de pays/IGP ;
• andouillette et crémant-de-loire brut ;
• terrine de lapin et morgon ;
• saucisson sec et côte-roannaise ;
• terrine de gibier et vacqueyras ou fitou.

Poisson

L'accord tiendra compte du poisson, de sa texture, de sa saveur plus ou moins fine, grasse ou iodée : il y un monde entre un poisson de mer, comme le maquereau, et un poisson de rivière, comme la truite, ou de lac, comme l'omble chevalier. Il faut tenir compte du mode de préparation : grillé sur la braise, poêlé, mijoté, en papillote au four, en sauce, cru, mariné ou en croûte de sel. Les vins blancs secs, voire demi-secs, s'imposent sur tous les poissons. Les vins rouges, quant à eux, tirent bien leur épingle du jeu sur les poissons d'eau douce et sur certains produits de la mer préparés à la provençale ou à la catalane (rouget, daurade, encornets ou calamars). On privilégiera, dans ce cas, des rouges souples et fruités ou des rosés vineux provenant des régions méditerranéennes (costières-de-nîmes, baux-de-provence, côtes-de-provence, bandol, bellet, vin-de-corse, ajaccio et patrimonio). Il y a aussi des affinités régionales ou des couples classiques : la lamproie avec les graves et les pessac-léognan rouges, les poissons de lac avec les vins blancs de Savoie et du Bugey. Aux poissons fumés (saumon, truite, anguille), on associera des blancs puissants et expressifs, avec une grande fraîcheur, comme un alsace riesling ou un chablis.

QUE BOIRE AVEC LES SUSHIS ET LES SASHIMIS ?

Le wasabi, sauce verte très relevée, risque de fortement perturber l'association avec le vin. Si les sakés peuvent généralement l'affronter, les vins offrent moins de capacité de résistance. On optera pour des blancs secs dont la minéralité fera écho au caractère iodé du poisson cru : un muscadet, un alsace riesling, un chablis, un cour-cheverny, un saint-bris... Et surtout, pas trop de wasabi.

Viande

De nos jours, la qualité de la viande de boucherie dépend davantage du mode d'élevage et de l'alimentation des bêtes que de leur race. Pour choisir un vin adapté à un plat carné, soit on prend en considération le type de viande – par exemple, viande blanche et vin blanc ; soit on s'intéresse au mode de cuisson.

Prenons le bœuf. La diversité de ses morceaux est si grande qu'on peut le cuire de cinq façons différentes : poêlé, grillé, rôti, braisé ou bouilli. Il peut aussi être consommé cru (steak tartare, carpaccio ou salades asiatiques). Le seul beefsteack peut provenir de l'araignée, de l'onglet, de la hampe et de la poire, et la cuisson doit s'adapter au goût de chaque morceau. Autre morceau intéressant : le paleron. On conseille de le cuire lentement, entier, mais de poêler comme un beefsteak la partie supérieure prélevée par le boucher dans l'épaisseur. À cette variété des préparations correspond une diversité toute aussi grande des accords avec le vin.

Viandes rouges

Bœuf. Aux viandes poêlées, fermes et goûteuses, répondent des vins rouges puissants, mais pas trop tanniques : ladoix, saint-estèphe, pécharmant, beaumes-de-venise (rouge sec), orléans-cléry, languedoc Grès de Montpellier ou La Clape... Avec une côte de bœuf grillée, saignante à souhait et caramélisée en surface, on optera pour un vin rouge soyeux, velouté, boisé avec subtilité (margaux, pauillac, saint-julien, corton, cornas, côte-rôtie...). Avec le rôti de bœuf au four, des vins rouges avec du fruit et sans excès de tanins conviendront (canon-fronsac, bordeaux supérieur, chinon, saint-nicolas-de-bourgueil, gigondas...). Sur une joue de bœuf braisée, on choisira des vins rouges charnus : anjou-villages-brissac, coteaux-d'aix-en-provence, saint-chinian, vin-de-savoie ou bugey à base de cépage mondeuse. Le bœuf bouilli, un pot-au-feu par exemple, sied à la plupart des crus du Beaujolais (morgon, chénas, juliénas, côtes-de-brouilly, moulin-à-vent), ainsi qu'aux coteaux-du-lyonnais ou au mâcon. Les plats en sauce appellent des vins rouges amples et un peu évolués (irouléguy, côte-de-nuits-villages, gevrey-chambertin, châteauneuf-du-pape, fitou, médoc, certains coteaux-varois-en-provence et touraine-amboise...). Pour le bœuf cru : un rouge sur la jeunesse, fruité et tonique (un alsace pinot noir, un cheverny, un beaujolais...).

Agneau et mouton. Servis rosés, ils offrent une chair savoureuse et soyeuse, qui devient fibreuse s'ils sont plus cuits. L'accord avec les vins s'envisage donc différemment selon la cuisson. Avec un gigot grillé au four, on choisira un vin rouge de caractère comme un pauillac, un médoc, un fronsac, un corbières, un cornas... Avec un gigot de sept heures, un blanc puissant sec ou demi-sec (hermitage, alsace pinot gris, champagne vineux, un peu évolué) constituera un accord insolite mais très réussi ; plus classiquement, on choisira un vin rouge aux tanins assouplis, avec un peu d'âge donc (saint-émilion, pomerol, lirac, côtes-de-provence...).

LE BŒUF ET LE VIN BLANC, IMPOSSIBLE ?

Les vins blancs ne s'accommodent pas du bœuf saignant alors que les volailles et viandes blanches offrent de jolis accords sur la fraîcheur de ces vins. Cependant, il ne faut pas a priori exclure tel ou tel type de viande. Modes de cuisson et assaisonnements peuvent permettre de réaliser des accords réputés impossibles. Un baeckeoffe, spécialité alsacienne dans laquelle on trouve entre autres de la viande de bœuf, s'accordera par exemple avec un riesling.

LE RÔLE DES ÉPICES ET DES HERBES AROMATIQUES

Prépondérantes dans la cuisine, notamment méridionale, asiatique et orientale, les herbes aromatiques et les épices (basilic, thym, romarin, colombo, curry, poivre, gingembre, ras-el-hanout...) influent sur le choix des vins. D'une manière générale, on choisira des vins blancs assez vifs pour contrer leurs assauts relevés ou, pour leur faire écho, des rosés, voire des rouges chaleureux, comme en offrent la Provence, le Languedoc-Roussillon ou la vallée du Rhône.

LA « MÂCHE » ET LE BŒUF

Plus le morceau de viande servi est épais et exige d'être mâché longtemps, plus le vin doit être de bonne structure tannique, charpenté, généreux pour accompagner le côté corpulent de la pièce de bœuf. On parle d'ailleurs également de « mâche » pour un vin possédant à la fois épaisseur et volume et qui, par image, donne l'impression qu'il pourrait être mâché.

Viandes blanches

Veau. On peut lui associer divers types de vins blancs, selon le morceau et le mode de cuisson. Sur un veau tendre et délicat, un jarret de veau ou un rôti de veau en cocotte par exemple, on osera la rondeur et le gras des demi-secs, moelleux et liquoreux, un grand blanc du Rhône (hermitage, condrieu) ou encore de Bourgogne (beaune, saint-romain, auxey-duresses), surtout si la viande est accompagnée d'une sauce à la crème. Les rouges pas trop tanniques (bourgogne Épineuil, fleurie, grignan-les-adhémar, anjou...) conviennnent aux paupiettes de veau notamment, et les rouges plus chaleureux à l'osso bucco ou au veau marengo (côtes-du-rhône-villages, languedoc, saint-chinian, castillon-côtesde-bordeaux...).

Porc. Pour la viande de porc fermier, aux saveurs plus prononcées (travers de porc ou côtes de porc grillées), on s'orientera vers des rouges charnus : morgon, côtes-du-rhône-villages, languedoc, haut-médoc, vin-de-corse Porto-Vecchio. Un filet mignon demande en revanche un vin blanc fruité (graves, savennières...) ou un rouge léger (côtes-du-jura, côtes-du-forez, beaujolais-villages, alsace pinot noir, côtes-d'auvergne, sancerre...). Une potée auvergnate ou un petit salé aux lentilles s'accommoderont également de ces vins rouges fruités et plutôt souples.

Volaille et lapin

Là encore, les modes de cuisson sont très variés. Poulet, dinde et oie sont habituellement rôtis au four. Les véritables volailles fermières, dont la viande est serrée et peu grasse, se prêtent à une multitude de vins blancs – secs, demi-secs, moelleux et liquoreux –, mais aussi aux vins jaunes ou aux rouges moyennement tanniques. Pour la viande de canard, on proposera des rouges riches : bandol, irouléguy, cahors, madiran, côte-rôtie, saint-émillion, pomerol. Avec la pintade, on proposera dans certains cas les mêmes vins que pour certains gibiers à plume. Avec un coq au vin, on choisira un vin rouge aux tanins fins : un vin de Bourgogne (volnay, chambertin, savigny-lès-beaune, morey-saint-denis...). Quant au lapin, les bourgueil et saint-nicolas-de-bourgueil, les saumur-champigny ou les vieux champagnes lui conviennent à merveille.

Gibier

Les vins seront différents selon qu'il s'agit de gibiers à poil (sanglier, cerf) ou à plume (canard, faisan) et selon la façon de les cuisiner : rôtis, mijotés ou grillés. Pour les viandes goûteuses, mijotées, comme le sanglier, c'est le moment de sortir les rouges puissants et corsés : cornas, pommard, corbières-boutenac, fronsac, pauillac, corton... La viande de chevreuil ou de biche, plus discrète, exige des vins moins tanniques, âgés de cinq à dix ans : volnay, gigondas, baux-de-provence, francs-côtes-de-bordeaux,

listrac-médoc. Sur des recettes à base de faisan (aux choux) ou de cailles, un blanc comme l'alsace pinot gris s'accorde à merveille. On peut également opter pour des rouges charnus et pas trop tanniques (pomerol, médoc, faugères, vosne-romanée, nuits-saint-georges...).

LE RÔLE DES SAUCES

Les sauces ont une importance prépondérante dans l'accord à réaliser. On ne présentera pas le même vin avec une sauce bolognaise (plutôt des vins rouges méridionaux) qu'avec une sauce carbonara (plutôt des vins blancs fruités) ; avec une sauce à la moutarde (plutôt un blanc vif) qu'avec une sauce madère (plutôt des vins rouges souples).

Abats

Consommés moins fréquemment de nos jours, les produits tripiers, rouges et blancs, se marient très bien avec les vins. Voici quelques suggestions. Le foie simplement poêlé, en particulier de veau, sera servi à son avantage avec un chinon. Les tripes appellent des blancs vifs ou des rouges à base du cépage gamay (côtes-d'auvergne, côtes-du-forez, saint-pourçain ou beaujolais). Sur les ris de veau et d'agneau, mets délicats, les blancs puissants et onctueux sont de mise (chassagne-montrachet, hermitage, saint-joseph, bergerac, cassis, alsace riesling pas trop vif), voire un liquoreux (barsac, sauternes...). Les cervelles se mettent à table aux côtés de blancs ou de rouges légers. Quant aux rognons, ils sont mis en valeur par des rouges structurés ou charnus.

VOLAILLES ET LIQUOREUX, MARIAGE HEUREUX

Surprise, les liquoreux se marient très bien aux volailles rôties ou grillées, le craquant de la peau contrastant agréablement avec le « gras » du vin. Ainsi, un jeune sauternes, un barsac ou encore un cérons s'associent parfaitement à un poulet-frites mais aussi à un chapon ou à une poularde à la crème.

LES CHAMPIGNONS OU LA RECHERCHE DES ARÔMES TERTIAIRES

Rouges et blancs s'accordent avec les champignons, dès lors que les vins choisis dévoilent des arômes tertiaires évocateurs de sous-bois, d'humus ou encore de... champignon : il s'agira donc de vins plutôt évolués. Avec les cèpes par exemple, on servira vieux pomerol, saint-émilion, madiran ou châteauneuf-du-pape ; avec des truffes blanches, mets de prestige, des blancs puissants élevés en fût comme un meursault, un corton-charlemagne, un hermitage ; avec une poularde aux morilles, un vin jaune du Jura ou un vieux champagne...

Légumes

Issus tous deux d'une terre, ou plus exactement d'un terroir, légumes et vins s'associent souvent en fonction de l'ingrédient qui constitue la base du plat. Mais ils peuvent aussi entretenir des correspondances naturelles : une betterave de pleine terre appelle un bourgueil rouge, un blanc de poireau se plaira avec un cour-cheverny, un vin blanc minéral. Les légumes estivaux comme l'aubergine, la tomate ou le poivron, souvent accompagnés d'huile d'olive, s'allient plutôt avec des rouges ou des rosés méridionaux (côtes-de-provence, tavel...), mais un vin rouge d'Anjou conviendra également très bien. En général, tous les légumes s'accordent avec les vins blancs de la Loire à base de cépage chenin et avec ceux d'Alsace à base de riesling. On tiendra également compte des textures et des préparations, les légumes pouvant être gratinés, flambés, émulsifiés ou soufflés.

Les champignons ou la recherche des arômes tertiaires Rouges et blancs s'accordent avec les champignons, dès lors que les vins choisis dévoilent des arômes tertiaires évocateurs de sous-bois, d'humus ou encore de... champignon : il s'agira donc de vins plutôt évolués. Avec les cèpes par exemple, on servira vieux pomerol, saint-émilion, madiran ou châ-teauneuf-du-pape ; avec des truffes blanches, mets de prestige, des blancs puissants élevés en fût comme un meursault, un corton-charlemagne, un hermitage ; avec une poularde aux morilles, un vin jaune du Jura ou un vieux champagne...

LES ŒUFS : UN ENNEMI À DOMPTER

Si les œufs durs, au plat ou en omelette nature ne laissent envisager qu'un nombre limité d'accords (vins vifs et francs, rouges ou blancs), les œufs coques « améliorés » de quelques dés de saumon fumé se plairont aux côtés d'un blanc vif comme un saint-bris ou un quincy ; les œufs au bacon s'allieront à un rouge sur le fruit ; une omelette aux girolles s'entendra avec un blanc expressif comme un entre-deux-mers ou un graves. Les œufs en meurette, préparation bourguignonne à base de champignons, d'oignons, de lardons et de vin rouge, formeront un bel accord régional avec un bourgogne-passet-ou-grain ou un irancy.

Fromages

La France compte plus de quatre cents fromages différents, et il faut encore les différencier selon le temps d'affinage. Que boire avec un produit laitier ? Contrairement aux idées reçues, les vins blancs conviennent ici souvent mieux que les rouges, dont les tanins sont trop puissants pour des mets aussi délicats. Pour choisir un vin adapté, on prendra moins en compte les modes de fabrication (pâtes pressées cuites, pâtes molles à croûte fleurie...) que le type de lait utilisé (chèvre, brebis, vache).

On peut composer un plateau autour d'un vin, en jouant sur les affinités régionales. Un château-chalon (vin jaune) s'accordera parfaitement avec un comté, un Mont d'Or, un bleu de Gex et un morbier. Un alsace gewurztraminer accompagnera volontiers du munster (il s'entend bien avec d'autres fromages à croûte lavée, comme le livarot). Les fromages de chèvre offrent également de jolis accords régionaux : un blanc de la vallée du Rhône avec un picodon ou une rigotte de Condrieu, un blanc frais de Loire avec un crottin de Chavignol ou un selles-sur-cher, un blanc de Bourgogne avec un mâconnais ou un charolais.

Les chèvres peu affinés tolèrent aussi les rouges légers. Les fromages à pâte pressée non cuite – cantal, saint-nectaire, laguiole, salers – se marient particulièrement bien aux rouges des AOC marcillac, châteaumeillant et côtes-du-forez, ou à des blancs fruités et amples (ajaccio, languedoc, côtes-du-roussillon, minervois, bergerac). Les fromages à pâte persillée forment des accords ludiques avec les liquoreux (barsac, loupiac, monbazillac) ou avec les vins doux naturels (banyuls, maury, rasteau). Le champagne peut aussi être associé aux fromages comme le chaource. En revanche, avec les bries de Melun, de Meaux et le camembert, il est plutôt conseillé de boire un cidre ou un poiré.

VINS ET DEGRÉ D'AFFINAGE DU FROMAGE

Les accords varient selon le degré d'affinage d'un fromage. Ainsi, si un beaufort jeune s'associe avec un vin rouge léger et fruité (touraine, mâcon), après neuf mois d'affinage, les vins rouges plus tanniques s'imposeront (une mondeuse de Savoie par exemple).

Desserts

On peut servir sur certains desserts les mêmes vins que sur les fromages. Ainsi, les vins doux naturels comme le banyuls, à l'aise avec le roquefort, sont tout indiqués pour des desserts au chocolat, et le vin jaune s'harmonisera avec un gâteau aux noix tout comme avec le comté.

Sur des desserts à base de fruits jaunes et blancs (abricots, pêches) et sur les agrumes, on servira plutôt un vin moelleux ou liquoreux, de préférence jeune et avec de l'acidité : vouvray, montlouis-sur-loire, alsace gewurztraminer vendanges tardives, bonnezeaux, jurançon, rosette. Pour des associations avec des fruits rouges, il faut penser aux rouges à bulles, comme on en produit dans la région de Saumur, ou à un cerdon du Bugey, rosé et fruité, ou encore aux champagnes et crémants rosés.

Les crèmes peuvent être accompagnées d'un vieux banyuls ou d'un rivesaltes tuilé, d'un condrieu ou d'un gaillac doux.

Les gâteaux secs et peu sucrés – quatre-quarts, financier, cake – ont besoin de vins doux et ronds, tels un pineau-des-charentes, un rivesaltes hors d'âge, un pacherenc-duvic-bilh ou un champagne demi-sec.

Avec un dessert glacé, c'est le parfum qui détermine l'accord, mais en règle générale, ce sont les vins doux naturels qui l'emportent, offrant un mariage sur la douceur et les gammes aromatiques. Avec une glace au chocolat, on optera pour les mêmes accords qu'avec un gâteau au chocolat (banyuls, maury...). Avec la vanille, un rivesaltes ambré (vieux blanc) fera merveille. Avec un sorbet aux fruits exotiques, au citron ou aux fruits jaunes, un muscat sera en parfait accord (muscat-de-beaumes-de-venise, muscat-de-frontignan, muscat-de-rivesaltes...).

DU CHAMPAGNE POUR LE DESSERT ?

Boire en fin de repas un vin dont l'acidité est amplifiée par le sucre des desserts peut provoquer un véritable inconfort. On privilégiera donc les champagnes plus dosés (plus riches en sucres) ; on évitera les bruts nature ou extra-bruts pour leur préférer certains bruts et les demi-secs (qui, malgré leur nom, sont les plus doux). Des puristes peu enclins à boire des champagnes trop « sucrés » suggèrent de vieux millésimes, à l'acidité un peu émoussée et aux arômes de fruits secs. On pourra aussi pousser le raffinement en préparant des desserts au champagne : sabayons, sorbets ou tout simplement fraises au champagne.

EN RÉSUMÉ

• Les accords mets et vins sont avant tout affaire de goût. Les poissons ne sont pas nécessairement accompagnés de vins blancs, et les viandes ou les fromages de vins rouges.
• Certains aliments sont rétifs à tout accord (vinaigre, concombre, œufs durs…).
• Si l'on sert plusieurs vins lors d'un même repas, l'ordre de service est important ; la règle étant qu'aucun vin ne doit faire regretter le précédent.
• On pourra jouer sur des alliances régionales, sur des associations de texture ou d'arôme ou, à l'inverse, sur des oppositions de saveurs complémentaires.

Zoom sur : le vin au restaurant

La vente de vin à consommer sur place est soumise à une réglementation que doivent respecter les établissements de toutes catégories, du restaurant étoilé à la pizzeria ouverte seulement l'été, en passant par enseignes de restauration rapide. La carte des vins ne doit pas induire le consommateur en erreur, notamment sur la catégorie des vins et la contenance. En matière de prix, le restaurateur est plus libre, et tous les cas de figure se rencontrent...

La carte des vins

À l'extérieur du restaurant doit se trouver une carte ou une affiche indiquant les références et le prix de cinq vins (ou des vins, si l'établissement en propose moins), Quant aux indications figurant sur la carte ou l'ardoise, elles doivent être conformes à la réglementation des vins et ne proposer que des articles disponibles à la vente. Ces obligations s'appliquent aux vins servis au pichet ou au verre ; leur contenance doit être précisée en plus de leur prix.

La carte ou l'ardoise ne doit pas porter à confusion. Elle indiquera toutes les catégories réglementaires des vins : appellation d'origine contrôlée, IGP (indication géographique protégée ou vin de pays), ou vin sans indication géographique, les anciens vins de table (voir page 112). Le seul nom du château ou de la marque ne suffit pas, même s'il s'agit d'un bordeaux. Si un crémant est un vin à bulles, ce n'est pas un champagne ! L'indication de la couleur ou du cépage, facultative, ne saurait se substituer aux mentions obligatoires sur l'étiquette. Par exemple, on ne peut pas remplacer l'indication « Pays d'Oc » par « merlot ». Le millésime indiqué doit être disponible, la mention d'une médaille exacte. Une carte doit être simple, précise et claire. Sa présentation donne un indice sur la compétence du personnel.

Prix abusifs et dénicheurs

La liberté des tarifs laisse aux restaurateurs le soin d'établir leur marge bénéficiaire. Entre le prix d'achat et le prix de vente, les établissements appliquent des coefficients multiplicateurs variant de 2,5 à 13 ; une bouteille achetée 5 € peut donc être revendue entre 12,50 et 65 € ! Cette marge n'est pas toujours en relation avec la qualité du service et des vins. C'est le cas dans les restaurants qui commandent systématiquement les vins les moins chers et se font livrer par une importante centrale d'achats commune à toute la profession. D'autres établissements font un réel effort pour élaborer une carte de vins originale en adéquation avec les plats servis. Ces restaurateurs visitent régulièrement les vignobles et fréquentent les dégustations organisées pour les professionnels. Ils remplacent en quelque sorte le sommelier qu'ils ne peuvent pas tous embaucher. Chez eux, l'amateur de vins se régale tout en faisant des découvertes.

Zoom sur : le vin au restaurant

Le cérémonial du sommelier

Dans les restaurants d'une certaine tenue, le service du vin respecte tout un rituel. Est-ce utile ? Si le sommelier présente la bouteille au client, c'est tout simplement pour lui permettre de vérifier que l'étiquette correspond au vin commandé. Après avoir débouché la bouteille, il lui tend parfois le bouchon pour qu'il puisse l'examiner et le sentir. Un bouchon complètement imbibé de vin, vermoulu ou sentant fortement le liège peut être de mauvais augure ; on goûtera cependant le vin avant de tirer des conclusions hâtives.

Si le sommelier verse délicatement le vin dans une carafe, c'est qu'il entend le décanter (séparer les dépôts du vin) et/ou l'aérer pour favoriser l'épanouissement du « bouquet ». Il peut ensuite le goûter, s'il a des doutes ou s'il est particulièrement consciencieux, ou bien en servir d'emblée deux doigts au client. Il lui appartient d'en faire un bref examen visuel et olfactif, puis de le goûter et d'accepter ou non la bouteille. En cas de refus, le sommelier goûte de nouveau le vin. Rien n'empêche, en cas de doute, de demander l'avis de l'un des convives. Mais il sera plus difficile de faire changer la bouteille après en avoir bu la moitié ! Une fois ce cérémonial accompli, le sommelier verse le vin dans tous les verres.

Le service au verre

Le service se juge aussi sur le choix des verres, des carafes et sur la température à laquelle sont servis les vins. Dans certains établissements, les vins vendus au verre sont stockés dans un distributeur qui permet de les préserver de l'air (grâce à un apport d'azote alimentaire) et de le servir à la température voulue. Soulignons enfin que rien n'empêche les clients de repartir avec une bouteille qu'ils n'ont pas terminée durant le repas.

LA CONSERVATION DU VIN

À l'inverse de la grappe de raisin avide de lumière solaire, le vin recherche l'ombre. Il mûrit dans un lieu sombre et frais, protégé des vibrations et des odeurs. Il lui faut une atmosphère assez humide, suffisamment aérée mais à l'abri des courants d'air, et il redoute particulièrement les brusques changements de températures. Faute de posséder une cave enterrée, idéale pour le stockage, ces exigences conduiront souvent l'amateur à des aménagements divers, voire au choix d'une solution alternative.

Aménager sa cave

Une bonne cave est un lieu clos, sombre, à l'abri des trépidations et du bruit, exempt de toute odeur, protégé des courants d'air mais bien ventilé, d'un degré hygrométrique de 75 % et surtout d'une température stable, la plus proche possible de 11 ou 12 °C. Les caves citadines présentent rarement de telles caractéristiques. Il faut donc, avant d'entreposer du vin, améliorer le local : établir une légère aération ou, au contraire, obstruer un soupirail trop ouvert ; humidifier l'atmosphère en déposant une bassine d'eau contenant un peu de charbon de bois, ou l'assécher par du gravier et en augmentant la ventilation ; tenter de stabiliser la température en posant des panneaux isolants ; éventuellement, monter les casiers sur des blocs caoutchouc pour neutraliser les vibrations. Mais si une chaudière se trouve à proximité, si des odeurs de mazout se répandent dans le local, celui-ci ne fera jamais une cave satisfaisante.

Équiper sa cave

L'expérience prouve qu'une cave est toujours trop petite. Le rangement des bouteilles doit donc être rationnel. Le casier à bouteilles classique, à un ou deux rangs, offre bien des avantages : il est peu coûteux et donne accès aisément à l'ensemble des flacons.

Malheureusement, le casier à alvéoles est volumineux au regard du nombre de bouteilles logées. Il peut convenir si l'on acquiert des bouteilles à l'unité ou en très peu d'exemplaires. Si l'on possède une grande quantité de fl acons, notamment lorsqu'on achète les mêmes références en nombres importants, il faut empiler les bouteilles pour gagner de la place. Afin de séparer les piles pour avoir accès aux différents vins, on montera des casiers à compartiments pouvant contenir 6, 12, 24, 36 ou 48 bouteilles en pile, sur deux rangs. Si la cave n'est pas humide à l'excès, si le bois ne pourrit pas, il est possible d'élever des casiers en planches. Il est nécessaire de les surveiller, car des insectes peuvent s'y installer, attaquant les bouchons et rendant les bouteilles couleuses. Les constructeurs proposent aujourd'hui nombre de casiers à compartiments, fixes, empilables et modulables, dans les matériaux les plus divers.

Deux instruments indispensables complètent l'aménagement de la cave : un thermomètre a maxima et minima, et un hygromètre.

PAS DE CAVE ?

Si l'on ne dispose pas de cave ou que celle-ci est inutilisable, plusieurs solutions sont possibles :

• acheter une armoire à vin, dont la température et l'hygrométrie sont automatiquement maintenues ;

• construire de toutes pièces, en retrait dans son appartement, un lieu de stockage dont la température varie sans à-coups et ne dépasse pas 16 °C ;

• acquérir une cave en kit, à installer dans son logement, ou faire aménager une cave préfabriquée, à monter en général sous la maison. Ces espaces, qui pallient l'absence de cave enterrée, représentent un investissement plus lourd qu'une armoire à vin.

Ranger ses bouteilles

LE LIVRE DE CAVE

Outil indispensable pour gérer ses achats, il permet de noter les références précises de chaque vin (région, appellation, nom, millésime, lieu-dit...), le nombre de bouteilles, la date et le lieu d'achat, la date d'entrée en cave, le prix, l'apogée estimé. Il peut aussi constituer un journal de dégustation, une mémoire gourmande de l'amateur, avec des commentaires de dégustation et d'accords mets et vins testés à table.

L'air chaud montant, la température est légèrement plus basse au niveau du sol. dans la mesure du possible, on entreposera donc les vins blancs doux près du sol, puis les blancs secs, et les vins rouges dans les casiers du dessus ; les vins de garde, dans les rangées (ou casiers) du fond ; les bouteilles à boire, dans les casiers les plus accessibles. Si les bouteilles achetées en carton ne doivent pas demeurer dans leur emballage, celles livrées en caisse de bois peuvent y être conser-vées un temps, notamment si l'on envisage de revendre le vin. Néanmoins, les caisses prennent beaucoup de place, sont une proie aisée pour les pilleurs de caves, et il faut surveiller régulièrement leur état. On repérera casiers et bouteilles par un système de notation (alphanumérique, par exemple), à reporter sur son livre de cave.

Constituer sa cave

Constituer une cave demande de l'organisation. Au préalable, on évaluera le budget dont on dispose et la capacité de sa cave. Il est utile aussi d'estimer dans les grandes lignes sa consommation de vin annuelle. Ensuite, il convient d'acquérir des vins dont l'évolution n'est pas semblable, afin qu'ils n'atteignent pas tous en même temps leur apogée. Et pour ne pas boire toujours les mêmes, fussent-ils les meilleurs, on a intérêt à élargir sa sélection afin de disposer de bouteilles adaptées à différentes occasions et préparations culinaires. Plus le nombre de bouteilles est restreint, plus il faut veiller à les renouveler. On pourra se reporter à nos trois propositions de caves (voir page 188) en les adaptant à ses goûts. Celles-ci n'incluent ni de vins primeurs, ni de vins à boire jeunes. Les valeurs indiquées ne sont bien sûr que des ordres de grandeur.

ASSURER SA CAVE

Le plus souvent, l'assurance habitation couvre la cave contre le vol ou les sinistres lorsque le local communique avec les pièces d'habitation. Le dédommagement s'effectue dans la limite d'un capital garanti défini entre l'assureur et l'assuré. Lorsque la cave est indépendante, il faut souscrire une garantie particulière, souvent proposée en extension. Dans tous les cas, on s'informera sur le niveau de remboursement et sur les conditions requises (serrures, verrous, volets, porte blindée...). Pour des bouteilles de valeur, on fera expertiser sa cave. La question est de savoir si le remboursement s'effectue au prix d'achat ou à celui atteint le jour du sinistre. Un conseil : accumuler les preuves d'achat : factures, photographies, livre de cave avec entrées et sorties.

Vins à boire, vins à encaver

Souhaite-t-on consommer ses vins sur une courte période ou suivre leur évolution dans le temps ? La démarche sera en effet bien différente. Si l'on recherche des bouteilles prêtes à boire, on privilégiera les vins à boire jeunes ou de courte garde (cinq ans), vins d'appellation régionale (bordeaux, bourgognes d'appellation régionale, côtes-du-rhône), alsaces, beaujolais, champagnes non millésimés... Tous les vignobles français et étrangers proposent des vins agréables jeunes. On veillera cependant à ne pas acquérir plus de bouteilles qu'on ne peut en consommer sur un à trois ans, car ces vins évoluent rapidement. Faut-il écarter les appellations prestigieuses, les vins de garde ? Non, mais on se tournera vers des millésimes à évolution rapide – ces « petits » millésimes qui ont l'avantage d'être prêts plus tôt. Il est difficile de trouver sur le marché de grands vins parvenus à leur apogée. Certains cavistes ou propriétaires en proposent, mais à un prix évidemment très élevé. Lorsqu'on souhaite conserver ses vins dans l'espoir de les voir se bonifier, mieux vaut être très sélectif dans le choix des producteurs et acquérir les meilleurs millésimes.

Quand faut-il boire le vin ?

Les vins évoluent de manières très différentes. Ils atteignent leur apogée après une garde plus ou moins longue : de un à vingt ans. Quant à la phase d'apogée, elle varie de quelques mois pour les vins à boire jeunes, à plusieurs décennies pour quelques rares grandes bouteilles.

APOGÉE ET LONGÉVITÉ

Si la longévité est l'ensemble de la période pendant laquelle le vin est buvable, l'apogée correspond à la meilleure phase pour le déguster. Avant l'apogée, le vin se bonifie peu à peu, après, il entame son déclin progressif. L'apogée et la longévité sont très variables selon le type de vin. Pour les vins à boire très jeunes (comme nombre de rosés), l'apogée n'excède guère un an et le vin perd rapidement tout intérêt. Pour les rouges puissants et tanniques, pour les grands liquoreux dans un bon millésime, ainsi que pour les vins jaunes du Jura, il peut durer plusieurs décennies.

La conservation du vin

• Une bonne cave est sombre, ventilée, à l'abri des trépidations et des mauvaises odeurs. Elle offre une température stable (autour de 11-12 °C) et 75 % minimum d'hygrométrie.

• Pour le rangement, les casiers classiques à alvéoles (à un ou deux rangs) sont peu coûteux et permettent un accès facile aux bouteilles. Si l'on doit entreposer un nombre important de mêmes références, on leur préférera des casiers à compartiments. Thermomètre et hygromètre permettent de surveiller la température et l'humidité.

• Les vins blancs sont à placer près du sol, les vins rouges au-dessus, les vins de garde dans les rangées du fond, les bouteilles à boire en situation frontale. Il est conseillé d'établir un système de notation à reporter sur le livre de cave pour repérer casiers et bouteilles.

• Pour constituer sa cave, en fonction du budget et de la place disponibles, on achètera des bouteilles qui ne vieillissent pas en même temps et de préférence de styles différents pour s'adapter à toutes les occasions.

• Les vins atteignent leur apogée après une garde plus ou moins longue, variable selon l'appellation, le cépage, le terroir, la vinification et le millésime.

Deux propositions de cave

Cave de 55 BOUTEILLES (environ 900 €)	
Région	Nb bouteilles
18 Bordeaux 7 Sud-Ouest	17 rouges (graves, saint-émilion, médoc, fronsac, pécharmant) 8 blancs : 5 secs (graves, bergerac) 3 liquoreux (sauternes, loupiac, monbazillac
12 Bourgogne	12 rouges (crus de la Côte de Nuits, crus de la Côte de Beaune) 8 blancs (chablis, meursault, puligny-montrachet)
8 Loire	6 rouges (chinon, bourgueil...) 2 blancs (vouvray, montlouis-sur-loire...)
10 vallée du Rhône	7 rouges (côte-rôtie, hermitage, châteauneuf-du-pape, vacqueyras...) 3 blancs (hermitage ou saint-joseph, condrieu)

La conservation du vin

Deux propositions de cave

CAVE DE 150 BOUTEILLES (environ 2 700 €)			
Région	Nb bouteilles	Rouge	Blanc
36 Bordeaux	28 rouges 8 blancs	fronsac, pomerol, saint-émilion, graves, médoc (dont crus classés)	4 pessac-léognan 4 sauternes, barsac ou sainte-croix-du-mont
26 Bourgogne	15 rouges 15 blancs	crus de la Côte de Nuits, crus de la Côte de Beaune, vins de la Côte chalonnaise	chablis, meursault, puligny-montrachet, montagny...
22 vallée du Rhône	16 rouges 6 blancs	côte-rôtie, hermitage, cornas, saint-joseph, châteauneuf-du-pape, gigondas, côtes-du-rhône-villages	condrieu, hermitage, châteauneuf-du-pape, saint-joseph
12 vallée de la Loire	5 rouges 7 blancs	bourgueil, chinon, saumur-champigny	pouilly-fumé, vouvray, coteaux-du-layon
12 Sud-Ouest	7 rouges 3 blancs	madiran, cahors, côtes-de-bergerac, montravel	jurançon (secs et doux), saussignac, monbazillac
7 Sud-Est	6 rouges 2 blancs	bandol, palette	cassis, palette
7 Alsace	7 blancs		gewurztraminer, riesling, pinot gris
6 Jura	6 blancs		vins jaunes, côtes-du-jura, arbois
12 Languedoc-Roussillon	8 rouges 4 vins doux naturels	languedoc, corbières, minervois, faugères, saint-chinian... Banyuls, maury...	banyuls, rivesaltes
10 champagnes et autres vins effervescents			crémants et divers types de champagnes

CAVE DE 300 BOUTEILLES
La création d'une telle cave suppose un investissement d'environ 6 500 €. On doublera les chiffres de la cave de 150 bouteilles, en se souvenant que plus le nombre de flacons augmente, plus la longévité des vins doit être grande. Ce qui se traduit malheureusement (en général) par l'obligation d'acquérir des vins de prix élevé...

LES VINS DE FRANCE

La France compte plus de 300 appellations d'origine contrôlée, reflets d'une richesse incomparable de cépages, de sols, de climats. Depuis les premiers ceps plantés par les Phocéens sur le littoral méditerranéen, la vigne a colonisé une vaste partie du territoire, les contours des vignobles évoluant au gré de l'histoire politique, économique et sociale des régions et des innovations techniques et scientifiques. Cette mosaïque de terroirs a été façonnée et cultivée selon des pratiques éprouvées par de nombreuses générations, qui ont compris qu'associer un ou plusieurs cépages à un terroir spécifique donne au vin un supplément d'âme, et à l'amateur, un plaisir unique. Depuis plus de soixante-dix ans, ces pratiques ont été encadrées, précisées par un système d'appellations d'origine qui a servi de modèle à l'Europe. De la Champagne au Sud-Ouest, du Bordelais à la Bourgogne, de la vallée de la Loire au Languedoc-Roussillon, de l'Alsace à la Provence, du Poitou-Charentes à la Corse, du Jura à la vallée du Rhône, les pages qui suivent vous proposent un tour de France complet des vins d'appellation français, des plus célèbres aux plus méconnus.

Légende des symboles (types de vin)

- Vin blanc tranquille sec
- Vin blanc tranquille moelleux ou liquoreux
- Vin rosé tranquille
- Vin rouge tranquille
- Vin blanc effervescent

- Vin rosé effervescent
- Vin doux naturel ou vin de liqueur blanc
- Vin doux naturel ou vin de liqueur rouge
- Vin doux naturel ou vin de liqueur rosé

L'ALSACE ET LORRAINE

Superficie : 15 600 ha
Production : 1 150 000 hl
Types de vins : 🟡 🔴 🔴 🟡 🔴 🟠

    Au pied du massif vosgien, le vignoble alsacien s'étire en un ruban
de 170 km de long, de Marlenheim au nord, à Thann, au sud, complété
par un îlot viticole septentrional situé à la limite de l'Allemagne, autour
de Wissembourg. Sa situation abritée des pluies permet à la région
de proposer toute une gamme de vins denses et fruités, aussi bien secs
que moelleux, voire liquoreux. Du fait de sa latitude, elle privilégie
cependant les raisins blancs, qui mûrissent mieux, le pinot noir constituant
l'exception. Alsace riesling, alsace sylvaner, alsace pinot blanc...
Si les vins d'Alsace s'identifient par leur cépage, on n'oubliera
pas les grands crus, communes et lieux-dits ainsi que les crémants.

Histoire

Probablement né à l'époque romaine, le vignoble alsacien s'étend et gagne en notoriété après les grandes invasions, sous l'égide des abbés et des prélats. Dès le IXe siècle, il est présent dans plus de 160 localités de la région. Au Moyen Âge, il fait la prospérité de nombreuses cités dont les fières murailles ont parfois subsisté jusqu'à nos jours. Le XVIe siècle est un âge d'or. De cette époque datent nombre d'opulentes maisons à colombage et aux larges porches, entretenues avec amour par les vignerons. On commence alors à mentionner les cépages actuels, comme le riesling, variété favorisée par des règlements exigeants. La guerre de Trente Ans (1618-1648) inaugure une période de calamités. La paix revenue au siècle suivant, le vignoble reprend son essor, pour atteindre 30 000 ha en 1828. Mais il a misé sur des cépages communs et pâtit des maladies et crises de la seconde moitié du siècle, puis des guerres entre la France et l'Allemagne. En 1948, il ne compte plus que 9 500 ha. L'Alsace redevenue française, il s'inscrit progressivement dans le système des AOC. L'AOC alsace est reconnue en 1962, puis les alsaces grands crus (1975) et le crémant-d'alsace (1976). La création de la route des Vins, dès 1953, fait de l'Alsace une pionnière du tourisme viticole.

Sols et climat

La plus grande partie du vignoble est implantée sur les collines formant le piémont du massif vosgien. Les Vosges donnent à la région son climat abrité, malgré la latitude et l'influence continentale. La pluviométrie est faible (500 à 600 mm d'eau par an à Colmar), et les températures sont élevées l'été. Les différents microclimats, nés des nombreuses sinuosités du relief, jouent un rôle prépondérant dans la répartition et la qualité des vignobles. La géologie n'est pas moins complexe. La présence d'un champ de failles à la limite du massif ancien et de la plaine du Rhin, fossé d'effondrement, a créé une mosaïque de sols. Chaque village en compte de nombreux types : granites, gneiss, grès, calcaires, marnes, argiles, sables...

Styles de vins et cépages

La grande majorité des vins d'Alsace provient d'un seul cépage, dont le nom est indiqué sur l'étiquette. Seuls le crémant, l'edelzwicker et quelques rares grands crus comme le Kaefferkopf d'Ammerschwihr ou l'Altenberg de Bergheim font exception à la règle. Chaque cépage donne aux vins des arômes et des saveurs caractéristiques (voir page 52), avec des nuances apportées par le terroir.

Les cépages blancs représentent 90 % des surfaces. Ils donnent des vins généralement secs, aromatiques, fruités et floraux, d'autant plus typés par leur cépage qu'ils ne sont pas élevés en fût, mais en cuve ou en foudre, ces gros tonneaux traditionnels de forme ovale, qui ne donnent pas d'arômes boisés en raison de leur imposante dimension et de leur grand âge. Les vendanges tardives sont des vins moelleux issus de vendanges surmûries, et les sélections de grains nobles, des liquoreux issus de baies touchées par la pourriture noble. Seuls quatre cépages sont admis pour ces deux types : le gewurztraminer, le riesling, le pinot gris et le muscat. Ce sont les « cépages nobles » qui ont aussi seuls droit de cité sur les étiquettes des alsaces grands crus. Les effervescents sont représentés par le crémant-d'alsace, qui compte pour près d'un quart de la production alsacienne. Les cépages alsaciens viennent des régions rhénanes (riesling), suisses (chasselas) ou bourguignonnes (les pinots). Les plus cultivés sont le riesling, le pinot blanc, le gewurztraminer, le pinot gris et le pinot noir. Le sylvaner est en recul, le muscat, le klevener de Heiligenstein et le chasselas sont rares, ainsi que le chardonnay, autorisé pour le seul crémant.

LES WINSTUBS

Un endroit pour découvrir les vins alsaciens dans une ambiance chaleureuse : les winstubs, ces restaurants typiquement alsaciens qui jalonnent les vignobles de la région et qui associent les vins et la gastronomie régionale : choucroute et baeckeoffe, tarte flambée, jarret de porc, galette de pomme de terre, quenelle de foie, spaetzle...

Hiérarchie des appellations

L'appellation alsace, qui seule existait à l'origine, représente toujours la majorité de la production. Fondées sur des critères géologiques, climatiques et historiques, 51 appellations alsace grand cru associent toujours à leur nom celui d'un lieu-dit. Leur superficie varie de 3 à 80 ha, et les contraintes de production sont plus fortes. En 2011 ont également été reconnues 11 dénominations communales qui peuvent figurer sur l'étiquette : Blienschwiller, Côte de Barr, Côte de Rouffach, Klevener de Heiligenstein, Ottrott, Rodern, Saint-Hippolyte, Scherwiller, Vallée Noble, Val Saint-Grégoire, Wolxheim. Celles-ci sont souvent réservées à un nombre restreint de cépages, voire à un seul (ex. : pinot noir pour Ottrott, riesling pour Wolxheim...). Les vins issus de ces communes doivent répondre à des conditions de production plus strictes (rendements, degré alcoolique...), de même que les alsaces suivis d'un nom de lieu-dit (non classé en grand cru). Il se dessine ainsi une hiérarchie d'appellations, à l'image de ce qui existe en Bourgogne. Les vins d'Alsace sont obligatoirement mis en bouteille dans la région et commercialisés (pour les vins tranquilles) dans la « flûte d'Alsace », bouteille élancée.

LA LÉGENDE DU TOKAY

Selon la légende, en 1565, le baron Lazare de Schwendi, général de l'armée impériale autrichienne, s'empare de Tokay – au nord-est de la Hongrie où il vient de combattre les Turcs – et rapporte des plants de cépage pour les multiplier sur ses terres de Kientzheim près de Colmar. C'est, dit-on, l'origine du nom de tokay d'Alsace longtemps donné en Alsace au pinot gris. En réalité, ces plants de vigne proviennent probablement de Bourgogne. Les Hongrois se sont plaints de l'emploi de cette dénomination devant la Commission européenne. Leur requête a abouti en 2007 à l'interdiction de cette mention. Ces vins alsaciens sont désormais commercialisés sous le nom de « pinot gris ».

LA LORRAINE

Plus soumise que l'Alsace aux influences atlantiques, la Lorraine n'en offre pas moins des situations de coteaux favorables à la vigne. La Moselle n'était-elle pas réputée pour ses vins dès les premiers siècles de notre ère ? À la fin du XIXe siècle, le vignoble lorrain couvrait encore 30 000 ha, l'équivalent de la Champagne actuelle ! L'industrialisation, le phylloxéra et les guerres l'ont pratiquement anéanti. Une poignée de vignerons perpétuent la tradition. La région bénéficie de deux appellations : les côtes-de-toul naissent dans la côte orientale du Bassin parisien où la vigne côtoie les mirabelliers ; les moselle prennent naissance le long du cours supérieur de la rivière éponyme, jusqu'à la frontière. Une spécialité ? Les côtes-de-toul gris, des rosés vifs issus du garnay et de pinot noir.

Superficie : 18 400 ha (Beaujolais), 370 ha (Lyonnais)

Production : 1 000 000 hl (Beaujolais), 14 000 hl (Lyonnais)

Type de vins : ● ● ●

À l'ouest de la Saône, entre Mâcon et Lyon, le vignoble du Beaujolais est rattaché administrativement à la Bourgogne viticole. Et pourtant, il s'en distingue par son paysage de douces collines, par son habitat plus dispersé. Il diffère aussi par ses terroirs, par la domination presque sans partage du gamay, et par la vinification beaujolaise, qui donne des vins souples, vifs et très fruités. Si une promotion dynamique a rendu célèbre dans le monde entier le beaujolais nouveau, les vins primeurs représentent une part moins importante de l'offre de la région qui met en avant ses crus plus étoffés.

Histoire

Si le vignoble de Juliénas, selon la tradition, remonte aux légions de Jules César, les premières mentions écrites de vignobles datent du Xᵉ siècle. Le Beaujolais ne trouve son nom et n'apparaît dans l'histoire qu'avec les sires de Beaujeu, qui se taillent un fief à partir de cette époque. La viticulture se développe véritablement aux XVIIᵉ et XVIIᵉ siècles, quand des nobles et notables lyonnais, notamment des soyeux, plantent des vignobles qu'ils confient à des métayers. Ces vins trouvent un débouché facile à Lyon ; si des crus comme le moulin-à-vent sont déjà connus à Paris au XVIIIᵉ siècle, les vins de la région se frayent plus malaisément un chemin vers la capitale avant la construction du réseau ferré. Dans les années 1930, ils ont suffisamment d'identité pour être reconnus en appellation d'origine contrôlée (à l'exception du cru régnié qui émergera plus tard des beaujolais-villages). Autorisée en 1951, la vente en primeur connaît un succès planétaire qui voit son apogée dans les décennies 1980 et 1990. La fin de cette période d'euphorie a entraîné l'arrachage d'environ 3 000 ha. Le beaujolais nouveau reste le plus connu des vins primeurs et représente encore un petit tiers des volumes.

LE MÉTAYAGE

L'une des caractéristiques du vignoble beaujolais, héritée du passé mais tenace et vivante, est le métayage : la récolte et certains frais sont partagés par moitié entre l'exploitant et le propriétaire, ce dernier devant fournir les terres, le logement, le cuvage avec le gros matériel de vinification, les produits de traitement, les plants ; mais ce type de contrat n'est pas immuable. Le vigneron ou métayer, qui possède l'outillage pour la culture, assure la main d'œuvre, honore les dépenses dues aux récoltes, veille au parfait état des vignes.

Sols et climat

Le vignoble est planté en hauteur, entre 190 et 550 m d'altitude. Au nord du vignoble, de Mâcon à Villefranche-sur-Saône, les reliefs, plutôt doux, présentent des formes arrondies. C'est la région des roches anciennes (granites, porphyres, schistes, diorites) et des sols de sables (arènes granitiques), domaine des crus et des beaujolais-villages. Le sud, de Villefranche-sur-Saône à Lyon, est marqué par des reliefs plus accusés. Les terrains sont d'origine sédimentaire, argilo-calcaires. Les « pierres dorées » des environs donnent aux maisons une couleur ocre. C'est la zone de l'AOC beaujolais.

Tempéré mais plutôt capricieux et imprévisible, avec de brusques changements de température, le climat du Beaujolais est semi-continental. Les monts du Beaujolais, auxquels s'adosse le vignoble, font écran à l'humidité océanique. Les hivers sont rudes et les été chauds, ponctués d'orages et d'épisodes de grêle ; le couloir Sâone-Rhône canalise l'air méridional, apportant des influences méditerranéennes.

Styles de vins et cépages

Une majorité de vins rouges du Beaujolais sont élaborés selon le même principe : la vinification beaujolaise (voir page 84), ou macération semi-carbonique, qui consiste à laisser les grappes de raisin entières pour une macération courte (de trois à sept jours en fonction du type de vin souhaité). Cette technique confère aux vins une structure peu tannique et une palette très fruitée caractéristique, nuancée par le terroir. Les crus du Beaujolais, issus d'un cépage unique, sont en effet de parfaits exemples de l'influence des terroirs sur les arômes et sur la structure des vins. S'ils sont friands, souples, frais et très aromatiques, certains d'entre eux, contrairement aux idées reçues, vieillissent avantageusement quelques années. Le morgon, qui, âgé, peut rappeler un bourgogne, est de ceux-là. Les vignerons élaborent d'ailleurs certaines cuvées à la bourguignonne en éraflant les raisins, en les faisant macérer plus longtemps et en les élevant en fût.

Quant à l'encépagement du Beaujolais, il se réduit pratiquement au gamay, puisque 99 % des surfaces sont plantées en gamay noir à jus blanc, le chardonnay fournissant les rares blancs.

Hiérarchie des appellations

À la base de la pyramide des appellations, l'AOC beaujolais fournit près de la moitié de la production du vignoble et presque les deux tiers des primeurs ; elle est principalement localisée au sud de Villefranche. L'appellation beaujolais-villages forme un trait d'union entre le beaujolais et les crus.

Le mot « villages » a été adopté pour remplacer le nom des multiples communes qui s'ajoutaient sur l'étiquette à la dénomination beaujolais. Comme les crus, ils naissent sur des roches anciennes, notamment des arènes granitiques. Un peu plus d'un tiers des beaujolais-villages s'écoule en vin primeur, mais l'appellation fournit aussi des vins plus étoffés qui rappellent les crus. Ces derniers, qui constituent le sommet de la pyramide, sont au nombre de dix. On trouve du nord au sud : saint-amour, né aux confins du Mâconnais ; juliénas ; moulin-à-vent ; chénas ; fleurie ; chiroubles ; morgon ; régnié ; côte-de-brouilly et brouilly. Selon les appellations et les terroirs, les crus sont étoffés (morgon, moulin-à-vent, chénas) ou subtils, souples et élégants (fleurie, chiroubles, brouilly...), certains d'entre eux produisant les deux styles suivant le terroir.

LE BEAUJOLAIS NOUVEAU

L'arrivée du « nouveau », chaque troisième jeudi de novembre, est devenue un événement annuel, célébré jusqu'au Japon. Ce vin de primeur écoule une bonne partie de la vendange des AOC beaujolais et beaujolais-villages quelques semaines après les vendanges. Lorsqu'il est élaboré de façon naturelle, c'est un vin rouge tendre et gouleyant, résultat d'une macération semi-carbonique courte, de l'ordre de quatre jours, favorisant une coloration pas trop soutenue et des arômes fruités.

LE BORDELAIS

Superficie : 117 500 ha
Production : 5 à 6 Mhl
Types de vins : 🟡 🟡 🔴

Jouissant d'une renommée internationale, le Bordelais constitue le plus vaste vignoble d'appellation de France et l'un des plus prestigieux grâce à ses crus classés. Ce vignoble s'organise autour de trois axes fluviaux : la Garonne, la Dordogne et leur estuaire commun, la Gironde. Si les vins rouges sont largement majoritaires, il offre tous les styles de vins, issus le plus souvent de l'assemblage de plusieurs cépages : en rouge, dominent le merlot et les cabernets ; en blanc, le sémillon et le sauvignon. À côté des vastes appellations régionales, il est d'usage de distinguer la « rive gauche » (de la Garonne et de la Gironde : Graves et Médoc), à laquelle s'ajoutent les vignobles des vins doux, et la « rive droite » (de la Dordogne et de la Gironde : Libournais, Bourgeais, Blayais).

Histoire

Du claret médiéval au vin de garde

Si le vignoble apparaît dès le Iᵉʳ siècle de notre ère, c'est au XIIᵉ siècle que les vins bordelais prennent véritablement leur essor, à la suite du mariage en 1152 d'Aliénor d'Aquitaine et d'Henri Plantagenêt, futur roi d'Angleterre. Les échanges commerciaux avec la Grande-Bretagne contribuent à la notoriété du claret, vin rouge léger. Ils bénéficient à partir de 1241 d'un privilège qui permet aux propriétaires bordelais d'exporter leurs vins avant ceux du « haut pays », avantage compétitif maintenu jusqu'à la veille de la Révolution. Au XVIIᵉ siècle, la clientèle des Bordelais s'élargit aux Hollandais, qui encouragent la production de vins blancs doux. À la même époque commence toute une série de progrès, du vieillissement en fût à la mise en bouteille. Le goût des Anglais s'oriente vers des vins de meilleure qualité (les new french clarets) ; clients et producteurs mettent alors en évidence la relation entre bon terroir et grand vin ; des classements de crus, officieux, s'esquissent au XVIIIᵉ siècle.

Crises et euphorie

Au milieu du XIXᵉ siècle, l'aménagement du réseau ferré et l'instauration du libre-échange ouvrent une période de prospérité commerciale, couronnée par le classement des crus du Médoc, du Sauternais et du château Haut-Brion (1855), toujours en vigueur. Elle précède de longues décennies de crise inaugurées en Gironde comme ailleurs par les maladies de la vigne. Après la Seconde Guerre mondiale, les progrès de l'œnologie contribuent au renouveau, conforté par des millésimes d'exception (1961, 1982, 1989, 1990...). Le classement en 1955 des vins de Saint-Émilion, puis celui des Graves (1959) révèlent la montée en puissance de ces deux régions. Des groupes français et étrangers investissent dans le vignoble. Entre 1983 et 2003, la superficie du Bordelais viticole passe de 100 000 ha à plus de 120 000 ha, puis se rétracte de nouveau. Malgré la concurrence mondiale, le vignoble demeure l'un des plus vastes du monde et contribue en valeur à la moitié des exportations de vins français d'appellation. Il occupe directement ou indirectement un Girondin sur six.

Sols et climat

Le vignoble bordelais est implanté dans le département de la Gironde ; il est irrigué par deux cours d'eau, la Garonne et la Dordogne, et longe l'estuaire de la Gironde, reposant sur les terrains sédimentaires du Bassin aquitain. Les reliefs sont peu élevés (une centaine de mètres pour les points les plus hauts) ; les sols favorables à la vigne sont très nombreux : les graves, sols cailouteux et chauds, propices au cabernet-sauvignon ; les calcaires, qui donnent à la fois de la finesse et de la charpente aux vins, et dont l'exemple type est le plateau de Saint-Émilion ; les argiles et argilo-calcaires, qui engendrent souvent des vins denses. Sur les palus, terres d'alluvions, naissent des vins colorés et robustes, plus rustiques. Les sables donnent des vins plutôt légers, et les boulbènes (sols argilo-sableux) sont de bons terroirs à blancs. Un climat océanique relativement tempéré, teinté vers l'est par quelques influences plus continentales, la protection de l'Atlantique et de la forêt de pins des Landes, des automnes souvent ensoleillés créent des conditions très favorables, même si les millésimes sont irréguliers, plus ou moins précoces ou arrosés.

Styles de vins et cépages

Une large gamme de types

Si les plus célèbres des vins girondins sont des vins rouges de garde, à attendre quelques années, et de grands vins blancs, secs ou liquoreux, le vignoble propose tous les styles. On y trouvera aussi, notamment en appellations régionales, des rouges souples et fruités, des bordeaux rosés et clairets, à boire sur leur fruit, et même un effervescent issu de la méthode traditionnelle, le crémant-de-bordeaux.

Cépages et assemblages

Longtemps dominé par les cépages blancs souvent vinifiés en doux, le Bordelais a fait une large place à partir de la seconde moitié du xxe siècle à des variétés rouges qui composent aujourd'hui près de 90 % de son vignoble. Contrairement à ceux de Bourgogne ou d'Alsace, les vins rouges, blancs et rosés du Bordelais sont en majorité issus d'un assemblage de deux à cinq cépages.

En rouge, le merlot domine en superficie, suivi du cabernet franc et du cabernet-sauvignon (voir page 56 à 57). Malbec et petit verdot sont beaucoup moins fréquents ; quant à la carmenère, ancienne variété locale, il n'en reste plus en Bordelais que quelques rangs. En blanc, le cépage dominant est le sémillon, complété surtout par le sauvignon, plus rarement par la muscadelle et très localement par le colombard et l'ugni blanc. Le sémillon, qui apporte du gras et prend bien la pourriture noble, est par excellence le cépage des liquoreux. Il est assemblé au sauvignon, qui confère sa fraîcheur et ses arômes bien typés (voir page 66). Le sauvignon est parfois vinifié seul, en vin sec. Les vins rouges de garde sont généralement élevés en barrique (jusqu'à deux ans). La proportion de bois neuf et la chauffe du fût déterminent le style du vin. Les vins blancs de garde passent aussi pour la plupart par le bois.

Hiérarchie des appellations

À la base de la hiérarchie, les AOC régionales sont les bordeaux, bordeaux supérieurs et crémant-de-bordeaux. Elles peuvent être produites sur l'ensemble des terres à vocation viticole du Bordelais Toutefois, les propriétaires d'appellations plus prestigieuses, sous-régionales (comme médoc) ou communales (margaux par exemple) ne les revendiquent pas – sauf si ces AOC plus cotées sont réservées à une couleur ou à un type de vin. Ainsi, les producteurs de l'Entre-deux-Mers commercialisent leurs vins rouges en AOC régionales, bordeaux ou bordeaux supérieur, car l'AOC entre-deux-mers est dédiée aux blancs. Nés sur des sols très divers et sous des microclimats variés, les vins en AOC régionales sont de tous les types : rouges charnus ou plus charpentés, blancs secs et moelleux, rosés et clairets, effervescents (crémant-de-bordeaux). À un niveau hiérarchique supérieur se trouvent les AOC sous-régionales : médoc, haut-médoc, graves, côtes-de-bordeaux, entre-deux-mers... Enfin, au niveau supérieur, les AOC communales, comme margaux, pomerol ou pessac-léognan constituent le sommet de la pyramide.

Classements

Les crus classés du Bordelais sont des châteaux, des domaines, et non des terroirs.

Le classement des vins du Médoc et du Sauternais

Incluant par exception le Château Haut-Brion, premier cru classé des Graves, c'est le plus ancien des classements officiels. Il a été réalisé sous le Second Empire, en 1855 en fonction des cours des vins. Pour le Médoc, il hiérarchise les crus en cinq catégories (des premiers aux cinquièmes crus classés). Hormis la promotion de Mouton-Rothschild au rang de premier cru en 1973, il n'a jamais été modifié. Le classement du Sauternais définit les premiers crus (et un premier cru supérieur : Yquem) et seconds crus dans les sauternes et les barsac.

Le classement des saint-émilion grand cru

Il n'a été effectué qu'un siècle plus tard, en 1955 ; il définit les premiers grands crus (divisés en catégories A et B) et les grands crus classés. Il a pour particularité d'être revu tous les dix ans environ.

Cette révision périodique a pour avantage de distinguer les crus en progression et de sanctionner ceux qui déçoivent, mais elle a conduit à des batailles juridiques (le classement de 2006 a ainsi été annulé). Les critères du classement sont multiples (qualité et constance des vins appréciées par des dégustations, mais aussi assiette foncière, terroir, conduite de l'exploitation, volumes, prix des vins).

Le classement des Graves (1959)

Il n'établit qu'un seul niveau, en rouge et en blanc. Tous les vins sont des pessac-léognan, appellation créée au nord des Graves.

Les crus bourgeois

Ils sont Intermédiaires entre les crus classés et les autres châteaux. Le terme désignait à l'origine les crus des notables (« bourgeois ») de Bordeaux. Situés dans le Médoc, ils ont été classés en 1932. Mais depuis le millésime 2008, il s'agit moins d'un classement que d'un label décerné chaque année. Pour mériter la mention, les châteaux doivent respecter un cahier des charges et franchir avec succès un examen (dégustation) par un organisme indépendant. À noter qu'il existe aussi des crus artisans, qui sont de petites exploitations familiales indépendantes du Médoc.

Vins de garage

Par vins de garage, on entend des microcuvées de luxe, plus chères que des grands crus, nées d'une sélection très rigoureuse des raisins. Des vins très denses, concentrés et boisés, sortes de prototypes haut de gamme. Jean-Luc Thunevin, en fut l'inspirateur en créant le château Valandraud (Saint-Émilion).

SECONDS VINS

Par second vin, on désigne un vin produit par un château bordelais à partir de jeunes vignes ou de cuvées jugées insuffisantes pour l'élaboration du « grand vin », vendu sous un autre nom que ce dernier (Les Forts de Latour pour le château Latour, les Carruades de Lafite pour le château Lafite Rothschild...) à un prix un peu plus abordable. Vinifiés par les mêmes équipes que le « grand vin », les seconds vins permettent d'aborder des crus devenus financièrement inaccessibles, comme de nombreux crus classés.

Les régions du Bordelais

Le Médoc

Sur la rive gauche de la Gironde, en arrière d'une ligne de palus, le Médoc viticole s'étire sur plus de 80 km de long pour 10 de large, bordé à l'ouest par la forêt de pins des Landes médocaines. Il offre aussi bien des horizons plats (près de Margaux) que des croupes (vers Pauillac) ou, dans sa partie nord, un univers à la fois terrestre et maritime. Sa grande richesse réside avant tout dans ses sols graveleux, descendant en pente douce vers l'estuaire, particulièrement favorables à la production de vins rouges de qualité. On a pris l'habitude de distinguer le Haut-Médoc, de Blanquefort à Saint-Seurin de Cadourne, et le nord Médoc, de Saint-Germain-d'Esteuil à Saint-Vivien. Le vignoble se répartit entre huit AOC : deux appellations sous-régionales – médoc et haut-médoc (60 % du vignoble médocain) –, et six appellations communales qui produisent les vins les plus réputés (40 %) et la plupart des crus classés. Du nord au sud ; saint-estèphe, pauillac, saint-julien, listrac-médoc, moulis-en-médoc, margaux. Le Médoc est le royaume des vins rouges. Ses crus sont parmi les plus prestigieux de France et du monde, tous issus d'un assemblage de cépages, avec en tête le cabernet sauvignon, puis le merlot, suivi du cabernet franc, du petit verdot et très accessoirement du malbec.

les Graves

C'est le vignoble historique de Bordeaux, mis en valeur dès l'Antiquité ; il a pris au Moyen Âge le nom de Graves, qu'il doit à la nature de ses sols : il est installé en majeure partie sur des terrasses caillouteuses formées à l'ère quaternaire par la Garonne ou par ses ancêtres. Il s'allonge en rive gauche sur une cinquantaine de kilomètres, englobant le Sauternais. Au nord de la région a été délimitée en 1987 l'AOC pessac-léognan, située à la porte sud de la capitale régionale. Les terrasses que l'on trouve plus au sud cèdent dans ce secteur la place à une topographie plus accidentée, à un archipel de croupes de graves très bien drainées. La qualité de ce terroir a été repérée dès le XVIIe siècle, et c'est dans ce secteur qu'est apparu le premier château du vin, Haut-Brion classé dès 1855. La région des Graves produit non seulement des rouges racés, des moelleux, mais aussi les plus grands vins blancs secs du Bordelais. Depuis 1959, il existe un classement des Graves ; tous les vins sont des pessac-léognan rouges ou blancs.

la région des liquoreux

Entre Cadillac et Langon, les vignobles sont plantés de part et d'autre de la Garonne, à proximité de son affluent, le Ciron. Les eaux de ce ruisseau, plus froides que celles de la Garonne, créent un microclimat qui favorise l'action de la pourriture noble à l'origine de vins liquoreux : des brumes matinales, suivies de journées ensoleillées. Plus proches du Ciron, les liquoreux de la rive gauche (les sauternes et les barsac) sont en général les plus concentrés, et leur longévité est bien connue. Ce microclimat privilégié et la vogue des vins liquoreux aux XVIIIe et XIXe siècles ont valu au Sauternais de faire partie du classement de 1855, avec le château d'Yquem en tête. Les AOC de la rive droite sont un peu moins exposées à ces influences climatiques et produisent souvent des vins un peu moins denses, plus moelleux que liquoreux, mais plaisants, tant par leur vivacité que par leurs arômes de fruits confits, de fruits exotiques, d'agrumes et de miel. Quant aux cérons, enclavés dans les Graves, ils assurent la liaison entre les barsac et les graves supérieures, des moelleux, et se distinguent par leur sève et leur finesse.

L'Entre-deux-Mers

Entre la Garonne, au sud, et la Dordogne, au nord, cette vaste région (un gros quart du Bordelais) est dépourvue de capitale mais recèle de nombreuses petites cités médiévales, les bastides. C'est un haut pays pittoresque à la topographie très vallonnée, installé sur une épaisse couche de calcaire et de molasse. Si l'AOC entre-deux-mers est dédiée aux vins blancs secs, l'Entre-deux-Mers géographique, plus vaste, produit une majorité de vins rouges en appellations régionales. Il inclut une mosaïque d'appellations installées aux marges : cadillac-côtes-de-bordeaux, premières-côtes-de-bordeaux, côtes-de-bordeaux-saint-macaire dans la partie sud, le long de la Garonne ; graves-de-vayres au sud de la Dordogne ; sainte-foy-bordeaux, voisine des vignobles du Bergeracois et du Lot-et-Garonne. Sans oublier le petit pays du Benauge.

Le Libournais

Le Libournais tire son nom de la cité portuaire de Libourne, qui explique sa moindre dépendance vis-à-vis de la métropole régionale et sans doute son essor plus tardif à l'époque moderne. Il a son fleuron, la petite cité médiévale de Saint-Émilion, inscrite avec son vignoble au patrimoine mondial de l'Unesco, et célèbre par sa jurade, la plus ancienne confrérie vineuse de Gironde. La région s'individualise aussi par le caractère omniprésent de la vigne, véritable monoculture ; par la prédominance des petites ou moyennes propriétés, contrastant avec les grands domaines médocains, et par l'architecture souvent moins ostentatoire de ses châteaux. Enfin, elle se distingue par la variété de sa topographie – plateaux, terrasses, coteaux et vallées – ainsi que par ses sols. Si ces derniers sont divers, les calcaires et les argilo-calcaires l'emportent. Le merlot, qui se plaît sur ces terroirs, domine l'encépagement, et les vins rouges sont ultramajoritaires. Des rouges qui s'ouvrent et s'arrondissent plus tôt que ceux qui donnent la prééminence aux cabernets. La ville de Saint-Émilion donne son nom à deux appellations : saint-émilion et saint-émilion grand cru. La seconde, à l'origine de grands vins de garde, inclut les crus classés. Bien que non classés, les pomerol, aussi élégants que denses, font partie des vins de prestige. Le reste du Libournais offre des vins de même style mais plus abordables avec des AOC comme lalande-de-pomerol, les appellations satellites de Saint-Émilion (qui ajoutent à leur nom celui de Saint-Émilion), celles du Fronsadais (fronsac et canon-fronsac), au caractère affirmé, ou encore les castillon-côtes-de-bordeaux (anciennement côtes-de-castillon) et francs-côtes-de-bordeaux, nés aux confins du Périgord.

Le Blayais et le Bourgeais

Ces vignobles tirent leur nom de deux citadelles. Blaye, fortifiée par Vauban, domine la Gironde, et Bourg, au sud, la Dordogne, sur le point de se perdre dans l'estuaire. Le vignoble du Blayais présente des sols assez diversifiés, celui de Bourg est géologiquement plus homogène. Si pendant longtemps, la production de vins blancs a été importante – des vins destinés notamment à la distillation du cognac jusqu'au début du XXe siècle –, ce sont aujourd'hui les rouges, issus principalement du merlot, qui dominent ; des vins charpentés, qui ne manquent pas de personnalité.

Zoom sur : Châteaux mythiques du Bordelais

Voici les plus illustres des premiers crus classés. Le doyen, créé dans le vignoble des Graves, le plus proche de Bordeaux, brille dès le siècle de Louis XIV. Quant aux crus du Médoc, ils font déjà la course en tête au XVIIIᵉ siècle. Ce sont les vedettes en rouge du classement de 1855, qui met aussi en relief les liquoreux du Sauternais, avec Yquem comme porte drapeau. Les ambassadeurs du Libournais se sont révélés un siècle plus tard.

LES GRANDS VINS DU CLASSEMENT DE 1855

Château Haut-Brion (Pessac-léognan)

Construit au milieu du XVIᵉ siècle par la famille de Pontac, Haut-Brion fut le premier véritable château du vin, c'est-à-dire bâti grâce aux revenus du vignoble. Ce fut aussi le premier cru du Bordelais à connaître la célébrité en Grande-Bretagne. Dans les années 1660, Arnaud de Pontac envoya son fils, François-Auguste, ouvrir à Londres une taverne-cave-épicerie dont le luxe attira l'aristocratie. Haut-Brion emporta l'adhésion par ses vins plus colorés et plus puissants que les traditionnels clarets. Grâce à son terroir exceptionnel, Haut-Brion est le seul cru des Graves à figurer au classement de 1855. Il a été acquis en 1935 par le banquier américain Clarence Dillon. Assemblant cabernets et merlot dans des proportions différentes selon les mil-

lésimes, les rouges de Haut-Brion se distinguent par leur longévité et par leur élégance. Non classés, les blancs du cru sont remarquables par leur structure et par leur finesse.

Château Margaux (Margaux)

Un mythe. La majesté de la demeure de style néoclassique, qui a succédé à une ancienne maison forte appartenant à de grandes familles de la région, a contribué à sa renommée. Le domaine est constitué à la fin du XVIᵉ siècle, et le vignoble créé à la fin du siècle suivant par un parent des Pontac. La qualité de ce cru s'explique par les privilèges de son terroir – une dalle calcaire recouverte de graves fines –, dont le potentiel a été reconnu dès le XVIIIᵉ siècle. Mais ces atouts n'auraient rien donné sans les efforts des hommes. C'est ainsi que les pièces d'eau agrémentant le parc ont été creusées pour permettre de mieux drainer les vignes. Propriété depuis 1977 de la famille Mentzelopoulos, le château Margaux délivre aujourd'hui l'un des vins les plus élégants du Bordelais.

Château Lafite-Rothschild (Pauillac)

Le premier nom de ce château, Lafite, signifie « hauteur » en gascon ; le relief en question est une superbe croupe de graves fines. Le second, Rothschild, est celui des actuels propriétaires. Avant cette lignée, une grande famille de l'Ancien Régime, les Ségur, des par-

Zoom sur : Châteaux mythiques du Bordelais

lementaires bordelais, l'avaient acquis par mariage à la fin du XVIIe siècle et en avaient fait en une génération l'un des crus les plus cotés de Londres. En 1868, James de Rothschild, le banquier parisien de la révolution industrielle, s'en porte acquéreur. À la tête du cru depuis 1974, Éric de Rothschild a fait construire un chai circulaire par Ricardo Bofill et s'attache à maintenir au plus haut la réputation de ce premier cru pauillacais associant puissance et finesse, aujourd'hui adulé par les Chinois.

Château Latour (Pauillac)

Représenté sur l'étiquette, le colombier du XVIIe siècle bordant la Gironde rappelle que Latour était une terre noble. Le château fut détruit après la guerre de Cent Ans. Unifié à la fin du XVIe siècle, le domaine fut comme Lafite la propriété des Ségur, qui le détinrent entre 1695 et 1962 et possèdent toujours quelques parts de la propriété. Une belle continuité a aussi marqué sa gestion, assurée par une longue lignée de régisseurs. La célébrité est acquise dès le XVIIIe siècle. Le terroir ? Une épaisse couche de grosses graves et de sables sur marnes. Le grand vin naît des 48 ha de l'Enclos, cœur du domaine. Le cru est depuis 1993 la propriété de l'homme d'affaires François Pinault. Les vins de Latour, bien typés pauillac, puissants et opulents, sont aussi très réguliers en qualité.

Château Mouton Rothschild (Pauillac)

Comme les autres premiers crus classés de Pauillac, Mouton a été planté à la fin du XVIIe siècle. Acquis en 1853 par Nathaniel de Rothschild, le cru, malgré son terroir d'excellente qualité (une épaisse couche de graves reposant sur une couche d'argile et d'alios), n'est classé qu'au second rang en 1855. Il doit beaucoup à l'arrière petit-fils de Nathaniel, Philippe de Rothschild, qui en obtient les commandes en 1922. C'est lui qui impose la mise en bouteilles des grands crus au château, qui était jusqu'alors la prérogative du négoce, ce qui met les propriétaires au premier plan. Il fait construire le grand chai – pas moins de 100 m de long – et, à partir de 1945, décide d'habiller chaque millésime d'une étiquette illustrée par un artiste différent. Le cru est promu au rang de premier cru en 1973. C'est sa fille, la baronne Philippine de Rothschild, qui veille depuis 1988 aux destinées du cru, qui produit un vin aussi riche que complexe.

Château d'Yquem (Sauternes)

Un vin culte, roi des ventes aux enchères grâce à sa longévité. Issu de la pourriture noble, il affiche une concentration qui lui permet de vivre cent ans dans certains millésimes. À l'origine de ses qualités et de sa renommée, le microclimat créé par la confluence du Ciron et de la Garonne, une topographie favorable (un pla-

Zoom sur : Châteaux mythiques du Bordelais

teau modelé par l'érosion en une multitude de petites collines créant des situations variées), des sols propices (graves sur argiles) mis en valeur par un système de drainage. Et surtout la continuité d'une lignée, les Lur-Saluces, qui ont acquis par mariage en 1785 le vignoble constitué au XVIIe siècle autour du château fortifié que l'on admire encore aujourd'hui. Remarqué à cette époque par Jefferson lors de sa tournée en Europe, apprécié des tsars de Russie au XIXe siècle, le vin d'Yquem est classé premier cru supérieur en 1855. Les Lur Saluces ont été propriétaires jusqu'en 1999 du cru aujourd'hui détenu par LVMH.

LES GRANDS CHÂTEAUX DU LIBOURNAIS

Château Ausone (Saint-Émilion)

Cette propriété fort ancienne a été constituée au XVIIe siècle. Son nom, celui du célèbre poète latin qui vécut dans le Bordelais au IVe siècle, lui a été donné par son fondateur, un tonnelier. Ses descendants l'ont hissé au sommet des crus de Saint-Émilion au cours de la seconde moitié du XIXe siècle. Situé aux portes de Saint-Émilion, sur le haut de la grande côte, le vignoble dispose d'un superbe terroir : orienté à l'est et au sud-est, en forte pente, il est implanté sur des sols argilocalcaires. Le propriétaire, Alain Vauthier, en tire un grand classique de l'appellation, d'une rare aptitude à la garde, qui mérite de faire

un long séjour en cave pour faire apprécier sa complexité et le soyeux de ses tanins.

Château Cheval Blanc (Saint-Émilion)

Ce cru emblématique de Saint-Émilion n'était au XVIIIe siècle qu'une métairie du puissant Château Figeac, qui le céda en 1832 en même temps qu'une autre ferme nommée Cheval Blanc – un nom qui apparaît sur les étiquettes en 1855. Au cours de la seconde moitié du XIXe siècle, le vignoble, loué dès 1868 dans le célèbre guide Cocks et Féret, est l'objet de tous les soins. Propriété depuis 1998 de l'homme d'affaires belge Albert Frère et de Bernard Arnault, P.D.-G de LVMH, premier groupe mondial du luxe, le château est équipé en 2011 d'un chai aux lignes futuristes. Une des caractéristiques du vin est de provenir d'une majorité de cabernet franc, cépage bien adapté au terroir de graves. Alliant puissance et tanins assez ronds, Cheval Blanc est un vin de garde qui peut aussi s'apprécier jeune.

Château Angelus (Saint-Émilion)

À l'origine de l'élévation du cru, la lignée bordelaise des de Boüard. Maurice hérite du cru familial en 1909 et acquiert en 1924 l'enclos de l'Angelus, qui donnera son nom au domaine. Adossé à un coteau orienté au sud, le cru, d'un seul tenant, est classé dès 1954 (au rang de premier B). Viticulture minutieuse, longues cuvaisons suivies d'un patient élevage en barrique confortent sa réputation. Hubert de

Zoom sur : Châteaux mythiques du Bordelais

Boüard, œnologue, arrive aux commandes au début du XXIᵉ siècle et imprime aux vins un style riche et dense, auquel contribue un élevage de dix-huit à vingt-quatre mois en barrique neuve. Une proportion notable de cabernet franc (près de la moitié aux côtés du merlot) contribue à sa charpente. Le cru a été promu au rang de premier grand cru A en 2012.

Château Pavie (Saint-Émilion)

Situé au sud de la côte de Saint-Émilion, l'un des plus beaux terroirs du Bordelais, Pavie n'a pourtant connu qu'une ascension récente – mais fulgurante. Il est acquis en 1885 par un négociant qui l'agrandit et lui donne une surface imposante (40 ha). Exposé au midi, le vignoble est installé sur tous les terroirs de Saint-Émilion : le pied de coteau, la pente et le plateau, rassemblant trois terroirs : sablo-argileux, calcaires, argileux. Choyé pendant cinquante ans par la famille Valette, il est acheté en 1998 par Gérard Perse, qui a fait fortune dans la grande distribution. Ce dernier ne ménage pas les investissements et s'entoure d'œnologues de renom, comme Michel Rolland. Vin de garde particulièrement concentré et riche, Pavie entre en 2012 dans le cercle fermé des premiers grands crus classés A.

Petrus (Pomerol)

Propriété de taille modeste (11,5 ha), Petrus est resté pratiquement inconnu jusqu'à la veille de la Seconde Guerre mondiale. Sa proprié- taire et un négociant libournais prennent alors conscience de la qualité exceptionnelle de son terroir. Ces sols, sur lesquels aucun technicien ne conseillerait de planter de la vigne, sont riches en argiles. En cas de précipitations, celles-ci emmagasinent un peu d'eau et gonflent très vite, empêchant ainsi la pluie de saturer le sol. L'eau ruisselle alors en surface et s'éva-cue. Quand le beau temps revient, les argiles reprennent leur forme initiale, libérant lente-ment l'eau emprisonnée. La vigne bénéficie ainsi d'une alimentation hydrique régulière, quelles que soient les conditions météorologiques. Un type de sol idéal pour le merlot, très majori-taire (95 %). Petrus a connu une ascension fulgurante lorsque la propriétaire envoya des bouteilles pour les fiançailles de la princesse Elisabeth d'Angleterre. Le talent de Jean-Pierre Moueix et de son œnologue Jean-Claude Ber-rouet ont consolidé ce succès. Ainsi couronné, cet archétype du pomerol, complexe, élégant mais de grande garde, n'a pas besoin d'être classé pour briller.

LA BOURGOGNE

Superficie : 28 000 ha
Production : 1 500 000 hl
Types de vins : 🟡 🔴 🔴 🟡 🔴

Un vignoble historique, l'un des plus anciens de France, façonné
au Moyen Âge par les moines, puis par les ducs de Bourgogne, et riche
de domaines aux apparences souvent modestes, mais de grand prestige.
S'il n'occupe guère que 3 % des terres plantées en France, c'est le plus
riche en appellations d'origine : leur nombre atteint la centaine. Pinot noir
et chardonnay y règnent en maîtres. C'est donc l'extrême diversité
des microclimats et des terroirs, appelés dans la région climats,
et non celle des cépages, qui détermine l'immense variété des vins de ce
vignoble. Plusieurs ensembles s'individualisent : les vignobles de l'Yonne,
au nord, illustres par le chablis, la Côte-d'Or, cœur du vignoble,
la Côte chalonnaise et le Mâconnais, plus sudistes.

Histoire

Plus encore que dans toute autre région viticole, on ne peut dissocier en Bourgogne l'univers du vin de la vie quotidienne, dans une civilisation forgée au rythme des travaux de la vigne : la viticulture, dès la plus haute Antiquité, a fait vivre les hommes. Des témoignages écrits, puis des fouilles attestent sa présence dès l'époque galloromaine. À Gevrey-Chambertin ont ainsi été retrouvés les vestiges d'une plantation datant du Ier siècle.

Au Moyen Âge, à Autun, Beaune, Pontigny, Saulieu, les moines de Cluny et, surtout, ceux de Cîteaux ont joué un rôle capital dans la mise en valeur du vignoble, comme en témoigne encore aujourd'hui le Clos de Vougeot, héritage des cisterciens. Aux XIVe et XVe siècles, les ducs de Bourgogne (1342-1477), défenseurs du pinot noir, ont orienté la production vers des vins de qualité. Une réputation que la région a gardée, grâce à des crus illustres, de la romanée-conti au montrachet... Dans l'Yonne, si le vignoble a considérablement régressé, Chablis jouit de longue date d'une renommée mondiale.

Sols et climat

Semi-continental dans l'ensemble, le climat bourguignon offre de multiples nuances dues à la topographie. Très morcelé, le vignoble est surtout implanté sur les pentes et le piémont de coteaux,

LES CLIMATS BOURGUIGNONS

Portant des noms évocateurs (la Renarde, les Cailles, Genévrières, le Clos du roi, Montrecul...) consacrés depuis le XVIIIe siècle au moins, les climats désignent en Bourgogne des surfaces officiellement délimitées, couvrant au plus quelques hectares, parfois même quelques « ouvrées » (4 ares, 28 centiares) qui s'identifient par leurs sols, leurs pentes, leur microclimat. On les a définis comme « une entité naturelle s'extériorisant par l'unité du caractère du vin qu'elle produit... » (A. Vedel). Et l'on peut constater en effet qu'il y a parfois moins de différences entre deux vignes séparées de plusieurs centaines de mètres mais plantées à l'intérieur du même climat , qu'entre deux autres plus proches mais situées dans deux climats différents.

sur des terrains à dominante calcaire. La structure géologique en « millefeuille » de la Côte-d'Or résulte d'une accumulation de sédiments suivie de fractures, de soulèvements et d'effondrements survenus lors de la surrection des Alpes. Une faille nord-sud, accompagnée de multiples fractures parallèles, est à l'origine de l'extrême diversité des terroirs (appelés ici climats), et donc de la variété des crus de Bourgogne.

Styles de vins et cépages

La Bourgogne produit essentiellement des vins secs, blancs, rouges et, beaucoup plus rarement, rosés, ainsi que des effervescents, élaborés selon la méthode traditionnelle (voir page 94), les crémants-de-bourgogne. Ses vins sont, pour la quasi-totalité, issus de deux cépages : le chardonnay (vins blancs) et le pinot noir (vins rouges). Malgré la simplicité de l'encépagement, les vins prennent de multiples nuances non seulement selon l'appellation, les sols, les pentes et le microclimat, mais aussi selon le savoir-faire de chaque élaborateur. Dans la plupart des cas, un même cru (climat), est en effet exploité par plusieurs domaines, dont chacun ne détient qu'une surface réduite (moins d'un hectare). Avant d'acheter un vin de Bourgogne, il faut donc prendre en compte trois critères : le talent du vigneron, la qualité du millésime et la spécificité du terroir. Si certaines bouteilles de

LES AUTRES CÉPAGES DE BOURGOGNE

Outre le pinot noir et le chardonnay, on rencontre d'autres cépages, vestiges de pratiques culturales anciennes ou adaptations spécifiques à des terroirs particuliers : avant tout l'a ligoté, cépage blanc produisant le célèbre bourgogne-aligoté, qui atteint son sommet qualitatif dans le petit pays de Bouzeron ; le césar, plant rouge, assemblé au pinot noir dans l'irancy ; le gamay qui, associé au pinot, donne le bourgogne-passe-tout-grain ; le sauvignon, cultivé dans la région de Saint-Bris-le-Vineux, dans l'Yonne, où il donne l'AOC saint-bris, unique appellation dédiée à ce cépage en Bourgogne.

renommée internationale, produites en quantité infime, sont vendues à des prix inaccessibles pour le commun des mortels, on peut aussi trouver des vins plus abordables, au sein d'appellations moins médiatiques mais de qualité, d'Irancy à Saint-Véran.

Hiérarchie des appellations

Riche d'une centaine d'appellations d'origine, la région classe ses vins selon une hiérarchie à quatre niveaux.

Les appellations régionales occupent la base de la pyramide. Elles s'étendent à l'ensemble ou à une grande partie du territoire de la Bourgogne : coteaux-bourguignons, bourgogne-aligoté, crémant- de bourgogne, bourgogne-passe-tout-grain...

Les appellations communales ou *villages* portent le nom d'une commune, comme Volnay ou Nuits-Saint-Georges. L'aire d'appellation peut dans certains cas s'étendre à plusieurs communes.

Les premiers crus, au troisième niveau, proviennent de climats délimités au sein d'un village et distingués pour leur poten-tiel. L'étiquette indique à la fois le nom du village et celui du climat (souvent sur la même ligne).

Les grands crus occupent le sommet de la pyramide. Ils ont été sélectionnés parmi les meilleurs climats. Ils forment des appellations à part entière, dont le nom est en vedette sur l'étiquette.

On notera dans ce vignoble historique, dont la majorité des appellations remonte à la création des AOC dans les années 1930, les volumes insignifiants de vins en IGP. Autre particularité de la Bourgogne : la petite taille des vignobles, un grand nombre d'exploitations familiales possédant moins de cinq hectares.

Les régions de la Bourgogne

les appellations régionales

Elles couvrent l'aire de production la plus vaste de la Bourgogne viticole, correspondant aux communes viticoles des départements de l'Yonne, de la Côte-d'Or, de la Saône-et-Loire et d'une partie du Rhône (canton de Villefranche-sur-Saône). Elles incluent donc le Beaujolais.

Ce dernier vignoble, qui possède une personnalité propre grâce à son cépage de prédilection, le gamay, est juridiquement rattaché à la Bourgogne ; ses dix crus peuvent produire du bourgogne-gamay. Compte tenu de la dispersion géographique de l'appellation régionale, le nom de bourgogne est souvent associé à une unité géographique plus petite, région ou commune, ce qui permet d'individualiser un terroir : bourgogne Côtes d'Auxerre, bourgogne Vézelay par exemple. Les AOC régionales se déclinent en AOC coteaux-bourguignons, bourgogne, bourgogne-aligoté, bourgogne passe-tout-grain, crémant-de-bourgogne. Délimitées sur les hauteurs, en arrière de la Côte-d'Or, les bourgogne-hautes-côtes-de-nuits et bourgogne-hautes-côtes-de-beaune sont aussi considérées comme des appellations régionales, ainsi que la vaste aire des mâcon et mâcon-villages. Toutes ces appellations permettent de s'initier aux vins de Bourgogne.

Le Chablisien-Auxerrois

Il s'agit des vignobles de l'Yonne. Chablis, le plus connu, s'étend sur le village de ce nom et sur seize communes voisines. Les vignes dévalent les fortes pentes des coteaux aux expositions multiples qui longent les deux rives du Serein, modeste affluent de l'Yonne. Les sols marneux ou marno-calcaires (le célèbre kimmeridgien) conviennent parfaitement au chardonnay qui règne ici sans partage. Sous un climat plus rigoureux que celui de la Côte-d'Or, il donne naissance à des vins blancs secs et élégants, d'une grande fraîcheur minérale. On retrouve à Chablis la pyramide des appellations bourguignonnes : de la base au sommet, les petit-chablis, chablis, chablis 1er cru et chablis grand cru. Plus on monte dans la hiérarchie, plus les vins sont denses, complexes et de garde. Les premiers crus méritent souvent d'attendre cinq ans, et les grands crus, huit ans. Plusieurs communes ou lieux-dits de l'Yonne produisent des vins en appellation régionale bourgogne, avec parfois une dénomination propre (vins blancs de Vézelay et de Chitry, rouges de Coulanges-la-Vineuse ou d'Épineuil). Au sud d'Auxerre, les irancy, en rouge, et les saint-bris, en blanc, bénéfient d'une appellation communale.

la Côte de Nuits

Au sud de Dijon, la Côte-d'Or est le cœur du vignoble bourguignon. Entre Marsannay et Corgoloin, la côte de Nuits est linéaire. Elle s'étire en une bande étroite (quelques centaines de mètres), découpée de combes ; une trentaine d'appellations se succèdent, des villages aux noms souvent prestigieux (Gevrey-Chambertin, Chambolle-Musigny, Vougeot, Vosne-Romanée, Nuits-Saint-Georges...), riches de nombreux premiers crus et, pour certains, de grands crus encore plus illustres. C'est le royaume du pinot noir, qui atteint des sommets dans 24 grands crus, comme chambertin, musigny, clos-de-vougeot et la mythique romanée-conti. Parmi ces grands crus, on compte la plus petite appellation de France, la romanée : 84 ares et 52 centiares. Pas de grands crus, mais pléthore de premiers crus en nuits-saint-georges,

l'AOC la plus méridionale, qui a légué son nom à ce secteur de la Côte-d'Or. Puissants, truculents ou délicats, les grands vins rouges de la Côte de Nuits ont en partage densité, profondeur et potentiel de garde. Il faut les attendre, avant de les servir sur viandes rouges et gibier.

LA CONFRÉRIE DES CHEVALIERS DU TASTEVIN

Née en 1934, dans une période de grave crise viticole, la confrérie des Chevaliers du tastevin, résurrection d'anciennes confréries bachiques des XVIIe et XVIIIe siècles, se donne pour objectif d'être l'ambassadrice des grands vins de Bourgogne. Elle célèbre ainsi la Bourgogne viticole à travers ses chapitres, cérémonies organisées dans le château du Clos de Vougeot autour de dégustations désormais célèbres de mets du terroir et des vins bourguignons les plus raffinés, le tout ponctué de chants à boire ; l'occasion aussi d'introniser de nouveaux chevaliers. La confrérie procède également deux fois par an au tastevinage : une dégustation qui distingue de l'estampille de la confrérie les vins de Bourgogne censés répondre aux caractéristiques de leur appellation et de leur millésime.

La Côte de Beaune

La Côte de Beaune prolonge celle de Nuits entre les communes de Ladoix-Serrigny, au nord, et de Chagny, au sud, et compte 24 appellations communales ou grands crus. Elle offre un profil différent : les vignes s'étalent davantage (1 à 2 km), les pentes sont un peu plus douces, les expositions plus variées. Le substrat, fait de calcaires divers et de terrains marneux, est souvent propice au chardonnay. Si la Côte de Nuits est le royaume du pinot noir, la Côte de Beaune est le paradis des grands blancs. Sur ses sept grands crus, six sont dédiés au chardonnay : le corton-charlemagne, autour de la célèbre colline de Corton, au nord, et, à l'autre bout de la Côte, le montrachet, escorté de quatre crus associés. Sans oublier des appellations communales de renom, presque entièrement vouées aux blancs, comme meursault et puligny-montrachet. D'autres AOC plus secrètes (où l'on trouve aussi des rouges) proposent d'excellents blancs à des prix plus abordables ; on goûtera volontiers aux pernand-vergelesses, monthélie, auxey-duresses, saint-romain, chassagne-montrachet et saint-aubin. Tous ces blancs de gastronomie permettent bon nombre d'associations culinaires : viandes blanches, poissons, mets liés à la crème fraîche ou fromages. Moins monocolore que sa voisine, la Côte de Beaune fournit également de sublimes vins rouges, en premier lieu le grand cru corton. Pommard et Volnay, s'ils n'ont pas de grands crus, recèlent de nombreux premiers crus d'excellent niveau. On citera encore les aloxe-corton, ladoix, savigny-lès-beaune,

LA VENTE AUX ENCHÈRES DES HOSPICES DE BEAUNE

C'est la vente publique, le troisième dimanche de novembre, des cuvées de l'important domaine des hospices de Beaune, constitué au fil des siècles dans d'excellents crus, grâce à des donations. Son produit est destiné aux hospices (aujourd'hui à des investissements médicaux). Institutionnalisée en 1859, cette vente attire les foules. Variant notamment en fonction des volumes produits, de la réputation du millésime et de la conjoncture, les montants obtenus donnent la température du marché. Depuis 2005, c'est la maison Christie's qui organise la vente.

chorey-lès-beaune, santenay, maranges, blagny et beaune. Riche de nombreux premiers crus, la ville de Beaune abrite depuis le XVIIIe siècle de nombreuses maisons de négoce : c'est la capitale du vignoble.

la Côte chalonnaise

Situé entre Chagny et Saint-Gengoux-le-National, au sud de la Côte de Beaune, le vignoble de la Côte chalonnaise tire son nom de Chalons-sur-Saône. Resté longtemps à l'ombre de la Côte-d'Or, il a beaucoup progressé. L'AOC régionale bourgogne-côte chalonnaise produit une majorité de rouges, très agréables après deux à trois ans de bouteille, mais aussi des rosés et des blancs. Le secteur compte quatre appellations communales : du nord au sud, on trouve les villages de Bouzeron (la seule appellation communale dédiée au cépage aligoté), Rully, Mercurey, Givry et Montagny. On s'y fournira d'excellents vins rouges et blancs plus abordables qu'en Côte-d'Or.

le Mâconnais

Entre Tournus et Mâcon, le Mâconnais s'étend sur 50 km du nord au sud et sur une quinzaine d'est en ouest. La Bourgogne y prend des airs méridionaux, tant par ses nuances climatiques que par l'habitat traditionnel. Des chaînons calcaires forment les monts du Mâconnais, surgissant en éperons spectaculaires sur les sites de Solutré et de Vergisson. Le vignoble, surtout exposé à l'est, couvre des terrains en majorité marneux, propices au chardonnay, tandis que quelques formations granitiques annoncent le Beaujolais limitrophe. Le Mâconnais produit plus de vins que la Côte-d'Or ou le Chablisien. Des blancs, à 85 %. En rouge, le gamay, cultivé sur les terrains cristallins, côtoie le pinot noir. Le gros des volumes est produit en AOC régionales : mâcon (des rouges en majorité) et mâcon-villages, réservé aux blancs. La région n'a pas (encore) de premiers crus, mais possède cinq AOC communales : pouilly-fuissé, qui s'est acquis une belle notoriété, et plus récentes, pouilly-vinzelles, pouilly-loché, saint véran et viré-clessé. Le chardonnay y donne des blancs fruités et ronds, parfois opulents. Le Mâconnais produit aussi quelques très rares liquoreux.

LA CHAMPAGNE

Superficie : 33 580 ha
Production : 2 à 2 500 000 hl
Types de vins :

Symbole de fête, le champagne est l'un des plus célèbres ambassadeurs de la France dans le monde : sur les quelque trois cents millions de bouteilles produites dans la région, plus de 40 % sont écoulées à l'export. Et sa méthode d'élaboration, fondée sur une deuxième fermentation en bouteille, a servi de modèle aux effervescents de qualité.
Alors que la plupart des vignobles français connaissent une grande diversité de cépages, la Champagne n'en cultive plus guère que trois. Elle s'identifie à un seul vin, et donc à une seule appellation d'origine contrôlée, les deux AOC de vins tranquilles, coteaux-champenois et rosédes-riceys, étant des spécialités confidentielles. Mais si le champagne est unique, il offre une grande variété de styles.

Histoire

la naissance du champagne

Si l'on cultive la vigne en Champagne depuis l'époque romaine, ce n'est qu'au XVIIe siècle que l'on a commencé à produire des vins effervescents, de manière tout à fait empirique : les frimas de cette région septentrionale arrêtant parfois les fermentations, ses vins avaient naturellement tendance à pétiller. Le vignoble s'est d'abord développé grâce à des abbayes comme Hautvillers ou Saint-Thierry, puis à des notables en vue à la cour. Il a béné ficié de la proximité de la capitale ainsi que du sacre des rois à Reims. Cependant, ses vins, longtemps confondus avec ceux de l'Île-de-France sous le nom de « vins de France », n'émergent guère qu'au XVIIe siècle ; ils sont rouges, clairets ou gris. Considéré comme le « père du champagne », dom Pérignon (1638-1715), moine chargé de la cave de l'abbaye d'Hautvillers, a surtout innové en prônant le pressurage rapide de la vendange et la pratique des assemblages – une des clés des grands champagnes. Il a fallu trois siècles pour mettre au point la méthode champenoise, qui consiste à provoquer dans la bouteille une seconde fermentation à l'origine de la prise de mousse (voir page 94, méthode traditionnelle).

Des premières maisons à l'AOC

Ruinart, fondée en 1729, est la plus ancienne maison de Champagne. Au XIXe siècle, le champagne acquiert une réputation mondiale, sous l'égide d'affaires de négoce dont nombre voient le jour durant la première moitié du XIXe siècle, parfois créées par des Allemands. Il se diversifie, avec les millésimés et les rosés, lancés par Mme Clicquot, puis avec le style brut, conçu par Mme Pommery. Frappé tardivement (1890) par le phylloxéra, le vignoble est ruiné par la Première Guerre mondiale. Dès 1905, les Champenois avaient demandé aux pouvoirs publics de réserver le nom de champagne aux vins de leur région et de délimiter le vignoble. La délimitation, qui ne va pas sans troubles, est achevée en 1927. Au XXIe siècle une nouvelle délimitation inclura 40 villages supplémentaires, après une longue enquête sur le parcellaire menée par des experts de l'INAO. Malgré la concurrence d'autres effervescents, le champagne est aujourd'hui un poids lourd de l'agriculture française, avec plus de 4 milliards d'euros de chiffres d'affaires. En valeur, il contribue à quelque 30 % des exportations de vins. L'Angleterre reste le premier client, mais la part des pays émergents croît.

Sols et climat

L'aire viticole s'étend principalement sur le département de la Marne et sur celui de l'Aube. Le vignoble de la vallée de la Marne se prolonge dans le département de l'Aisne, et quelques secteurs sont localisés en Seine-et-Marne et dans la Haute-Marne. Les vignes sont installées sur les côtes d'Île de France, de Champagne et des Bar, auréoles de terrains sédimentaires du Bassin parisien. La plus grande partie repose sur un socle crayeux, souvent recouvert d'une couche superficielle argilo-calcaire. La perméabilité de la craie et sa richesse en principes minéraux confèrent aux vins leur finesse. Ce sous-sol a permis le creusement de caves souterraines favorables au bon vieillissement des champagnes. Sous un climat océanique mâtiné d'influences continentales, la région est proche de la limite septentrionale de la culture de la vigne. Bien que les ceps soient plantés à flanc de coteaux, il n'est pas rare qu'ils soient affectés par les gelées de printemps. Ce climat frais engendre des vins de base vifs et aromatiques.

L'ÉCHELLE DES CRUS CHAMPENOIS

Le prix du kilo de raisins payé aux viticulteurs, en Champagne, est fixé en fonction de la qualité des grappes, elle-même liée à leur commune de provenance. Il a servi d'étalon pour le classement en crus : les communes viticoles ont été placées sur une échelle variant de 100 à 80 % : 100 % pour les 17 grands crus (dont les raisins sont payés à 100 % du prix de référence), 99 à 90 % pour les 44 premiers crus, et 89 à 80 % pour les autres. Les crus champenois ne prennent donc pas en compte la parcelle, comme en Bourgogne, mais la commune. Les mentions « grand cru », « premier cru » indiquent que les raisins proviennent uniquement de communes classées respectivement en grand cru ou en premier cru. Si le nom d'une commune apparaît, la vendange en provient exclusivement.

Les régions du vignoble

L'appellation champagne comprend quatre régions principales : la Montagne de Reims, qui forme un croissant entre Reims et Épernay, où le pinot noir se plaît particulièrement ; la vallée de la Marne, qui suit la rivière jusqu'en aval de Château-Thierry (Aisne) et qui privilégie le pinot meunier ; la Côte des Blancs, d'Épernay à Vertus, domaine d'élection du chardonnay – qui se prolonge vers la vallée du Petit Morin et le Sézannais ; la Côte des Bar (Barrois), dans l'Aube, autour de Bar-sur-Seine et de Bar-sur-Aube, principalement plantée en pinot noir. Les grands crus et premiers crus sont tous situés dans le département de la Marne, autour de Reims et d'Épernay.

Maisons de champagne, récoltants et coopératives

Les neuf dixièmes des superficies viticoles appartiennent à environ 15 000 viticulteurs, dont la majorité apporte leurs raisins aux coopératives ou aux maisons de négoce. Seuls 4 700 récoltants commercialisent leurs cuvées. Parmi eux, les récoltants-manipulants élaborent eux-mêmes leur champagne, tandis que les récoltantscoopérateurs en confient l'élaboration à une coopérative. Près des trois quarts du chiffre d'affaires de la Champagne et plus de 85 % des exportations sont réalisés par les structures de négoce. On en compte plus de 300, dont quelques dizaines de maisons d'envergure, remontant pour la plupart au XIXe voire au XVIIIe siècle, piliers de groupes spécialisés dans les vins et spiritueux (Pernod-Ricard, Henriot, Roederer, Vranken-Pommery, Laurent-Perrier), ou dans les produits de luxe comme LVMH. L'étiquette met en avant la marque, mais aussi l'appellation (champagne, sans le terme « appellation d'origine contrôlée »). Récoltant, négociant, coopérative..., le statut du producteur est indiqué en petits caractères en bas ou sur le côté de l'étiquette.

PRODUCTEUR
NM : négociant-manipulant
RM : récoltant-manipulant
RC : récoltant-coopérateur
SR : société de récoltants
CM : coopérative de manipulation
MA : marque d'acheteur

Les récoltants-manipulants ne peuvent élaborer leurs cuvées qu'à partir du raisin de leur domaine, à la différence des coopératives et des négociants qui peuvent s'approvisionner dans tout le vignoble. Ils pratiquent souvent des tarifs moins élevés que ceux des grandes maisons de Champagne. Le sigle MA signale un champagne acheté par une structure qui ne le fabrique pas (restaurant, enseigne de supermarché...). Il en va de même des cuvées portant le sigle ND (négociant-distributeur). L'amateur a intérêt à se renseigner sur l'élaborateur.

Styles de vins et cépages

Les rares rosé-des-riceys et coteaux-champenois rappellent l'époque où les vins de la région étaient tranquilles. Quant au champagne, s'il provient toujours de la méthode champenoise (voir page 94), il se décline en une pluralité de styles qui tiennent à l'assemblage. L'art du champagne repose en effet sur le mariage, avant la prise de mousse, de vins tranquilles différents (les vins de base). Les cuvées peuvent associer des communes (crus), des années de récolte, des cépages, des vins vinifiés différemment (en cuve ou en fût). On trouve ainsi les catégories suivantes :

Blancs de blancs et blancs de noirs

Les premiers sont issus du seul cépage chardonnay, les seconds du pinot noir et/ou du pinot meunier vinifiés en blanc. Ces trois cépages se partagent à peu près équitablement le vignoble. Spécialité de la Côte des Blancs vouée au chardonnay, le blanc de blancs se caractérise par sa finesse et sa fraîcheur. Il dévoile des arômes de fleurs et fruits blancs, d'agrumes. On peut le servir à l'apéritif ou avec des poissons et volailles. Le blanc de noirs, plutôt puissant et vineux, avec des arômes de fruits rouges et d'épices, est un champagne de repas qui s'accorde avec les viandes, le gibier à plume ou les champignons. On en produit davantage dans la Montagne de Reims et dans l'Aube. De nombreux champagnes associent des cépages blancs et noirs.

Champagnes blancs et rosés

Les blancs sont majoritaires. Il existe des rosés de saignée, plus colorés et plus structurés, issus d'une macération de cépages noirs, et des rosés d'assemblage, qui tirent leur couleur d'un ajout de vin rouge de la région à des vins blancs issus de chardonnay et/ou de pinots. Les rosés sont en général marqués par des arômes de fruits rouges.

Styles de vins et millésimes

Bruts sans année

La majorité des champagnes ne sont pas millésimés. La situation septentrionale du vignoble ne permet pas en effet de présenter chaque année un champagne de qualité né d'une seule vendange. Les Champenois ont donc créé une banque de vins – les vins de réserve, issus d'années antérieures – dans laquelle puise le chef de cave pour composer des cuvées équilibrées. Né d'un assemblage propre à chaque maison, parfois tenu secret, ces bruts sans année représentent le style de la marque.

Millésimés

Ces champagnes sont issus des vendanges d'une seule année, précisée obligatoirement sur l'étiquette et le bouchon.

Blancs ou rosés, ils ne sont élaborés théoriquement que dans les meilleures années (la décision de millésimer une année est du ressort de chaque maison). Ils sont plus structurés et complexes que les bruts sans année, grâce à la qualité des vendanges et à un long repos sur lies. Le minimum de trois ans après le tirage (mise en bouteilles), imposé par la réglementation, est souvent largement dépassé pour les cuvées de prestige des grandes maisons, qui sont souvent millésimées. Le meilleur champagne, le plus complexe, est en effet celui qui a mûri le plus longtemps sur ses lies (cinq à dix ans). Pour les non-millésimés, la durée minimale de maturation sur lies est de douze mois (mais dépasse souvent deux ans).

Les cuvées spéciales Assemblage des meilleurs vins sélectionnés par une maison, souvent millésimée, la cuvée spéciale se doit d'être un trésor de raretés. Ce vin, blanc ou rosé est généralement présenté dans une bouteille originale et vendu à un prix élevé. La première cuvée spéciale fut créée pour l'empereur Napoléon III par Eugène Mercier ; la deuxième, impériale elle aussi, fut réalisée pour Alexandre II, tsar de toutes les Russies, par Roederer (Cristal). La troisième fut lancée en 1936 et participa au voyage inaugural du paquebot Normandie. Elle était étiquetée « Dom Pérignon ».

Styles de vins et dosage

En fin de vinification, avant de boucher la bouteille, le chef de cave ajoute une liqueur (liqueur de dosage ou d'expédition), pour combler le vide laissé par le dépôt de levures expulsé au moment du dégorgement. La liqueur de dosage contient le plus souvent du vin et du sucre destiné à arrondir le champagne qui a perdu tous ses sucres. Tous les champagnes sont classés selon leur dosage en sept catégories (du brut zéro au rarissime doux). La catégorie figure obligatoirement sur l'étiquette. Une mention utile pour le consommateur, car le dosage conditionne l'usage du champagne et les accords avec les mets. Bruts zéro, extra-bruts et bruts laissent une impression de vivacité ; les autres catégories, plus rares, une impression de suavité, voire de douceur, et sont plutôt destinées au dessert. Les bruts sont les plus nombreux.

STYLE	DOSAGE
Brut zéro (brut nature)	0 à 3 g/l pas de sucres ajoutés
Extra-brut	0 à 6 g/l
Brut	6 à 12 g/l
Extra-dry	12 à 17 g/l
Sec (dry)	17 à 32 g/l
Demi-sec	32 à 50 g/l
Doux (très rare)	Plus de 50 g/l

LES 17 GRANDS CRUS

Montagne de Reims :
Ambonnay, Beaumont-surVesle, Bouzy, Louvois, Mailly-Champagne, Puisieulx, Sillery, Verzy, Verzenay.

Vallée de la Marne :
Aÿ, Tours-sur-Marne.

Côte des Blancs :
Avize, Chouilly, Cramant, Le Mesnil-sur-Oger, Oger, Oiry.

COUPE OU FLÛTE ?

Longtemps, la coupe a été en vogue, si bien que le mot est resté associé au champagne. Les amateurs utilisent plus volontiers une flûte ou un verre en forme de tulipe, qui permettent à la mousse de tenir plus longtemps et aux arômes de mieux s'exprimer.

LES 44 PREMIERS CRUS

Avenay, Bergères-lès-Vertus, Bezannes, Billy-leGrand, Bisseuil, Chamery, Champillon, Chignyles-Roses, Chouilly (pour le pinot noir), Coligny, Cormontreuil, Coulommes-la-Montagne, Cuis, Cumières, Dizy, Écueil, Etrechy, Grauves, Hautvillers, Jouy-lès-Reims, Les Mesneux, Ludes, Mareuil-sur-Aÿ, Montbré, Mutigny, Pargny-lèsReims, Pierry, Rilly-la-Montagne, Sacy, Sermiers, Taissy, Tauxières, Tours-sur-Marne (pour le chardonnay), Trépail, Trois-Puits, Vaudemanges, Vertus, Villedommange, Villeneuve-Renneville, Villers-Allerand, Villers-aux-Nœuds, Villers-Marmery, Voipreux, Vrigny.

LA CORSE

Superficie : 7 000 ha
Production : 370 000 hl
Types de vins : 🟡 🔴 🔴 🟠

L'émerveillement est toujours renouvelé devant le relief grandiose des côtes de l'Île de Beauté, la rudesse de son maquis, ses villages perchés. Le climat méditerranéen et des microclimats favorisés par la proximité des montagnes et des vallées sont éminemment bénéfiques à la vigne, au même titre que la pauvreté des sols. Le vignoble court tout autour de l'île. On cultive, à côté de variétés importées, des cépages introuvables sur le « continent », comme le vermentinu, en blanc, ou comme le sciaccarellu et le niellucciu, en rouge. Les vins rouges et rosés composent la majorité de l'offre corse, où l'on n'oubliera pas les blancs, très typés eux aussi.

Histoire

Les Corses cultivent la vigne depuis que les Phocéens, qui avaient fondé le comptoir d'Alalia sur la côte orientale, l'ont introduite sur l'île, voilà vingt-six siècles. La prospérité du vignoble insulaire n'a rien de surprenant sous ce climat méditerranéen propice à la culture des oliviers, des orangers, des clémentiniers et autres châtaigniers. Occupée successivement par les Grecs, les Romains, les Toscans, les Gênois, avant de devenir française en 1789, l'île a tiré de toutes ces influences une vocation certaine pour la viticulture. Cependant, après la dernière guerre, et jusqu'aux années 1960, la filière s'est orientée vers la production de masse.

La reconnaissance de l'AOC patrimonio, en 1968, a marqué un tournant vers la qualité. Les cépages communs ont été arrachés, si bien que la superficie plantée est passée de 24 000 ha (1979) à 7 000 ha. La Corse mise aujourd'hui sur des vins typiques à base de cépages originaux.

Sols et climat

« Montagne dans la mer », culminant à 2 710 m, la Corse offre une topographie tourmentée, à peine moins accidentée sur la côte orientale. On y distingue plusieurs types de sols : des granites, très répandus, qui dominent au sud et à l'ouest de l'île ; des schistes, au nord-est ; des calcaires mêlés d'argiles, vers Patrimonio ; des terrains sédimentaires et alluviaux marno-sableux sur la côte orientale, de Solenzara à Bastia, ainsi que dans les fonds de vallées. Le climat, méditerranéen, est favorisé par un ensoleillement qui est l'un des plus généreux de France. L'altitude limite cependant l'implantation de la vigne à l'intérieur des terres. Si la pluviométrie (pluie et neige sur les reliefs) peut être importante au printemps et en automne, elle est faible durant l'été. Les vents, parfois violents, déterminent des nuances dans le climat : brises de mer, de montagne ou de vallées ; tramontana soufflant du nord, maestrale du nord-ouest, libecciu du sud-ouest, sirocco du sud-est, et gregale, vent pluvieux touchant la côte orientale. Dans l'ensemble, ils tempèrent la chaleur estivale. La conjugaison de ces facteurs a permis aux cépages autochtones de reprendre toute leur place.

Styles de vins et cépages

On trouve en Corse les trois couleurs, avec une large domination (90 %) des rouges et des rosés. Ces derniers représentent plus de la moitié des volumes. Quant aux blancs, minoritaires, leur proportion est plus importante en vins de pays. En règle générale, on consommera plutôt jeunes les blancs et surtout les rosés ; ils iront très bien sur tous les produits de la mer, les fromages de chèvre du pays et le brocciu.

Les vins rouges conviendront, selon leur âge et la vigueur de leurs tanins, aux différentes préparations de viande et à bon nombre de fromages de brebis. Quant au muscat-du-cap-corse, c'est un régal sur les tartes et sur les desserts fruités, ainsi que sur certains fromages. La Corse se distingue par des cépages autochtones très diversifiés – on en dénombre une trentaine – qui côtoient des cépages importés, méditerranéens, comme le grenache, ou internationaux, comme le merlot ou le chardonnay. Pour les rouges et les rosés, les cépages phares sont le niellucciu (connu en Italie sous le nom de sangiovese où il donne le chianti) et le sciaccarellu, parfois associés aux « locaux » barbarossa et aleatico, au grenache, au carignan, au cinsault, au mourvèdre ou à la syrah. Pour les blancs, le vermentinu (malvoisie de Corse) domine, accompagné parfois de l'ugni blanc (ou rossola), du biancu gentile, du codivarta... Le muscat à petits grains engendre le muscat-du-cap-corse.

Hiérarchie des appellations

La Corse compte quatre appellations. L'AOC régionale corse ou vin-de-corse produit des vins rosés, rouges et blancs qui peuvent être issus de toute l'île, à l'exception de Patrimonio. La majorité des volumes provient de la partie orientale. Cinq terroirs beaucoup plus restreints de l'appellation ont été délimités en fonction de critères géographiques, géologiques ou climatiques : Coteaux du cap Corse, au nord ; Calvi, au nord-ouest ; Sartène, au sud-ouest ; Figari, à l'extrême sud ; Porto-Vecchio, au sud-est. Leur nom complète celui de « Corse » sur l'étiquette. Ces vignobles, qui se distinguent par des reliefs souvent plus marqués que dans le reste de l'appellation et par des sols granitiques ou schisteux, donnent des vins de caractère. Par exemple, le vin-de-corse Figari naît sur les sols de granite et d'alluvions des communes de Figari, Monaccia d'Aullène et Pinottoli-Caldarello, non loin de Bonifacio. Les rouges sont remarquables par leur bouquet et leur longueur, les blancs, fort aromatiques, et les rosés, fruités, avec de la personnalité. Au nord de l'île, l'AOC patrimonio domine le golfe de Saint-Florent. Délimitée sur des sols argilo-calcaires, localement caillouteux et schisteux, elle offre une superbe expression du niellucciu, cépage large-

ment dominant en rouge et en rosé, et du vermentinu, cépage exclusif en blanc. Au sud-ouest, le chef-lieu de la Corse du Sud a donné son nom à l'appellation ajaccio. Les vignes couvrent des coteaux granitiques autour des communes proches de la cité impériale. Le cépage vedette est ici le sciaccarellu. Quant à l'AOC muscat-du-cap-corse, la plus récente, ses parcelles s'éparpillent du cap Corse au golfe de Saint-Florent, recoupant les appellations corse Coteaux du cap Corse et patrimonio. Elle produit à partir du muscat à petits grains un rare vin doux naturel. Outre les vins en AOC (environ 35 %), la Corse produit de nombreux vins de pays, notamment en IGP Île de Beauté ; cette catégorie représente près de 60 % des volumes. Les vins sans indication géographique sont désormais minoritaires.

LE JURA

Superficie : 2 500 ha
Production : 86 000 hl
Styles de vins : ●●●●●●●●

Face à la Bourgogne, le vignoble du Jura s'étire sur une bande de 80 km de long, traversant tout le département du Jura, de Salins-les-Bains, au nord, à Saint-Amour, au sud ; les terroirs les plus favorables se situent en coteaux, entre 250 et 400 m d'altitude. Les vins ? En un mot : atypiques, à l'image du célèbre vin jaune, du vin de paille ou encore du macvin. Comment ne le seraient-ils pas avec des cépages autochtones comme le savagnin, le poulsard et le trousseau ? Le chardonnay et le pinot noir, deux cépages de la Bourgogne voisine, sont également très présents.

Histoire

Pline l'Ancien cite dès la fin du premier siècle de notre ère les « vins de Séquanie », ancien nom de la région. Au Moyen Âge, les sites abrités d'Arbois, de l'Étoile et de Château-Chalon possèdent déjà des vignobles. Celui de Château-Chalon, aux mains d'une communauté de religieuses recrutant au sein de l'aristocratie, acquiert une belle renommée. La présence de salines dans la région a par ailleurs été propice aux échanges commerciaux. Les vins de la région sont réputés au Moyen Âge, puis appréciés par le roi Henri IV. Au XVIIIe siècle, une liste des quatorze « bons cépages » est publiée. Grâce à l'intérêt que lui portent la noblesse locale et les ecclésiastiques, le vignoble connaît un grand essor, qui se poursuit au XIXe siècle jusqu'à la crise phylloxérique. Il a compté jusqu'à 20 000 ha. La tradition de la coopération est ancienne dans la région : l'une des premières caves coopératives de France a été créée en 1906 à Arbois, sur le modèle des fruitières où se fabrique le comté.

Sols et climat

Le vignoble jurassien fait pendant à celui de la haute Bourgogne, sur l'autre rive de la vallée de la Saône, mais apparaît beaucoup plus discontinu. Il s'égrène du nord au sud sur 80 km de long et sur quelques kilomètres en largeur, traversant tout le département. Le plus souvent orientés à l'ouest, au sud-ouest ou au sud, les ceps occupent les pentes les mieux exposées, qui descendent du premier plateau des monts du Jura vers la plaine. Les terroirs favorables à la vigne se situent entre 250 et 400 m. Les terrains sont constitués de marnes, d'argiles et d'éboulis calcaires. Le climat est de type continental, et les variations de températures peuvent être brutales. Les précipitations sont abondantes mais assez bien réparties ; les hivers rudes, les étés instables, chauds et secs. La vendange s'effectue pendant une période assez longue, se prolongeant parfois jusqu'à novembre en raison des différences de précocité entre les cépages.

Styles de vins et cépages

L'encépagement contribue à la particularité de la production jurassienne : le savagnin en blanc, le poulsard et le trousseau en rouge sont des variétés locales. La région cultive aussi largement le pinot noir et surtout le chardonnay de la proche Bourgogne. Malgré sa superficie modeste, le vignoble du Jura produit une gamme étendue de vins. Nombre d'entre eux ne manquent pas de surprendre, tant leur goût est insolite. Élaboré à partir du cépage savagnin, le vin jaune, le plus célèbre de tous, est original jusque dans la forme de sa bouteille réglementaire, le clavelin (62 cl). Il offre l'exemple le plus connu en France du vin de voile (voir page 96). Il ne faut pas le boire frais, mais entre 12 et 15 °C. Si le vin jaune est sec, le vin de paille est un liquoreux. Il résulte d'un passerillage (dessication) des baies de raisin : les grappes des cépages de la région, blancs ou rouges, sont suspendues ou laissées sur des claies dans des greniers bien aérés pendant six semaines, puis pressées, mises à fermenter. Le vin est élevé au moins trois ans, dont dix-huit mois sous bois. Autre spécialité, le macvin-du-jura est une mistelle ou vin de liqueur (voir page 95, vins mutés). Quant aux vins rouges et rosés, complexes, ils portent la marque de leur cépage dominant, poulsard, trousseau ou pinot noir. Le premier donne des vins peu colorés, évoquant des clairets, le second des rouges de couleur soutenue, plus tanniques, tandis que le pinot noir produit des vins charnus, plus ou moins charpentés aux arômes de griotte.

Hiérarchie des appellation

Ce vignoble compte six appellations d'origine contrôlée. Les côtes-du-jura offrent tous les types de vins tranquilles. Le crémant-du-jura et le macvin-du-jura sont produits dans l'ensemble de la région. Pour être plus restreinte, limitée à douze communes, l'AOC arbois fournit les plus forts volumes, car le vignoble est plus dense dans ce secteur. Les rouges sont majoritaires, alors que les blancs dominent dans la région. Château-chalon ne couvre que le village éponyme et trois autres communes. Berceau du vin jaune, l'AOC est réservée à ce type de vin dont elle offre une expression accomplie. Limitée également à quatre villages, l'Étoile ne fournit que des vins blancs, de tous les styles.

LE LANGUEDOC

Superficie : 236 000 ha
Production : 12 700 000 hl
Types de vins : 🟡 🔴 🔴 🟡 🟡 🔴

Le plus vaste des vignobles de France est l'un des plus anciens.
Il épouse la forme d'un vaste croissant qui longe le littoral méditerranéen,
de Leucate, à l'ouest, jusqu'à Nîmes et à la Camargue, et couvre
les contreforts des Cévennes jusqu'à l'ouest et au sud de Carcassonne.
Son aire s'étend sur trois départements : l'Aude, le Gard et l'Hérault.
À cette immensité répondent une diversité de paysages et une mosaïque
de terroirs qui s'inscrivent entre mer et montagne, sous influence climatique
méditerranéenne. Après avoir été voué pendant un siècle à la viticulture
de masse et au « gros rouge », le Languedoc a orienté sa production
vers la qualité tout en la diversifiant, et offre aujourd'hui un bel éventail
de styles de vins, en AOC et en IGP.

Histoire

Des origines grecques et romaines

Les Grecs plantent les premières vignes de la région, au VIIIe siècle av. J.-C., relayés par les Romains, qui l'occupent dès 118 av. J.-C. Vaste province bordant le golfe du Lion et remontant jusqu'à Vienne dans la vallée du Rhône, la Narbonnaise se couvre de vignobles, qui concurrencent ceux de l'Italie. Après la chute de Rome, le commerce est désorganisé et les plantations affectées par les incursions sarrazines. Le vignoble connaît un début de renaissance à partir du IXe siècle grâce aux monastères (Lagrasse, Fontfroide, Valmagne...). Le commerce s'étend au XIVe et au XVe siècles. Au XVIIe siècle, sous Louis XIV, il est favorisé par l'aménagement du port de Sète et par le percement du canal du Midi, mais son essor est freiné par l'éloignement des régions septentrionales et par le privilège de Bordeaux (voir page 23).

Vers une viticulture de masse

C'est la création du chemin de fer, entre les années 1850 et 1880, qui assure l'ouverture de nouveaux marchés urbains. Le Languedoc se tourne alors vers la viticulture de masse, fondée sur la production de rouges légers souvent coupés avec des vins algériens. Les vignobles sont reconstitués dès la fin du XIXe siècle après la crise du phylloxéra, et descendent largement jusqu'à la plaine. L'économie viticole fondée sur le vin de table ne décline qu'à partir des années 1950. Dès le début du XXe siècle, elle est marquée par des crises. Menée par Marcelin Albert, cafetier audois, appuyé par tous les élus locaux, la révolte vigneronne de 1907 contre la fraude, violemment réprimée, a un retentissement national et marque la mémoire des viticulteurs. Elle pousse les autorités à réguler la production et à donner une définition juridique du vin. Un autre épisode sanglant, en 1976, conduit les pouvoirs publics à accélérer la reconversion du vignoble grâce à un arrachage des plants communs (aramon, carignan) subventionné par la Communauté économique européenne.

La création des AOC

Immédiatement après la création des AOC, en 1936, seuls les traditionnels muscats, d'ancienne notoriété, avaient été admis en appellation d'origine contrôlée. Fitou a suivi en 1948. Instituées en 1949, les AOVDQS (voir page 47), catégories aux règles un peu moins contraignantes que les AOC, ont permis au Languedoc viticole de progresser par paliers. Des AOC reconnues successivement ont jalonné à partir de 1980 les progrès du vignoble. La reconquête des bons terroirs de coteaux et le retour à des cépages nobles lui permettent aujourd'hui de proposer des vins de qualité, sur une superficie qui a été réduite de près de la moitié et qui continue de se rétracter. Outre les vins en AOC, le Languedoc fournit les deux tiers des vins de pays (IGP).

Sols et climat

Le vignoble s'étage sur quatre zones ; un secteur montagneux, notamment sur des terrains anciens du Massif central, une zone de coteaux abrupts et de garrigue, une plaine alluviale pourvue de coteaux en faible pente et une zone littorale basse, bordée de plages et d'étangs. Cette diversité des terroirs marque les paysages : abruptes falaises blanches de la Clape ou du pic Saint-Loup ; douces pentes autour de l'étang de Thau, terroir du picpoul-de-pinet… Les sols

sont tout aussi variés : schistes primaires, grès, terrasses et galets roulés, calcaires cailouteux… C'est le climat méditerranéen qui assure l'unité du Languedoc. Un climat chaud et sec, renforcé par les vents qui soufflent de la terre (mistral, cers, tramontane), tandis que ceux qui proviennent de la mer modèrent les effets de la chaleur et apportent une humidité bénéfique à la vigne. Les pluies sont rares, irrégulières et mal réparties, la pluviométrie pouvant varier du simple au triple suivant la situation, sur le littoral ou en montagne.

Styles de vins et cépages

Le Languedoc propose aujourd'hui un éventail très complet de vins. Les muscats vinifiés en vins doux naturels sont la production traditionnelle de la région. Quant aux effervescents, ils passent pour les plus anciens de France, puisque la blanquette-de-limoux est l'héritière d'un vin produit par les moines de Saint-Hilaire, mentionné dès le XVIe siècle. Ils se sont diversifiés, et le Languedoc offre désormais, avec le crémant-de-limoux, des méthodes traditionnelles, en blanc et en rosé, à côté du limoux méthode ancestrale. En vin sec, si les rouges dominent encore largement, ils n'ont plus rien à voir avec le gros rouge d'antan. Ils ont bénéficié du vaste chantier engagé depuis 1980 pour identifier les terroirs et y adapter de nouveaux cépages. C'en est fini de l'aramon, et le carignan n'est plus cultivé qu'à petits rendements sur des sols favorables, donnant son caractère à plusieurs vins d'appellation, comme le fitou. Il est largement complété par les grenache, syrah, mourvèdre et cinsault, qui contribuent principalement aux vins rouges et aux rosés. Dans les secteurs les plus occidentaux du vignoble, on a acclimaté le merlot qui participe aux AOC (cabardès, malepère, limoux rouge) ou donne des vins de cépage en IGP, ainsi que le cabernet-sauvignon. En blanc, on a planté le sauvignon pour produire des vins de pays, et du chardonnay qui réussit bien dans les zones les plus fraîches. On cultive aussi les grenache blanc, bourboulenc, macabeu, la clairette et, plus récemment, la marsanne, la roussanne et le vermentino. Pour les effervescents, on fait appel au mauzac, au chardonnay et au chenin. La pratique régionale favorise l'assemblage de cépages pour les vins d'appellations (sauf les muscats), tandis que les vins de pays sont plutôt des vins de cépage.

Hiérarchie des appellations

Dans cet ancien vignoble de masse, mer de vignes qui semblait uniforme, ont été délimitées 18 AOC, dont les plus anciennes sont celles des vins doux naturels à base de muscat, et la plus récente (2013) concerne un vin blanc sec, le picpoul-de-pinet. Les professionnels se sont donné pour objectif d'introduire une hiérarchie d'appellations comme il en existe dans des vignobles historiques, tels la Bourgogne, le Bordelais et la vallée du Rhône, qui possèdent des AOC communales. En 2007, l'appellation coteaux-du-languedoc s'est élargie en prenant le nom de languedoc. Elle inclut désormais non seulement les aires d'appellations du Languedoc (à l'exception de Malepère, à l'ouest), mais aussi celles du Roussillon, constituant une vaste appellation régionale qui couvre près de cinq cents communes. Les autres appellations (corbières, minervois...) sont des AOC sous-régionales, tandis que des AOC communales ont vu le jour, telles corbières-boutenac ou minervois-lalivinière. Au sein de l'appellation Languedoc, quatorze vignobles ont été délimités en fonction de leurs sols, de leurs nuances climatiques, parfois de leur ancienne notoriété, qui engendrent des vins plus complexes. Leur élaboration est assortie de règles plus strictes que pour les simples languedocs, et l'encépagement est fonction du terroir. Par exemple, le grenache est très présent sur le terroir chaud et précoce, proche de la mer, des Grès de Montpellier, aux côtés du mourvèdre et de la syrah. Cette dernière variété contribue à

l'expression du languedoc Pic Saint-Loup, un rouge puissant auquel les nuits froides d'été et l'altitude apportent une sensation de fraîcheur. De même les Terrasses du Larzac, adossées aux Causses, bénéficient d'une forte amplitude thermique diurne et donnent un vin rouge alliant caractère et charme, fraîcheur et puissance. Ces terroirs pourraient devenir des AOC à part entière, à l'instar du picpoul-de-pinet, ancien terroir des coteaux du Languedoc.

LE POITOU ET LES CHARENTES

Superficie : 72 000 ha (plantés)
Production : 90 000 hl (pineau-des-charentes)
Types de vins : 🟡🔴🔴🔴🔴

Très réputées au Moyen-Age pour leurs vins, les anciennes provinces de l'Aunis, de la Saintonge et du Poitou ont été supplantées par le Bordelais. Et pourtant, la région Poitou-Charentes possède l'un des principaux vignobles d'appellation de France. Cette permanence de la viticulture, elle la doit à la plus célèbre eau-de-vie de vin du monde, le cognac. La plupart des ceps se concentrent dans les deux départements de Charente et de Charente-Maritime. Les vins servent à diversifier la gamme des producteurs de cognac : il s'agit de vins de pays et d'un vin de liqueur, le pineau-des-charentes. Quant au vignoble du Haut-Poitou, ses vins friands et fruités rappellent ceux de la vallée de la Loire.

Histoire

On produisait du vin dans la région de Saintes dès l'époque gallo-romaine, mais c'est surtout à partir du XIIe siècle que le vignoble de la région s'est épanoui – dès avant celui de Bordeaux –, favorisé par le renouveau de la navigation maritime et l'essor des villes de l'Europe du Nord. Le port de la Rochelle se développe à la même époque. Au XIVe siècle, la Hollande devient le principal débouché. De faible degré alcoolique, les blancs de la région supportent mal le transport ; en les distillant, les Hollandais obtiennent un produit stable. Ils trouvent bientôt plus avantageux de produire ces brandwijns (« vins brûlés ») sur place : l'alcool est un vin concentré, consommé coupé d'eau. Il prend moins de place dans les navires. La double distillation, qui apparaît au XVIIe siècle, permet d'obtenir un produit encore plus concentré. Les voyages au long cours montrent que les eaux-de-vie gagnent à vieillir. Ainsi naît le cognac. Des maisons de négoce, dont la première est fondée en 1643, se multiplient au XVIIIe et XIXe siècle. Leurs fondateurs sont souvent originaires du nord de l'Europe : les Hennessy sont irlandais, les Martell viennent de Jersey, les Otard d'Écosse... Sous le Second Empire, à la faveur d'un traité de libre-échange, les exportations fleurissent, mais le phylloxéra donne ensuite l'avantage aux alcools de grain. Le vignoble est replanté et en 1909, l'aire de production est délimitée. Le cognac est reconnu comme AOC dès 1936. Quant au vignoble poitevin, qui comptait 33 000 ha en 1865, avant la crise phylloxérique, il n'en subsiste que deux îlots autour des cantons de Neuville-de-Poitou et de Mirebeau, au nord de Poitiers. En 2011, le haut-poitou a accédé l'appellation d'origine contrôlée. D'un point de vue viticole, il se rattache au Val de Loire.

Sols et climat

Géologiquement, le Poitou fait communiquer les deux grands bassins sédimentaires du territoire français, le Bassin parisien et le Bassin aquitain. Ses terrains sont de nature sédimentaire, tout comme ceux, au sud, des pays charentais, qui appartiennent au Bassin aquitain. Les reliefs sont assez plats dans le Poitou, plus ondulés en Charente où les sols ont la couleur blanchâtre du calcaire. Le climat, océanique et doux, souvent ensoleillé en été ou à l'arrière-saison, avec de faibles écarts de températures qui permettent une lente maturation des raisins, est très proche de celui de l'Aquitaine.

Cépages et styles de vins

Au nord, le Haut-Poitou se rapproche par son encépagement de la vallée de la Loire : celui-ci fait la part belle au sauvignon et au cabernet franc, avec du gamay et du pinot noir en appoint. Dans les Charentes, le cognac est roi. Si les décrets autorisent neuf cépages, c'est l'ugni blanc qui est de loin le plus planté. Pour élaborer le pineau-des-charentes, vin de liqueur muté au cognac, les viticulteurs cultivent aussi le merlot et les deux cabernets en rouge, le colombard, le montils, le sauvignon et le sémillon en blanc. Ces variétés donnent aussi des vins IGP charentais.

Le cognac

La distillation charentaise

Obligatoire, la méthode de distillation charentaise est « discontinue à repasse ». Cela signifie qu'elle s'effectue en deux étapes, en deux « chauffes » successives, longues et patientes, afin d'obtenir un produit plus noble. La première chauffe, ou chauffe du vin, donne le brouillis, titrant entre 26 et 32 % vol. Lors de la seconde chauffe, ou « bonne chauffe », les brouillis sont distillés pour donner l'eau-de-vie. Les premières portions du distillat, appelées têtes, sont laiteuses et dégagent des odeurs désagréables ; elles sont mises de côté pour être repassées dans la chaudière avec du vin. On ne recueille que l'eau-de-vie limpide, le « cœur », qui titre entre 70 et 71 % vol. On écarte encore la « seconde », l'eau-de-vie qui s'écoule ensuite et qui contient aussi des composés indésirables. Elle sera redistillée avec d'autres brouillis. La jeune eau-de-vie, incolore, est déjà élégante, puissante et longue. Elle tire de la couleur, des tanins et de nouveaux arômes d'un long vieillissement en fût (de deux ans à plusieurs décennies). L'évaporation de l'alcool (2 % par an) abaisse son degré alcoolique ; on ajoute en outre généralement de l'eau pure pour ramener le degré à 40 % vol. (réduction). Avant la mise en bouteille, le maître de chai assemble des cognacs d'âges et de crus divers. Il existe des monocrus mais les millésimés sont très rares.

les six crus du cognac

Dressée au XIXᵉ siècle par un géologue et un courtier, la carte des crus a été officialisée en 1938. On dénombre six crus, répartis en cercles concentriques autour de Cognac, qui se distinguent surtout par la capacité de vieillissement des cognacs. Le cœur du vignoble est constitué, au sud de la ville, par la Grande Champagne et la Petite Champagne, et au nord-ouest, par les Borderies. Tout autour s'étendent les Fins Bois, les Bons Bois et les Bois ordinaires. Les deux derniers ne contribuent qu'accessoirement à la production. La Grande Champagne et la Petite Champagne donnent naissance à des eaux-de-vie atteignant leur plénitude après un long vieillissement. Les cognacs issus de ces deux crus sont souvent assemblés pour donner la fine champagne, de haute réputation. Très appréciées elles aussi, les eaux-de-vie en provenance des Borderies sont rondes, douces et bouquetées ; elles sont prêtes plus tôt. Les autres crus produisent des eaux-de-vie à consommer jeunes.

LES STYLES DE COGNACS

Les cognacs ******* ou VS (Very Special) ont été élevés au minimum deux ans en fût. Les Réserve ou VSOP (Very Superior Old Pale) assemblent des eaux-de-vie dont la plus jeune a au moins vieilli quatre ans. Les Hors d'âge et XO ont séjourné au moins six ans en fût. Les meilleurs cognacs sont le résultat d'assemblages dont l'âge dépasse largement le minimum légal et peut atteindre plusieurs décennies.

LA PROVENCE

Superficie : 27 000 ha
Production : 1 300 000 hl
Types de vins : 🟡 🔴 🔴

Un « pays du soleil », royaume des cigales et des pins, qui fait songer
aux vacances. Des pluies rares mais violentes, des vents fougueux,
des rochers aigus. La vigne, avec l'olivier, y est chez elle depuis la plus
haute antiquité. Elle s'étend d'ouest en est, des Alpilles, au sud d'Avignon,
jusqu'à Nice. Elle s'ouvre à la mer tout en pénétrant largement l'arrière-
pays. En Provence, les trois couleurs de vin sont représentées, mais
c'est le rosé qui s'est progressivement imposé. Le tourisme a contribué
à sa popularité, et la région est le principal fournisseur de ce type
de vin dont elle a perfectionné l'élaboration.

Histoire

En 600 avant J.-C., les Phocéens, navigateurs et commerçants grecs venus d'Asie Mineure, s'installent à Marseille. Selon la tradition, la fille de la tribu locale des Ségobriges aurait offert à leur chef une coupe de vin pour signifier qu'elle le choisissait pour époux. Les Grecs multiplient les plantations, tirant profit de plants de lambrusques. En 125 avant J.-C, les Romains font la conquête de la région, fondent Aixen-Provence, qui devient colonie romaine. Ils développent encore le vignoble dans la Provincia Romana, dont la production est exportée depuis Marseille, Toulon et Fréjus. Les moines – ceux de Saint-Victor de Marseille, de Lérins, puis les Cisterciens du Thoronet – perpétuent la viticulture, ainsi que les nobles et les grands. Au XIIIe siècle, Éléonore de Provence, mariée à Henri III d'Angleterre, contribue au renom des vins de la région, puis au XVe siècle, René d'Anjou, devenu comte de Provence, resté dans les mémoires comme le « roi vigneron » ou le « bon roi René ». Sous l'Ancien Régime, aristocrates et notables aménagent autour d'Aix-en-Provence, devenue capitale de la région, d'élégantes bastides, maisons de plaisance commandant un domaine agricole, mais le vignoble se trouve à l'écart des voies commerciales. À la suite de la crise phylloxérique, la région se tourne vers la viticulture de masse, malgré des initiatives individuelles qui mettent en lumière le potentiel des vins de Bandol, de Cassis ou de Bellet. Après 1945, l'essor du tourisme a remis à l'honneur les crus du soleil et spécialement les vins rosés, symboles de vacances estivales et dignes accompagnements de la gastronomie provençale. Des progrès à la vigne et au chai ont permis d'améliorer leur qualité. Après Cassis, la plus ancienne AOC (1936), des vignobles historiques de superficie restreinte, tels Bandol ou Palette ont été eux aussi promus. La plus grande partie de la Provence viticole est constituée d'appellations récentes, créées à partir de 1977 (côtes-de-provence).

Sols et climat

S'étendant sur 200 km, des Alpilles à l'ouest au massif de l'Estérel à l'est, le vignoble est très morcelé, offrant des milieux contrastés, en raison de la diversité des sols, des pentes et de l'ouverture variable aux influences maritimes qui créent des nuances climatiques. À l'ouest et au nord, c'est la Provence calcaire, où se succèdent collines et barres rocheuses sculptées par l'érosion, et où la vigne s'insère dans la garrigue (montagne Sainte-Victoire, massif de la Sainte-Baume). À l'est, les massifs cristallins et métamorphiques des Maures et du Tanneron dominent la mer ; un paysage de collines rondes, plus érodées, accueillent le maquis et les forêts. Sur la Côte d'Azur, entre Saint-Raphaël et Cannes, on peut admirer les roches colorées des massifs volcaniques de l'Esterel. Les sols, pauvres en humus et sensibles à l'érosion, bénéficient d'une bonne alimentation en eau. Le climat est méditerranéen, avec une longue saison sèche en été, encadrée de printemps et d'automne frais et pluvieux. Le mistral, vent du nord et du nord-ouest frais et sec, dont l'influence décroît vers l'est, rafraîchit l'une des régions les plus chaudes de France, tandis que les vents du sud sont porteurs d'humidité.

LES EXPRESSIONS PROVENÇALES

Le provençal est resté longtemps en usage dans quelques domaines. Petit glossaire régional : un « avis » est un sarment ; une « tine » est une cuve et une « crotte » est une cave ! Les raisins du cépage nommé « pecoui-touar » présentent une queue tordue et le « ginou d'agasso » (genou de pie) tire son nom de la forme particulière du pédoncule de sa grappe.

Styles de vins et cépages

Si la Provence produit des vins rouges profonds et typés et des blancs souvent surprenants, trop méconnus, comme les cassis, c'est aujourd'hui des rosés qu'elle tire sa notoriété. Même le vignoble de Bandol, connu pour ses vins rouges de garde, marqués par le mourvèdre, les privilégie désormais. Ces vins sont élaborés par pressurage direct ou après une courte (2 à 20 h) macération pelliculaire. Le vignoble provençal est le premier fournisseur de ce type de vins, non seulement en France, mais aussi dans le monde. Comme dans les autres vignobles méridionaux, les cépages sont très variés – et toujours assemblés en vins d'appellation. La petite appellation palette en admet 15 en rouge ou rosé, et autant en blanc, dont des variétés confidentielles comme la panse du roi René, le picardan ou le terret gris, ou le muscat à petits grains, très cultivé jadis et devenu très rare en Provence. Les côtes-de-provence admettent treize variétés en rouge, dont cinq dominantes. Les cépages principaux sont le grenache noir, le cinsault, la syrah, le mourvèdre, le tibouren, cépage local et, moins répandus, le carignan et le cabernet-sauvignon.

En rosé, le cinsault joue souvent les premiers rôles : il apporte fraîcheur, finesse et fruité ; une petite part de cépages blancs peut aller dans la cuve. Le grenache confère ampleur et générosité ; la syrah de la charpente, tout comme le mourvèdre, cépage roi du Bandol, qui se plaît sur les terroirs chauds et calcaires. En blanc, le vermentino (rolle) s'allie souvent avec la clairette et l'ugni blanc, avec le sémillon et le bourboulenc en appoint.

LA MONTÉE EN PUISSANCE DU ROSÉ

Les rosés représentent près de 90 % des vins d'appellation produits en Provence, 89 % des côtes-de-provence, 83 % des coteaux-d'aix-en-provence, 88 % des coteaux-varois-en-provence. Ils ont gagné la faveur des consommateurs. Alors qu'ils comptaient en 1990 pour un peu plus de 10 % des volumes consommés en France, ils totalisent en 2013 environ 28 % des vins tranquilles ; soit plus de 9 % de la production et de la consommation mondiales de vin. Avec 27 % de la production, la France est le premier producteur de rosés au monde, et la Provence la première région productrice française (40 % de la production nationale, devant la vallée de la Loire et celle du Rhône, et environ 5 % de la production mondiale). La France est aussi le premier consommateur de ce style de vins.

Les appellations

Trois appellations régionales livrent plus de 95 % des volumes : les coteaux-d'aix-en-provence, entre Durance et Méditerranée, les coteaux varois, au centre du vignoble, et, la plus vaste, les côtes-de-provence, dont l'aire, discontinue, s'étend sur plus de trois départements (Bouches-du-Rhône, Var et Alpes-Maritimes). Géologie, topographie, climatologie, les côtes-de-provence n'ont rien de monolithique, et les experts y ont déterminé cinq grandes zones naturelles. Si bien qu'à partir de 2005 ont été délimitées des aires plus restreintes dont le nom apparaît sur l'étiquette : Sainte-Victoire, qui tire son nom de la célèbre barre calcaire qui surplombe le vignoble, est soumise à des influences continentales. La Londe, au sud-ouest du massif des Maures, est proche de la côte, comme Fréjus, dont le vignoble couvre des collines de la basse vallée de l'Argens. Pierrefeu, la plus récente, est située au nord et à l'ouest de la Londe. Rouges ou rosés, les vins issus de ces aires délimitées ont un cahier des charges plus exigeant et bénéficient d'un élevage plus long. Leur encépagement est fonction du terroir ; pour les rouges, il privilégie le grenache et la syrah, accompagnés parfois du mourvèdre et du tibouren. Les vins, intenses et structurés, portent la marque de leur lieu d'origine : ils sont frais et aromatiques, par exemple,

lorsqu'ils naissent au pied de la Montagne Sainte-Victoire, plus ronds lorsqu'ils proviennent de l'aire de Fréjus.

À l'ouest du vignoble, au pied des Alpilles, l'appellation sous-régionale les-baux-de-provence est la plus récente (1995) des AOC. Beaucoup plus restreintes par leur surface, mais anciennes par leur notoriété s'égrènent d'ouest en est les AOC palette, cassis, bandol et bellet.

LES CRUS CLASSÉS
DES CÔTES-DE-PROVENCE
(ET LEURS COMMUNES D'IMPLANTATION)

Château de l'Aumérade (Pierrefeu-du-Var)	Château de Mauvanne (Hyères)
Château de Brégançon (Bormes-les-Mimosas)	Château Minuty (Gassin)
Château Roubine (Lorgues)	Domaine du Noyer (Bormes-les-Mimosas)
Château de la Clapière (Hyères)	Domaine de Rimauresq (Pignans)
Clos Cibonne (Le Pradet)	Château Sainte-Roseline (Les Arcs-sur-Argens)
Clos Mireille (La Londe-les-Maures)	Château de Saint-Martin (Taradeau)
Domaine de la Croix (La Croix-Valmer)	Château de Saint-Maur (Cogolin)
Château du Galoupet (La Londe-les-Maures)	Château de Selle (Taradeau)
Domaine du Jas d'Esclans (La Motte)	Château Sainte-Marguerite (La Londe-les-Maures)

Superficie : 25 000 ha

Production : 1 000 000 hl (50 % en AOC)

Types de vins : ● ● ● ● ● ●

Aujourd'hui intégré à l'appellation régionale languedoc, le Roussillon s'en distingue par sa culture, car il est installé pour l'essentiel dans la partie française de la Catalogne, qui coïncide pratiquement avec le département des Pyrénées-Orientales. C'est le plus méridional des vignobles de France. D'Argelès à Cerbère, la Côte Vermeille, baignée de lumière, déploie des vignobles en terrasses qui plongent dans la mer. Entre la chaîne des Albères, l'emblématique mont Canigou et les hautes Corbières, le Roussillon intérieur est plus sauvage. Le climat méditerranéen est particulièrement sec en Roussillon, et des cépages typiques, comme le grenache, indissociables des vins doux naturels, trouvent leur terre d'élection de Banyuls à Maury. Mais l'offre régionale ne se limite plus à ces vins généreux.

Histoire

Introduite par des marins grecs au VIIe siècle av. J.-C., la vigne s'est développée durant tout le Moyen Âge et produisait déjà des vins rouges pleins de corps et des vins doux renommés. C'est un médecin probablement catalan, Arnaud de Villeneuve, professeur à l'université de Montpellier, qui mit au point à la fin du XIIIe siècle le mutage des vins à l'eau-de-vie. Les templiers ont développé au Moyen Âge la production de ces vins généreux. Au XIXe siècle, le vignoble connaît le même sort que son voisin languedocien ; il s'accroît fortement, jusqu'à l'invasion du phylloxéra, qui le détruit en partie. Il est replanté progressivement et quitte les plaines pour les coteaux. Mais la production, ici aussi, privilégie les vins légers, destinés notamment au coupage avec les vins d'Afrique du Nord. Quant aux vins doux, nombre d'entre eux servent de matière première à l'élaboration d'apéritifs aromatisés. Esquissée dans les années 1930 avec le classement en AOC des vins doux naturels, une politique de qualité se met en place dans les années 1950 pour aboutir, en 1971, à la reconnaissance de l'AOC collioure, puis, en 1977, à celle des AOC côtes-du-roussillon et côtes-du-roussillon villages. Cette évolution s'est accompagnée d'une rétractation du vignoble, qui comptait 70 000 ha dans les années 1960.

Sols et climat

Amphithéâtre tourné vers la Méditerranée, le vignoble du Roussillon est bordé par trois massifs : les Corbières au nord, le Canigou à l'ouest et les Albères au sud, qui forment la frontière avec l'Espagne. Le vignoble est irrigué par trois fleuves : du nord au sud, l'Agly, la Têt et le Tech, qui ont modelé un relief de terrasses aux sols cailouteux. On rencontre encore des schistes noirs et bruns, des arènes granitiques, des argilo-calcaires... Le climat est méditerranéen, avec des températures clémentes en hiver, chaudes en été, des pluies faibles mais mal réparties, fréquentes en automne et au printemps. En été, les pluies d'orages ne profitent guère à la vigne. Il s'ensuit une période estivale sèche dont les effets sont souvent accentués par la tramontane, vent froid, sec et violent qui souffle vers le golfe du Lion et qui favorise la maturation des raisins.

Styles de vins et cépages

La terre des vins doux naturels

Historiquement, la région a d'abord été réputée pour ses vins doux naturels, qui se conservaient mieux que les secs par forte chaleur, et qui représentent environ un quart de la production. Son vignoble reste le principal pourvoyeur de ce type de vins, même si la surface qui leur est dédiée a beaucoup régressé, notamment en rivesaltes (cette AOC couvrait 14 000 ha en 1995). Issus de raisins très riches en sucres (252 g/l), ces vins mutés adoptent des styles particulièrement variés selon les cépages mis en œuvre et l'élevage : les muscat-de-rivesaltes, frais et aromatiques, sont à boire jeunes, tout comme les rivesaltes, banyuls et maury blancs ou de style grenat (en rouge). Ces vins, mis en bouteilles assez jeunes, évoluent à l'abri de l'air. Les rouges gardent une robe profonde, des arômes de fruits rouges frais et d'épices. De même style, les banyuls rimages et maury vintage sont des rouges millésimés embouteillés précocement. Le mutage sur grains, avant pressurage, renforce leur couleur, leur structure et leurs arômes. Le rosé, introduit en banyuls et en rivesaltes, joue lui aussi sur le fruit frais. Très différents sont les rivesaltes et maury ambrés (en blanc) et tuilés (en rouge). Ils ont fait l'objet d'un long élevage oxydatif (trente mois au moins) dans de grands contenants, foudres ou demi-muids, et ont parfois été entreposés en plein air, dans des tonneaux ou dans des bonbonnes de verre. La mention « ambré » et « tuilé », inscrite sur l'étiquette, renvoie aux nuances que ce type d'élevage donne à la robe. Quant aux arômes, ils sont marqués par des notes de fruits secs ou confits, de café, de cacao et de tabac. La mention « hors d'âge » désigne un vin élevé cinq ans au moins (parfois bien plus) ; la mention « rancio » annonce des arômes spécifiques tels la noix, le café et les épices. Les VDN rouges sont parfaits à l'apéritif, sur un dessert au chocolat, avec un café, mais également avec du foie gras, un canard aux cerises ou aux figues, et certains fromages à pâte persillée.

L'essor des vins secs

La modernisation des caves, la diversification des techniques de vinification (avec la macération carbonique, par exemple, qui donne de bons résultats en carignan) a permis de développer une production de vins secs, rouges, rosés et blancs. Des vins dont le caractère affirmé est lié autant à la multitude des terroirs qu'aux nombreux cépages : carignan, grenache, syrah, mourvèdre, cinsault pour les rouges ; macabeu, grenache blanc, muscat à petits grains et muscat d'Alexandrie, malvoisie, marsanne, roussanne, vermentino pour les blancs. Ces vins secs en AOC sont issus d'assemblages de cépages. Les vins en IGP représentent environ 40 % des volumes.

LE RANCIO SEC

Une spécialité catalane produite en IGP Côte Vermeille ou Côtes Catalanes : des vins secs, riches en sucres mais non mutés, issus des cépages de la région et bénéficiant d'un élevage oxydatif et parfois sous voile (voir page 96) d'au moins cinq ans.

LA SAVOIE ET LE BUGEY

Superficie : 2 200 ha (Savoie), 500 ha (Bugey)
Production : 140 000 hl
Types de vins : 🟡 🔴 🔴 🟡 🔴

Deux vignobles de piémont, offrant une production modeste en volume mais originale. Du lac Léman à la rive droite de l'Isère, au sud de Chambéry, celui de Savoie, sur fond de cimes enneigées, s'éparpille le long des rivières, borde les lacs ou s'accroche aux pentes les mieux exposées des Préalpes. Une mosaïque complexe de microclimats et de terroirs aux caractères montagnards plus ou moins accentués, plantés de cépages majoritairement blancs. Occupant les basses pentes des monts du Jura et les coteaux de la vallée du Rhône, sur la rive droite, le vignoble du Bugey livre à partir de cépages bourguignons et savoyards des vins très divers, notamment des effervescents typiques, comme le cerdon.

Histoire

À l'assaut des pentes

Fromages et vins : les productions traditionnelles de la région étaient déjà connues dans l'Antiquité, si l'on en croit les auteurs latins Pline et Columelle, qui évoquent au Ier siècle les vignes des Allobroges, un peuple gaulois. Au Moyen Âge, les moines développent la viticulture, suivis par la noblesse et la paysannerie. À partir du XVIe siècle, la vigne, de bon rapport, étend son empire, de la plaine aux hautes pentes. Elle aurait grimpé localement jusqu'à 1 000 m, comme aujourd'hui dans certains vignobles du Valais. Ce n'est plus le cas aujourd'hui. Le mouvement continue jusqu'à la crise phylloxérique à la fin du XIXe siècle. La replantation commence dans les années 1890, mais à la suite de la Grande Guerre, de la crise des années 1930, puis après 1945, de l'urbanisation, le vignoble se rétracte.

Tourisme et viticulture

Après la Seconde guerre mondiale, la qualité s'améliore et l'essor du tourisme popularise les vins de Savoie, qui accèdent à l'AOC en 1973. Mais, si la production augmente depuis les années 1980, le nombre de viticulteurs décroît. Aujourd'hui, le vignoble savoyard couvre 56 communes situées essentiellement dans les départements de la Savoie, puis de la Haute-Savoie, avec des franges en Isère et dans l'Ain. Ancienne terre bourguignonne, le Bugey occupe la partie sud du département de l'Ain. Son vignoble, qui prospéra grâce aux abbayes et aux nobles, compta 20 000 ha au XIXe siècle. Sauvé par des vignerons passionnés, il a été reconnu en AOC en 2009. S'il s'étend sur 67 communes, les ceps, éparpillés sur des coteaux escarpés, ne couvrent plus que 500 ha.

Sols et climat

Du lac Léman à l'ouest d'Albertville, le vignoble occupe les basses pentes favorables des contreforts du massif alpin, en passant par le lac du Bourget, le sud de Chambéry, pour remonter la vallée de l'Isère. On le trouve dans l'avant-pays savoyard ; vers Jongieux, il s'adosse à la montagne de la Charve, à l'ouest du lac du Bourget ; il s'insinue le long des vallées traversant les Préalpes calcaires (vallée de l'Arve, cluse de Chambéry, combe de Savoie). Il occupe en général des formations géologiques récentes, issues de l'érosion du massif alpin : alluvions sablograveleuses, moraines glaciaires, éboulis, molasses tertiaires et substrats provenant de l'écroulement dramatique du mont Granier en 1248. Quant au Bugey, il correspond à la partie méridionale du massif jurassien. Le climat de la Savoie et du Bugey est à dominante océanique, avec des influences méridionales et continentales apportant respectivement douceur et froids secs, tandis que les vents d'ouest entraînent de fortes précipitations. Cependant, les arrière-saisons sont souvent chaudes. L'altitude, qui accentue la rudesse du milieu, et l'exposition créent de multiples microclimats. Les barrières rocheuses des Bauges et de la Chartreuse, la présence des lacs tempèrent la rigueur du climat. Les vignobles sont orientés au sud, au sudest et à l'ouest, s'étageant à des altitudes comprises entre 300 et 500 m.

Styles de vins et cépages

Des vins blancs secs majoritaires

Savoie et Bugey produisent des vins blancs secs (parfois demi-secs), rouges et rosés. Les premiers sont majoritaires. Le Bugey est connu pour ses effervescents, issus de la méthode traditionnelle ou de la méthode ancestrale (voir pages 94-95), comme le cerdon, un rosé très fruité et suave. La Savoie produit elle aussi des mousseux, à Ayze, et pourrait obtenir une AOC crémantde-savoie.

De multiples variétés locales

La Savoie cultive de nombreuses variétés, même si certaines sont confidentielles, comme le gringet, qui donne son caractère aux mousseux d'Ayze. Les cépages blancs dominent. Le plus répandu, la jacquère, produit des vins frais et légers, à consommer jeunes, tout comme ceux issus du chasselas, cultivé près du lac Léman. L'altesse (ou roussette), qui donne son nom à deux AOC, engendre des vins fins et aptes à la garde ; Le bergeron, nom local de la roussanne, des blancs amples, de grande qualité. La molette donne des vins tranquilles et entre dans l'assemblage d'effervescents (seyssel), ainsi que le chardonnay en Savoie. En rouge, le cépage savoyard par excellence est la mondeuse, qui donne des vins typés, charpentés et de garde, aux notes de baies noires, d'épices et de violette. On cultive aussi le gamay, le pinot noir. Le Bugey ajoute à ces cépages l'aligoté, le pinot gris et le jurassien poulsard, mais ce sont le chardonnay, le pinot noir et la mondeuse qui dominent.

Les appellations et les crus

La Savoie et le Bugey ne comptent pas moins de cinq AOC : savoie (ou vin-de-savoie), roussette-de-savoie et seyssel pour la première ; bugey et roussette-du-bugey pour le second. La dispersion du vignoble a conduit à individualiser des terroirs. La Savoie compte ainsi une quinzaine de crus, délimités sur une ou plusieurs communes. Les plus connus sont Apremont, Abymes, Chignin, Crépy, Chautagne, Arbin. Le cépage jacquère domine dans le deux premiers, le bergeron excelle à Chignin, le chasselas à Crépy, la mondeuse a l'exclusivité à Arbin, Ayze est réservé aux effervescents, De la même façon, l'AOC roussette-de-savoie possède quatre crus, Marestel, Frangy, Monterminod et Monthoux. En Bugey existent quatre crus spécialisés dans certains cépages ou types de vin. Montagnieu est ainsi dédié à la mondeuse et aux effervescents blancs, Manicle à des vins rouges de pinot noir ou à des blancs de chardonnay, Virieu-le-Grand à la roussette, Cerdon aux effervescents rosés. Ces crus figurent sur l'étiquette des vins qui en proviennent. Le cépage est souvent mentionné, mais pas systématiquement.

Superficie : 51 000 ha
Production : 1 600 000 hl
Types de vins :

Le Sud-Ouest viticole comprend toutes les appellations des régions Aquitaine et Midi-Pyrénées, à l'exception de celles du Bordelais. Les vignobles s'éparpillent des Pyrénées au Massif central, en passant par la vallée de la Garonne et de ses affluents ; ils s'égrènent sur le piémont pyrénéen, à l'écart du bassin de la Garonne ; le long de la moyenne Garonne, en amont du Bordelais, et dans le Bergeracois, proche de la Gironde par sa géologie et ses traditions viticoles ; dans la partie orientale du Bassin aquitain, jusqu'en Aveyron. Des territoires très variés qui fournissent presque tous les types de vins et disposent d'une incomparable palette de cépages locaux.

Histoire

Dans l'ombre de Bordeaux

Certains vignobles, comme celui de Gaillac, sont antérieurs aux conquêtes de Jules César. Au Moyen Age, nombre d'entre eux ont surgi ou prospéré grâce aux abbayes, implantées notamment sur les chemins de Saint-Jacques-de-Compostelle : c'est le cas des vignobles de l'Aveyron, dans l'orbite de Sainte-Foy de Conques, ou, au pied des Pyrénées, de Madiran ou d'Irouléguy. Ceux du « haut pays » – situés en amont de la Garonne et le long de ses affluents (Duras, Buzet, Fronton, Cahors, Gaillac et Bergerac) – ont longtemps vécu à l'ombre de leur puissant voisin girondin, en raison du privilège de Bordeaux. Instituée au XIIIᵉ siècle et abolie seulement en 1776, cette mesure contraignait les propriétaires et négociants de ces régions à attendre que la récolte bordelaise soit entièrement vendue aux amateurs d'Europe du Nord avant d'embarquer leurs vins. Ces derniers étaient bloqués jusqu'à la Toussaint, voire jusqu'à Noël, quand ils n'étaient pas utilisés pour remonter certains clarets bordelais. Quant aux producteurs du piémont pyrénéen, s'ils échappaient à l'emprise de Bordeaux, ils devaient expédier leurs vins par Bayonne, au prix de navigations parfois hasardeuses sur les eaux des gaves. Ces régions situées au sud de la Garonne, irriguées par l'Adour, prospérèrent grâce à Pau, capitale de la vicomté du Béarn puis de la Navarre. Cependant, les vins de Cahors réussissent à se faire un nom dès le Moyen Age. Aux XVIIᵉ et XVIIIᵉ siècles, les vins doux, dont la production est encouragée par les Hollandais, acquièrent une belle notoriété, dans le Périgord (monbazillac par exemple) ou en Gascogne (jurançon). L'eau-de-vie de Gascogne, connue aujourd'hui sous le nom d'armagnac, est la plus ancienne de France (XIVᵉ siècle). C'est aussi pour satisfaire la clientèle des Pays-Bas que la région de l'Adour s'est couverte d'alambics.

Déclin et renaissance

Les vignobles du Sud-Ouest ont particulièrement été affectés par le phylloxéra. Ceux du Quercy (Cahors) ont ainsi perdu environ les neuf dixièmes de leur superficie. Après la Première Guerre mondiale, les professionnels ont réorienté leur production vers des vins de qualité exprimant la singularité de leurs terroirs et de leurs cépages. Un certain nombre d'entre eux ont accédé à l'AOC dès les années 1930 (bergerac, jurançon, monbazillac...) ; les autres ont été promus au cours de la deuxième moitié du XXᵉ siècle grâce aux efforts de vignerons talentueux et de coopératives dynamiques.

Sols et climat

Les différents vignobles du Sud-Ouest sont presque tous implantés sur des terrains sédimentaires : coteaux argilo-calcaires, terrasses d'alluvions graveleuses, molasses, boulbènes (sols argilo-sableux).

Seuls quelques petits vignobles de piémont sont installés sur des terrains anciens : grès rouges et sols d'origine volcaniques à Irouléguy, rougiers (grès ancien) de Marcillac et schistes métamorphiques dans les vignobles de l'Aveyron. Les appellations les plus vastes possèdent plusieurs types de terroirs qui conditionnent l'encépagement et déterminent des profils de vins divers. Ainsi, dans le Gaillacois, on réserve les terrasses graveleuses de la rive gauche du Tarn aux cépages rouges, tandis que les blancs colonisent les premières côtes calcaires sur la rive droite et sur le plateau cordais. Le climat est tempéré, océanique, avec des pluies bien réparties et des étés ensoleillés. L'influence atlantique s'atténue vers l'est. Alors que les précipitations dans les vignobles pyrénéens dépassent 1 000 mm par an, le Gaillacois connaît des étés chauds et secs qui témoignent d'influences méditerranéennes. D'autres inflexions, continentales, marquent ces vignobles orientaux, avec des hivers un peu plus rudes qu'à l'ouest.

Styles de vins et cépages

La gamme des vins du Sud-Ouest est assez large pour combler tous les amateurs : blancs secs ou liquoreux, rosés tendres ou vineux, rouges légers ou de garde. Le vignoble de Gaillac propose même, outre ces types, deux sortes d'effervescents. La diversité des vins du Sud-Ouest est renforcée par une incroyable palette des cépages, dont certains, autochtones, remontent à la nuit des temps : tannat, gros et petit mansengs, arrufiac, raffiat de Moncade, camaralet de Lasseube… (piémont pyrénéen essentiellement), baroque (tursan), négrette (fronton), duras, l'en-del'el, mauzac (Gaillacois), fer servadou… Les cépages bordelais sont également très cultivés, notamment au voisinage de la Gironde (départements de la Dordogne et du Lot-et-Garonne) et la syrah rhodanienne et méridionale s'insinue en Midi-Pyrénées.

Régions et appellations

Contrairement à d'autres vignobles, le Sud-Ouest ne présente pas un système hiérarchique d'appellations (des AOC régionales aux communales). En revanche, il juxtapose différentes régions offrant chacune une réelle personnalité, non seulement par sa géologie et sa topographie, mais aussi par sa culture (ses dialectes, basque, gascon ou languedocien), par son habitat, ses paysages. La vigne compose souvent avec les prés, les bois ou d'autres cultures, ici le maïs, là le tournesol ou les vergers. On peut regrouper les vignobles du Sud-Ouest en quatre régions :

L'EN-DE-L'EL

Le nom de ce cépage blanc du vignoble de Gaillac vient de l'occitan toulousain : « loin de l'œil ». Le raisin, muni d'un long pédoncule, se trouve en effet éloigné du bourgeon (ou œil), qui lui a donné naissance.

le piémont pyrénéen

Ce sont les vignobles de Gascogne, du Béarn et du Pays basque, drainés par l'Adour et ses affluents, soumis à la double influence climatique de l'Atlantique (précipitations) et de la chaîne des Pyrénées (bénéfique effet de Foehn à Jurançon, se traduisant par des automnes doux, voire chauds). Ils se distinguent par des cépages originaux, comme le petit et le gros mansengs en blanc, ou par le tannat en rouge.

le Bergeracois

Extension naturelle du Libournais, il se développe autour de la ville de Bergerac, sur les deux rives de la Dordogne (Bergerac, côtesde-bergerac, monbazillac, pécharmant…).

L'encépagement et le style de vins sont très proches de ceux du Bordelais.

La moyenne Garonne

Au sud du Bergeracois, la région de Duras prolonge l'Entre-deux-Mers. Le Lot-et Garonne possède d'autres vignobles, dont la production est elle aussi assez proche de celle du Bordelais, à quelques cépages locaux près.

Les AOC de Midi-Pyrénées

Ces « hauts pays » situés dans la partie orientale du Bassin aquitain, de Cahors à Gaillac, sont plus divers, chaque appellation s'individualisant par ses sols, son encépagement, ses styles de vin. Les petits vignobles pentus de l'Aveyron sont implantés dans les rudes terroirs du Massif central.

Superficie : 51 900 ha
Production : 2 800 000 hl
Types de vins : ● ● ● ● ● ●

Le plus long fleuve de France est célèbre pour ses châteaux Renaissance qui s'égrènent sur une partie de son cours, baignés d'une lumière unique. De la côte atlantique au Massif central, il est jalonné de vignes, tout comme ses affluents, formant un trait d'union entre les vignobles du Pays nantais, ceux de l'Anjou, du Saumurois, de la Touraine et du Centre. Ces régions composent un ensemble viticole plus étendu que le Val de Loire au sens strict, sa partie centrale. Les nuances climatiques et les terroirs les plus variés y permettent l'élaboration de presque tous les styles de vins : blancs secs, moelleux et liquoreux, effervescents, rouges légers ou plus tanniques, rosés... La plupart d'entre eux ont en partage une fraîcheur qui donne du tonus même aux vins les plus doux.

Histoire

De saint Martin à Rabelais

Si la viticulture est dans la vallée de la Loire un héritage de la conquête romaine, c'est à la fin de l'Antiquité et au début du Moyen Age qu'elle fait vraiment parler d'elle. Vénéré dans le Val de Loire, saint Martin, ancien officier romain devenu évêque de Tours au IVe siècle, fonde dans son diocèse l'abbaye de Marmoutier qui connaît un grand rayonnement. Les établissements monastiques se multiplient alors, et avec eux les vignobles : celui de Vouvray est attesté au VIIIe siècle, et celui de Bourgueil, renommé dès le XIe siècle. La viticulture doit aussi beaucoup aux princes. En 1154, l'accession d'Henri Plantagenêt, comte d'Anjou et duc d'Aquitaine, au trône d'Angleterre facilite l'exportation des vins outre-Manche. La Loire et ses affluents, voies de communication commodes, favorisent le commerce de bon nombre de crus, comme les saintpourçain, sancerre, orléans, chinon et autres anjou. Au XVe siècle, le vignoble angevin bénéficie de la sollicitude du roi René, comte d'Anjou, de Provence et roi de Naples. Aux XVe et XVIe siècles, la région devient l'écrin de châteaux inspirés de la Renaissance italienne, tels Chambord, Blois, Amboise, Chenonceau ou Azay-le-Rideau. Les séjours fréquents des souverains, de Charles VII à Henri IV, suscitent la plantation de vignobles. Célébré par les écrivains de la région, Rabelais en tête, le vin fait partie de l'art de vivre français.

Du blanc au rouge

Après l'époque troublée des guerres de Religion, qui mettent un terme à cette fastueuse période de la Renaissance, le commerce du vin reprend. Au XVIIe siècle, les Hollandais, amateurs de vins blancs qu'ils destinent parfois à la distillation, suscitent la culture de cépages comme la folle blanche (gros-plant) ou le melon de Bourgogne (muscadet) – ce dernier acclimaté avec succès dans la région nantaise après le grand gel de 1709. En Anjou, le chenin profite lui aussi de ce marché. Après la Révolution, particulièrement sanglante en Anjou, terre de chouannerie, l'Empire voit le développement des mousseux. C'est à cette époque que les premières maisons se fondent à

Saumur. Comme en Champagne, elles disposent pour faire vieillir leurs cuvées de galeries creusées dans la craie, anciennes carrières exploitées jadis pour bâtir les châteaux. À la fin du XIXe siècle, nouveau tournant : après la crise phylloxérique, les replantations font une part plus grande aux cépages rouges. Les vignerons découvrent un bon filon avec des rosés de comptoir. Quant aux rouges, ils progressent à partir des années 1970. Aujourd'hui, les rosés ont de nouveau le vent en poupe. Dès la création des AOC, dans les années 1930, une vingtaine d'appellations ont été reconnues, du muscadet au sancerre, en passant par le saumur ou le chinon. Elles sont une soixantaine au début du XXIe siècle. Le vignoble est pour plus de 85 % dédié aux AOC, même si les volumes de vins de pays (IGP Val de Loire notamment) ne sont pas négligeables.

SAINT MARTIN

Une légende a longtemps couru en pays tourangeau. L'âne de Martin, évêque de Tours, aurait brouté toutes les vignes de l'abbaye de Marmoutier. Les ceps auraient ensuite donné une superbe récolte. La gourmandise de l'animal serait ainsi à origine de la taille... Une tradition qui montre le lien entre l'abbaye de Tours et les progrès viticoles.

RABELAIS, L'ENFANT DE CHINON

Des écrivains de la Renaissance, Rabelais est celui qui exprime le plus d'enthousiasme pour la « dive bouteille ». Le moine humaniste et médecin, né à la fin du XVe siècle, fait de la consommation du vin une marque de sagesse ; célèbre le cépage breton (cabernet franc), et dédie son Gargantua aux « buveurs très illustres ». Dans son œuvre, la « potion de Bacchus » suscite des épisodes truculents, tel celui des guerres pichrocholines qui a pour cadre le Chinonais. Dans ce vignoble, on visite la Devinière, sa maison natale, et la « cave paincte » de Chinon, où l'humaniste a « beu maints verres de vin frays ».

Sols et climats

D'un massif ancien à l'autre

La Loire irrigue trois régions géologiques ; elle naît dans le Massif central, sur des roches cristallines ou volcaniques où sont implantés les premiers vignobles, puis traverse le sud du Bassin parisien aux sols sédimentaires : le substrat des vignobles du Centre, qui reposent sur des calcaires, des argilo-calcaires, des argiles à silex, des sables... ainsi que de ceux de la Touraine et du Saumurois. Dans ces deux dernières régions voisines, la Loire est bordée de blanches falaises de tuffeau, une roche crayeuse percée de caves « cathédrales » où mûrissent les vins. Les vallées du Cher, de l'Indre, de la Vienne, celle du Loir sont elles aussi bordées de tuffeau. La vigne est installée sur des graviers dans les parties basses des vallées, et sur des sols plus consistants en coteau ou en plateau : argilocalcaires, tuffeau, terres argilo-siliceuses... Au sud d'Angers, et au niveau du Layon, on retrouve les terrains anciens : la Loire aborde le Massif armoricain où elle finit sa course. Dans cette partie ouest de l'Anjou et dans la région nantaise, les roches datent de l'ère primaire et les sols, graviers, sables, argiles, limons, reposent sur des granites, des gneiss ou des schistes.

L'influence atlantique

Les vents d'ouest, porteurs de douceur et d'humidité, s'engouffrent dans la vallée de la Loire. L'influence atlantique s'atténue cependant en amont de Tours, et le climat se fait semi-continental dans le Centre-Loire, ainsi qu'au pied du Massif Central. La topographie et les expositions créent de nombreux microclimats.

Styles de vins et cépages

Une large gamme de vins

Dans la vallée de la Loire, les blancs (tranquilles) sont majoritaires en volume, mais cette majorité n'a rien d'écrasant. La région propose aussi des rouges et des rosés, ainsi que des vins effervescents. Autre particularité des vins de Loire : la plupart sont monocépages ou très fortement marqués par une variété : en blanc, le grosplant, le melon de Bourgogne, le chenin, le sauvignon... ; en rouge, le cabernet franc, le gamay, le pinot noir, le côt. Le nom de la variété est parfois indiqué sur l'étiquette (c'est le cas pour le gamay, le côt, le sauvignon ainsi que le cabernet pour les rosés). Les fines bulles proviennent plus souvent d'assemblages, même si le chenin est très présent.

Les blancs sont le plus souvent secs. Toutefois, le chenin est vinifié aussi en demi-sec, en moelleux, en effervescent : l'étiquette précise alors si le vin est sec (AOC vouvray et montlouis-sur-loire par exemple). Les liquoreux sont une des grandes spécialités de l'Anjou et de la Touraine.

Les rouges offrent tous les styles : ils sont gouleyants et fruités lorsqu'ils sont à base de gamay, plus structurés lorsqu'ils naissent du cabernet franc ou du côt, avec toutefois des nuances selon le terroir : ceux qui sont issus des sols sablo-graveleux des terrasses de la Loire sont plus souples et à boire plus jeunes que ceux qui proviennent des sols de tuffeau. Les rouges de pinot noir du Centre-Loire sont plutôt souples et fruités.

Les rosés, en progression, tant quantitative que qualitative, font jeu égal avec les rouges. Profitant pleinement de la vogue actuelle pour ce type de vin, la Loire est devenue la deuxième région productrice de rosés d'appellation. Si elle propose des rosés secs, les demi-secs sont sa spécialité (cabernet-d'anjou notamment).

Les effervescents sont bien représentés : hors champagne, la Loire est la première région productrice de vins effervescents d'appellation. Cinq AOC sont dédiées totalement (crémant-de-loire, la plus récente) ou en partie (saumur, vouvray, montlouissur-loire, touraine, anjou) aux fines bulles. Pétillants ou mousseux, ces vins sont toujours issus de la méthode traditionnelle (voir page 94).

les cépages

En rouge, le cépage le plus planté est le cabernet franc, suivi du gamay, du grolleau, du côt (malbec) et du pinot noir. Le grolleau donne souvent des rosés légers. Le cabernet franc (parfois assemblé à un peu de cabernet-sauvignon) est à l'origine des beaux vins rouges de l'Anjou et de la Touraine. On trouve aussi, beaucoup plus rares et localisés, le pineau d'Aunis, le pinot meunier et la négrette. En blanc, les principales variétés sont le melon de Bourgogne (muscadet), le chenin ou pineau de la Loire, et le sauvignon. La folle blanche est moins répandue, et le pinot gris (malvoisie), le romorantin, le chasse-las et le tressalier apparaissent confidentiels. Le chardonnay, rarement vinifié seul en AOC (côtes-d'auvergne), entre dans des assemblages. Chaque cépage a son terroir d'élection : pour les muscadet et folle blanche, la région nantaise ; pour le chenin, l'Anjou, la Touraine occidentale et les coteaux du Loir ; pour le sauvignon, la Touraine orientale et le Berry (Centre-Loire). En rouge, le cabernet franc, originaire du Sud-Ouest, est surtout répandu en Anjou et en Touraine occidentale ; sur les terres plus continentales de l'amont, il fait place au pinot noir. Le gamay préfère les terrains anciens, schistes de l'Anjou, granites ou roches volcaniques du Massif central. Le côt est plutôt cultivé à l'est de Tours et le pineau d'Aunis sur les coteaux du Loir et du Vendômois.

La hiérarchie des appellations

La vallée de la Loire possède avec les AOC rosé-de-loire et crémant-de-loire deux vastes appellations régionales. La première s'étend sur le territoire des appellations anjou, saumur et touraine tandis que la seconde, encore plus vaste, inclut aussi le vignoble plus oriental de Cheverny, en So-logne viticole. Quant aux appellations muscadet (81 communes), anjou (154 communes), touraine (143 communes), elles correspondent à de vastes ensembles géographiques. D'autres AOC couvrent un territoire plus restreint. Celles qui portent le nom d'une commune (Chinon, Vouvray, Sancerre...) correspondent en général à plusieurs villages. Les appellations des grands vins blancs de chenin (quarts-de-chaume, bonnezeaux, savennières-coulée-de-serrant) correspondent à une partie de commune. Alors que la hiérarchie des AOC apparaît peu visible, les professionnels s'efforcent de délimiter au sein des grandes appellations des terroirs qualitatifs assortis de cahiers des charges particuliers, souvent plus contraignants, pour l'élaboration des vins. Ces secteurs bénéficient d'une dénomination particulière mentionnée sur l'étiquette : Clisson, le Pallet et Gorges pour le muscadet-sèvre-et-maine, Puy-NotreDame pour Saumur, les multiples dénominations de Touraine comme Oisly ou Chenonceaux. Les quarts-de-chaume, grands liquoreux angevins de la vallée du Layon, peuvent afficher sur l'étiquette la mention « grand cru » et les chaume celle de « premier cru ».

Les régions de la vallée de la Loire

La région nantaise

Installée sur les granites, gneiss et schistes du Massif armoricain, les vignobles nantais, situés principalement dans le département de la Loire-Atlantique, se consacrent surtout aux vins blancs secs. Sous un climat pleinement océanique, assez arrosé, la production de vins doux serait aléatoire. C'est la région du muscadet, dont les volumes diminuent mais la qualité monte, progrès reflétés notamment par la délimitation récente de crus communaux (Clisson, le Pallet, Gorges) qui donnent des vins complexes et de garde. Le gros-plant, qui engendre des vins aussi vifs mais plus légers, a davantage décliné en surface. Aux marges de la région, on cultive le chenin en Vendée (fiefs-vendéens) et le pinot gris ou malvoisie aux confins de l'Anjou (coteaux-d'ancenis). Dans ces vignobles périphériques, on retrouve aussi les rouges, qui tirent souvent leur fruité du gamay.

L'Anjou-Saumur

Correspondant surtout au département du Maine-et-Loire, c'est la principale région en volume. On distingue l'Anjou noir, qui repose sur les terrains anciens du Massif armoricain – des schistes de couleur sombre – et l'Anjou blanc, assis sur des terrains sédimentaires du Bassin parisien, essentiellement la craie tuffeau. La vallée du Layon marque la limite entre les deux ensembles.

Malgré la proximité de l'Océan, ces vignobles sont protégés de l'humidité atlantique par les hauteurs du Choletais et des Mauges et jouissent de microclimats abrités qui autorisent une palette complète de vins : des blancs à base de chenin, secs (anjou, savennières), demi-secs, mais aussi moelleux et liquoreux (6 AOC dans les coteaux de la Loire, du Layon et de l'Aubance) ; des effervescents ; des rouges d'une belle finesse, plus ou moins structurés (anjou, anjou-villages, anjou-villages-brissac, saumur et saumur-champigny), principalement à base de cabernet franc. L'Anjou-Saumur est aussi le plus grand fournisseur de rosés de la Loire, des vins qui mettent en œuvre le traditionnel cépage grolleau et davantage encore les cabernets (cabernet-d'anjou, cabernet-desaumur).

La Touraine

La Touraine s'étire sur près de 100 km, irriguée sur la rive gauche par le Cher, l'Indre et la Vienne, et sur la rive droite par la Cisse et la Brenne. Si elle repose sur des terrains sédimentaires, elle offre des milieux divers, et propose, comme l'Anjou-Saumur, une large gamme de vins : moins de rosés, mais des rouges nombreux et réputés. Dans la partie occidentale, voisine de l'Anjou, les chinon, bourgueil et saint-nicolas-de-bourgueil portent la marque du cabernet franc dans leur structure souvent assez étoffée et dans leur fraîcheur. En Touraine orientale, les rouges, aujourd'hui minoritaires, sont des vins gouleyants à base de gamay ou, de plus en plus, des assemblages marqués par le côt. En blanc, le chenin est à l'origine de liquoreux uniques au monde, comme à Vouvray ou à Montlouis, ainsi que de blancs secs, demi-secs et effervescents. Il donne aussi des vins intéressants dans la vallée du Loir, à Jasnières notamment. En Touraine orientale et dans les AOC cheverny et valençay, il fait place à des cépages plus précoces comme le sauvignon. En amont, le petit vignoble de l'Orléanais, jadis très vaste, rattache la Touraine au Centre.

Le Centre, le Bourbonnais et l'Auvergne

Les vins du Centre ont en commun légèreté, fraîcheur et fruité. Tous les vignobles sont marqués par un climat semi-continental, avec des hivers froids et des étés chauds, parfois orageux. Cependant, le Centre n'a pas d'unité géographique ni géologique. On distingue :

Le Centre-Loire. Il regroupe 8 appellations : châteaumeillant, reuilly, quincy, menetou-salon, sancerre, pouilly fumé, pouilly-sur-loire et les coteaux-du-giennois. Situées pour la plupart le long d'un axe Vierzon-Cosne-sur-Loire, les vignes couvrent des plateaux et coteaux modelés par la Loire et le Cher, sur des terrains sédimentaires. Ces appellations berrichonnes doivent leur existence à la prospérité médiévale de Bourges ou à l'abbaye bénédictine de Pouilly-sur-Loire. Le chasselas, encore cultivé dans cette dernière commune, a fait place au sauvignon, dont le Centre-Loire est une terre d'élection. Le cépage y mûrit lentement et engendre des vins frais, aromatiques et droits. Le pinot gris est très localisé (Châteaumeillant). Les vignes rouges, à l'origine de vins rouges et rosés, représentent environ un quart de l'encépagement. Il s'agit surtout du pinot noir, cépage rouge adapté aux climats frais et accessoirement (en coteaux-du-giennois et à Châteaumeillant) du gamay.

Le Bourbonnais et l'Auvergne. Il s'agit du vignoble de Saint-Pourçain, dans l'Allier, installé dans la plaine de la Limagne, sur la rive gauche de l'Allier, et de celui des côtes-d'Auvergne, disséminé sur les coteaux bordant la Limagne et le piémont des volcans, dans le Puy-de-Dôme. Le gamay côtoie le pinot noir et le chardonnay (avec du tressalier ou sacy en saint-pourçain).

Les vignobles de la côte roannaise et des côtes-du-forez. Situés dans le département de la Loire, ils sont installés sur des terrains granitiques du Massif central où le gamay est à son aise.

LA VALLÉE DU RHÔNE

Superficie : 71 000 ha
Production : 2 900 000 hl
Types de vins : 🟡🟡🟤🔴🟡🟠🟤

En suivant le Rhône, de Vienne à Avignon, on découvre l'un des plus anciens vignobles de France et l'un des plus vastes – le second après le Bordelais, pour ce qui est des AOC. Climat, géologie, paysages, encépagement, profil des vins : du nord au sud, il offre deux visages, si bien que l'on évoque la vallée du Rhône septentrionale et la vallée du Rhône méridionale. D'autres secteurs, un peu en retrait du fleuve, se rattachent à la région, du Vivarais au Lubéron en passant par le Diois. Malgré la réputation ancienne de certains crus (côte-rôtie, hermitage, châteauneuf-du-pape...), les vins du Rhône ont longtemps été assimilés à la « p'tite côte », gentil vin de comptoir. Aujourd'hui, leur image s'est améliorée et ils prennent une place croissante sur les meilleures tables.

Histoire

L'empreinte gréco-romaine

Les premiers plants auraient été introduits aux alentours de Vienne par les Phocéens qui, installés à Marseille, commerçaient avec les populations locales. Au ${IV}^e$ siècle avant notre ère, des vignobles sont attestés dans les secteurs des actuels hermitage et côte-rôtie, tandis ceux de la région de Die seraient apparus au début de l'ère chrétienne. Les Romains font la conquête de la région dès 121 avant J.-C. Antique cité des Allobroges, Vienne connaît un essor spectaculaire durant le haut Empire. Sa parure monumentale, et les imposants vestiges que l'on retrouve dans d'autres sites de la vallée du Rhône, de Vaison-laRomaine à Nîmes, en passant par Orange et le pont du Gard, témoignent encore aujourd'hui de cette profonde empreinte romaine. La viticulture fait partie du paysage, et les archéologues ont mis au jour de vastes domaines dotés d'importantes cuveries, dont la production était exportée.

Les papes d'Avignon

Au ${XIV}^e$ siècle, l'installation des papes en Avignon constitue une étape marquante dans l'histoire viticole de la région. Né à Cahors, Jean XXII, pontife de 1316 à 1334, fait construire la forteresse crénelée à l'origine du nom de Châteauneuf-du-Pape et planter des vignes dans le Comtat venaissin, poursuivant l'œuvre des Templiers. La notoriété des vins de Châteauneuf, modeste à l'origine, grandit au ${XVIII}^e$ siècle.

La naissance des appellations

Aux ${XVII}^e$ et ${XVIII}^e$ siècles, les vins de la rive droite du Rhône jouissent d'une réputation telle qu'une réglementation protège leur authenticité. En 1731, les magistrats de Lirac, Tavel, Roquemaure et de Chusclan font marquer les tonneaux commercialisés du sigle CDR (« côte du Rhône »). Au ${XIX}^e$ siècle, le terme désigne la production des deux rives. Si le vignoble a souffert du phylloxéra dès le milieu des années 1860, il s'est redressé de belle manière. Propriétaire du Château Fortia à Châteauneuf-du-Pape, Pierre Le Roy de Boiseaumarié est, avec le Girondin Joseph Capus, l'un des pères des appellations d'origine contrôlée. Châteauneuf a été l'une des premières AOC à être reconnues (1936), suivie de près (1937) par les côtes-du-rhône et d'autres crus.

La partie nord de la vallée, difficile à cultiver, a été délaissée avant d'être remise en valeur par la coopérative de Tain-l'Hermitage puis, à partir des années 1980, par des vignerons et négociants qui lui ont redonné tout son lustre, comme Marcel Guigal, Gérard Chave, Michel Chapoutier, Yves Cuilleron, François Villard, Pierre Clape. Très présentes dans toute la vallée, les caves coopératives représentent environ 65 % des sorties de chai (32 % pour les caves particulières, et 3 % pour le négoce vinificateur). Aujourd'hui, la vallée du Rhône est le deuxième vignoble français d'AOC en superficie comme en volume. Sa production s'est diversifiée et s'exporte à plus de 30 %.

Sols et climats

Passage privilégié entre le monde méditerranéen et l'Europe septentrionale, le Rhône est le trait d'union entre deux secteurs viticoles séparés par une zone d'environ 50 km où la vigne est presque absente. Topographie, géologie, climat, tout distingue ces deux vignobles. Au nord de Valence, dans la partie septentrionale de la vallée, les vignes s'accrochent à des coteaux escarpés, formés notamment par la bordure orientale du Massif central ; les sols sont surtout composés de granite, de mica schistes et de gneiss ; le climat est de type continental tempéré, avec une forte amplitude thermique entre l'hiver et l'été, accentuée par l'encaissement de la vallée et les vents. Au sud de Montélimar, dans la vallée méridionale, les sols, sédimentaires, proviennent de dépôts marins ou fluviatiles. Ce sont des calcaires, des marnes recouverts d'alluvions, des sols argilo-calcaires plus ou moins caillouteux, des sables, des molasses ou des argiles à galets. Le climat est méditerranéen, fortement influencé par le mistral, vent sec et violent qui contribue au bon état sanitaire du raisin. À l'est de Montélimar, dans la haute vallée de la Drôme, le Diois est un vignoble préalpin, aux sols calcaires et au climat frais influencé par l'altitude.

Styles de vins et cépages

Les rouges en tête

Les rouges dominent largement (80 %) l'offre de la vallée du Rhône, suivis des rosés (14 %) et des blancs (6 %).

Les rouges se déclinent dans tous les styles, du côtes-du-rhône primeur tout en fruit aux vins de longue garde, tels les illustres côte-rôtie, hermitage et cornas, ou encore les châteauneuf-du-pape, dans un style plus chaleureux. Nombre d'entre eux offrent des tanins peu astringents, qui permettent de les apprécier sans trop attendre tout en autorisant une garde de quelques années. Ils portent la marque du cépage principal, syrah ou grenache notamment. Dans les vins de garde, un élevage en barrique apporte de la complexité, avec des notes de torréfaction (café, cacao), de vanille et autres épices douces, et la palette se diversifie encore avec le temps (cuir, truffe...).

Les rosés rhodaniens sont à la fois ronds, puissants, fruités et frais. Ils voient leurs volumes progresser, notamment dans les appellations périphériques (costières-de-nîmes, côtes-du-vivarais, ventoux ou luberon). Avec Tavel, la vallée détient la plus ancienne AOC dédiée exclusivement à ce type de vin.

Les vins blancs, trop méconnus (sauf les condrieu et château-grillet), associent en général des qualités de fraîcheur et d'arômes à un côté gras et onctueux.

Les effervescents, toujours blancs, proviennent des régions les plus fraîches : Saint-Péray, au sud de la vallée septentrionale et surtout le Diois, dans la haute vallée de la Drôme, où les variétés reines sont le muscat à petits grains et la clairette.

Les vins doux naturels sont au contraire produits dans la vallée méridionale. Ils sont issus du muscat à petits grains (beaumes-de-venise) ou du grenache (rasteau).

Nord et sud

L'offre rhodanienne diffère selon les secteurs. La partie septentrionale, entre Vienne et Valence, fournit essentiellement des vins rouges ou blancs tranquilles, ainsi que quelques effervescents issus de la méthode traditionnelle (saint-péray). Elle cultive un petit nombre de cépages (syrah pour les rouges, marsanne, roussanne et viognier pour les blancs). Viognier et syrah sont le plus souvent vinifiés seuls (un peu de viognier venant parfois s'ajouter à la syrah en côte-rôtie). Dans la vallée méridionale, les cépages admis sont bien plus nombreux : 21 pour les côtes-du-rhône ; 18 pour le châteauneuf-du-pape, dont les rares vaccarèse, counoise, muscardin, picardan, piquepoul et terret noir. Cette large gamme s'explique par le caractère souvent excessif du climat méditerranéen et par une diversité plus grande des sols, auxquels les différentes variétés réagissent différemment. En réalité, le grenache domine en rouge, assemblé à d'autres variétés aux qualités complémentaires.

Les principaux cépages

En rouge. La syrah engendre surtout des vins profonds à la trame tannique à la fois serrée et fine, aux arômes de réglisse, de violette et d'épices. C'est par excellence le cépage de la vallée septentrionale, où elle est le plus souvent vinifiée seule pour donner des vins structurés, de longue garde dans les plus prestigieuses appellations (côte-rôtie, hermitage, cornas...). Elle s'est beaucoup répandue dans la partie sud de la vallée où elle est vinifiée en assemblage. Le grenache est le grand cépage de la vallée méridionale. Il confère aux vins une rondeur généreuse, des arômes de fruits rouges bien mûrs et d'épices (poivre), la syrah et le mourvèdre apportant des qualités de structure et de la complexité à la palette, le cinsault de la souplesse et de la finesse, le carignan de la couleur et de la charpente.

En blanc. Le viognier, vinifié seul dans le nord (condrieu, château-grillet), lègue son gras, ses arômes de fruits jaunes et de violette. En vogue, il est aussi largement planté dans la partie sud de la vallée, où ses vins sont parfois plus lourds. La roussanne, d'une grande finesse florale, est souvent assemblée à la marsanne, qui donne des vins ronds, aux arômes de fruits secs (hermitage, crozes-hermitage, saint-joseph, saint-péray notamment). Le muscat à petits grains est utilisé en vin doux naturels (muscat-de-beaumes-de-venise) et en effervescents (clairette-de-die méthode dioise). La clairette fournit un vin tranquille rond aux nuances de fruits blancs et d'amande (clairette-de-bellegarde) ainsi qu'un vin effervescent, la clairette-de-die méthode traditionnelle. Dans les assemblages savants de la vallée du Rhône méridionale, on peut trouver encore le grenache blanc (rondeur et puissance), le maccabeo (richesse et finesse), le bourboulenc (fraîcheur florale et légèreté), le vermentino (arômes et présence), le piquepoul et autres picardan.

Les régions de la vallée du Rhône

La vallée du Rhône septentrionale

Encaissée, elle se caractérise par un climat encore frais, des sols anciens, des vignobles étroits et pentus, souvent aménagés en terrasses soutenues par des murets ; l'encépagement se limite

à quatre variétés. Huit appellations communales s'égrènent sur les deux rives. Les superficies sont restreintes (3 500 ha sur 71 000 ha).

La vallée du Rhône méridionale

Élargie, elle déploie ses vignobles sur des terrasses, des plateaux ou des collines en pente douce, avec, à l'arrière-plan, des barres et reliefs calcaires, avant-postes des Préalpes, comme les dentelles de Montmirail, le mont Ventoux ou le Luberon. Appartenant à la Provence (sur la rive gauche) et à l'ancienne province du Languedoc (sur la rive droite), elle se rattache au Midi méditerranéen, tant par sa culture que par ses paysages lumineux ponctués d'oliviers, de cyprès, de chênes verts et de pins, vibrant en été du chant des cigales ; ou encore par la générosité et les excès de son climat écrasé de soleil et balayé par le mistral ; et enfin par ses traditions viticoles : on y cultive des cépages multiples vinifiés en assemblage, avec une prééminence du grenache, cépage méridional par excellence. Elle compte deux vastes appellations régionales et huit appellations communales.

les autres appellations

D'autres appellations, souvent assez étendues, plus récentes (ce sont souvent d'anciennes AOVDQS, voir page 45) se rattachent à la partie méridionale de la vallée par leur encépagement et par le style de leurs vins, tout en étant parfois plus éloignées du fleuve. Sur la rive gauche, ce sont, du nord au sud, les grignan-les-adhémar, produits au sud de Montélimar ; puis les ventoux, nés à l'abri du Géant de Provence, la célèbre montagne calcaire ; les luberon, provenant des deux versants du massif calcaire portant ce nom et les pierrevert, nés dans les Alpes-de-Haute-Provence. Sur la rive droite, on rencontre, du nord au sud, les côtes-du-vivarais, entre Rhône et Cévennes, le duché-d'uzès, ancienne zone de vins de pays nouvellement promue en AOC, la clairette-de-bellegarde et les costières-de-nîmes, aux portes du Languedoc.

le Diois

Il s'individualise par sa situation sur le versant sud du plateau du Vercors, entre 200 et 600 m d'altitude, ainsi que par son encépagement. La fraîcheur déjà montagnarde a favorisé les cépages blancs (muscat, clairette) et l'élaboration de vins effervescents.

SUZE-LA-ROUSSE, FORTERESSE ET UNIVERSITÉ DU VIN

Construit au XIIe siècle par les princes d'Orange, le château de Suze-la-Rousse, haut lieu touristique du département de la Drôme, est une impressionnante forteresse médiévale qui domine le village et ses alentours, et offre une vue, par temps clair, jusqu'au mont Ventoux et aux Dentelles de Montmirail. Il abrite l'université du Vin, un centre de formation aux métiers du vin et de la vigne ouvert aux étudiants comme aux œnophiles amateurs.

La hiérarchie des appellations

Comme dans d'autres régions viticoles, il existe une hiérarchie des appellations et des vins.

L'AOC *côtes-du-rhône* (la moitié de la production), à la base, s'étend sur 171 communes et sur six départements : Rhône, Loire, Ardèche, Gard, Drôme, Vaucluse. L'essentiel des volumes provient des quatre derniers, c'est-à-dire de la partie méridionale de la vallée.

L'AOC côtes-du-rhône-villages (11 % de la production), délimitée dans cette vaste appellation régionale, couvre sur 95 communes les terroirs les plus qualitatifs, aptes à donner des vins riches et dotés d'un certain potentiel de garde. Pour revendiquer cette appellation, les vins doivent répondre à des exigences plus fortes (rendements plus faibles, degré plus élevé). Au sein des côtes-du-rhône-villages, 17 villages ou terroirs peuvent figurer sur l'étiquette en raison de leur notoriété.

Les appellations communales, aujourd'hui au nombre de 16, représentent le sommet de la hiérarchie rhodanienne. La vallée du Rhône septentrionale est presque entièrement constituée de huit crus communaux : Côte-Rôtie, Condrieu, Château-Grillet, Saint-Joseph, Cornas et Saint-Péray sur la rive droite, Hermitage et Crozes-Hermitage sur la rive gauche. Le sud de la vallée en détient également huit. Châteauneuf-du-Pape est le plus connu et le plus ancien, avec Tavel, situé rive droite. S'y sont ajoutés Lirac, Gigondas, Vacqueyras, Beaumes-de-Venise, Vinsobres et Rasteau. Nombre de ces crus, de Gigondas (1971) à Rasteau (2010) sont d'anciens « villages » des côtes du Rhône qui se sont distingués avant de bénéficier d'une appellation communale. Par ailleurs, le vignoble produit aussi d'importants volumes de vins en IGP (vins de pays), sous plusieurs dénominations, comme les IGP Ardèche ou Vaucluse.

LES VINS D'EUROPE

L'Europe, berceau de la vigne... Qu'elle soit d'origine phénicienne, grecque, romaine ou celte, la vigne dans l'Ancien Monde est une très vieille histoire. Liquoreux allemands prestigieux, blancs vigoureux et épicés d'Autriche, vins rouges puissants de la Rioja espagnole, « sang d'Hercule » corsé de Grèce, mythique tokay hongrois, barolo italien intense et velouté, vins de liqueur du Portugal, vins blancs élégants du Vaud suisse... La palette des vins européens est d'une immense variété, refl et de la diversité des terroirs, des climats et des cépages.

Un point commun entre tous ces pays : le lien établi entre origine et qualité, consacré depuis les années 1970 par l'Union européenne. Inspirée du modèle français, la classification distinguant les vins dotés d'une indication géographique et les autres se décline dans chaque pays selon les spécifi cités nationales. La marque est loin d'être absente (il n'est que de penser aux maisons champenoises) : elle renforce le prestige des appellations. Cependant, elle tend à passer au second plan pour l'amateur.

Face à la concurrence accrue des vins de marque et de cépage du Nouveau Monde, des vins souvent produits à faible coût et facilement identifi ables, l'UE encourage aujourd'hui l'assouplissement des règles et admet des pratiques œnologiques en usage dans les nouveaux pays viticoles (copeaux de bois, additifs...). Pourtant, le lien entre terroir, cépages et pratiques culturales est le meilleur atout de la viticulture européenne. Comme l'affirme le géographe Jean-Robert Pitte, « le goût des consommateurs est en train de changer très vite à travers le monde. [...] On assiste à une explosion du nombre des amateurs éclairés de bons vins. Or plus on est amateur, plus on devient connaisseur et exigeant, plus on demande des vins particuliers, différents de ceux du voisin. Dans ce cas, le terroir est le seul avenir. »

L'ITALIE

Superficie : 670 000 ha

Production : 46 700 000 hl

Principaux cépages blancs : trebblano, chardonnay, malvasta, prosecco, pinot griglo, moscato

Principaux cépages rouges : sanglovese, barbera, nebbiolo, merlot, lambrusco, carbent-sauvignon…

Si la vigne n'est pas née en Italie, elle y a pris racine depuis plus de vingt-cinq siècles. De nos jours, ce pays est l'un des plus importants producteurs de vins au monde. Il partage la première place, alternativement, avec sa voisine la France, dont la surface totale du territoire est pourtant plus élevée d'un bon quart. Dans de nombreux villages, notamment dans le Piémont, le restaurant local est pourvu d'une Enoteca où l'on peut déguster et acheter les vins. Et quels vins ! Oubliées les médiocres bibines qui, à l'époque de la production intensive, franchissaient la frontière dans des camions citernes pour inonder le marché français…

L'Italie, grâce à la qualité et à la diversité de ses vins, a retrouvé son rang.

Histoire

La tradition viticole est fort ancienne en Italie (voir pages 16-17), pays que les Grecs anciens dénommaient Oenotria, « terre du vin ». Les Étrusques, en Italie centrale, puis les Grecs, grâce à leurs colonies implantées dans le sud de la Péninsule, diffusent la viticulture dès le VIIIᵉ siècle avant notre ère. Les Romains écoulent bientôt leurs crus dans les provinces conquises, propageant leur goût du vin et leurs techniques. La tradition viticole continue de s'enrichir au cours des siècles suivants, notamment au Moyen Âge et à la Renaissance. Dès le 1716, les grands ducs de Toscane font délimiter l'aire du Chianti. À la fin du même siècle, le négoce anglais importe le marsala. Au milieu du XIXᵉ siècle, dans le Piémont, des propriétaires découvrent le potentiel du nebbiolo dans la région de Barolo, et dans celle du Chianti, l'intérêt du sangiovese. Mais de nombreux vignobles restent dans l'ombre et la crise phylloxérique fait disparaître une foule de cépages locaux, souvent remplacés par des variétés productives. C'est le début d'une ère de viticulture de masse visant l'exportation de vins à bon marché. Ce n'est que dans les années 1960, avec les lois sur les appellations d'origine, que l'Italie pose les bases d'une démarche qualitative, renforcée en 1992 par une nouvelle loi qui limite notamment les rendements. Des domaines se modernisent et lancent des cuvées phares saluées par la critique internationale : Angelo Gaja dans le Piémont, les familles Antinori ou Incisa della Rocchetta en Toscane portent loin le renom de l'Italie viticole. Aujourd'hui, sur des surfaces plantées plus réduites, la part des vins génériques diminue.

Réglementation

En accord avec la réglementation européenne, il existe désormais deux grandes catégories de vins.

Les vins sans indication géographique

À la base de la pyramide qualitative, ces « génériques » peuvent être produits sur tout le territoire, à partir de coupages de vins issus de régions diverses. Au sein de cette catégorie, les *vini varietali* sont des vins génériques dont l'étiquette peut indiquer un nom de cépage (la possibilité est ouverte seulement pour sept cépages internationaux comme le chardonnay). Ces vins représentent globalement un tiers de la production (mais environ les deux tiers dans le Sud).

les vins avec indication géographique

En Italie, il existe trois catégories :

Indicazione geografica tipica (IGT) : indications géographiques typiques. Équivalent des vins de pays français (voir page 112), elles entrent dans la nouvelle catégorie européenne des IGP (Indicazione geografi ca protetta).

Denominazione di origine controllata (DOC) : dénominations d'origine contrôlée . Compararables aux AOC françaises, elles visent à encadrer l'ensemble du processus d'élaboration, du choix des cépages à la mise en bouteilles, et ce dans un terroir délimité.

Denominazione di origine controllata e garantita (DOGC) : dénominations d'origine contrôlée et garantie il s'agit du niveau le plus élevé de la hiérarchie, correspondant à des vins d'élite remplissant des critères précis de qualité. Dans la liste, on citera les Barolo, Barbaresco, Chianti, Brunello di Montalcino ou le Bardolino supe-

riore. Les vins DOGC et DOC, de superficie très variable (d'un terroir restreint à une région entière) peuvent, outre le nom géographique de l'appellation, indiquer des noms de communes ou de lieux-dits, ainsi que des noms de vignobles individuels réputés. Certains domaines renommés choisissent la catégorie IGT pour élaborer des vins haut de gamme, en raison de la souplesse des cahiers des charges. Ils peuvent ainsi proposer des cuvées innovantes.

QUELQUES MENTIONS À CONNAÎTRE

Novello : primeur Superiore : indique un degré d'alcool supérieur.

Riserva : vin élevé au moins deux ans en fût (la durée minimale varie selon l'appellation : elle est de soixante-deux mois pour le Barolo Riverva, par exemple).

Classico : issu du cœur historique du domaine, produisant en général les meilleurs vins de l'appellation.

Vecchio, stravecchio : vieux, très vieux (vins de liqueur)

Scelto : vendange sélectionnée (se dit dans certaines appellations comme le Haut-Adige).

Sols et climat

L'Italie réunit toutes les conditions pour produire du vin de qualité. Traversée par des chaînes de montagnes, des Alpes jusqu'à la Calabre et à la Sicile, elle offre les pentes et l'ensoleillement nécessaires. La topographie est souvent accidentée : les vignobles se déploient sur des collines, des terrasses ou des versants abrupts ; ils occupent parfois aussi des plaines, comme dans la vallée du Pô, dans les Pouilles ou en Sicile. Quant aux sols, ils sont très variés : calcaires, tuffeau, argiles graveleuses, sols d'origine volcanique... Méditerranéen, voire aride au sud, marqué d'infl uences continentales dans les régions du nord et en altitude, le climat est clément dans son ensemble, avec des nuances qui favorisent la diversité des vins. L'altitude vient souvent modérer les ardeurs du soleil ; les mers, qui entourent 80 % du territoire italien, ont une action régulatrice sur les températures.

Styles de vins et cépages

Dans la péninsule, les blancs font sensiblement jeu égal avec les rouges et rosés.

Les rouges offrent une large gamme, des vins fruités et souples (Valpolicella, Bardolino) aux cuvées de grande garde comme en offrent le Piémont, la Toscane et désormais certains vignobles méridionaux. Les blancs peuvent être secs, demi-secs ou liquoreux. Les pétillants (frizzante) et effervescents (spumante) composent une famille multiple : ils peuvent être élaborés selon la méthode traditionnelle (metodo classico) ou Charmat ; on trouve des versions aromatiques (Asti spumante à base de muscat) et même des rouges (Lambruscos). L'Italie offre aussi nombre de vins doux, qu'ils proviennent de passerillage (vino passito, recioto) ou du mutage. La multiplicité des DOC (330) et DOCG (73) n'est pas sans rapport avec celle des cépages italiens : près de quatre cents sont actuellement utilisés. Si les cépages internationaux sont répandus (sauvignon, chardonnay, cabernets, merlot, gamay, pinot

noir...), on cultive dans la péninsule de très anciennes variétés, comme le primitivo des Pouilles ou la malvasia sarde. Parmi les cépages, les plus renommés, on citera en rouge le sangiovese, le plus cultivé, à l'origine de grands vins toscans comme le chianti ; le nebbiolo, qui donne naissance dans le Piémont aux très réputés barolo et barbaresco ; la barbera, le dolcetto ou encore le grignolino. En blanc, si le trebbiano (ugni blanc), vif et léger, est présent partout, certaines variétés méritent plus d'intérêt, comme la malvasia, le vermentino, le moscato (muscat), le prosecco... et bien d'autres. Alliée à celle des terroirs, cette diversité permet à l'Italie de proposer, à l'image du vignoble français, une extrême variété de vins. Dans la Péninsule, le nom du cépage est assez souvent inclus dans celui de l'appellation, accolé à celui d'un lieu géographique (moscato d'Asti, par exemple).

Principales régions

le Nord-Ouest

Le Piémont. C'est la région phare du NordOuest, qui possède le plus grand nombre d'aires DOC (168) et DOCG (40). La plupart des vignobles, à fl anc de coteaux, couvrent les collines des Langhe, au sud d'Alba, et celles de Monferrato, au sud d'Asti. Nés du cépage nebbiolo, deux des plus grands vins rouges italiens proviennent de deux villages de cette région. Le Barbaresco, élégant et puissant, dévoile des arômes complexes, fruités, floraux (violette), épicés (poivre) et empyreumatiques (grillé, cacao, cuir). Il vieillit favorablement durant une quinzaine d'années. Quant au Barolo, l'autre ambassadeur des grands rouges italiens, il est intense, plein, dense, velouté et harmonieux. Le nebbiolo donne ici une palette aromatique très riche : notes florales (rose fanée, violette) et fruitées (cerise confite, prune, myrtille, mûre, fraise, framboise), amande, cacao, noisette, menthe, poivre... Le Barolo peut vieillir durant vingt ans, selon son style et son millésime.

La plupart des autres vins rouges piémontais portent le nom de leur cépage, auquel est parfois adjoint le nom du lieu (barbera d'Asti, dolcetto d'Asti...). La barbera (d'Alba, d'Asti, del Monferrato) donne naissance à des vins puissants, agréables dès leur jeunesse. Le dolcetto, décliné en plusieurs appellations (d'Alba, d'Asti, di Dogliani, di Diano d'Alba), produit des vins rouges fruités et souples. On citera également le grignolino, cépage rouge à l'origine

d'un vin léger ; le roero rouge (DOCG), à majorité de nebbiolo, soyeux et parfumé ; ou encore le brachetto d'Acqui, vin rouge doux et pétillant. En blanc, le roero arneis produit un vin délicatement fruité. Le muscat à petits grains est à l'origine du célèbre Asti spumante, effervescent suave et fruité, et du Moscato d'Asti, juste perlant. À noter également, le Gavi (DOGC), vin blanc vif et élégant de belle réputation, issu du cépage cortese.

La Ligurie mérite un détour pour les Cinque Terre, qui offrent le paysage spectaculaire de leurs villages de pêcheurs accrochés à la falaise, de leurs petits vignobles en terrasses, plantés depuis la plus haute antiquité en surplomb de la mer, dont on tire des vins doux (Sciacchetrà).

L'Émilie-Romagne a pour vin le plus connu (et le plus exporté) le Lambrusco, vin rouge mousseux issu d'une famille de cépages du même nom. La plupart des consommateurs étrangers le connaissent dans sa version amabile, c'est-à-dire vinifié en doux, alors que l'on appréciera plus sûrement le Lambrusco sec, aux intenses arômes de fruits rouges frais et de raisin. Les vins les plus réputés sont néanmoins l'Albana (blanc) et le Sangiovese di Romagna (rouge).

La Lombardie. Le nebbiolo, associé à des cépages locaux, y produit le Valtellina superiore (DOCG), vin rouge puissant, tannique, ample et long en bouche. Également réputés sont les vins rouges et blancs de l'appellation Terre di Franciacorta (DOC) et surtout les mousseux de Franciacorta issus de la méthode traditionnelle (DOCG).

le Nord-Est

Bon nombre de DOCG et DOC se situent dans le Frioul-Vénétie Julienne, le Trentin-Haut-Adige et la Vénétie.

La Vénétie est en volume la première région viticole du pays, avec trois appellations principales situées dans la province de Vérone : Soave, Bardolino et Valpolicella. Ce dernier, un rouge souvent fruité et souple, peut être intense, corsé, ample et frais dans ses meilleures versions (Classico notamment). Quant aux Recioto et Amarone della Valpolicella, doux pour le premier, sec pour le second, ils sont produits à partir de raisins séchés après la vendange et se distinguent par leur puissance. La Vénétie est également très connue pour son Prosecco, un effervescent sec ou plus ou moins doux, souvent issu de la méthode Charmat. Né sur les bords du lac de Garde, avec les mêmes cépages que le valpolicella (corvina, rondinella, molinara, barbera et sangiovese), le Bardolino est un vin rouge léger – le Superiore est plus intense – ou un rosé soutenu (chiaretto). Le Soave classico (DOC) et le Soave superiore (DOCG), issus principalement du cépage local garganega, fi gurent parmi les blancs secs les plus réputés de la Péninsule : des vins à la fois vifs et suaves, intenses et amples, parfois élevés sous bois.

Le Frioul-Vénétie Julienne, aux frontières de l'Autriche et de la Slovénie, est le berceau de vins blancs originaux, d'une belle vivacité, francs et parfumés, issus de cépages locaux (friulano en particulier) et de cépages importés (sauvignon, chardonnay, pinot blanc, pinot gris). Les deux appellations les plus réputées sont Colli orientali del Friuli et Collio goriziano. À noter le vin blanc de Ramandolo (Colli orientali), issu du cépage local verduzzo, qui, grâce à la grande maturité des raisins, dévoile des arômes puissants. Autrefois légers, les vins rouges du Frioul offrent plus de charpente et de complexité qu'autrefois, grâce au merlot et au cabernet-sauvignon notamment.

le Centre

La Toscane représente la région la plus dynamique et la plus réputée du centre de l'Italie en termes de viticulture. Entre Arezzo, Pise, Florence et Sienne naît le Chianti, le vin de la Péninsule le plus connu à l'étranger. L'appellation a longtemps été galvaudée, assimilée à sa version populaire et facile à boire servie dans les pizzerias en fi asco recouvert de paille. Le Chianti affiche désormais plus de richesse et de complexité, en particu lier le Chianti Classico (DOCG). Le classico Riserva patiente plus de deux ans en fût de chêne avant sa mise en bouteilles. Le Chianti tire son caractère du cépage majoritaire, le sangiovese, qui lui lègue des tanins fermes et vifs appelant souvent quelques années de garde. Charpenté et élégant, le Classico dévoile des arômes floraux, fruités, confiturés, épicés et des notes de sous-bois. Autour de son aire délimitée s'étendent sept autres souszones DOC, comme Chianti Ru-

LE CHIANTI ET LA LÉGENDE DU COQ NOIR

Le coq noir (*gallo nero*) imprimé sur les étiquettes de Chianti classico – symbole du consortium des producteurs de l'appellation, apposé sur les bouteilles depuis 1924 pour protéger le vin de ses nombreuses imitations – renvoie à un événement légendaire de l'histoire toscane. Pour mettre fin à leurs guerres incessantes, Florence et Sienne décidèrent d'établir une frontière au point de rencontre de deux cavaliers partis de chaque ville au chant du coq. Sienne choisit un coq bien dodu, symbole de l'opulence de la ville ; Florence, un coq noir famélique qui chanta bien avant le lever du soleil. Si bien que le cavalier florentin parcourut une plus grande distance que son rival, et Florence put revendiquer un territoire beaucoup plus large que Sienne. Enjeu économique important, le Chianti, à la renommée fort ancienne – un document notarial le mentionne au tournant du XIVe siècle –, passa alors sous la juridiction de Florence.

LES « SUPERTOSCANS »

C'est le nom donné par la critique internationale à des cuvées inspirées des vins médocains, élaborées hors des canons de l'appellation à l'extérieur des vignobles historiques de la région. Laissant à l'arrière-plan le s angiovese, variété locale, ces vins concentrés et de garde privilégient les cépages bordelais, cabernet-sauvignon en tête, et sont élevés en barrique. À l'origine, dans les années 1970, ils étaient commercialisés comme « vins de table », la catégorie réglementaire la plus basse, qui laissait toute latitude pour l'élaboration. La plupart d'entre eux, comme le Tignanello d'Antinori, s'inscrivent maintenant dans la catégorie des IGT Toscana ou en DOC Bolgheri, créée pour eux en 1994. Le plus prestigieux, le Sassicaia, bénéficie de sa propre appellation (Bolgheri Sassicaia).

fina ou Colli senesi. Produit au sud de l'aire du Chianti, le Brunello di Montalcino, issu d'une variante du sangiovese, se distingue par sa puissance, sa longueur et par son remarquable potentiel de garde. Né un peu plus à l'est, le Vino nobile di Montepulciano porte lui aussi l'empreinte du sangiovese, appelé ici prugnolo gentile. C'est un vin corsé, chaleureux, complexe, lui aussi de bonne garde. On élabore dans la même aire le Vin santo di Montepulciano, vin doux issu de raisins blancs de trebbiano et de malvasia passerillés. La Toscane propose aussi des vins rouges haut de gamme inspirés des vins médocains (voir encadré).

L'Ombrie est, quant à elle, réputée pour ses vins blancs. L'Orvieto (DOC) est très connu, notamment comme vin sec (il existe en demi-sec et liquoreux). Mais la production haut de gamme de la région est le DOCG rouge Torgiano Riserva, marqué par le sangiovese. Le Latium est connu pour ses vins blancs frais (DOC Frascati et Marino) et les Abruzzes, pour le Montepulciano d'Abruzzo (du nom du cépage montepulciano, à ne pas confondre avec la ville toscane où est produit le vino nobile), vin rouge solide.

le Sud

C'est dans le Mezzogiorno que se trouve le berc eau de la viticulture italienne. Le cru le plus réputé de l'Italie antique, le Falerne, ne naissait-il pas en Campanie ? Pourtant, le Sud de l'Italie a privilégié pendant plusieurs décennies la quantité, notamment en Sicile et dans les Pouilles, qui sont restées longtemps les plus importantes pourvoyeuses de vins en vrac destinés au coupage des vins de table. Ces dernières années cependant, les méthodes de vinification se sont perfectionnées, et les rendements ont diminué.

La Sicile, moteur de cette dynamique positive, est aujourd'hui l'une des régions viticoles les plus modernes de la Péninsule. Elle compte 23 DOC, une DOCG, et fournit d'autres très bons vins en dehors de ces catégories (en IGT Sicilia par exemple). Sa production traditionnelle est le Marsala, élaboré depuis le XVIIIe siècle à la pointe ouest de l'île. Blanc ou rouge, sec, demi-sec ou doux, ce vin de liqueur se décline en cinq catégories liées à sa durée de vieillissement (de un à dix ans en cave).

Sa palette aromatique est complexe et nuancée : noix et autres fruits secs, vanille, réglisse, écorce d'agrumes, notes balsamiques. Les vins secs de plus de dix ans sont élégants et longs en bouche. Autre vin doux, le Moscato de Pantelleria est un liquoreux issu de muscat passerillé. La Sicile fournit aussi des vins secs de qualité, en majorité blancs, à partir d'une foule de cépages locaux. En rouge, le cépage nero d'Avola, complexe et frais, tient la vedette. Il donne son caractère à plusieurs vins en IGT et en appellation, comme la DOCG Cerasuolo di Vittoria (50 %).

La Sardaigne produit des vins doux, comme le rare et très ancien Vernaccia di Oristano. À noter également, le vin rouge Carignano del Sulcis. Comme dans la Corse voisine, les vins de vermentino sont très en vue (Vermentino di Sardegna et la DOGC de l'île, le Vermentino di Gallura).

La Campanie fournit les puissants Taurasi (DOCG), qui sont de grands vins rouges de garde, issus du cépage aglianico. Dans la même couleur, le Primitivo di Manduria, produit dans les Pouilles, offre un potentiel intéressant, avec un côté chaleureux.

Superficie : 1 000 000 ha
Production : 37 000 000 hl
Principaux cépages blancs : airén, macabeo, albariño, verdejo, godello, palomino, pedro ximenes.
Principaux cépages rouges : tempranillo, grenache, bobal, mourvèdre, carignan, mencia.

Les ceps sont partout présents dans ce pays, qui possède le vignoble le plus ancien d'Europe occidentale et le plus vaste du monde, même s'il n'occupe que le troisième rang mondial en volume. S'il a perdu 300 000 ha en vingt-cinq ans, il couvre près de un million d'hectares. La vigne est ici chez elle, grâce au climat méditerranéen tempéré par l'altitude, bien que l'aridité de la majeure partie de la péninsule impose l'espacement des plantations. La viticulture espagnole a réalisé au cours des trente dernières années des progrès spectaculaires, encouragés par les pouvoirs publics. La création de nombreuses routes des vins constitue un atout supplémentaire pour ce pays très touristique.

Histoire

Un héritage ancien

La viticulture hispanique est un legs des Phéniciens et des Grecs. Les premiers explorent les côtes de la Méditerranée vers 1200 av. J.-C. et fondent Gadès (Cadix) un siècle plus tard ; les seconds développent des comptoirs commerciaux sur le littoral. La conquête romaine, au IIe siècle av. J.-C., ancre encore davantage la vigne dans la Péninsule. Dès le Ier siècle de notre ère, ses vins, réputés, s'exportaient jusqu'à Rome. Au Moyen Âge, les monastères font la renommée de plusieurs vignobles. L'invasion arabe, en 711, ne met pas un terme à la production – autorisée pour les chrétiens comme pour les juifs. Les vins généreux de Malaga et de Jerez s'exportent en Angleterre dès le XIIe siècle, et la viticulture s'épanouit après le dernier épisode de la reconquête en 1492. Le xérès devient furieusement à la mode en Grande-Bretagne au XVIe siècle ; il s'écoule aussi dans les colonies d'Amérique. La Castille, autour de Valladolid, est un autre foyer de développement. Quant au vignoble de la Rioja, il prend son essor au XIXe siècle. En Catalogne, le premier cava (effervescent) est élaboré en 1872. Le phylloxéra et les troubles politiques du XXe siècle occasionnent une longue période de marasme. Les premières appellations (DO) sont créées en 1932.

Des ambitions exportatrices

Intégrée à l'Union européenne en 1986, l'Espagne en adopte les réglementations et sa viticulture décolle. La part des crus de qualité s'accroît, même si les vins de table représentent encore aujourd'hui près de la moitié des volumes produits. Alors que la baisse de la consommation intérieure est la plus marquée au sein des anciens pays producteurs, les pouvoirs publics affichent leur ambition en matière d'exportation. De nouvelles appellations se font un nom sur les marchés, du Ribera del Duero au Priorat. La filière est régie non seulement par l'UE et le gouvernement central, mais encore par les communautés autonomes telles que la Catalogne ou l'Andalousie.

Réglementation

L'Espagne se conforme à la réglementation européenne, qui a introduit une séparation entre les vins sans indication géographique et les autres : les vins d'appellation d'origine contrôlée et les indications géographiques protégées (anciens vins de pays). De la base au sommet de la pyramide des vins, on trouve les mentions suivantes :

Vino : l'ancien vin de table (vino de mesa). L'étiquette peut désormais indiquer un cépage ou le millésime.

Vino de la tierra : l'équivalent des vins de pays français, nés de zones délimitées, dans des conditions encadrées mais relativement souples (le terme européen est également IGP : indicacion de origen protegida).

Dénominación de Origen (DO) : semblables aux AOC françaises, les 64 dénominations d'origine correspondent à des terroirs délimités et sont soumises à des conditions de production encadrées.

Dénominación de Origen calificada (DOCa, DOQ en catalan) : cette catégorie supérieure de vins d'appellation d'origine, réservée à la Rioja et au Priorat, regroupe les vignobles de longue tradition ; les règles de production sont encore plus strictes que pour les autres appellations.

Vinos de pago : plus récente, cette catégorie de vins de qualité supérieure correspond à des vins de terroir de superficie restreinte analogue aux crus français ; traditionnellement, les vins d'Espagne résultent plutôt d'assemblages de raisins provenant de divers secteurs d'une même appellation ; il existe dix vinos de pago. On parle de vinos de pago calificado si l'aire de production est incluse dans une DOCa. On notera en Espagne la part importante des vins sans indication géographique (48 %, pour 10 % de vins en IGP et de 42 % de vins d'appellation). Cependant, la part des premiers, souvent vendus en vrac, tend à baisser.

Climats et sols

Les vignobles espagnols bénéficient d'un climat favorable, surtout soumis aux influences de la Méditerranée : les étés sont chauds et secs, avec dans la partie centrale – le haut plateau hercynien de la Meseta – et sur les nombreux reliefs qui l'encadrent, une tendance à la continentalité, marquée par des hivers rigoureux (jusqu'à –10 °C). La sécheresse est propice à la vigne, même si l'aridité, au centre et au sud de la péninsule, impose parfois le recours à l'irrigation (pratique aujourd'hui autorisée, quoique réglementée). Les provinces du Nord-Ouest (Galice, Pays basque, vallée du Douro) sont, elles, sous l'emprise d'un climat océanique plus frais et plus humide qui influe sur leurs styles de vins. Des Pyrénées, au nord, à la chaîne Bétique, au sud, les plaines sont rares ; les vignes sont plantées pour la plupart à des altitudes plus élevées qu'en France (jusqu'à 1 000 m). Au cours de la maturation, les raisins tirent le meilleur parti des variations de température entre le jour et la nuit. Les terroirs sont variés, des coteaux verdoyants de la Galice aux vastes plateaux arides de la Manche en passant par les vignobles de piémont comme le Somontano (Aragon) ou les terrasses alluviales. La vigne plonge ses racines dans des calcaires, argilo-calcaires, argiles ferrugineuses et alluvions (Rioja), sols bruns plus ou moins cailloux teux (Aragon), sols alluvionnaires ou crayeux (Ribera del Duero), argiles sableuses ou calcaires (Manche), blanche albariza (craie) de Jerez, et, localement, schistes et ardoises (llicorella du Priorat, Bierzo)...

Styles de vins et cépages

Pour s'adapter à la demande des pays importateurs, l'Espagne a adopté nombre de cépages internationaux tels que le cabernet-sauvignon, le merlot et le chardonnay. Le pays a su aussi redécouvrir ses cépages traditionnels, les uns communs au monde méditerranéen, comme le grenache (garnacha), le mourvèdre (monastrell), le muscat (moscatel) et le carignan (cariñano), les autres plus spécifiquement ibériques, tels qu'en rouge, le tempranillo ou le bobal, et en blanc, le listán, le pedro ximénes, l'albariño, la parellada, le xarel-lo... L'Espagne a longtemps été une terre de vins blancs, et les vins de cette couleur représentent encore près de la moitié (49 %) de la production. Le pays propose de nombreux styles de vins. Les vins doux, issus de raisins passerillés ou mutés de type oxydatif, ainsi que les vins de voile (voir page 96), dont le xérès est l'exemple le plus célèbre, ont fait sa réputation à l'étranger. Les rouges puissants, le plus souvent issus d'un long élevage en barrique, comme ceux de la Rioja, bénéficient d'une renommée ancienne. Mais la Péninsule propose désormais une majorité de rouges et de rosés commercialisés jeunes, à consommer sur leur fruit et même – notamment en Galice et au Pays basque – des blancs vifs. Le cava, issu de la méthode traditionnelle (voir page 94), est en plein essor depuis 2000 et fait de la Péninsule le second pays producteur de vins effervescents après la France (243 millions de cols en 2012). La longueur de l'élevage sous bois a longtemps été considérée comme le critère principal de qualité, les vins étant mis sur le marché déjà prêts à la consommation. Des mentions qualitatives liées au vieillissement apparaissent ainsi sur l'étiquette. Pour les vins d'appellation :

• **Joven** : la mention désigne un vin jeune, élevé ou non en fût ;

• **Crianza** : pour les vins rouges, vieillissement de deux ans, dont six mois en fût (dix-huit mois dont six sous bois pour les autres couleurs) ;

VINS BLANCS DE TABLE

Si, en France, on parle du « gros rouge », en Espagne, le « vin du peuple » ne tache pas ! En eff et, il s'agit souvent de blanc. Il provient de l'airén, variété traditionnelle qui donne en général des vins ronds et forts en alcool. L'airén résiste à l'aridité du plateau central. En déclin, il reste la première variété cultivée et représente encore près du quart de l'encépagement du pays. Il est planté notamment dans la région de Castille La Manche.

• **Reserva** : pour les vins rouges, vieillissement de trois ans, dont un an en fût (dix-huit mois, dont six mois sous bois, pour les blancs et rosés, commercialisés la troisième année) ;

• **Gran Reserva** : pour les vins rouges, vieillissement de cinq ans, dont dix-huit mois en fût (quatre ans, dont six mois sous bois, pour les autres couleurs).

Principales régions et appellations

Des Pyrénées au nord, au détroit de Gibraltar au sud, de la Catalogne au nord-est à la sauvage Extrémadure au sud-est, et jusque sur les îles (Baléares et Canaries), la vigne est cultivée dans toutes les régions. Parmi les dizaines de DO, on se bornera à une revue des plus connues.

le bassin de l'Èbre

Célèbre depuis le Moyen Âge, la Rioja a bénéficié au XIXe siècle des investissements de négociants bordelais touchés en France par la crise phylloxérique, et connu ainsi une belle notoriété outre-Pyrénées. Située au nord de la péninsule, sur les coteaux de l'Èbre et de ses affluents, cette appellation couvre la région autonome de la Rioja et se prolonge en Navarre et dans le Pays basque. Rouges en majorité, les Rioja sont souvent issus d'un assemblage de raisins ou de vins provenant des trois aires de production : Rioja Alta, à l'ouest, Rioja Alavesa, au nord, Rioja Baja, à l'est (la zone la plus étendue et la plus chaude). L'âme du rioja est le tempranillo, cépage qui donne des vins à la fois fruités et de garde. Cette variété, majoritaire dans l'appellation et la plus plantée des vignes rouges en Espagne, est assemblée à d'autres cépages comme le graciano et le grenache. Le bassin de l'Èbre abrite d'autres DO, comme la Navarre, sur la rive gauche, où le grenache s'allie au tempranillo. Toujours au nord, la vaste région de l'Aragon recèle quatre appellations, dont le Somontano, situé au pied des Pyrénées. Il livre notamment des rouges de caractère à base de grenache, tempranillo, de variétés locales (moristel et parreleta) et de cépages internationaux.

l'Espagne atlantique

Au nord, le Pays basque est réputé pour la nervosité de ses vins, blancs surtout, d'appellations Txakolina (Chacoli). Une vivacité qui séduit aussi dans les vins de la Galice, comme le Rias Baixas : des blancs aromatiques et complexes, à la fois amples et frais, issus de cépages locaux, tel l'albariño, planté sur des terroirs granitiques.

la Catalogne et la côte méditerranéenne

Au nord-est, la Catalogne a donné son nom à une vaste DO (Catalunya). C'est dans cette région qu'est élaboré pratiquement tout le cava, le vin effervescent ibérique, né surtout de cépages locaux. La Catalogne englobe plusieurs appellations comme le Penedès ou le Priorat. Cette dernière, installée sur des sols de schistes dans un secteur aride de l'intérieur des terres, a connu une montée en puissance et en notoriété foudroyante durant les deux dernières décennies, grâce à des vins rouges de garde, amples, intenses, complexes et frais. Plus au sud, dans les régions de Valence, d'Alicante et de Murcie, à côté de vins doux naturels très connus (moscatel de Valencia), à base de muscat, les vignobles fournissent des rouges de caractère qui tirent notamment leur personnalité du cépage monastrell ou mourvèdre (DO Jumilla et Yecla par exemple) ou du bobal.

La Castille

Au centre, la région de Castille-La Manche, première région productrice du pays, englobe un vaste secteur de la Meseta, au sud de Madrid. Principale pourvoyeuse de vins de table, elle n'en possède pas moins cinq DO, dont La Mancha, la plus vaste d'Espagne en superfi cie, et Valdepeñas. Sur le plateau situé au nord de Madrid, la région Castille-et-Leon est irriguée par le fl euve Duero, qui prend le nom de Douro au Portugal. Le long de son cours naissent des vins rouges de garde, notamment ceux de la DO Ribera del Duero, qui a accédé depuis les années 1980 à une renommée internationale (domaine Vega Sicilia). Le tempranillo s'y marie aux cépages bordelais et au grenache. Plus en aval, le Toro connaît une notoriété plus récente, tout comme le Rueda en blanc sec.

l'Andalousie

À l'extrême sud de l'Espagne, l'Andalousie est réputée pour ses vins généreux élaborés de multiples façons. Côté Méditerranée, on trouve les DO Malaga et Montilla-Moriles. La première produit surtout des vins doux, mutés à l'alcool ou issus de raisins passerillés, la seconde des vins proches de ceux de Jerez. Côté Atlantique, autour de Jerez de la Frontera, la DO Jerez (xérès) est la plus célèbre. Elle produit le sherry des Anglais, dont les négociants ont développé la production ; ces derniers ont aussi contribué à donner à ce vin, à partir du XVIIIe siècle, ses caractères actuels. Entre les villes de Séville et de Cadix, le cépage palomino fi no est planté sur de douces collines blanches. Les meilleurs sols, les albarizas, contiennent une forte proportion de carbonate de calcium. Les xérès tirent leur originalité d'un élevage sous voile qui leur donne un goût unique. Secs et complexes, ils sont le plus souvent longuement élevés et assemblés selon le procédé appelé solera : les fûts sont disposés sur plusieurs niveaux, ce qui permet d'assembler les vins les plus anciens aux plus jeunes et de maintenir une saveur à peu près constante.

LE XÉRÈS, UN VIN MULTIPLE

On élabore plusieurs styles de xérès : élevés ou non sous voile, mutés ou non, secs ou doux. Citons les finos, élevés sous voile, secs, légers et délicats ; les amontillados, secs eux aussi, plus amples, complexes et sombres, qui font l'objet d'un long élevage oxydatif ; c'est aussi le cas des xérès olorosos, de couleur acajou, qui sont des vins mutés. Les manzanillas, produits près de la mer, sont proches du xérès, en plus léger et plus sec, avec un goût souvent iodé.

LE PORTUGAL

Superficie : 238 000 ha
Production : 6 000 000 hl
Principaux cépages blancs : alvarinho, fernão, arinto, ancruzado, loureiro
Principaux cépages rouges : baga, tinta roriz, touriga franca, touriga nacional, trincadeira.

Impossible d'évoquer les vins portugais sans citer le porto, dont la France est l'un des principaux importateurs – hélas, elle achète rarement le meilleur... Le Portugal, c'est aussi le madère. Mais le pays fournit bien d'autres crus. Car la tradition viticole remonte ici à la plus haute Antiquité, et la vigne est présente dans toutes les régions du pays qui lui sont favorables. L'ensemble du secteur vitivinicole, réorganisé dans les années 1990, tire un très beau parti de sa grande richesse géologique, climatique et végétale. Il offre une large gamme de vins blancs, rosés et rouges, aussi diverse que celle des cépages autochtones.

Histoire

Certainement introduite au Portugal par les Phéniciens, la viticulture s'y est développée sous l'impulsion des Romains puis, au Moyen Age, des moines, en particulier les cisterciens, à partir du XIIe siècle. Dès cette époque, le vignoble affirme sa vocation exportatrice. Les liens commerciaux avec l'Angleterre, qui marqueront durablement la viticulture du pays, s'établissent au XIVe siècle avec le traité de Windsor (1386). Au début du XVe siècle, les navigateurs portugais abordent Madère. L'île, point de ravitaillement sur les routes maritimes portugaises et britanniques, est colonisée par la vigne.

Sous Louis XIV, le conflit opposant la France et l'Angleterre suscite un courant accru d'exportations vers la Grande-Bretagne, les vins français étant bannis outreManche. Les négociants britanniques découvrent les vins du Douro, qui répondent par leur puissance au goût des consommateurs anglais. Au XVIIIe siècle, ils renforcent la générosité et le potentiel de ces vins grâce au mutage (voir page 95) : le porto naît, tandis que le madère, autre vin de liqueur, devient une des productions les plus prestigieuses du pays. Dans la vallée du Douro, la délimitation du vignoble, imposée par les autorités en 1756, préfigure les AOC modernes. Après l'entrée du Portugal dans l'Union européenne en 1986, son vignoble est restructuré et modernisé, et sa production se diversifie.

Sols et climats

Tourné vers la mer, le Portugal présente pourtant des visages contrastés. Les vignobles côtiers (Minho au nord, Lourinha au centre, Lagos en Algarve) sont soumis aux influences maritimes, et la pluviosité diminue au fur et à mesure que l'on progresse vers les régions orientales, très arides. C'est ainsi que les vignobles de la vallée du Douro, abrités par une petite chaîne de montagnes, la serra do Marão, bénéficient d'un climat très sec alors qu'au nord-ouest, entre les fleuves Minho et Douro, la région du Vinho verde est sous l'emprise d'un climat océanique doux et humide qui explique les paysages verdoyants. Vers le sud, le climat est de type méditerranéen, très chaud à l'intérieur des terres. Quant aux sols, ils sont granitiques au nord-ouest, schisteux au nord-est, dans la vallée du Douro, granitiques et schisteux, argileux dans le Bairrada, plutôt sableux ou alluviaux dans le Sud.

Réglementation

La hiérarchie des vins portugais comporte quatre niveaux :

Vinho : l'ancien vin de table (vinho de mesa), à la base de la pyramide.

Vinho regional : la mention portugaise correpondant aux vins de pays (le terme européen est *Indicação geográfica protegida*, indication géographique protégée).

Denominação de origem controlada ou DOC (dénomination d'origine contrôlée) : l'équivalent de l'AOC. La DOC représente le sommet de la pyramide offi cielle, mais certains « vins régionaux » ont acquis une haute réputation, lorsqu'il s'agit de « vins d'auteurs » produits en dehors des canons de l'appellation.

Styles de vins et cépages

Si le Portugal s'est d'abord affirmé à l'export par ses vins de liqueur, comme le porto, le madère ou encore le moscatel de Setúbal, il produit désormais tous les styles de vins. Les amateurs ont découvert ses vins rouges secs (Douro, Bairrada, Dão...) et ses blancs secs (Vinho verde, Bucelas). Le pays dispose d'une multitude de cépages nationaux auxquels s'ajoutent nombre de variétés internationales. En rouge, il faut citer les grands cépages du porto ; en tête, le touriga nacional, qui donne des vins intenses, complexes, tanniques et fins, puis le touriga franca, le tinto cão, la tinta roriz (ou aragonés, le tempranillo espagnol). Autres cépages intéressants : le baga, l'alfrocheiro. En blanc : l'arinto, l'alvarinho, le loureiro, la trajadura...

Principales régions

Le Minho et le Vinho verde

Le nord-ouest du Portugal produit des vins blancs (surtout), rosés et rouges. Leur nom, Vinho verde (vin vert), indique que ces crus doivent être bus jeunes, dès le printemps suivant la récolte. Ils sont élaborés à partir de plusieurs cépages, répartis dans six zones : Monção, Basto (plutôt les vins rouges), Lima, Braga, Penafi el et Amarante. Les plus connus des Vinho verde sont des vins blancs, vifs, légers et perlants ; ils délivrent des arômes discrets, différents selon les cépages d'où ils sont issus : fruités pour le cépage alvarinho (surtout celui de Monção), floraux et minéraux pour le loureiro, plus moelleux pour le trajadura.

La vallée du Douro

La vallée du Douro est le berceau du plus célèbre des vins portugais : le porto, vin de liqueur muté à l'eau-de-vie, qui tire son nom de son port d'embarquement situé à une centaine de kilomètres en aval du vignoble. Le terroir aride du Douro est époustouflant de beauté : le long du fleuve, le vignoble croît sur des coteaux schisteux aménagés en terrasses. Le vin est traditionnellement vinifié dans les chais de Vilanova de Gaia, en face de la ville de Porto, et parfois dans les quintas (propriétés) Le porto est produit dans les trois couleurs. Les rouges, majoritaires, sont issus des cépages touriga nacional, tinto cão, tinta roriz, tinta barroca et touriga francesa. On distingue deux grandes familles de portos : les vins élevés en bouteille à l'abri de l'air (ruby) et ceux nés d'un long élevage oxydatif en fût (tawny). À l'intérieur de ces deux catégories, il existe encore de nombreuses variantes (voir encadré). La vallée du Douro produit aussi des vins secs (non mutés), rosés, blancs et surtout rouges. Le style de ces derniers varie selon les terroirs, les cépages et les modes de vinification : certains sont puissants et racés, d'autres légers et fruités.

Le centre : Barraida et Dão

Au sud de Porto, entre les montagnes et l'Atlantique, la DOC Barraida produit principalement des rouges et des rosés qui tirent leur caractère du cépage baga, assemblé à d'autres variétés portugaises ou internationales. Les vins rouges, aux arômes de fruits bien mûrs, sont puissants et généreux. Leurs tanins vifs et très présents dans leur jeunesse imposent souvent une bonne garde. À l'est de Barraida, la DOC Dão produit des vins rouges (en majorité) et blancs issus de nombreux cépages, portugais uniquement. Selon les cépages (touriga nacional, jaen, tinto cão, alfrocheiro...) et les méthodes viticoles, les rouges expriment les fruits rouges ou noirs, les épices ou des notes empyreumatiques. Souvent puissants et tanniques, ils peuvent se montrer élégants et longs en bouche.

LES DIFFÉRENTS TYPES DE PORTO

Ruby : assemblage de jeunes vins mis en bouteilles deux à trois ans après la récolte.

Vintage : vins millésimés et mis en bouteilles entre deux ou trois ans après la récolte. Le sommet du porto par leur intensité et leur longévité.

Tawny : issu d'assemblage de vins ayant vieilli en fût pendant trois à cinq ans.

Tawny avec mention d'âge (10 à 40 ans) : beaucoup plus complexe que le précédent.

Colheita : tawny millésimé ayant mûri au moins sept ans en fût.

Late bottled vintage (LBV) : millésimé et vieilli en fût de quatre à six ans.

Vintage Character : assemblage de plusieurs récoltes vieillies trois ou quatre ans en fût.

Porto blanc : assemblage de cépages blancs, élevé deux ou trois ans en fût ou en cuve. Il provient parfois d'une seule récolte, et son style varie selon sa richesse en sucres.

Le Sud

La région de Lisbonne compte neuf DOC mais les gros volumes sont produits en vinho regional Lisboa. Au sud-est de Lisbonne, dans la péninsule de Setúbal, on élabore de très longue date un vin muté à base de muscat d'Alexandrie : le moscatel de Setúbal (DOC), qui allie puissance, complexité aromatique et fraîcheur. À l'est de la capitale, la DOC Bucelas est célèbre pour ses vins blancs frais et citronnés issus de l'arinto, tandis qu'au nord-ouest de la ville, sur la côte, la surprenante appellation Colares produit des vins rouges issus de ramisco plantés dans les dunes de sable. On ne peut parler du Sud sans évoquer l'Alentejo, vaste région de plaines et de hauts plateaux devenue terre de vin à partir des années 1990. L'Alentejo produit des vins d'appellation, mais les plus nombreux et connus sont des « vins régionaux ». Sous un climat très chaud, les vins rouges, issus de variétés portugaises parfois alliées au cabernet-sauvignon et à la syrah, sont le plus souvent ronds, chaleureux, gorgés de fruits mûrs, parfois charpentés et à attendre.

LE MADÈRE

Autre vin de liqueur portugais célèbre : le madère, né sur l'île volcanique du même nom. Son processus de maturation fut découvert au XVIᵉ siècle par hasard, lorsque les négociants traversant l'équateur comprirent que les fortes températures tropicales amélioraient considérablement le vin de Madère, alors doux-amer. Le principe d'élaboration reste toujours le même : muté à l'eau-de-vie comme tout vin de liqueur, le vin est ensuite chauffé pendant trois mois au moins dans de grandes cuves (estufas) entre 40 et 50 °C, avant de connaître un élevage oxydatif (autrefois en solera) plus ou moins long. On distingue différents types de madère selon les cépages (sercial, malvoisie, verdelho, bual...) et le vieillissement : le Finest (3 ans d'âge), le Reserva (5 ans d'âge), le Vintage (vin d'une seule récolte, ayant passé au moins 20 ans en fût)...

L'ALLEMAGNE

Superficie : 102 000 ha

Production : 9 000 000 hl

Principaux cépages blancs : riesling, müller-thurgau, silvaner, grauer burgunder, welber burgunder, kemer, bacchus

Principaux cépages rouges : spatburgunder, portugieser, dornfelder, trollinger

Si l'Allemagne est souvent associée à la bière, c'est aussi un très ancien pays viticole, où le vin est encore largement consommé. La vigne a été introduite par les Romains, et certains vignobles ont acquis dès le Moyen Age une haute réputation. Les rieslings liquoreux du Rhin se sont inscrits au nombre des vins de prestige. Au XXe siècle, à la suite des guerres et d'une orientation productiviste, la réputation des vins d'Allemagne a quelque peu pâli, au profi t notamment des vins du Nouveau Monde. Aujourd'hui, la viticulture d'outre-Rhin est devenue plus exigeante. Le riesling reste la variété phare en blanc, mais l'offre du pays se diversifie et fait une place croissante aux vins rouges.

Histoire

On sait l'importance que prit le vignoble mosellan au IVe siècle, lorsque Trèves devint résidence impériale. Après la chute de Rome, les ceps se répandent sur les coteaux bordant le Rhin et ses affluents, jusqu'en Franconie. Dès l'époque carolingienne,les monastères constituent des domaines. À partir du XIIe siècle, les cisterciens, comme à Kloster Eberbach (Rheingau), participent à l'essor du vignoble qui exporte sa production en Europe du Nord. Au XVIIe siècle, cette prospérité est mise à mal par la guerre de Trente Ans et par un net refroidissement climatique. Cependant la culture du riesling, cépage noble mentionné dès le XVe siècle, se développe, encouragée par les abbayes et des familles princières. Elle contribue à la renaissance du vignoble aux XVIIIe et XIXe siècles. La production de liquoreux issus de la pourriture noble est attestée à la fin du XVIIIe siècle. Crise phylloxérique, conflits du XXe siècle ; la viticulture d'outre-Rhin s'efface jusqu'aux années 1950. Elle mise d'abord sur des vins faciles avant qu'une nouvelle génération de vignerons ne s'oriente vers des cuvées plus ambitieuses.

Réglementation

À la suite de la réforme européenne, l'Allemagne distingue dans sa production :

Les « vins allemands » (Deutscher Wein) : les vins sans indication géographique (anciens vins de table) ;

Les vins de pays (Landwein), issus de 26 zones géographiques ;

Les vins de qualité (Qualitätswein), correspondant aux vins d'appellation, provenant d'une des 13 régions viticoles indiquée sur l'étiquette ; leur production est assortie de contraintes.

Les vins de qualité avec attribut (Qualitätswein mit Prädikat ou QmP) : des vins d'appellation suivant un cahier des charges plus contraignant (chaptalisation interdite par exemple). Au sein de cette catégorie existent six niveaux de qualité établis en fonction de la maturité des raisins et de leur richesse en sucres : Kabinett (vin léger et sec), Spätlese (vendanges plus tardives, vin plus corsé, parfois sec), Auslese (vendanges très mûres et triées), Beerenauslese (vendanges surmûries parfois botrytisées), Trockenbeerenauslese (rare liquoreux issu de la pourriture noble), Eiswein (vin de glace, voir page 92). L'étiquette mentionne la catégorie de vin, la région et l'une des classes pour les QmP. Elle peut indiquer aussi une zone géographique moins étendue que la région : Bereich (sous-région), Grosslage (secteur recouvrant plusieurs communes ou lieuxdits), Einzellage (terroir particulier, lieu-dit). Pour les vins secs, la mention Selection (qui s'oppose à Classic) indique un cahier des charges plus strict (origine, rendements, vendanges manuelles...)

Sols et climat

À l'exception des petits vignobles de la Saxe et de la Saale-Unstrut, les vignobles sont établis au sud et au sud-ouest de l'Allemagne, dans la partie la plus clémente et la plus accidentée. Les vallées du Rhin et de ses affluents se sont taillé des vallées aux versants souvent escarpés, parfois aménagés en terrasses. Les sols sont divers : marnes, calcaires, sables, limons, grès, roches volcaniques (Bade). L'ardoise, sol bien drainant qui absorbe la chaleur, est le terroir de la moyenne Moselle, idéal pour le riesling. Sous un climat continental, les rivières apportent leur influence régulatrice et favorisent localement la formation de brumes propices à la pourriture noble ; leurs méandres ménagent des situations abritées et leurs pentes permettent aux vignes de capter au mieux les rayons du soleil. Le climat du Palatinat, du pays de Bade et du Wurtemberg, plus clément, favorise les cépages rouges.

Styles de vins et cépages

Historiquement, l'Allemagne tire sa réputation des vins liquoreux issus du riesling, qui tiennent encore le haut du pavé. Après avoir misé au XXe siècle sur des blancs demi-secs sans grand caractère, tels que le Liebfraumilch, elle réoriente sa production vers les blancs secs. Le réchauffement climatique et le goût des consommateurs favorisent aussi l'essor des vins rouges : les cépages rouges représentent 36 % de l'encépagement. Les Allemands sont aussi amateurs d'effervescents (Sekt) souvent élaborés par la méthode Charmat (voir page 95). Le Weissherbst est un rosé, tout comme le Schillerwein, ce dernier provenant d'un mélange de raisins blancs et rouges. En blanc, le riesling est désormais le cépage le plus planté. Ses vins racés, vifs et de garde, secs ou liquoreux, font la notoriété de régions comme la Moselle ou le Rheingau. Le müller-thurgau, croisement du riesling et de la madeleine royale, a longtemps dominé en raison de sa précocité, et reste le cépage numéro deux. L'Allemagne a obtenu par croisements plusieurs variétés moins tardives que le riesling, tels que le kerner, le scheurebe et le bacchus. Le premier engendre des vins frais et élégants, mais moins acides que ceux à base de riesling, le second des vins pleins, vifs et fruités, tandis que ceux issus du bacchus apparaissent légèrement muscatés. Le sylvaner (orthographié silvaner) est bien représenté, et plus localement les pinots blancs (weißer burgunder) et gris (grauer burgunder), l'elbling et le gewurztraminer. En rouge, le pinot noir (ou spätburgunder) domine, livrant aussi bien des vins à boire sur leur fruit que des cuvées élevées en barrique. Le portugieser, originaire du Danube, livre des vins légers, tout comme le trollinger ; le dornfelder, assez récent et en essor, fournit des vins colorés, amples et frais.

En progrès aussi, le blauer lemberger est le blaufränkisch autrichien. Quant au schwarzriesling, c'est le pinot meunier.

Les régions principales

Sur les treize régions viticoles (Anbaugebiete) que compte l'Allemagne, onze sont situées dans les vallées du Rhin et de ses affl uents. Les six principales représentent environ 90 % de la production. Les plus vastes sont la Hesse rhénane et le Palatinat.

La Moselle-Sarre-Ruwer (Mosel-Saar-Ruwer). Subdivisé en six sous-régions, c'est le vignoble des grands rieslings secs, légers en alcool mais vifs et d'une rare élégance, produits entre la frontière du Luxembourg et Coblence, le long du cours sinueux de la Moselle et de ses affl uents la Ruwer et la Sarre (Saar). Le cépage s'accroche à des coteaux spectaculaires par leurs pentes (jusqu'à 70 %).

La Hesse rhénane (Rheinhessen). Située sur la rive gauche du Rhin, à l'intérieur du coude formé au niveau de Mayence, cette vaste région a progressé. En vedette, ses sylvaners et ses rieslings, ainsi que des rouges fruités issus du dornfelder.

Le Rheingau. Abrité par les monts du Taunus, ce vignoble bien exposé au sud, bordant le Rhin sur la rive droite, est riche de domaines historiques, comme le Schloss Johannisberg. Il a pour cépage roi le riesling, qui engendre des vins à la fois puissants et délicats, liquoreux pour les plus prestigieux. Quant aux vins rouges de pinot noir, ils sont tout à la fois charpentés et distingués.

Le Palatinat (Pfalz). Prolongeant l'Alsace au nord, il offre une large palette de vins, en particulier de riches rieslings et des vins rouges mûrs et francs, issus du pinot noir et du dornfelder.

La Nahe. Tirant son nom d'un affluent du Rhin dont il borde les rives escarpés, ce vignoble produit des blancs doux et fruités, de très bons secs (riesling), et ses rouges (pinot noir et dornfelder) sont en progrès.

La Franconie (Franken). Au cœur du pays, sous un climat continental, le vignoble de Franconie fournit des vins blancs secs, les meilleurs étant les sylvaners, et quelques rouges (pinot noir notamment).

Le pays de Bade (Baden). Face à l'Alsace, à l'ouest de la Forêt Noire, le vignoble le plus méridional du pays s'étire de la Suisse à Mannheim. S'il produit des vins blancs secs puissants (riesling, pinots), il se distingue par sa forte proportion de vins rouges.

Le Wurtemberg. Cet autre vignoble méridional, situé dans le bassin du Neckar, offre lui aussi une majorité de vins rouges (trollinger et spätburgunder).

LE LUXEMBOURG

Situé à la charnière des mondes germaniques et latins, le Grand-Duché de Luxembourg possède des vignobles jalonnant la rive gauche de la Moselle sur 42 km, de Schengen à Wasserbillig, qui produisent des vins blancs en grande majorité. Des vins secs ainsi que des vendanges tardives, des vins de paille et des vins de glace. Appelé rivaner, le müller-thurgau est le plus cultivé. L'elbling, cépage local, donne naissance à des vins légers. Le pinot gris, le pinot blanc et l'auxerrois sont très prisés, moins toutefois que le riesling (12 %), rois des cépages. On trouve aussi du gewurztraminer et du chardonnay. En rouge, on cultive le pinot noir. En 1985 a été créée l'appellation moselle luxembourgeoise et en 1991, le crémantdu-Luxembourg, élaboré selon la méthode traditionnelle. Il existe une hiérarchie des vins (marque nationale, appellation contrôlée, vin classé, premier cru, premier grand cru). Chacune de ces mentions est fonction d'une note obtenue lors d'une dégustation.

L'AUTRICHE

Superficie : 45 700 ha
Production : 2 400 000 hl
Principaux cépages blancs : grüner veltliner, welschriesling, pinot blanc, chardonnay
Principaux cépages rouges : **zweigelt, blaufrankisch, st-laurent, blauer portugieser.**

Dans ce pays alpin, la viticulture remonte à la plus haute Antiquité.
Implantées à l'est et au sud-est du pays, aux altitudes moins élevées
et aux conditions climatiques moins rigoureuses qu'à l'ouest, les vignes
produisent à partir de cépages locaux comme le grüner veltliner des vins
blancs secs et des liquoreux fort réputés, et un nombre croissant de vins
rouges. Des vins fort intéressants, quoique méconnus en France,
obtenus par une filière très exigeante.

Histoire

La culture de la vigne aurait été introduite par les Celtes il y a quelque deux mille quatre cents ans. Cette tradition s'est perpétuée et développée grâce aux Romains, puis, au Moyen Âge, grâce aux abbayes et aux évêchés. Domaine d'origine monastique, le Klosterneuburg, fondé au XIIᵉ siècle, joue toujours un rôle important dans la viticulture autrichienne. Depuis 1860, il abrite un centre national de recherche où a été obtenu le cépage zweigelt. En 1985, la découverte d'un produit illégal dans des vins autrichiens affecte les exportations et conduit les autorités à mettre sur pied une réglementation très exigeante, notamment en matière d'enrichissement et de rendements. Le vignoble a perdu plus de 20 % de sa superficie mais sa réputation a beaucoup grandi.

Réglementation

La réglementation autrichienne, en conformité avec celle de l'Union européenne, distingue :

les vins autrichiens sans indication géographique, les anciens vins de table :
ils portent la mention *Wein aus Österreich* (vin d'Autriche) ;

les vins dotés d'une indication géographique

Ils regroupent les anciens vins de pays (*Landweine* ou g.g.A, l'abréviation correspondant à IGP) et les « vins de qualité » (*Qualitätsweine*), majoritaires. Ces derniers correspondent aux vins d'appellation d'origine ; ils proviennent de quatre régions et de seize sous-régions officiellement délimitées. Les « vins avec attribut » (*Prädikatsweine*) forment le niveau supérieur de ces vins de qualité ; issus de vins bien mûrs, voire surmûris, botrytisés ou passerillés, ils ne sont jamais chaptalisés. Comme en Allemagne, les vins d'appellation sont définis aussi bien par leur origine géographique que par le degré de maturité du raisin (exprimé par la teneur en sucres des moûts). Au sein des *Prädikatsweine* ont été déterminés sept niveaux. Par ordre croissant de richesse en sucres :

Spätlese (raisins bien mûrs) ;

Auslese (raisins très mûrs sélectionnés) ;

Eiswein (vin de glace) ;

Strohwein (vin de paille) ;

Beerenauslese (vin issu de raisins surmûris et botrytisés) ;

Ausbruch (raisins naturellement passerillés et botrytisés) ;

Trockenbeerenauslese (raisins botrytisés). Une catégorie plus récente a été introduite : la DAC (Districtus Austriae Controllatus). Elle s'applique à des vins issus d'une aire délimitée (Wachau, Kremstal, Kamptal...) et de un ou plusieurs cépages jugés typiques de cette région (les DAC Weinviertel sont issus de grüner veltliner, ceux du Mittelburgenland du blanfränkisch, tandis que le Leithaberg admet cinq variétés). Les vins de pays proviennent de trois très vastes zones : Weinland au nord-est, couvre la Basse-Autriche, le Burgenland et Vienne, Steierland, la Styrie. C'est en vin de pays que l'on produit les très rares bouteilles issues des régions montagneuses de l'ouest (Bergland).

Sols et climats

Les vignobles autrichiens sont aussi variés par leur topographie que par leurs sols : majestueux coteaux bordant le Danube, parfois aménagés en terrasses (Wachau),

pentes escarpés de la Styrie adossée aux Alpes, plaines ou douces collines du Burgenland, qui forme l'extrémité occidentale de la vaste plaine hongroise... Les ceps plongent leurs racines dans des sols divers, cristallins ou sédimentaires : granite, gneiss, schistes, calcaires et argilocalcaires, sables ou loess. Quant au climat, il est continental, avec des hivers rigoureux et des étés chauds. À l'ouest, il est montagnard, trop rude pour permettre la viticulture. Du nord ou des Alpes viennent des vents froids, de l'est des courants chauds. Les régions orientales, proches de la Hongrie, sont les plus chaudes.

Styles de vins et cépages

Les vins blancs sont très majoritaires (environ 70%), même si leur part diminue. À côté de vins secs, l'Autriche est réputée pour ses liquoreux du Burgenland. Si 35 cépages sont autorisés, le principal est le grüner veltliner ; cette variété autochtone occupe près de 30 % de la surface viticole. Ses vins, d'une belle vivacité, offrent selon le terroir et le rendement un profil différent : ils peuvent être légers et épicés ou intenses, concentrés et de garde.

Le pinot blanc et le welschriesling donnent des vins frais et fruités, le second également des liquoreux intenses. On trouve encore, moins répandus, d'autres cépages comme le riesling, le traminer, le chardonnay (morillon) et le sauvignon. En rouge, les principaux cépages sont locaux. Il s'agit du zweigelt, suivi par les blaufränkisch, blauer portugieser, blauburger et saint-laurent. Le zweigelt, croisement du blaufränkisch et du saint-laurent, engendre des vins charnus, pleins et frais, dont les meilleurs sont de garde ; le blaufränkisch donne des vins de caractère, vifs, fruités et impétueux dans leur jeunesse, qui peuvent vieillir en fût ; les vins à base de saint-laurent sont colorés et structurés, tandis que ceux issus du blauer portugieser sont en général souples et à boire jeunes. Les cépages internationaux comme le pinot noir, le merlot, les cabernets gagnent du terrain mais ils sont minoritaires.

Les régions viticoles

Le pays compte quatre régions principales :

La Basse-Autriche (Niederösterreich)

Première région viticole par la superficie, elle est située au nord de Vienne et de part et d'autres du Danube. Elle est subdivisée en huit sous-régions. L'une des plus connues est la Wachau, grâce à ses splendides vignobles en terrasses qui bordent la vallée du Danube, bénéficiant de l'influence régulatrice du fleuve. À la renommée du cadre répond celle des vins blancs, notamment ceux issus du riesling et surtout du grüner veltliner, cépage dominant de la Basse-Autriche, qui donne toute sa mesure avec des vins secs vigoureux et épicés. Les vignobles de Kamptal et de Kremstal produisent des vins d'un style proche, avec les mêmes cépages. Les vins rouges sont plus fréquents au sud-ouest de Vienne, sur la rive droite du Danube (Carnuntum, Thermenregion).

Le Burgenland

La seconde région en superficie est située au sud-est de Vienne, à l'extrémité ouest de la plaine pannonienne. Divisée en quatre sous-régions, elle est réputée pour ses vins doux ou liquoreux, comme le Ruster Ausbruch, qui naissent sur les rives environnées de brumes du lac Neusiedl (Neusiedlersee Hugelland ou Leithaberg). Grâce à sa température plus clémente, c'est aussi la terre d'élection des vins rouges, avec en vedette le cépage blaufränkisch (vignobles du Mittelburgenland et du Südburgenland). On trouve aussi le zweigelt, le st-laurent et, en appoint, les cabernets, le merlot et le pinot noir.

La Styrie (Steiermark)

Divisée en trois sous-régions, elle est située au sud de l'Autriche, aux confins de la Slovénie. Elle offre un visage nettement montagnard, avec des coteaux très pentus. On y produit à l'ouest le Schilcher, un rosé épicé, et en général des vins blancs secs, frais et aromatiques, issus du welschriesling, des pinots blanc et gris, du chardonnay (morillon), du muscat, du traminer. Ceux à base de sauvignon ont particulièrement attiré l'attention.

Le vignoble de Vienne est connu pour son Heurige, le vin blanc nouveau, et vient de bénéficier d'une appellation (DAC) pour un vin blanc d'assemblage, le Gemischte Satz.

L'ANCÊTRE DES LIQUOREUX

Le plus célèbre vin liquoreux autrichien – le Ruster Ausbruch – vient de Rust, petite ville du Burgenland, au bord du lac Neusiedl. Il serait le plus ancien liquoreux passerillé produit en Europe : mention en aurait été faite dès 1525, avant même le tokaj hongrois, et plusieurs siècles avant Sauternes dans le Bordelais. Sa création officielle remonte à une décision de justice de 1655 quand les paysans se révoltèrent contre le travail excessif consistant à ramasser les raisins atteints de botrytis. Les juges décidèrent alors que l'Ausbruch devrait contenir une certaine quantité de raisins sains, non atteints par la pourriture noble.

LA HONGRIE

Superficie : 69 000 ha

Production : 3 000 000 hl

Principaux cépages blancs : furmint, olazrisling, harslevelu, riesling, chardonnay, sauvignon

Principaux cépages rouges : kekfrankos, kadarka, cabernet-sauvignon, pinot noir

C'est en Hongrie qu'est né un vin de légende, le tokay, liquoreux mythique que Louis XIV qualifi a de « vin des rois et roi des vins ». Depuis la chute du régime communiste, le pays renoue avec sa tradition viticole. Après une période d'engouement pour les cépages internationaux, il redécouvre ses variétés autochtones, et en tire des vins de grande qualité, blancs surtout, mais également rouges.

Histoire et réglementation

Connue par les Celtes, la vigne se répand à la faveur de la conquête romaine puis de la christianisation du pays après l'an mil. Une dynamique que ne freine pas l'occupation turque (XVIᵉ-XVIIᵉ siècle) et qui s'affirme sous le règne des Habsbourg. Au XVIIIᵉ siècle, le tokay est le premier vin à faire l'objet d'une délimitation (1737) et d'un classement (1772). Phylloxéra, conflits, période communiste marquée par une standardisation de la production ont terni son éclat. Après le retour à l'économie de marché, le vignoble a été restructuré et modernisé. Membre de l'Union européenne depuis 2004, la Hongrie suit son cadre réglementaire en matière viticole.

Styles de vins et cépages

La production est dominée par les vins blancs, secs, demi-secs ou doux, issus notamment du furmint et du hárslevelü – qui composent le tokay –, de l'olaszrizling (le welschriesling autrichien), très répandu, des pinot gris, muscats, léányka, ezerjó, mézes (honigler)... Les vins rouges, minoritaires, proviennent du traditionnel kadarka, du kékfrankos (le blanfränkisch autricien), du kékoporto (le portugieser) et aussi des cabernets et du pinot noir.

Les principales régions

Soumise à un climat continental, avec des hivers rudes et des étés souvent chauds, la Hongrie compte vingt-deux régions viticoles. La moitié de la production provient de la Grande Plaine, entre Danube et Tisza, qui fournit surtout des vins de table. Dans les régions septentrionales de la Hongrie, plus montagneuses, naissent des vins célèbres. Au nord-est, sur une étroite bande de près de 90 km au pied des monts Zemplén, un automne ensoleillé, favorable au passerillage du raisin, et les brouillards montant de la rivière Bodrog et de la Tisza, facilitent le développement de la pourriture noble. On y élabore le tokay et de très bons vins secs. La région voisine d'Eger produit un autre vin prestigieux : le Bikavér (ou « sang de taureau »), un vin rouge d'assemblage corsé et de garde. On citera également, nés au sud du pays, non loin de la Croatie, les vins rouges structurés de Szekszárd ou encore ceux, riches, amples et complexes, de Villány.

LE TOKAY

Le plus célèbre des vins hongrois est le premier à avoir été régulièrement élaboré à partir de raisins botrytisés, au XVIIe siècle. Il associe les cépages furmint et hárslevelü, et accessoirement les muscat à petits grains et oremusz. La méthode d'élaboration du tokay consiste à mettre à part les raisins botrytisés, appelés « aszú », pour les verser dans des cuves à fond percé, d'où s'écoule l'eszencia, liqueur pouvant contenir jusqu'à 850 g/l de sucre, qui est embouteillée. Mis à part, les aszús sont mis à macérer dans des proportions variables – 25 kg correspondent à une mesure appelée puttony (« hotte ») – dans un tonneau contenant 137 l de vin sec. Suivant le nombre de puttonyos ajoutés, on obtient un tokay étiqueté « aszú 2 puttonyos »... jusqu'à 6 puttonyos. Le tokay reste trois ans en cave, dont deux en barrique. Les vins sans ajout d'aszú, nommés szamorodni (« comme il est né »), peuvent être secs, demi-secs ou liquoreux.

LA SUISSE

Superficie : 15 000 ha
Production : 1 000 000 hl
Principaux cépages blancs : chasselas, müller-thurgau, sylvaner
Principaux cépages rouges : pinot noir ,gamay, merlot, gamaret, syrah

Pays alpin souvent associé aux pâturages, la Suisse dispose d'un vignoble modeste en superfi cie, mais elle a le goût du vin. Dès le Moyen Âge, elle a su exploiter la grande diversité de ses sols et de ses climats, qui forment autant de terroirs différents malgré leur relative proximité. Partagée entre quatre langues et cultures, elle a hérité de multiples infl uences et s'est forgé ses propres traditions viticoles. De nombreux cépages indigènes contribuent à l'intérêt de sa production. Autour des multiples lacs et le long des cours d'eau, sur des coteaux ensoleillés, pentus, parfois aménagés en terrasses, la vigne compose des paysages plaisants et parfois spectaculaires. Les vins proviennent en majorité de la Suisse romande, à l'ouest, ainsi que du Tessin italophone.

Histoire

Héritage des Romains, la viticulture se développe au Moyen Âge grâce aux moines, notamment aux cisterciens, à qui l'on doit les superbes vignobles en terrasses du Vaudois, comme Dézaley. Après une période d'expansion au milieu du XIXe siècle, la crise du phylloxéra, à partir de la fin du siècle, puis l'urbanisation réduisent sa superficie de plus de la moitié. Le marasme économique des années 1920 conduit les vignerons à mieux organiser la profession et pousse à la création de coopératives, tandis que, le rôle de l'État fédéral s'accentue. Des années 1950 à 1980, la filière privilégie les volumes. Une crise de surproduction dans les années 1980 débouche sur l'adoption de réglementations plus strictes et sur la naissance des AOC, autour de 1990 : Les rendements sont limités, les cépages autochtones revalorisés. La libéralisation des marchés, qui ouvre le pays à la concurrence des vins importés, pousse désormais les professionnels à jouer la carte de la qualité.

LA FÊTE DES VIGNERONS DE VEVEY

Évènement majeur de la vie viticole suisse, cette fête d'une grande ampleur, organisée par la confrérie des vignerons, remonte au Moyen Âge. Associant l'ensemble des vignerons et des habitants de Vevey, dans le canton de Vaud, elle se déroule une fois par génération ! La dernière a eu lieu en août 1999 ; la prochaine se tiendra en 2019.

Réglementation

La Confédération helvétique promulgue des lois-cadres en accord avec la réglementation européenne. Le pays segmente donc sa production en vins de table, vins de pays et appellations d'origine contrôlée, mais chaque canton a son propre système d'appellations et a le droit de créer des AOC. Celui de Vaud a introduit un système hiérarchique entre appellations régionales (Vaud) sous-régions (La Côte, Chablais...), grands crus et premiers grands crus. Les AOC du Valais associent l'origine géographique, un cépage et éventuellement une dénomination (ex. : « Valais – Martigny – petite arvine »). Dans le canton de Neuchâtel, les AOC correspondent à 18 communes.

Sols et climats

Le vignoble est implanté à la naissance de trois bassins fluviaux drainés par le Rhône, à l'ouest, le Rhin à l'est, et le Pô au sud. Les vignes, plantées en altitude, peuvent grimper jusqu'à plus de 1 000 m dans le Valais. Cultivées sur les coteaux les mieux exposés, très pentus, parfois aménagés en terrasses, elles sont taillées hautes, ce qui les fait profiter d'un meilleur ensoleillement et les protège de l'humidité. Les nombreux lacs (Genève, Constance, Neuchâtel, Bienne ou Zurich) et cours d'eau (Rhône, Rhin, Aar, Tessin) tempèrent le climat montagnard et offrent des pentes favorables. La configuration du paysage, composé de collines plus ou moins hautes et de vallées protégées, est à l'origine de multiples microclimats qui, conjugués à la variété des sols (calcaires cailllouteux, graviers, alluvions, schistes, granites, molasses...), permettent de produire des vins très différents.

Styles de vins et cépages

le trio chasselas, gamay, pinot noir

En superficie, les vignes rouges l'emportent (58 %), tandis qu'en production, les vins blancs font jeu égal avec les rouges et les rosés. En blanc, le chasselas (27 %), cépage précoce, est le plus cultivé. On en tire des vins secs, qui offrent des nuances selon le terroir, souvent vifs, légers et perlants, plus ronds lorsqu'ils naissent sur des terroirs chauds. En rouge, le pinot noir domine (29 % des surfaces), suivi du gamay (10 %) et du merlot. Nombre de vins rouges suisses, issus de gamay, ainsi que d'assemblages de ce cépage avec le pinot noir (dôle), sont souples et gouleyants.

Une diversification de l'offre

La Suisse propose de plus en plus des rouges structurés et de garde, élevés en barrique ; elle fournit des rosés ; des blancs étoffés, tendres ou liquoreux, comme la petite arvine flétrie. Elle peut en effet jouer sur une cinquantaine de cépages : des variétés bourguignonnes (pinot noir), rhénanes (sylvaner, müller-thurgau...), rhodaniennes (marsanne appelée ermitage, et plus récemment syrah), bordelaises (merlot), ainsi qu'une quarantaine de variétés autochtones introuvables ailleurs : amigne et petite arvine en blanc, cornalin, humagne... Certains de ces cépages suisses sont récents, comme, en rouge, le gamaret et le garanoir, obtenus par croisement. Le premier donne des vins charpentés et épicés, le second des vins colorés et plus ronds. On trouve encore en Suisse le pinot gris (malvoisie), le savagnin (appelé païen ou haida), l'aligoté, le gewurztraminer et bien d'autres.

Les principales régions

la Suisse romande en tête

On distingue trois grandes régions viticoles correspondant au découpage linguistique du pays : Suisse romande, Suisse alémanique et Suisse italienne. Cependant, cellesci sont loin de former des ensembles homogènes. Plus de 70 % des vignes sont situées en Suisse romande (par ordre d'importance : Valais, Vaud, Genève et Neuchâtel).

le vignoble du Valais

Principale région viticole, il correspond à la vallée du haut Rhône. Sur une centaine de kilomètres, entre Visp et Martigny, les Valaisans ont façonné leur vignoble en altitude, sur des coteaux aménagés en terrasses. Abrités par les plus hauts sommets des Alpes, les ceps bénéfi cient d'étés et d'automnes très secs, si bien qu'on a aménagé des canaux d'irrigation, les « bisses », qui servent aussi à l'écoulement des eaux de pluie. Les belles arrière-saisons permettent d'obtenir des vins liquoreux issus de raisins surmûris, « flétris ». Outre le chasselas, appelé ici fendant, sec, fruité, minéral et rond, le Valais se distingue par la diversité et l'originalité de sa production, grâce à ses quarante cépages. On citera le cornalin, un cépage local aux puissants arômes de fruits rouges (griotte), concentré et structuré ; l'humagne rouge, vin complexe et dense (pruneau, violette, cannelle, herbes d'alpage), aux fi ns tanins ; le johannisberg (sylvaner ou gros Rhin), riche et corsé, avec des notes d'amandes et à une légère amertume ; la petite arvine, à l'origine de blancs racés et amples, aux arômes de rhubarbe et d'agrumes, secs ou liquoreux.

le canton de Vaud

Implanté sur les rives nord du lac Léman jusqu'au Chablais, à l'entrée de la haute vallée du Rhône, et jusqu'au bord du lac de Neuchâtel, le vignoble vaudois est la terre d'élection du chasselas. En rouge, le gamay domine, suivi du pinot noir et du salvagnin (vin d'assemblage de ces deux derniers, avec du gamaret et/ou du garanoir). Parmi les huit sous-régions, on citera, à l'est de Lausanne, les vignobles spectaculaires de Lavaux, classés au patrimoine de l'Unesco, ceux des terrasses du Dézaley, qui produisent des chasselas structurés et complexes, aux notes miellées et grillées. Les rives du lac Léman (la Côte), de Lausanne à Genève, donnent naissance à des vins tout en finesse.

le canton de Genève

Le vignoble encercle le lac Léman. En blanc, le chasselas domine, et en rouge, le gamay, qui donne des vins frais et friands aux arômes de fruits rouges et aux tanins souples. Mais de multiples cépages sont également cultivés : garanoir et le gamaret, chardonnay...

le canton de Neuchâtel

Si on trouve des vins de pinot gris, de chardonnay, de sauvignon, de gewurztraminer, de viognier, de gamaret et de garanoir, les cépages dominants sont ici le chasselas et le pinot noir. On tire de ce dernier non seulement des vins rouges mais aussi deux spécialités locales : l'œilde-perdrix, un rosé, de macération fin, vineux et complexe, et la perdrix blanche, un vin blanc.

le Tessin

La partie italienne de la Suisse est située sur le versant sud des Alpes, où le vignoble bénéfi cie d'infl uences méditerranéennes. Acclimaté au xxᵉ siècle, le merlot y domine. Il produit surtout des vins rouges plus ou moins légers ou corsés, dont certains peuvent rivaliser les meilleurs vins toscans.

la Suisse alémanique

Dans ces dix-sept cantons viticoles situés au nord, dans le bassin rhénan, les vignobles se dispersent en îlots, implantés sur le pourtour de lacs (Zurich, Constance), le long du Rhin et de ses affluents. Les principaux sont, à l'ouest, Bâle et l'Argovie ; au centre, Zurich, Schaffhouse et la Thurgovie, et à l'est, les Grisons et Saint-Gall. Parmi de nombreux cépages, le pinot noir (blauburgunder) est très présent, ainsi que le müller-thurgau.

LA GRÈCE

Superficie : 82 000 ha

Production : 3 800 000 hl

Principaux cépages blancs : muscats, assyrtico, roditis, savatlano, moschofilero

Principaux cépages rouges : agiorgitiko, xinimavro, syrah, mavrodaphne, cabernet-sauvignon

Berceau de la civilisation occidentale, la Grèce a joué un rôle essentiel dans la diffusion de la viticulture dans le bassin méditerranéen. Ses vins doux sont réputés depuis la plus haute Antiquité, mais l'offre hellène ne se limite pas à ces beaux vins de liqueur à base de muscat et à des vins de taverne comme le retsina, évocateur de vacances. Les producteurs redécouvrent les nombreux cépages autochtones du pays dont ils tirent des vins blancs et rouges intenses et typés. Bref aperçu des principales découvertes à faire dans le pays.

Histoire

Voilà plus de trois mille ans que la vigne peuple les rives grecques de la Méditerranée et les îles de la mer Egée (voir page 13). Précieuses amphores de vin de Rhodes, Thasos, Lesbos ou Chio… : c'est aussi en Grèce que s'est fait jour la notion de cru et le lien entre qualité et origine en matière de vin. L'essor du commerce maritime grec a permis à la viticulture de se répandre dans l'ensemble du bassin méditerranéen. La domination ottomane, entre le XIVe siècle et 1822, a conduit à l'efface ment de la production hellène, mais non à sa disparition. Depuis l'entrée du pays dans l'UE en 1981 et l'octroi de subventions communautaires, la viticulture grecque a pu moderniser son système de production et améliorer la qualité de ses vins, en diminuant notamment les rendements. Longtemps vendue en vrac, la production se diversifie. Après s'être intéressés aux cépages internationaux (cabernet-sauvignon, merlot, chardonnay…), les professionnels redécouvrent les variétés autochtones, mieux adaptées aux conditions locales.

Réglementation

La Grèce a adopté les niveaux hiérarchiques en vigueur dans l'Union européenne et classe les vins en quatre catégories. Par ordre croissant :

les EO, Epitrapezios Oinos, ou vins de table (avec ou sans nom de cépage) ;

les TO, Topikos Oinos, ou vins de pays (de région, comme la Macédoine, de grande zone, comme Thessalonique, et de petites zones, comme Mont Athos) ; cette nombreuse catégorie comporte les appellations traditionnelles réservées notamment aux retsinas ;

les OPAP, Onomasia Proeléfseos Anotéras Piotitos, ou appellations d'origine de qualité supérieure, au nombre de vingt-neuf ; dans cette catégorie rentre la majorité des meilleurs vins grecs, des blancs et des rouges secs.

les OPE, Onomasia Proeléfseos Eleghoméni, ou vins d'appellation d'origine de qualité supérieure, au nombre de huit ne comprenant que des vins doux et du mavrodaphne (vin rouge muté tirant son nom de son cépage). Sur l'étiquette, les mentions grecques sont parfois traduites en anglais ou en français.

Sols et climat

Avec ses été chauds et très secs, le climat grec est pleinement méditerranéen, plus tempéré à proximité de la mer. Des conditions optimales pour obtenir des vins doux à partir de raisins gorgés de soleil. Le pays propose aussi d'excellents vins secs qui n'ont rien de lourd ni d'alcooleux. Le climat est parfait pour les cépages indigènes, dès lors que les ceps sont plantés en altitude et exposés favorablement. La vigne, à l'origine plantée sur les côtes et sur les îles, s'est propagée dans l'arrière-pays et la plupart des vins en AOP naissent dans des secteurs plutôt montagneux. Les sols sont essentiellement calcaires, parfois volcaniques (Santorin).

Styles de vins et cépages

Les vins blancs sont majoritaires (60 %). La Grèce perpétue la tradition ancestrale des vins de liqueur et propose cinq appellations de muscat. Récoltés à surmaturité, les muscats engendrent des vins doux et aromatiques, élaborés par mutage (voir page 95) ou issus de raisins passerillés, comme le Nectar de Samos. Autre production héritée de l'Antiquité, le retsina est un vin sec issu de cépages locaux comme le savatiano, dans lequel a macéré de la résine de pin durant la fermentation. On pourra trouver plus captivants des blancs secs élégants comme celui de Santorin, qui tire son caractère du cépage assyrtiko, et des rouges de caractère, comme le naoussa, issu du cépage xinomavro, et le neméa, à base d'agiorgitiko.

Principales régions

Les vignobles de la Grèce du Nord bénéficient d'un climat plus frais et plus humide que le reste du pays. Dans cette région, Naoussa est l'une des appellations les plus anciennes et les plus réputées ; elle livre un vin rouge coloré, ferme, qui montre toute sa complexité avec l'âge. Le Péloponnèse est la principale région viticole grecque. La péninsule montagneuse s'illustre par le Nemea, qui naît sur des coteaux près de Mycènes : un vin rouge, dont l'autre nom, « sang d'Hercule », traduit les qualités de puissance et de corps garantes d'une belle garde. Au centre du Péloponnèse, sur un haut plateau, le cépage moschofi lero engendre à Mantinée un vin blanc sec fruité et léger, qui sert également de base pour des mousseux.

Au nord du Péloponnèse, dans la région de Patras, on produit à partir du roditis aux baies roses des vins blancs intéressants ; le mavrodaphne, cépage rouge ancien, engendre des vins onctueux, au bouquet très original, et le moschato (muscat), des vins blancs doux. Les îles de la mer Égée sont souvent réputées depuis l'Antiquité. Plusieurs d'entre elles, comme Lemnos, Paros et Rhodes affectionnent le muscat. Le muscat doux de Samos est le plus réputé. On trouve aussi ce cépage sur l'île de Céphalonie, en mer Ionienne. Les vignobles de la Grèce centrale se concentrent en Attique. On y produit notamment le retsina.

SANTORIN, LA PERLE DES CYCLADES

Sur ce terroir aux sols volcaniques et arides, les raisins sont soumis à des vents violents et à d'importantes variations de température : forte chaleur durant la journée, fraîcheur et humidité la nuit. Les vignes ont été taillées en formes basses, proches du sol, afin de limiter leur besoin en eau et leur exposition au vent. Elles peuvent atteindre l'âge vénérable de quatre cents ans. Elles donnent naissance à des vins blancs remarquables, issus du cépage assyrtico. À la fois riches en alcool et en acidité, ces vins racés et typés sont puissants, ronds, distingués et d'une grande longueur en bouche.

LE MAGHREB

Superficie : 152 000 ha
Production : 1 100 000 hl
Principaux cépages blancs : clairette, ugni blanc, muscat d'Alexandre
Principaux cépages rouges : cinsault, grenache, carignant, alicante-bouschet

Si, bien entendu, le Maghreb ne fait pas partie de l'Europe, il se rattache à la grande tradition viticole du bassin méditerranéen. À l'époque coloniale, entre la fin du XIXe et le milieu du XXe siècle, l'Afrique du Nord a figuré parmi les plus importants pays exportateurs du monde. Les vins puissants et sombres d'Algérie, du Maroc et de Tunisie étaient destinés notamment à renforcer certains vins français. Depuis les années 1960 et l'indépendance, de nombreux vignobles ont été délaissés en raison de la baisse des exportations et de la faiblesse de la consommation intérieure dans ces pays de tradition musulmane.
La viticulture y renaît néanmoins, en particulier au Maroc.

Des vicicultures méditerranéennes

Les vignobles longent presque tous la côte méditerranéenne – ainsi que le rivage de l'océan Atlantique au Maroc – et s'étendent jusqu'aux collines de l'arrière-pays. Ils produisent principalement des vins rouges à base de cépages adaptés au climat, grenache, morastel, carignan, mourvèdre, cabernet-sauvignon, tempranillo, syrah, cinsault, alicante-bouschet. En blanc, on cultive les cépages clairette, ugni blanc, muscat, chardonnay, sauvignon, aligoté, faranah (palomino fino). Les trois pays du Maghreb ont une législation inspirée du système français des appellations d'origine.

Algérie

Le vignoble ne représente plus que 10 % de celui des années 1960. Les vins sont classés en DOG (dénominations d'origine garantie). Du fait du climat très sec, les vins rouges sont capiteux et marqués par un goût de fruits très mûrs. Les vignobles les plus connus sont ceux des coteaux de Tlemcen, de Mascara et de Zaccar, des régions de Dahra (entre les monts du Zaccar et Mostaganem), de Médéa, de Tessala et d'Alger.

Maroc

Des trois pays du Maghreb, c'est le Maroc qui a le plus investi afin d'améliorer son offre. Les vignobles sont classés en quatorze DOG (ex. Guerrouane), en AOC (une seule, les Coteaux de l'Atlas), en premiers et deuxièmes crus. La principale région viticole est située autour des villes de Fès et de Meknès : les vignobles de Guerrouane, Beni-M'Tir, Zemmour, Saïs, Beni Sadden, Zerhoun, Rharb et Chellah, produisent des vins rouges charpentés mais équilibrés, ainsi que des rosés ou gris de bonne tenue, souvent issus de cinsault. Dans la région sablonneuse qui s'étend du sud de Casablanca jusqu'à Essaouira, on trouve les vignobles de Zenata, Sahel, Zaër et Doukkala (ce dernier est spécialisé en vins gris). Au nord-est du pays, les vignobles de Berkane et d'Angad donnent des vins rouges typés et charpentés. La vigne marocaine souffre d'un manque d'eau et de l'absence d'un véritable repos hivernal. Les meilleurs vins sont donc issus de vignes plantées en altitude et bénéficiant de températures tempérées, avec des amplitudes diurnes importantes.

Tunisie

Les vins tunisiens sont classés en appellations d'origine contrôlée – Grand Cru Mornag, Thibar, Coteaux d'Utique, Tebourba, Sidi Salem et Kelibia – et en premiers crus. Les vins rouges sont charnus, veloutés, généreux et corsés, issus en majorité de grenache, cinsault, syrah, carignan et mourvèdre. L'aire de Kelibia, située à moins de 150 km de Tunis, à la pointe du Cap-Bon, est plantée de muscat d'Alexandrie, également nommé muscat de Kélibia, qui pousse sur des sols sableux. Ce cépage donne des vins aromatiques vinifiés en sec. Une histoire viticole antique La vigne est cultivée dans le Maghreb depuis les Phéniciens, notamment en Tunisie. À l'époque carthaginoise, l'agronome Magon avait consigné en langue punique, dans un traité spécialisé, l'ensemble des pratiques vitivinicoles recommandées. Des mosaïques antiques représentant les travaux de la vigne et les divinités du vin sont exposées dans les musées du pays, notamment celui de Sousse.

LES VINS DU NOUVEAU MONDE

Par pays du Nouveau Monde, on entend tous les pays qui ont développé récemment leur viticulture à des fins d'exportation : Afrique du Sud, États-Unis, Argentine, Chili, Australie, Nouvelle-Zélande, et bientôt la Chine, qui s'intéresse fortement au vin et dont le vignoble s'étend déjà sur 650 000 ha...

Ces pays se sont fait connaître et apprécier grâce à des vins de cépage issus de variétés dites nobles, sans adéquation avec un terroir.

Ces vins « segmentés » pour faciliter la compréhension des nouveaux consommateurs (rondeur du merlot, structure du cabernet, vivacité du sauvignon...) ne font pas toujours dans la nuance. Ce sont des vins de marque le plus souvent, produits à faible coût en raison de la forte concentration de la propriété dans ces pays – quelques marques contrôlant une large partie de la viticulture locale – et de l'absence de réglementations aussi strictes qu'en Europe.

Pourtant, derrière cette apparente facilité, on découvre aussi des vins de grande qualité, des vins d'assemblage ou monocépages qui rivalisent avec les meilleurs crus européens, à l'image de certains vins californiens fort réputés.

À l'heure où l'Europe semble s'orienter vers un assouplissement de ses règles, les pays du Nouveau Monde explorent leurs terroirs, créent des appellations d'origine, affinent leur encépagement et se dirigent vers des systèmes de délimitations plus contraignants.

L'objectif : répondre à la forte chute du vin de consommation courante et à la demande croissante de vins de qualité.

L'AFRIQUE DU SUD

Superficie : 101 000 ha

Production : 8 200 000 hl

Principaux cépages blancs : chenin, colombard, chardonnay, sauvignon, muscat d'Alexandre

Principaux cépages rouges : cabernet-sauvignon, pinotage, syrah, merlot

Créé au milieu du XVIIe siècle par les Hollandais, développé par les hugue-nots français et fournisseur privilégié de la Grande-Bretagne depuis le XIXe siècle, le vignoble sud-africain a su très tôt se distinguer par ses vins, à l'image du constantia. Après une longue période d'isolement du pays due à l'Apartheid, les vins d'Afrique du Sud, dans leur très grande majorité issus de cépages internationaux, ont repris depuis les années 1990 le chemin du commerce international, avec une offre de qualité et très diversifiée. Le dynamisme retrouvé de sa filière viticole, qui s'appuie sur les exportations, fait considérer ce pays producteur de l'Ancien Monde comme un des membres du « Nouveau Monde » viticole.

Histoire

L'héritage des Hollandais et des Français

En 1656, le premier gouverneur du Cap, Jan Van Riebeeck, un Hollandais, plante des ceps autour du cap de Bonne Espérance ; en 1679, son successeur, Simon Van der Stel, crée un vignoble célèbre : Groot Constantia, dont le vin de dessert issu de muscat acquiert une belle renommée en Europe à la fin du xviiie siècle et au xixe siècle. En 1688, les huguenots français, fuyant leur pays après la révocation de l'édit de Nantes (1685), développent le vignoble, dont nombre de lieux portent encore des noms à consonance française, comme Franschoek, ou le « coin des Français ». À partir de la pointe du Cap, la viticulture s'est développée de l'Atlantique jusqu'aux rives du fleuve Olifants, à proximité de Lutzville, à 300 km au nord-ouest, et vers l'est jusqu'à la ville d'Oudtshoorn, à 350 km du Cap. La guerre contre l'Angleterre menée par Napoléon et le blocus continental (1806) permet au pays de devenir l'un des principaux fournisseurs de vin du Royaume-Uni.

De l'isolement à la renaissance

Après la crise du phylloxéra en 1885, une replantation excessive engendre une surproduction et des coopératives se développent pour faire face aux difficultés de commercialisation. En 1918 est créé le KWV (Kooperatiewe Wijnbowers Vereniging), organisme de contrôle et de régulation de la production. L'Apartheid et les sanctions internationales prises à l'encontre du pays dans les années 1970 ont eu des effets négatifs sur le commerce viticole. Depuis la fin de ce régime de ségrégation raciale en 1991, les vins d'Afrique du Sud ont pu s'exporter à nouveau dans le monde entier, notamment en Grande-Bretagne, qui absorbe près de la moitié des exportations. Le nombre de vignobles comme la surface de plantation sont en progression constante. Le pays se place aujourd'hui au huitième rang mondial des pays producteurs.

Réglementation

Comme dans la plupart des pays du Nouveau Monde viticole, la notion de terroir n'est pas apparue primordiale, et les producteurs peuvent assez librement choisir terrains et encépagement. Cependant, le pays s'est doté en 1973 d'une réglementation en matière de vins d'origine (WO, Wines of Origin). Le dispositif découpe sur des critères géographiques, climatiques et géologiques le vignoble d'Afrique du Sud en régions, districts, sous-districts ou aires (Ward). La région de Breede River Valley comporte ainsi quatre districts : Robertson, Worcester, Breedekloof et Swellendam. Chaque district est lui-même divisé en plusieurs aires (ex. : aire de Bonnievale dans le district de Robertson). Sur l'étiquette, la mention d'un WO signifie que 100 % de la récolte provient de cette appellation. Pour le cépage et le millésime, c'est la règle des 85 % qui prévaut (15 % du vin peuvent provenir d'une autre variété ou d'une autre année que celle qui est indiquée). Sur l'étiquette, « estate wine » désigne un vin produit sur la même unité de production (un ou plusieurs vignobles contigus vinifiant dans le même chai).

Sols et climat

L'Afrique du Sud connaît un climat chaud, de type méditerranéen, et même aride en plusieurs endroits. La plupart de ses vignobles sont implantés dans les régions ouvertes sur l'océan, qui bénéficient d'un climat plus tempéré et moins aride que l'intérieur des terres. Les nouvelles plantations se font sur les pentes des montagnes ou dans des régions plus fraîches. Des chaînes de montagnes arrêtent les influences maritimes dans les régions intérieures ; en raison des fortes chaleurs, les vignes sont irriguées et parfois vendangées la nuit. Au sud-ouest, la province du Cap bénéficie d'un climat plus tempéré grâce aux courants frais remontant de l'Antarctique.

Styles de vins et cépages

Près de la moitié du vignoble a été restructurée ou replantée durant les quatre dernières décennies. L'Afrique du Sud produit des vins à partir de vignes européennes (*Vitis vinifera*). Des blancs, en majorité (56 %), mais dont la part diminue. Première variété, le chenin (steen), est aujourd'hui mieux travaillé. Comme dans la vallée de la Loire, il fournit aussi bien des vins secs que des vins doux et des effervescents – des vins originaux, en général plus puissants et plus souples que les vins ligériens issus de cette variété. On cultive aussi le colombard, et, de plus en plus, le chardonnay et le sauvignon qui donnent de bons résultats sur les terroirs frais. Les vins rouges progressent, avec en tête le cabernet-sauvignon, implanté avec succès, souvent assemblé avec d'autres cépages : merlot ou cabernet franc comme dans le Bordelais, ou syrah et pinotage. La syrah – souvent appelée shiraz – progresse et donne d'excellents vins, parfois associée à d'autres variétés (grenache, mourvèdre, cinsault, pinotage, cabernet...). Quant au pinotage, il est né en Afrique du Sud et provient du croisement entre le pinot noir et le cinsault. Les meilleurs de ses vins offrent un fruité compoté et sont à la fois souples et frais. La multiplicité des cépages cultivés en Afrique du Sud conduit également à une diversification des styles de vins : blancs secs et effervescents, vins doux, rouges ambitieux élevés en fût...

Principales régions

La plupart des vignobles sud-africains, notamment les plus anciens, sont implantés dans la région du Cap, qui bénéficie d'un climat méditerranéen mais suffisamment arrosé pour que l'irrigation ne soit pas nécessaire. Le Constantia est un cru historique, célèbre dans toute l'Europe aux XVIIIe et XIXe siècles, et réhabilité dans les années 1980 : un grand liquoreux issu de muscat à petits grains passerillé, aux arômes de fruits confits, d'une rare longueur. Mais la majorité des vins de Constantia proviennent d'autres cépages, notamment du sauvignon. Au cœur de la région du Cap, le district de Stellenbosch, qui tire son nom de Simon Van der Stel, est un autre vignoble historique, riche de paysages superbes et de domaines prestigieux. Ses sols, d'une grande variété (granite, grès, graves, alluvions), donnent naissance à de très bons vins rouges issus de cabernet-sauvignon surtout, de merlot, de pinotage et de shiraz, et à des vins blancs nés de sauvignon, de chenin et de chardonnay. Celui de Swartland, au nord du Cap, se distingue par ses rouges de syrah et ses blancs de chenin ; celui de Darling, par son sauvignon ; celui de Walker Bay, plus frais, par son pinot noir et par ses blancs (chardonnay) élégants, qui ne sont pas sans évoquer certains vins bourguignons.

À l'intérieur des terres, l'irrigation est indispensable dans la Breede River Valley (30 % du vignoble national), qui comprend notamment le district de Worcester, dont les raisins sont distillés pour élaborer du brandy. Plus à l'est, la région aride du Klein Karoo, produit des vins mutés à Calitzdorp. La région de l'Olifants River, à 300 km au nord du Cap, se distingue par les beaux vins blancs issus de chenin et de colombard des districts de Citrusdal et Lutzville.

LES ÉTATS-UNIS ET LE CANADA

Superficie : 404 000 ha
Production : 23 000 000 hl
Principaux cépages blancs : chardonnay, colombard, sauvignon, pinot gris, chenin
Principaux cépages rouges : cabernet-sauvignon, merlot, zinfandel, pinot noir, syrah, petite syrah

Pays du Nouveau Monde par excellence, les États-Unis sont devenus l'un des acteurs majeurs de la viticulture mondiale, le plus important producteur et consommateur de vin derrière la France, l'Italie et l'Espagne. Si les cépages américains (*Vitis labrusca*) et les hybrides existent toujours, sur la côte Est notamment, ce sont les variétés européennes (*Vitis vinifera*), importées par les colons, qui ont triomphé et qui engendrent les meilleurs vins, en majorité mono-cépages. La Californie assure 90 % de la production et fournit des vins dont certains rivalisent avec les meilleurs crus d'Europe. Leur réputation s'est définitivement installée en 1976 lors du Jugement de Paris, compétition qui a mis en lumière leur qualité.

Histoire

le « pays de la vigne »… et du phylloxéra

Les Vikings seraient les premiers à avoir découvert, vers l'an mil, de la vigne en Amérique du Nord – de la vigne sauvage, de l'espèce *Vitis labrusca*. Le nom « Vineland » (pays du vin) qu'ils donnèrent à cette terre trouverait là son origine. À partir du XVIᵉ siècle, les colons anglais et les huguenots français tentent vainement d'implanter des vignes européennes (*Vitis vinifera*) en Virginie et en Caroline du Nord. Les ceps sont infestés par un puceron américain, le phylloxéra. Les cépages américains, quant à eux, résistent au parasite, mais leurs fruits confèrent au vin un goût étrange, dit « foxé ». La coexistence de gènes autochtones et européens a engendré, d'abord de manière accidentelle, les premiers hybrides, comme les concord (présent dans l'Ohio, en Pennsylvanie et dans l'État de New York), alexander, catawba, isabella, norton… à l'origine de vins certes moins « foxés », mais de moindre qualité que ceux nés de cépages européens. Cette « spécialité » de l'hybridation, toujours pratiquée dans la partie est des États-Unis, se développe au cours du XIXᵉ siècle, avec la création de nouvelles variétés.

l'essor de la vigne à l'Ouest

Au Mexique et en Basse-Californie, la vigne européenne est introduite par les conquistadores, au XVIᵉ siècle. Vers 1770, des pères franciscains plantent les premiers ceps de l'espèce mexicaine criolla aux environs de San Diego (Californie). Au XIXᵉ siècle, des vignes de vinifera importées d'Europe sont implantées de Los Angeles jusqu'au nord de la Californie, sans souffrir des maladies répandues sur la côte Est. La ruée vers l'or, au milieu du siècle, se traduit par des vagues d'immigration européenne, notamment française, et contribue à l'expansion des vignobles californiens (Napa Valley, Sonoma…).

Prohibition et renaissance Si la crise du phylloxéra (années 1890), et surtout la Prohibition (1919-1933) entraînent une période de déclin pour les vins américains, l'après Seconde Guerre mondiale, puis les années 1970, marquent un retour en force de la viticulture. Des entreprises géantes se développent, telle celle d'E. et

J. Gallo. Des figures comme Robert Mondavi, créateur de l'Opus One, et d'autres producteurs talentueux et médiatiques lui donnent une réelle aura. La vigne est désormais présente de façon significative dans vingt-quatre États. Mais, à elle seule, la Californie représente 90 % de la production américaine. Depuis le début des années 1990, les États-Unis se situent au quatrième rang mondial des producteurs de vins.

Réglementation

Noms de marques et « semi-génériques »

Les vins américains ont d'abord été vendus sous des noms de marque ; ils empruntaient aussi parfois leurs noms à des appellations européennes que les autorités considéraient comme « semi-génériques » : on trouvait ainsi des chablis, burgundy, tokay, port, jerez... Un accord avec l'Union européenne (2005) a partiellement mis fin à ces pratiques. Le cépage est entretemps devenu un élément d'identification du vin et figure en général sur l'étiquette.

Noms géographiques et AVA

À partir des années 1980, les États-Unis ont adopté une classification des vins par origine géographique, beaucoup plus souple cependant que les systèmes européens. Les vins peuvent ainsi provenir d'un ou plusieurs États (New York, Texas, etc.) ; d'un seul comté – dès lors que 75 % des raisins proviennent de ce comté – ou de plusieurs ; d'une AVA (American Viticultural Area). L'AVA, créée en 1980, se rapproche de l'appellation d'origine contrôlée : une aire officiellement délimitée en fonction de critères géographiques, climatiques, pédologiques. Les États-Unis en comptent plus de 200, plus de la moitié étant situées en Californie. La superficie de ces aires varie de 77 000 km^2 pour la plus grande (Upper Mississippi River Valley, à cheval sur quatre États) à une vingtaine d'hectares. Une AVA peut englober plusieurs comtés. Les AVA peuvent s'emboîter comme en Europe : la Napa Valley comprend ainsi 16 AVA comme Oakville ou Stags Leap District. Le système américain des AVA comporte beaucoup moins de contraintes que son équivalent européen : seuls 85 %

des raisins doivent être issus de l'AVA désignée. Contrairement à l'AOC, qui impose un encépagement, des règles de culture et de vinification, l'octroi d'une AVA n'est pas conditionné par l'usage de méthodes particulières. Les vignerons sont donc libres de choisir les cépages et leur densité à l'hectare, d'avoir recours ou non à l'irrigation, de décider des rendements, des dates de vendange, ainsi que des méthodes de vinification et d'élevage. Cependant, nombre de producteurs s'attachent à adapter l'encépagement de leur domaine à leurs terroirs.

Sols et climats

Les États de l'Est, comme celui de New York, connaissent un climat continental, rigoureux l'hiver, tempéré par la présence des lacs (Erie, Fingers lakes) et par l'Hudson. Située entre les 41e et 32e parallèles, la Californie est plutôt méridionale mais compte plusieurs zones climatiques, qui commandent l'encépagement, plus que les sols, très variés (alluvions graveleuses, argiles, calcaires, sols volcaniques...). La zone côtière est chaude au sud et fraîche au nord. Des courants très froids, qui remontent à la surface au nord de la Cali-

fornie, font naître des brumes, qui s'engouffrent dans les vallées et créent une forte amplitude thermique entre le jour et la nuit. L'amont des vallées et l'arrière-pays, abrité par les chaînes côtières sont chauds. La Californie centrale (Central Valley) est torride. Au nord de la Californie, l'Oregon et les secteurs littoraux de l'État de Washington sont frais. Dans ce dernier État, les vignobles situés à l'est de la chaîne des Cascades sont soumis à un climat aride.

Styles de vins et cépages

Le triomphe des vignes européennes Dans les vignobles de l'est des États-Unis, on cultive encore des espèces ou hybrides américains (concord, norton, delaware), français (baco noir), franco-américain (Maréchal Foch). Les cépages indigènes et les hybrides américains ont tendance à donner aux vins un goût « framboisé » et « foxé » assez fort ; les hybrides franco-américains également, mais de façon moins prononcée. Les meilleurs vins sont issus des vignes Vitis vinifera. Le cépage le plus planté en rouge est le cabernet-sauvignon, à l'origine des vins rouges les plus prestigieux de Californie. Le merlot, la syrah et le pinot noir sont venus s'y ajouter. Quant au zinfandel, qui serait apparenté au primitivo des Pouilles, il est typiquement californien (voir encadré). En blanc, le chardonnay, principal cépage, offre de multiples facettes, vif ou onctueux et gras selon les climats. Le sauvignon a été popularisé notamment par Robert Mondavi sous le nom de « fumé blanc ». On trouve encore, selon les climats, le riesling, le chenin, le colombard, la marsanne, le viognier, le sémillon...

l'empire des grands vins rouges

La majorité des vins américains sont mono-cépages, mais les vins d'assemblage sont en nombre croissant : on trouve par exemple des assemblages de style bordelais (cabernet-sauvignon, merlot, cabernet franc) ou rhodanien (syrah mariée au grenache ou au mourvèdre). Les vins américains les plus renommés sont les rouges de garde et certains blancs secs, mais la Californie produit aussi des rosés et des effervescents de qualité issus de la méthode traditionnelle.

LE ZINFANDEL CALIFORNIEN

Le troisième cépage rouge de Californie, après le cabernet-sauvignon et le merlot, est le zinfandel, planté dès 1850. Préférant un climat tempéré, il produit plusieurs styles de vins en fonction de son implantation, des méthodes de culture et de vinification, notamment des rosés frais et légèrement secs, mais aussi des rouges riches et charpentés. Ce cépage a ses passionnés, regroupés au sein d'une association qui organise tous les ans une grande dégustation à San Francisco.

La Californie

Le vin américain provient à 90 % du vignoble californien, qui couvre une vaste bande d'environ 1 200 km de long et 250 km de large, s'étendant entre le Pacifique et la Sierra Nevada, de la région de Mendocino, à 150 km au nord de San Francisco, jusqu'aux portes de San Diego, dans la région de Temecula, à la limite du Mexique. Les terroirs les plus réputés sont situés au nord de San Francisco.

les vignobles « stars » : Napa Valley et Sonoma

Au nord-est de San Francisco, la Napa Valley est le plus connu des vignobles américains. Il s'étend sur une bande en forme de croissant d'environ 45 km de long et 5 km de large (18 300 ha). Les sols, d'origine volcanique et alluviale, sont d'une grande variété, tout comme les climats : chaleur extrême de Calistoga, au nord du vignoble, ou fraîcheur marquée de Los Carneros, au sud, secteur ouvert aux courants frais de l'Océan. Dans l'ensemble, le climat est particulièrement adapté au cabernet-sauvignon. Ce cépage donne de grands vins dans les terroirs de Rutherford, d'Oakville (où sont également cultivés chardonnay, sauvignon et sangiovese) et de Stag's Leap, qui produit un vin délicat et de caractère. Le chardonnay s'exprime à merveille à Spring Mountain District et à Los Carneros (à cheval sur la Napa Valley et la Sonoma Valley). Plus étendu que la Napa Valley (23 000 ha), le comté de Sonoma ne dispose pas d'une surface viticole plus grande. Ses vins, moins célèbres que ceux de sa voisine, sont pourtant parmi les meilleurs de Californie. De nombreuses entreprises étrangères y possèdent domaines et vignobles. Entre la baie de San Francisco et

LE JUGEMENT DE PARIS

Un événement eut un retentissement considérable sur la réputation des vins américains : le Jugement de Paris, parfois appelé Dégustation de 1976. À l'occasion du bicentenaire de l'Indépendance américaine, un concours de vin fut organisé le 24 mai 1976 à l'hôtel Intercontinental de Paris par le marchand de vin britannique Steven Spurrier et l'Américaine Patricia Gallagher. La dégustation, à l'aveugle, rassemblait les plus grands crus français et américains, des blancs issus de chardonnay et des rouges de cabernet-sauvignon. Contre toute attente, les onze juges (français) placèrent des vins californiens en tête : Château Montelena 1973 en blanc et Stag's Leap Wine Cellars 1973, en rouge. Ce jugement, très médiatisé, eut un impact sans pareil sur la renommée (et les prix) des vins californiens. Plusieurs reconstitutions eurent lieu pour vérifier la théorie selon laquelle les vins rouges français vieilliraient mieux que les californiens : ces derniers arrivèrent à chaque fois bons premiers, sauf en 2009 à Montréal.

le comté de Mendocino, le climat favorise un cycle végétatif idéal, lent et long. Les aires, très diversifiées tant en matière géologique que climatique, diffèrent par leur encépagement. Certains secteurs du vignoble, notamment vers l'ouest, sont régulièrement enveloppés de brouillards et propices au chardonnay et au pinot noir (Los Carneros, Green Valley), très réputés. Plus chauds, le centre et l'est favorisent les cabernet-sauvignon, zinfandel, sauvignon (Sonoma Mountain) ou les cabernet-sauvignon, merlot et zinfandel (Dry Creek Valley). L'AVA Russian River Valley, fraîche, est connue pour ses vins effervescents fruités et vifs.

les autres vignobles californiens

Au nord de ces deux régions principales, le vignoble de Mendocino, implanté dans une région montagneuse et boisée, se distingue par ses AVA Anderson Valley, célèbre pour son zinfandel ; Potter Valley, qui connaît de grandes variations de température entre le jour et la nuit, favorisant les cépages chardonnay, riesling, sauvignon et pinot noir, et dont les vins allient caractère et finesse; Yorkville Highlands, réputé

pour ses vins rouges issus de cabernet, de petite syrah (durif) et de zinfandel. À l'est de Mendocino, le vignoble de Lake County entoure Clear Lake et s'illustre par ses vins de cabernet-sauvignon, de zinfandel, et par ses blancs fruités de sauvignon. La petite région du sud de la baie de San Francisco s'est fait une renommée notamment grâce à ses vins de sauvignon (AVA Livermore valley). Dans la région de Monterey (Central Coast), on citera les rieslings et gewurztraminers moelleux de l'AVA Arroyo Seco, et les vins issus de pinot et de chardonnay de l'AVA Santa Lucia Highlands. Toujours en descendant vers le sud, la Central Coast se distingue par les puissants zinfandels de l'AVA Paso Robles, par les pinots et chardonnays de Santa Maria Valley et Santa Rita Hills. Enfin, à l'intérieur des terres, au pied de la Sierra Nevada aux coteaux bien exposés, les AVA Lodi et Sierra Foothills proposent de fameux zinfandels issus de vieilles vignes.

Le Nord-ouest Pacifique

Au nord-ouest des États-Unis, les États de l'Oregon et de Washington, qui prolongent celui de la Californie, se sont révélés un peu plus tard. Ils ont suivi le même modèle et acclimaté les variétés européennes. Le vignoble de l'Idaho, plus restreint, est soumis à un climat plus rigoureux.

l'Oregon

L'Oregon connaît des températures plus fraîches que la Californie, notamment dans la Willamette Valley, au nord de l'État. Le vignoble est abrité de l'humidité océanique par une chaîne côtière. Le climat ressemble à celui de la Bourgogne. Ce n'est pas leur seul point commun : la taille des exploitations dans l'Oregon est également assez modeste et le pinot noir y est implanté avec succès depuis une quarantaine d'années. Les vins, frais et structurés, parfois élevés en fût, ressemblent aux crus de Bourgogne, même s'ils n'ont pas tout à fait leur puissance, leur élégance et leur profondeur. La région produit également des blancs élégants issus du chardonnay. Le riesling et le pinot gris engendrent des vins plus secs et moins riches qu'en Alsace. Au sud de l'Oregon, deux vignobles connaissent un climat sec, plus chaud que celui de la Willamette Valley. Aux portes de la ville de Roseburg, l'Umpqua Valley est plantée de pinot noir, de pinot gris, et selon les microclimats, de cabernet-sauvignon, cabernet franc, tempranillo, syrah, et du cépage blanc galicien albariño. Plus au sud, Rogue Valley supporte un climat encore plus chaud. Pour les vins rouges, les cépages cabernet-sauvignon et merlot ont été préférés au pinot noir ; grâce à l'ensoleillement, ils atteignent aisément une bonne maturité. Chardonnay et pinot gris y sont également cultivés.

Washington

D'implantation assez récente, à partir des années 1970, le vignoble de l'État de Washington, au nord de l'Oregon, couvre aujourd'hui 22 000 ha, ce qui en fait le deuxième État producteur des États-Unis. Les vignobles situés à l'ouest de la chaîne des Cascades sont soumis à des influences maritimes, qui apportent fraîcheur et humidité. L'AVA Puget Sound, proche de Seattle, cultive des cépages précoces adaptés aux conditions climatiques : müller-thurgau, siegerrebe, pinot gris et pinot noir. En revanche, dans la Columbia Valley, située à l'est de la chaîne de montagnes, le climat aride et semi-désertique, les faibles précipitations (à peine la moitié des besoins de la vigne) sont compensés par une irrigation parfois coûteuse. Les fortes amplitudes thermiques diurnes confèrent aux vins fraîcheur et arômes. Ci-

tons également les AVA Walla Walla Valley et ses vins rouges puissants et tanniques, Wahluke Slope, réputée pour son merlot, Red Mountain, spécialisée dans le cabernet-sauvignon, Columbia Gorge, au climat plus tempéré, propice aux cépages chardonnay, merlot, zinfandel et lemberger (une variété autrichienne).

Le Nord-Est des États-Unis

La viticulture américaine est née sur la côte Est. Dans l'État de New York, troisième État producteur du pays, le climat est continental, tempéré par l'Océan ou les lacs. Les variétés américaines *labrusca* prospèrent toujours – en grande partie pour la confection de jus de raisin et de gelées – aux côtés de cépages hybrides et *vinifera*. Des exploitations récentes, souvent de taille modeste, sont implantées dans les vignobles de Long Island, Finger Lakes et Hudson River. À Long Island, lieu de villégiature des New Yorkais, l'influence de l'océan Atlantique tempère l'âpreté des saisons, ce qui laisse aux raisins le temps de mûrir. La qualité de ce vignoble est sous-estimée. On y cultive pourtant les cépages merlot, cabernet-sauvignon, cabernet franc, qui donnent, les bonnes années, des vins rouges d'une grande richesse, ainsi que le chardonnay, le riesling (parfois récolté en vendanges tardives), le sauvignon et le gewurztraminer. Finger Lakes est une région froide où cohabitent les cépages hybrides français, comme le seyval blanc, mais aussi *labrusca* et *vinifera* (riesling, chardonnay, gewurztraminer). Le vignoble d'Hudson River, situé au nord de la ville de New York, connaît, lui, un climat humide. Il est planté de cépages hybrides (seyval blanc) et de vinifera (chardonnay et cabernet notamment).

LE CANADA

Le Canada, océan de givre, une terre à vin ? Le pays a beau être traversé par le cercle polaire, la vigne a réussi à s'y développer. Elle se concentre dans les zones les plus tempérées, principalement en Ontario et en Colombie-Britannique, dans une moindre mesure au Québec et en Nouvelle-Écosse. Choisis en fonction de leur résistance au grand froid et de leur maturité précoce, cépages autochtones et hybrides – eona, seyval et surtout l'hybride français vidal en blanc ; chancellor, chaunac, maréchal Foch en rouge – côtoient cabernet franc, gamay, merlot, riesling, pinot gris ou encore chardonnay. Le Canada a retourné à son avantage cet ennemi juré qu'est le froid pour devenir le principal producteur de vin de glace (icewine) au monde (voir page 92), devant l'Autriche et l'Allemagne. Élaboré à partir d'un ou plusieurs cépages (vidal, riesling, pinot blanc), l' icewine blanc – il en existe aussi des rouges (cabernet franc, merlot) – est un vin concentré, très aromatique (pêche, abricot, miel, épices...), équilibré – à la fois doux et très vif – et persistant. La péninsule du Niagara (Ontario), grâce à l'influence tempérée des Grands Lacs, est la plus importante région productrice de vins secs issus de cépages nobles ainsi que de vins de glace. À l'ouest du Canada, la Colombie-Britannique, deuxième région de production après Nigara, protégée de l'humidité océanique par la chaîne des Cascades et par le lac Okanagan, fournit des vins doux et des vins rouges à base de cépages bordelais.

L'ARGENTINE

Superficie : 217 000 ha

Production : 14 000 000 hl

Principaux cépages blancs : pedro ximenes, torrontés, chardonnay, chenin

Principaux cépages rouges : malbec, bonarda, cabernet-sauvignon, syrah, merlot, tempranillo.

Une tradition viticole ancienne, remontant aux conquistadores espagnols ; des terroirs propices, au pied de la cordillère des Andes, à l'épanouissement de cépages nobles, au premier rang desquels le malbec, que l'Argentine a popularisé ; une politique qualitative engagée depuis une dizaine d'années (moins de vin, mais meilleur) : tels sont les principaux arguments de l'Argentine pour s'imposer comme le premier producteur sud-américain et le cinquième mondial.

Histoire

Ce sont les conquistadores qui ont importé les vignes au XVIᵉ siècle dans la région de Mendoza et de San Juan. Augustins et Jésuites les ont fait prospérer et ont transformé des zones arides et montagneuses en terres propices à leur culture. L'aménagement du chemin de fer reliant Mendoza à Buenos Aires à la fin du XIXᵉ siècle facilite la commercialisation du vin dans la capitale et contribue à l'essor de nouvelles régions viticoles (Salta, la Rioja, Rio Negro), de même que la mise en place de lois protégeant les propriétaires terriens. À la même époque, l'Argentine ouvre grand ses portes à l'immigration. Des millions d'Européens s'installent dans le pays, originaires en majorité de pays viticoles (Italie surtout, Espagne, France...) et amateurs de vin. Mais à la fin du XXᵉ siècle, la consommation par habitant et par an passe de 90 à 55 l. Une crise de surproduction entraîne des arrachages massifs : entre 1990 et 2000, la surface du vignoble a été pratiquement divisée par deux. Depuis 2000, le vignoble est de nouveau en expansion et s'oriente, grâce à la loi de 1999 (voir ci-après), vers une production plus qualitative : moins de vins de table de piètre qualité destinés à la consommation intérieure, plus de vins fins issus de cépages nobles aux rendements maîtrisés. La crise économique de 2001-2002 ne semble pas avoir eu d'effet notable sur cette évolution. L'Argentine est aujourd'hui au cinquième rang mondial pour les volumes de production.

Réglementation

L'Argentine s'est dotée d'un cadre législatif national instaurant un système à trois niveaux : ***Indicación de procedencia*** (indication de provenance) : réservée aux vins de table et aux vins dits régionaux. Elle contient au moins 80 % de raisins de la région.

Indicación geográfica (indication géographique) : vins de qualité, vinifiés et mis en bouteille dans la région. Les aires correspondent à une région (Mendoza), à une sous-région (Valle de Uco à Mendoza) ou d'une aire plus restreinte (Tunuyán par exemple).

Denominación de origen controlada (appellation d'origine contrôlée) : le sommet officiel de la hiérarchie qualitative. L'Argentine n'en compte que deux : San Rafael et Luján de Cuyo (pour les vins de malbec). La réglementation reste assez souple : l'encépagement est libre (le cépage indiqué sur l'étiquette doit représenter au moins 85 % du vin produit), de même que les rendements.

Sols et climats

L'Argentine possède une façade atlantique de plus de 3 500 km et connaît des zones climatiques très contrastées : tropicale au nord ; désertique à l'ouest, le long de la

cordillère des Andes ; tempérée dans la pampa, au centre et à l'est ; froide à l'extrême sud, en Patagonie et dans la Terre de Feu. La vigne prospère dans les vallées et sur les plateaux orientaux bordant des Andes, à une altitude moyenne de 900 m, pouvant atteindre 3 000 m dans le vignoble de Salta ! Une altitude qui favorise la bonne maturation des raisins, préservant leur acidité et leurs arômes grâce à des nuits fraîches. La cordillère des Andes protège en outre les vignes des vents humides de l'océan Pacifique, des pluies et des maladies cryptogamiques. Les sols sont en général pauvres (alluvions sableuses ou graveleuses). L'irrigation est souvent nécessaire, et les Andes pourvoient l'eau en abondance.

Styles de vins et cépages

Depuis les années 1990, l'Argentine cherche à adapter son encépagement aux caractéristiques de ses principales aires viticoles : Mendoza (plus de 70 % de la surface du pays), San Juan (20 %), La Rioja, Rio Negro et Salta. Les vignes rouges représentent environ 48 % de l'encépagement. Le malbec a fait la réputation des vins argentins ; Il couvre 26 000 ha dans tout le pays et engendre des vins très sombres, généreux, suaves, plus ronds et plus avenants dans leur jeunesse que de nombreux cahors. On trouve ensuite le bonarda, qui donne des vins souples, le cabernet-sauvignon, la syrah, le merlot, le tempranillo, le sangiovese et le pinot noir. Les principaux cépages blancs (environ 22 %) sont le pedro ximenez, le torrontés riojano, le chardonnay, le chenin, le muscat d'Alexandrie, l'ugni blanc, le sauvignon, et en petite quantité, le sémillon et le viognier. Les cépages à peau rose, qui donnent des vins de qualité ordinaire, diminuent (30 %). Il s'agit notamment des variétés criolla grande, cereza et moscatel rosado. On trouve encore des cépages « créoles », nés de croisements entre variétés locales et internationales.

LE MALBEC

Sans doute originaire du Sud-Ouest de la France (c'est le cépage principal de l'AOC cahors), il donne des vins charpentés, très colorés et aromatiques. Introduit en Argentine à la fin du XIXe siècle, il trouva un terroir de prédilection sur les contreforts des Andes, notamment dans la région de Mendoza.

Principales régions

Les vignobles argentins jalonnent le piémont oriental des Andes, de Salta à la Patagonie. Mendoza est la principale région viticole du pays : 160 000 ha de vignes plantés sur un haut plateau, au pied des Andes. Le climat d'altitude est très ensoleillé et chaud mais frais la nuit grâce à l'altitude. La région est réputée pour ses vins rouges issus du malbec de Luján de Cuyo, Maipú, Perdriel et Agrelo, opulents mais fins et équilibrés. À 50 km au sud de Mendoza, les vignobles de la vallée de Uco, plantés jusqu'à 1 400 m d'altitude, bénéficient eux aussi d'une forte amplitude thermique diurne et d'une excellente exposition. Des conditions favorables aux vins blancs issus des cépages chardonnay et sémillon, ainsi qu'aux vins rouges nés de pinot noir et de merlot, ou, moins souvent, de malbec et de tempranillo. Seconde région après Mendoza, au nord de laquelle elle se situe, la province de San Juan se distingue surtout par son vin blanc de muscat d'Alexandrie et, plus récemment, par ses vins rouges issus de syrah. Au nord, les provinces d'altitude de la Rioja et de Salta (notamment dans la région de Cafayate) sont connues pour leurs vins blancs issus du torrontés riojano, cépage typiquement argentin à l'origine de vins ronds, de grande ampleur, aromatiques, exubérants, rappelant le muscat. En Patagonie, notamment dans les provinces de Neuquén et de Rio Negro, les conditions environnementales conviennent aux cépages sémillon (blancs frais et minéraux), pinot noir et merlot (rouges intenses et très charpentés).

BRÉSIL ET URUGUAY

Deux pays moins connus que le Chili et l'Argentine, mais dont la production commence à se révéler. Troisième producteur d'Amérique du Sud, le Brésil possède un vignoble dans l'État méridional du Rio Grande do Sul, le moins chaud, peuplé de descendants d'immigrants européens. On y élabore des vins fins à base de cépages internationaux et des effervescents de qualité. Le Vale dos Vinhedos (Serra Gaucha) bénificie d'une indication géographique. L'Uruguay voisin a acquis une bonne renommée pour ses vins rouges plutôt charpentés, nés du cépage tannat, importé dans le pays par les immigrants du Béarn et du Pays Basque, où il est très cultivé.

LE CHILI

Superficie : 200 000 ha
Production : 12 500 000 hl
Principaux cépages blancs : sauvignon, chardonnay
Principaux cépages rouges : cabernet-sauvignon, merlot, carmenère, syrah, pinot noir

Conquistadores et missionnaires initièrent à la viticulture ce voisin de l'Argentine dont l'histoire viticole est également marquée par l'influence française, bordelaise surtout. Cabernet-sauvignon, carmenère, sauvignon, merlot...prospèrent sur cette terre propice, protégée des maladies par des barrières naturelles, océan Pacifique et cordillère littorale à l'ouest, cordillère des Andes à l'est, désert d'Atacama au nord et Antarctique au sud. Ils donnent naissance à des vins aux accents souvent... bordelais, mais offrant une fraîcheur fruitée caractéristique, apportée par les courants froids andins et océaniques. Comme nombre de pays du Nouveau Monde, le Chili a adapté sa production à la tendance actuelle : moins de vins, mais plus de qualité.

Histoire

Comme pour sa voisine l'Argentine, l'histoire de la vigne au Chili débute avec l'arrivée des conquérants et des missionnaires espagnols, au milieu du XVIe siècle. L'influence française est sensible au XIXe siècle. Elle se traduit par l'importation de vins bordelais par l'élite locale, par l'introduction de cépages français, comme le cabernet-sauvignon ou le merlot, et par la modernisation des techniques de vinification. Elle s'accroît avec l'arrivée de viticulteurs français au Chili, l'un des rares pays épargnés par la crise phylloxérique. Comme la plupart des pays viticoles, le Chili connaît une crise de surproduction au cours des années 1980 ; il y répond par des arrachages massifs, par une replantation du vignoble, et se tourne précocement vers l'exportation. La période de la dictature a été marquée par une politique de dérégulation et d'ouverture des marchés. De nombreux professionnels de la viticulture se forment en Europe et des entreprises étrangères, françaises, espagnoles ou américaines notamment, investissent dans les bodegas (caves, propriétés) et les vignobles. En trente ans, le pays est parvenu à pénétrer le club fermé des dix plus importants producteurs de vins du monde ; les derniers chiffres le classent même au cinquième rang en volume. Le Chili exporte environ les quatre cinquièmes de sa production.

Réglementation

Le Chili a adopté un système de *denominación de origen* dès 1931 pour l'aire du pisco, eau-de-vie de raisin produite dans la vallée de l'Elqui. Il l'a étendu à l'ensemble du vignoble au début des années 1980, et renforcé en 1994 : le pays est divisé en régions viticoles, sous-régions, zones et aires. Ces zones d'appellation suivent la topographie (vallées et fleuves) et la division administrative du pays. La part des vins en appellation a décuplé entre 1996 et 2012 et représente 10 Mhl sur 12,5 Mhl. Les autres catégories sont les vins sans dénomination d'origine, qui peuvent afficher cépages et millésime, et, à la base de la pyramide, les vins de table, qui ne peuvent indiquer qu'un nom de marque. Pour afficher une région, un cépage ou un millésime sur une étiquette de vin d'appellation, il suffit que le vin soit à 75 % (85 % pour l'export) issu de la région, du cépage ou du millésime en question. Les règles de production sont également peu contraignantes ; la plantation, notamment, ne fait pas l'objet de réglementations comme en Europe. Cette souplesse réglementaire favorise la production de vins de cépage, demandés par les nouveaux consommateurs. Toutefois, en 2011 ont été instaurées les nouvelles dénominations officielles, « Costa » (côte), « entre Cordilleras » (entre les cordillères), et « Andes » – une division supplémentaire du vignoble qui peut s'ajouter sur l'étiquette aux noms de régions. Établie dans le sens longitudinal, celle-ci tient davantage compte des variations climatiques et topographiques.

Sols et climats

Séparé de l'Argentine par la cordillère des Andes, le Chili s'étire sur plus de 4 000 km sur 100 à 200 km de large, bordant le Pacifique. Les vignobles s'égrènent sur environ 1 000 km, de la vallée d'Elqui au nord à celle de Malleco. Ils présentent donc une grande diversité de paysages et de microclimats. Globalement, le climat est aride au nord, méditerranéen au centre et océanique au sud. Entre les côtes et la cordillère des Andes, la Vallée centrale accueille la plupart des vignobles de qualité. Elle bénéficie d'une atmosphère idéalement rafraîchie par le courant froid de Humboldt, originaire de l'Antarctique, et par l'air froid descendant des Andes. L'un comme l'autre entraînent des contrastes de température considérables entre le jour et la nuit, et permettent au vin de conserver une intensité aromatique et un fruité remarquables. En outre, grâce à ces conditions climatiques, la vigne n'a jamais été atteinte par le phylloxéra et est restée franche de pied (non greffée). La rareté des pluies en été et la pauvreté de certains sols ont conduit à installer des systèmes d'irrigation qui permettent d'alimenter les vignes en eau et en engrais. Certains vignobles sont aujourd'hui cultivés selon les méthodes biologiques, voire biodynamiques.

Styles de vins et cépages

Les cépages rouges occupent les trois quarts des surfaces. Introduit par les Jésuites au XVIe siècle et proche du criolla d'Argentine, le país a régressé. Le Chili a fondé ses succès à l'export sur un petit nombre de cépages internationaux, en particulier sur ceux d'origine bordelaise. Les vins chiliens présentent d'ailleurs des similitudes avec les crus de Bordeaux ; s'ils ont souvent moins de finesse et de profondeur, ils offrent en revanche davantage de sensations fruitées. Toutefois, outre des vins de cépage faciles d'accès, on trouve un nombre croissant de cuvées ambitieuses, expression d'un terroir, et des vins issus d'assemblage. En tête des cépages, le cabernet-sauvignon (pas moins de 41 000 ha) donne naissance à des vins charpentés, mais souvent moins austères dans leur jeunesse que ceux du Bordelais ; le merlot, en deuxième position, produit des vins suaves, mûrs et tendres, qui s'apprécient sans attendre. Ancien cépage bordelais redécouvert en 1994, la carmenère, plantée dans les secteurs chauds de la Vallée centrale, est devenue un des porte-drapeaux du pays avec des vins accessibles d'emblée, généreux et fruités. Introduite plus récemment, la syrah est en pleine expansion. On cultive aussi le pinot noir, le malbec et le cabernet franc. En blanc, le sauvignon (fumé blanc) et chardonnay sont les plus répandus, à côté d'autres variétés comme le sémillon, le riesling, le pinot blanc, le viognier, le chenin, ou encore les traditionnels muscat (moscatel) et torrontel.

Principales régions

Au nord, les vallées de l'Elqui et de Limarí, au climat aride, mais très frais en altitude, se distinguent grâce à l'irrigation par leurs vins blancs issus de chardonnay et par leurs vins rouges puissants de syrah. La région de l'Aconcagua, au nord de Santiago, progresse et offre des rouges structurés. La vallée de Casablanca, exposée aux vents frais du littoral, est devenue une terre d'élection pour le sauvignon et le chardonnay. Les vignobles irrigués bénéficient d'un climat qui allonge la durée du cycle végétatif. Les vins ont de l'étoffe et de la fraîcheur, et dévoilent des arômes exotiques.

Ceux qui ont séjourné en barrique peuvent toutefois présenter une certaine lourdeur. Au sud de Casablanca, la vallée de San Antonio, récemment plantée, sied elle aussi aux blancs (sauvignon, chardonnay) et livre également des rouges subtils issus de pinot noir et de syrah. Dans la Vallée Centrale (avec les sousrégions Maipo, Rapel, Curicó, Maule), cœur du Chili viticole, la vallée de Maipo, proche de la capitale Santiago, bénéficie d'un climat très chaud. Elle est plantée depuis fort longtemps de cépages bordelais, surtout rouges, et produit des vins fins et équilibrés aux arômes souvent marqués par des nuances mentholées. Autour de San Fernando, la vallée de Colchagua se distingue par ses vins rouges concentrés (merlots notamment). La vallée de la Maule, la plus méridionale, est aussi une terre de rouges. On y cultive encore le país, qui engendre des vins surprenants, rubis clair, alliant fruits rouges frais et minéralité, nets et denses. Au sud, les vallées d'Itata, Bío Bío et Malleco sont plus fraîches et dix fois plus humides que les vallées du nord. Pinot noir, chardonnay, sauvignon, voire les cépages alsaciens (gewurztraminer, riesling) y donnent des vins complexes et élégants.

CASA LAPOSTOLLE

Le palmarès 2008 de la revue Wine Spectator a placé en tête un vin du Chili : Casa Lapostolle, Clos Apalta, issu de la vallée de Colchagua. Un couple français conduit le domaine en biodynamie : Alexandra Marnier Lapostolle, arrière-petite-fille du fondateur de la liqueur Grand Marnier, et son mari Cyril de Bournet. Les cépages assemblés dans le vin distingué ? Bordelais d'origine, chiliens d'adoption : carmenère majoritaire, cabernet-sauvignon, merlot et petit verdot. L'élaboration ? Éraflage à la main, vinifications parcellaires dans des cuves de bois... français, et élevage de deux ans en barrique.

L'AUSTRALIE

Superficie : 170 000 ha
Production : 11 000 000 hl
Principaux cépages blancs : chardonnay, sauvignon, sémillon, riesling, colombard, viognier
Principaux cépages rouges : shiraz, cabernet-sauvignon, merlot, pinot noir, grenache

Cette « île-continent » de 7 700 000 km2, soit quatorze fois la France, est aujourd'hui l'un des principaux exportateurs et le sixième producteur de vins au monde. Des vins issus en grande majorité de cépages internationaux : shiraz (syrah), cabernet-sauvignon et chardonnay. Ce pays viticole récent, mais très dynamique, a su, grâce à une viticulture de pointe et à un sens aigu du marketing, adapter des cépages aux conditions climatiques parfois extrêmes pour produire des vins de marque souvent chaleureux mais équilibrés, conformes au goût des nouveaux consommateurs. L'Australie propose aussi nombre de vins haut de gamme, en particulier dans les régions tempérées du Sud-Est et du Sud-Ouest.

Histoire

En 1770, le capitaine James Cook prend possession de l'Australie au nom du roi d'Angleterre. Ce vaste territoire ne connaît pas la vigne. En 1788, les premiers ceps, en provenance du Cap de Bonne Espérance, sont plantés à l'emplacement de l'actuel jardin botanique de Sydney. En 1793 arrivent les premiers immigrants libres. Au début du XIXᵉ siècle, les colons anglais plantent des vignes au sud-est de l'île, et le Britannique James Busby, le « père » de la viticulture australienne, est chargé par son gouvernement de leur enseigner cette science. Des vignobles sont alors créés dans la partie sud-est de l'île, dans la Hunter Valley (1830) et la Yarra Valley (1840), puis en Australie-Méridionale, au nord d'Adélaïde (1837) et dans la Barossa Valley (1847). Touchée comme les pays d'Europe par le phylloxéra (1875-1910), l'Australie déplace ses vignobles en Australie-Méridionale, devenue la région viticole principale. Jusqu'aux années 1980, la production australienne est dominée par les vins doux mutés (voir page 94), et le marché anglais absorbe l'essentiel des volumes. Elle est très tôt entre les mains d'entreprises importantes. Une demande accrue de vins secs, des progrès en cuverie et l'implantation de cépages français comme le cabernet-sauvignon et le chardonnay sont à l'origine du boom de la filière australienne qui, à partir des années 1980, fournit une vaste gamme de vins tranquilles. Plus de la moitié des superficies actuelles ont été plantées à partir de la décennie 1990.

Réglementation

Jusqu'en 1993, les vins australiens n'étaient soumis à aucune réglementation et portaient uniquement la marque de leur winery. L'indication géographique est depuis cette date obligatoire : ce sont les GI (*Geographical Indications*), subdivisées en six États, puis en zones, régions et sous-régions ; par exemple : État de Victoria, zone Central Victoria, région de Goulburn Valley, aire de Nagambie Lakes. La réglementation australienne demeure néanmoins beaucoup plus souple qu'en Europe, puisque les maîtres de chai sont autorisés à acheter des raisins dans l'ensemble du pays afin d'améliorer la qualité de leur production, et donc à composer des mélanges de toutes sortes. L'étiquette peut mentionner un assemblage de régions. Les vignerons doivent seulement garantir la véracité de l'étiquette en ce qui concerne le cépage – le vin doit contenir au moins 85 % du cépage mentionné ou, si plusieurs cépages sont indiqués, le cépage qui domine doit être mentionné en tête – ; il en va de même du millésime, dont l'indication implique que 85 % des vins proviennent de l'année indiquée, et de la région viticole. Si plusieurs régions sont mentionnées, elles doivent être indiquées dans un ordre descendant d'importance et représenter au moins 95 % de l'assemblage. La mention South Eastern Australia désigne un vin associant des vins en provenance de plusieurs États du Sud-Est.

Sols et climats

Il existe quatre zones climatiques : tropicale au nord et au nord-est ; aride au centre ; tempérée de type océanique dans l'État de Victoria et sur l'île de Tasmanie ; méditerranéenne en Australie-Occidentale (Perth) et Méridionale (Adélaïde). La vigne se concentre dans les régions méridionales les plus tempérées du sud-est (États de Nouvelle-Galles du Sud, de Victoria et d'Australie-Méridionale) et du sud-ouest (Australie-Occidentale). Les deux autres vignobles, de surface restreinte, sont implantés aux environs de Brisbane (État du Queensland) et sur l'île de Tasmanie. Au nord, le climat tropical ne convient pas à la viticulture. L'Australie connaît une grande diversité de sols, sableux et argileux, et de sous-sols : calcaires, sables, graviers, quartz, dépôts fluviaux, laves volcaniques... Le sol le plus célèbre est sans doute l'argile rouge issue du calcaire, appelée *terra rossa*.

SÉCHERESSE ET IRRIGATION

L'eau est sans doute le problème le plus aigu pour la viticulture australienne : ce pays est l'un des plus arides au monde, sécheresse aggravée par le réchauffement climatique. L'irrigation y est donc ici souvent indispensable. Elle concerne près de 80 % du vignoble australien, mais cette irrigation est menacée par une salinité de plus en plus forte des nappes phréatiques.

Styles de vins et cépages

D'abord productrice de vins riches et doux, voire mutés, l'Australie s'est progressivement consacrée à l'élaboration de vins tranquilles, nés dans les régions méridionales les plus tempérées du sud-est et du sud-ouest, en s'appuyant sur les techniques vitivinicoles les plus sophistiquées au monde. La production de vins rouges est légèrement supérieure à celle des blancs. Reine des variétés rouges australiennes, la shiraz (syrah), est largement en tête (plus de 45 000 ha), devançant le cabernet-sauvignon (28 000 ha), qui donne lui aussi des vins remarquables, plus ou moins chaleureux ou frais selon les régions. On assemble parfois la première au second, ou au grenache et au mourvèdre. On cultive encore le merlot, le pinot noir et, accessoirement, le petit verdot et le ruby cabernet (croisement de carignan et de cabernet-sauvignon). La filière s'intéresse aujourd'hui aux cépages italiens. En blanc, le chardonnay est largement en tête, avec plus de 30 000 ha. Il engendre des vins onctueux et riches, aux arômes de fruits jaunes, de miel et de vanille, souvent élevés en fût, et, de plus en plus, des versions plus vives, évocatrices d'agrumes et de fruits blancs. Sémillon et riesling occupent d'importantes superficies et donnent des vins de belle expression. On trouve aussi du sauvignon, du colombard et du muscat gordo blanco (muscat d'Alexandrie). À côté des vins tranquilles, l'Australie fournit aussi des vins effervescents.

GRANDES MARQUES ET DOMAINES INDÉPENDANTS

La filière viticole australienne est très concentrée ; cinq grands groupes viticoles contrôlent près de 80 % de la distribution des vins. Une large partie de l'offre résulte d'assemblages de raisins provenant de divers vignobles et s'intègre dans une stratégie internationale de marques très segmentées. Grand succès à l'export, Yellow Tail (Casella) représenterait ainsi 20 % des vins australiens exportés. À côté de ces vins de marque et de cépages, il existe aussi, en nombre croissant, des domaines indépendants qui recherchent l'identité d'un terroir. Le pionnier fut Penfolds Grange avec ses vins haut de gamme.

Les principales régions

l'Australie-Méridionale

Riche de sous-régions réputées, l'Australie-Méridionale (South Australia) est devenue la plus importante région viticole du pays (40% de la surface totale). Son climat est relativement tempéré, avec des variations selon les secteurs : relativement frais dans la Barossa Valley ou à Adelaïde par exemple, très chaud dans le Riverland. Les vins les plus réputés sont les rouges issus de cabernet-sauvignon et de shiraz de la Barossa Valley, des vins riches, généreux et épicés, le plus souvent vieillis en fût de chêne.

La Clare Valley s'illustre par ses rieslings très parfumés (citron, grillé) et par ses vins rouges nés de shiraz et de cabernet-sauvignon, plus frais et fruités que ceux de la Barossa. Également réputées, les terres rouges (*terra rossa*) du Coonawarra sont particulièrement propices à l'épanouissement du cabernet-sauvignon. Dans la zone de Mc Laren Vale, aux nombreux microclimats, on trouve de bons vins rouges (shiraz, cabernet-sauvignon et grenache) et des blancs parfois subtils (sémillon, sauvignon, chardonnay et riesling). Dans l'importante zone du Riverland, chaude et donc irriguée, les raisins bien mûrs donnent des vins très fruités, en blanc (chardonnay, colombard, chenin et verdelho) comme en rouge (mourvèdre, grenache, shiraz pouvant être assemblés au merlot et au ruby cabernet).

la Nouvelle-Galles du Sud

Berceau du vignoble australien, autour de Sydney, la Nouvelle-Galles du Sud est le second État viticole par la surface (25 % du vignoble). Le climat y est très variable. Le vignoble le plus renommé est celui de la Hunter Valley, proche de Sydney et donc très touristique. Malgré son climat subtropical, aux étés caniculaires et aux automnes très pluvieux, il produit des vins de bonne qualité, issus de cépages plantés en altitude, notamment des blancs à base de chardonnay et de sémillon. Ce dernier, à la différence du Bordelais, est souvent vinifié en sec et engendre de grandes bouteilles. Les rouges sont issus de shiraz et de cabernet-sauvignon.

Victoria

Situé au sud-est de l'Australie, Victoria est le troisième État viticole (22 % de la surface totale), l'un des plus frais mais aussi l'un des plus contrastés du pays, avec de nombreuses sous-régions. Les vignobles plus chauds de Rutherglen et de Glenrowan, au nord-est de l'État, sont spécialisés dans les vins doux mutés, à base notamment de muscat et de muscadelle, parfois légèrement oxydatifs. On y produit également de très bons rouges pleins de saveurs, en particulier à partir des cépages shiraz et durif (originaire de la Drôme). Au nord de Melbourne, le vignoble de Yarra Valley, au climat assez frais, est reconnu pour ses grands vins rouges issus de pinot noir et pour ses blancs de chardonnay. Par ailleurs, les assemblages de cépages rouges bordelais (cabernets sauvignon et franc, merlot) donnent des vins d'une grande finesse. À l'ouest, le Great Western (devenu Grampians) est célèbre pour ses effervescents rouges (shiraz).

l'Australie-Occidentale

Dans le plus vaste État d'Australie, les vignobles – dont la plupart sont établis au sud de Perth – représentent moins de 10 % de la surface viticole du pays et se regroupent non loin des côtes. Cette région bénéficie, tout au moins près du littoral, d'un climat de type méditerranéen, avec des influences océaniques. Il fournit d'excellents vins blancs issus de sauvignon et de sémillon (volontiers associés) et de chardonnay. Margaret River se distingue tout autant par ses vins rouges alliant fraîcheur et finesse : à base de cabernet-sauvignon, ils brillent par leur élégance ; la shiraz donne des vins moins opulents que dans la Barossa Valley. Comme les autres régions du pays, l'Australie occidentale accueille toute la gamme des cépages internationaux et commence à acclimater les variétés espagnoles ou italiennes.

le Queensland

À l'ouest de Brisbane, la cinquième région australienne, d'une superficie modeste (1 300 ha) est aussi la plus chaude : le climat est tropical. Dans la zone de Granite Belt, les vignes grimpent en altitude (entre 650 et 1 100 m) et produisent majoritairement des vins rouges riches, parfois même exubérants, surtout s'ils sont issus de cabernet-sauvignon et de shiraz. Quant aux vins blancs (sémillon, chardonnay, sauvignon), ils exhalent des arômes tropicaux. À 150 km vers le nord, le second vignoble du Queensland, South Burnett, produit à peu près autant de blancs (sémillon et surtout chardonnay) que de rouges (shiraz, cabernet-sauvignon et merlot), des vins dans l'ensemble moins concentrés et moins tanniques que les autres crus australiens.

la Tasmanie

Cette île située à l'extrême sud du pays accueille le plus petit vignoble australien, et aussi le plus frais, qui a connu un développement récent. Au nord de l'île, les climats protégés de Tamar Valley et de Pipers River favorisent le lent mûrissement des raisins de pinot noir et de chardonnay, destinés notamment à l'élaboration de vins effervescents. Au sud-est – Derwent Valley, Coal River, Huon Valley –, les vignobles sont plantés de cépages alsaciens (riesling, gewurztraminer, pinot gris) qui donnent des vins délicats. On y produit également de très bons vins rouges à base de pinot noir (dominant sur l'île) ou de cabernet-sauvignon.

LA NOUVELLE-ZÉLANDE

Superficie : 35 700 ha
Production : 2 480 000 hl
Principaux cépages blancs : sauvignon, chardonnay, pinot gris, riesling
Principaux cépages rouges : pinot noir, merlot, cabernet-sauvignon, syrah.

Pays récent dans l'histoire de la viticulture, qui n'est pas antérieure ici au xixe siècle, la Nouvelle-Zélande a connu un essor spectaculaire de son vignoble ces trente dernières années. Les viticulteurs ont su profiter de la libéralisation du marché et exploiter un climat frais propice à la vigne, en se démarquant de la production australienne. Si les volumes restent modestes (moins de 1 % de la production mondiale), le pays s'affirme par le dynamisme de sa filière et par la qualité de ses vins, destinés avant tout à l'exportation. Les cépages blancs, sauvignon en tête, dominent largement, mais les rouges progressent, et le pinot noir est une révélation de ces dernières années.

Histoire

La viticulture néo-zélandaise est relativement récente : les premières vignes sont implantées au début du XIXᵉ siècle et le premier millésime date de 1840. Résident en Nouvelle-Zélande, James Busby, le père de la viticulture australienne, joue également en Nouvelle-Zélande un rôle de pionnier. Comme en Australie, les premiers occupants d'origine européenne furent des colons britanniques, qui investirent l'extrême nord du pays en dépit du climat chaud et humide. La vigne a d'abord produit des vins de liqueur destinés à la consommation locale. Longtemps, son essor a été freiné par l'éloignement de l'île, par les maladies virulentes sous un climat humide, qui ont encouragé la plantation d'hybrides, et par d'actifs courants prohibitionnistes. Il s'est accéléré à partir des années 1960, dans un contexte protectionniste. Puis dans les années 1970-1980, à la faveur d'une libéralisation du marché, les vignes hybrides ont été remplacées par des cépages internationaux. La production de vins secs s'est considérablement accrue et, face à un marché intérieur limité, a commencé à s'exporter, en grande partie vers les pays anglo-saxons. La surface du vignoble est passée de 400 ha en 1960 à plus de 35 000 ha de nos jours. Grâce à son sauvignon, le pays a acquis une belle visibilité sur les marchés à partir des années 1990. Il se pose en compétiteur des vieux pays viticoles, en misant sur des vins de qualité.

Réglementation

Les vins comportent généralement une indication géographique (région, sous-région, vignoble) et le nom du ou des cépages. Les règles concernant l'étiquetage des vins varient selon leur destination : si le vin s'écoule uniquement sur le marché néo-zélandais, la mention d'un cépage implique qu'il contienne au moins 75 % de la variété indiquée. Il en va de même pour la mention d'une région. Si le vin est commercialisé en Union européenne ou aux États-Unis, ce seuil monte à 85 %. S'il y a assemblage, les variétés indiquées doivent totaliser 100 %. Lorsque deux cépages sont indiqués, le premier mentionné est majoritaire.

Sols et climats

La Nouvelle-Zélande est située en zone tempérée, entre le 34e et le 47e parallèle. Pas moins de 1 600 km séparent la pointe de l'île du Nord de l'extrémité de l'île du Sud. Le Northland est chaud, à tendance subtropicale, et l'île du Nord est marquée en général par une pluviosité élevée. Les sols y sont très riches, peu propices à la vigne, qui pousse avec trop de vigueur, phénomène accentué par les fortes précipitations. Néanmoins, la chaîne de montagnes qui barre l'île ménage des secteurs abrités. Les deux îles néo-zélandaises présentent en définitive des conditions climatiques assez diversifiées et plutôt fraîches, qui bénéficient notamment aux cépages blancs comme le sauvignon, mais aussi à des variétés rouges comme le pinot noir.

Styles de vins et cépages

Le vignoble néo-zélandais, à plus de 80%, est planté en cépages blancs. Le sauvignon représente plus des deux tiers des surfaces. Chardonnay, pinot gris et riesling sont eux aussi très cultivés, et les viticulteurs s'essaient à implanter des variétés européennes engendrant des vins blancs intenses comme le gewurztraminer. En rouge, c'est le pinot noir qui a le vent en poupe depuis les années 2000 ; le cépage bourguignon, qui n'aime rien moins que la chaleur, a trouvé des terroirs de prédilection aux antipodes de la Côte-d'Or, dans ces régions fraîches. Puis viennent le merlot, le cabernet-sauvignon et la syrah. Les vins tranquilles se distinguent par l'intensité de leurs arômes, leur pureté et leur fraîcheur. Depuis une vingtaine d'années, le pays fournit des effervescents de qualité issus de pinot noir et de chardonnay vinifiés en méthode traditionnelle (voir page 94).

Principales régions

L'Île du Nord

Northland, région la plus proche de l'équateur et la plus chaude, est spécialisée dans les vins rouges de cabernet-sauvignon, de merlot et de syrah.

Auckland, vignoble situé entre les côtes occidentale et orientale, est soumis également à un climat chaud et humide. Il produit des vins rouges issus des cépages bordelais et des blancs à base de chardonnay, de sauvignon ou de sémillon.

Waikato et Bay of Plenty, qui bénéficient d'un climat plus tempéré, constituent un terroir de prédilection pour le chardonnay avant tout, ainsi que pour le cabernet-sauvignon et le sauvignon. Gisborne, sur la côte orientale, est le quatrième vignoble de Nouvelle-Zélande mais régresse. Abrité par des montagnes et bénéficiant d'un fort ensoleillement, le vignoble produit d'intéressants vins blancs à partir des cépages chardonnay, gewurztraminer, sémillon et chenin, et quelques rouges à base de merlot et de syrah.

Hawke's Bay, au sud de Gisborne, est en superficie le deuxième vignoble néo-zélandais, et le premier de l'île du Nord. Abrité par des montagnes, particulièrement ensoleillé et irrigué, il repose sur des sols très variés, la maturité des raisins pouvant varier d'une parcelle à l'autre. Le chardonnay reste la variété la plus plantée. On trouve aussi des vins rouges remarquables, issus des cépages merlot surtout, ainsi que du malbec et de la syrah.

Wairarapa, à l'extrémité sud de l'île du Nord, bénéficie de terrasses graveleuses et d'une pluviosité modérée. Le vignoble est réputé pour ses vins rouges de style bourguignon issus de pinot noir (aire de Martinborough) et pour ses blancs de sauvignon et de pinot gris, de plus en plus populaires.

l'Île du Sud

Alors qu'ils se rétractent dans plusieurs régions de l'île du Nord, les vignobles, absents jusqu'aux années 1970 dans l'île du Sud, se développent. Ils représentent désormais 78 % des superficies plantées.

Nelson, situé sur la côte ouest, protégé par des montagnes, est soumis à un climat rude, tempéré par les influences maritimes. Le vignoble accueille des cépages adaptés aux basses températures : riesling, pinot noir, chardonnay et sauvignon blanc.

Marlborough constitue l'aire viticole la plus vaste de Nouvelle-Zélande (plus de 23 000 ha, soit les deux tiers du vignoble néo-zélandais). Ses sols cailloux, son climat sec, tempéré et ensoleillé, montrant de forts écarts de température entre la nuit et le jour, se prêtent particulièrement à la production de vins toniques et aromatiques. Si le chardonnay et le pinot noir, destinés notamment à l'élaboration de vins effervescents sont cultivés, le sauvignon a fait la notoriété de la région. On trouve également de très bons rieslings vendanges tardives.

Canterbury, vignoble disposé en longueur dans le sens nord sud, produit des vins de qualité variable (chardonnay, pinot noir, riesling et sauvignon).

Central Otago est le vignoble le plus méridional du monde. Il est caractérisé par un relief accidenté et par un climat continental. En dix ans, il a plus que doublé sa superficie, dépassant Gisborne, et ses terroirs sont toujours en cours de prospection. Il livre des vins fruités, à base de sauvignon et de pinot noir, ce dernier trouvant dans la région une terre d'élection.

GLOSSAIRE DU VIN

A

Acescence
Maladie provoquée par des micro-organismes et donnant un vin piqué.

Acidité
1) Ensemble des acides présents dans le vin.
2) Saveur acide, l'une des quatre saveurs élémentaires, avec l'amer, le sucré et le salé. Présente sans excès, l'acidité est nécessaire à l'équilibre du vin, en lui apportant fraîcheur et nervosité. Mais lorsqu'elle est très forte, elle devient un défaut, en lui

Aérer
Exposer à l'air le vin avant le service, pour lui permettre de s'ouvrir davantage, d'épanouir ses arômes et d'arrondir ses tanins.

Agressif
Se dit d'un vin montrant trop de force et attaquant désagréablement les muqueuses.

Aigre
Se dit d'un vin présentant un caractère acide trop marqué, assorti d'une odeur particulière rappelant celle du vinaigre.

Aimable
Se dit d'un vin dont tous les aspects sont agréables et pas trop marqués.

Alcool
Composant le plus important du vin après l'eau, l'alcool éthylique apporte au vin son caractère chaleureux. Mais s'il domine trop, le vin devient brûlant.

Alcooleux
Se dit d'un vin déséquilibré où la sensation chaleureuse, voire brûlante, de l'alcool apparaît trop marquée.

Ambré
1) D'une couleur proche de l'ambre prise parfois par les vins blancs vieillissant longuement, ou s'oxydant prématurément.
2) Mention désignant sur l'étiquette les rivesaltes, banyuls, maury ou rasteau blancs élevés longuement en milieu oxydatif.

Amertume
Sensation gustative, l'une des quatre saveurs élémentaires, elle est nécessaire à l'équilibre des vins et participe de leur longueur. Normale pour certains vins rouges jeunes et riches en tanin, l'amertume est dans les autres cas un défaut dû à une maladie bactérienne.

Ampélographie
Science étudiant les cépages.

Ample
Se dit d'un vin harmonieux donnant l'impression d'occuper pleinement et longuement la bouche.

Amylique
Désigne un arôme évoquant la banane, les bonbons acidulés (« bonbons anglais ») ou le vernis à ongles (dans ce cas, c'est un défaut), présent dans certains vins primeurs ou jeunes.

Analyse sensorielle
Nom technique de la dégustation.

Animal
Qualifie l'ensemble des odeurs du règne animal : musc, venaison, cuir..., surtout fréquentes dans les vins rouges vieux.

Anthocyanes
Pigments bleus contenus dans la pellicule des

raisins noirs et qui, solubles dans l'alcool, donnent leur couleur aux vins rouges au cours de la fermentation. Avec le temps, le bleu s'estompe et la couleur du vin passe du violacé au tuilé.

AOC

Appellation d'origine contrôlée. Système réglementaire français garantissant l'authenticité de certains produits – en particulier le vin – issus d'un terroir donné et dont les caractères tiennent également à des « usages loyaux et constants ». Les grands vins proviennent de vignobles en AOC. Voir AOP.

AOP

Appellation d'origine protégée. Terme équivalent de l'AOC à l'échelle européenne, et qui souligne la protection juridique (contre les fraudes et contrefaçons) dont jouissent les produits d'appellation. Voir AOC.

Apogée

Période très variable selon les types de vin et les millésimes, et qui correspond à l'optimum qualitatif d'un vin. Après l'apogée vient le déclin.

Âpre

Se dit d'un vin procurant une sensation rude, un peu râpeuse, provoquée par un fort excès de tanin.

Aromatique

Se dit d'un cépage (muscat, gewurztraminer...) ou d'un vin caractérisé par des arômes intenses.

Arôme

Dans le langage technique de la dégustation, ce terme devrait être réservé aux sensations olfactives perçues en bouche. Mais le mot désigne aussi fréquemment les odeurs en général.

Assemblage

Mélange de plusieurs vins pour obtenir un lot unique. Faisant appel à des vins de même origine, l'assemblage est très différent du coupage – mélange de vins de provenances diverses –, qui a une connotation péjorative.

Astringent

Se dit d'un vin présentant un caractère un peu âpre et rude en bouche. L'astringence apparaît souvent dans de jeunes vins rouges riches en tanins, ayant besoin de s'arrondir.

Attaque

Premières impressions perçues après la mise du vin en bouche.

Austère

Se dit d'un vin rouge généralement jeune, encore fermé aromatiquement, très marqué par les tanins et astringent. Cette sévérité s'estompe en principe avec le temps.

B

Balsamique

Qualificatif d'odeurs venues de la parfumerie et comprenant, entre autres, la vanille, l'encens, la résine et le benjoin.

Ban des vendanges

Fixation par une autorité (autrefois le seigneur) de la date du début des vendanges. Il est aujourd'hui fixé par arrêté préfectoral sur proposition de l'INAO, à maturité des raisins.

Barrique

Fût bordelais de 225 litres, ayant servi à déterminer le tonneau (unité de mesure correspondant à quatre barriques, soit 900 litres).

Beurré

Se dit d'un arôme rappelant le beurre frais, présent dans certains vins blancs, notamment ceux élevés sous bois.

Biodynamique (agriculture)

Agriculture biologique s'inscrivant dans une vision du monde liant la plante et tous les êtres vivants au cosmos et fondant les travaux à la vigne et au chai sur les cycles de la lune.

Biologique (agriculture)

Agriculture n'utilisant aucun fertilisant ou pesticide de synthèse. Biologique (vin) Vin issu de raisins biologiques et élaboré en respectant les règles de vinification adoptées par l'UE en 2012.

Ce règlement européen prohibe certaines pratiques, limite les intrants et additifs, notamment le soufre.

Boisé
Se dit d'un vin élevé en barrique et présentant les arômes résultant d'un séjour dans le bois : vanille et notes empyreumatiques telles que bois brûlé, café torréfié, cacao.

Botrytis cinerea
Nom d'un champignon entraînant la pourriture des raisins. Apparaissant par temps strictement pluvieux, la pourriture est dite grise ; elle est néfaste pour le raisin. Due à l'alternance de brouillard (ou de petites précipitations) et de soleil, la pourriture, qualifiée de noble, produit une concentration des raisins qui est à la base de l'élaboration des vins blancs liquoreux.

Bouche
Terme désignant l'ensemble des caractères du vin perçus dans la bouche.

Bouchon (goût de)
Défaut irrémédiable du vin se traduisant par un goût de moisi, de vieux papier, de liège, résultant d'une contamination du bouchon de liège par un composé chimique appelé trichloroanisole (TCA). Des produits de traitement du bois (palettes, charpentes utilisées dans les installations de vinification) peuvent produire des effets analogues.

Bouquet
Caractères odorants se percevant au nez lorsque l'on flaire le vin dans le verre, puis dans la bouche sous le nom d'arôme. À l'origine réservé aux vins vieux, ce terme s'applique aujourd'hui à tous types de vins.

Bourbe
Éléments solides en suspension dans le moût. Voir débourbage.

Brillant
Se dit d'une robe très limpide dont les reflets brillent fortement à la lumière.

Brûlé
Qualificatif, parfois équivoque, d'odeurs diverses, allant du caramel au bois brûlé.

Brut
Se dit d'un vin effervescent comportant très peu de sucre (juste assez pour tempérer l'acidité du vin, soit entre 6 et 12 g/l) ; brut zéro (brut nature) désigne un champagne non dosé. Voir dosage.

C

Capiteux
Caractère d'un vin très riche en alcool, jusqu'à en être fatigant.

Carafe
1) Récipient de verre de forme ventrue et à col étroit utilisé pour aérer ou décanter le vin.
2) Vins de carafe : vins qui se boivent jeunes et qu'autrefois on tirait directement au tonneau. Par exemple, certains muscadets ou beaujolais.

Casse
Accident (oxydation ou réduction) provoquant une perte de limpidité du vin.

Caudalie
Unité de mesure de la durée de persistance en bouche des arômes après la dégustation (1 caudalie = 1 seconde).

Cépage
Nom de la variété, en matière de vignes.

Chai
Bâtiment dédié à l'élaboration et à l'élevage des vins.

Chair
Caractéristique d'un vin donnant dans la bouche une impression de plénitude et de densité, sans aspérité.

Chaleureux
Se dit d'un vin procurant, notamment par sa richesse alcoolique, une impression de chaleur.

Chapeau
Dans la vinification des vins rouges, désigne les pellicules et autres parties solides du raisin qui

remontent et s'amassent à la surface de la cuve après quelques jours de fermentation.

Chaptalisation
Addition de sucre dans la vendange, contrôlée par la réglementation, afin d'obtenir un bon équilibre du vin par augmentation de la richesse en alcool lorsque celleci s'annonce trop faible.

Charnu
Se dit d'un vin ayant de la chair.

Charpente
Bonne constitution d'un vin avec une prédominance tannique ouvrant de bonnes possibilités de vieillissement.

Chartreuse
Dans le Bordelais, petit château du XVIIIe siècle ou du début du XIXe siècle.

Château
Terme souvent utilisé pour désigner des exploitations vinicoles, même si parfois elles ne comportent pas de véritable château.

Clairet
Vin rouge léger et fruité, ou vin rosé produit en Bordelais et en Bourgogne.

Claret
Nom donné par les Anglais au vin rouge de Bordeaux.

Clavelin
Bouteille de forme particulière et d'une contenance de 62 cl, réservée aux vins jaunes du Jura.

Climat
Nom de lieu-dit cadastral dans le vignoble bourguignon.

Clone
Ensemble des pieds de vigne issus d'un pied unique par multiplication (bouturage ou greffage).

Clos
Très usité dans certaines régions pour désigner les vignes entourées de murs (Clos de Vougeot), ce terme a pris souvent un usage beaucoup plus large, désignant parfois les exploitations elles-mêmes.

Collage
Opération de clarification réalisée avec un produit (blanc d'oeuf, colle de poisson) se coagulant dans le vin en entraînant dans sa chute les particules restées en suspension.

Complexe
Se dit d'un vin déployant tout au long de la dégustation (du premier nez à la finale) une succession d'arômes variés tout en étant fondus, en harmonie les uns avec les autres et avec la texture. Un vin complexe laisse une impression durable de charme et de profondeur.

Concentré
Se dit d'un vin riche dans tous ses composants (sucres dans les vins liquoreux, tanins dans les vins rouges, composés aromatiques) et qui laisse une impression de densité, d'intensité et de profondeur.

Cordon
Mode de conduite des vignes palissées.

Corps
Caractère d'un vin alliant une bonne constitution (charpente et chair) à de la chaleur.

Corsé
Se dit d'un vin ayant du corps.

Coulant
Voir gouleyant.

Coulure
Non-transformation de la fleur en fruit due à une mauvaise fécondation, pouvant s'expliquer par des raisons diverses (climatiques, physiologiques, etc.).

Coupage
Mélange de vins de provenances diverses (à ne pas confondre avec l'assemblage).

Courgée
Nom de la branche à fruits laissée à la taille et qui est ensuite arquée le long du palissage dans le Jura (en Mâconnais, elle porte le nom de queue).

Court

Se dit d'un vin laissant peu de traces en bouche après la dégustation (on dit aussi « court en bouche »).

Crémant

Vin effervescent d'AOC élaboré par méthode traditionnelle, avec des contraintes spécifiques, dans les régions d'Alsace, du Bordelais, de Bourgogne, de Die, du Jura, de Limoux et dans le Val de Loire, ainsi qu'au Luxembourg.

Cru

Terme dont le sens varie selon les régions (terroir ou domaine), mais contenant partout l'idée d'identification d'un vin à un lieu défini de production.

Cuvaison

Période pendant laquelle, après la vendange en rouge, les matières solides restent en contact avec le jus en fermentation dans la cuve. Sa longueur détermine la coloration et la force tannique du vin.

D

Débourbage

Clarification du jus de raisin non fermenté, séparé de la bourbe.

Débourrement

Ouverture des bourgeons et apparition des premières feuilles de la vigne.

Décanter

Transvaser un vin de sa bouteille dans une carafe pour lui permettre d'abandonner son dépôt.

Déclassement

Suppression du droit à l'appellation d'origine d'un vin ; celui-ci est alors commercialisé comme Vin de France.

Décuvage

Séparation du vin de goutte et du marc après fermentation (on dit aussi écoulage).

Dégorgement

Dans la méthode traditionnelle, élimination du dépôt de levures formé lors de la seconde fermentation en bouteille.

Degré alcoolique

Richesse du vin en alcool exprimée en pourcentage de volume d'alcool contenu dans le vin.

Demi-sec

Vin tranquille comprenant une certaine proportion de sucres résiduels sans être pour autant moelleux. Les champagnes et mousseux demi-secs, dont le dosage est compris entre 32 et 50 g/l, sont, eux, conseillés pour le dessert.

Dépôt

Particules solides contenues dans le vin, notamment dans les vins vieux. Le dépôt est enlevé avant dégustation par la décantation.

Dosage

Apport de sucre (exprimé en g/l) sous forme de liqueur d'expédition à un vin effervescent, après le dégorgement. Il varie selon le degré de vivacité souhaité (voir extra-brut, brut, extra-dry, sec, demi-sec).

Doux

Terme s'appliquant à des vins sucrés.

Dur

Un vin dur est caractérisé par un excès d'astringence et d'acidité, pouvant parfois s'atténuer avec le temps.

E

Échelle des crus

Système complexe de classement des communes de Champagne en fonction de la valeur des raisins qui y sont produits.

Écoulage

Voir décuvage.

Effervescent

Synonyme de mousseux.

Égrappage

Séparation des grains de raisin de la rafle.

Élégant

Se dit d'un vin qui, au-delà de l'équilibre, présente des qualités de charme et d'harmonie, sans la moindre lourdeur.

Élevage

Clarification, stabilisation et affinage du vin (en cuve, en fût ou dans d'autres récipients) effectués après la fermentation.

Empyreumatique

Famille d'arômes évoquant le brûlé ou le fumé : bois brûlé, fumée, cendre, goudron, et aussi les denrées qui résultent de la torréfaction, comme le café, le thé ou le cacao, ou encore le pain grillé et le tabac.

Encépagement

Ensemble des cépages cultivés dans un vignoble ; proportion relative des différents cépages dans un domaine ou un vignoble donné.

Enveloppé

Se dit d'un vin riche en alcool, mais dans lequel le moelleux domine.

Épais

Se dit d'un vin donnant en bouche une impression de lourdeur et d'épaisseur.

Épanoui

Qualificatif d'un vin équilibré qui a acquis toutes ses qualités de bouquet.

Épicé

Se dit d'un arôme évoquant les épices : poivre, cannelle, noix muscade, clou de girofle…

Équilibré

Se dit d'un vin présentant un bon équilibre entre tous ses constituants et saveurs, en particulier : alcool et acidité dans les vins blancs secs, alcool, acidité et sucres dans les vins blancs moelleux, alcool, acidité et force tannique dans les vins rouges.

Éraflage

Séparation des baies de raisin de la rafle (la partie ligneuse de la grappe) avant fermentation pour éviter la présence de tanins rustiques dans le vin. Synonyme : égrappage.

Étampage

Marquage des bouchons, des barriques ou des caisses à l'aide d'un fer.

Évent (goût d')

Défaut caractérisant un vin exposé à l'air, et qui a perdu ses qualités aromatiques.

Éventé

Se dit d'un vin ayant perdu tout ou partie de ses arômes à la suite d'une oxydation.

Évolué

Se dit d'un vin montrant par sa couleur (tuilée chez les rouges, ambrée chez les blancs), par ses arômes ou sa structure qu'il amorce la fin de son apogée et demande à être consommé rapidement.

Expressif

Se dit d'un vin épanoui et offrant des arômes bien marqués.

Extra-brut

Se dit d'un champagne très vif, dont la teneur en sucres est inférieure à 6 g/l. (Voir dosage.)

Extraction

Au cours de la fermentation des vins rouges, absorption par le moût des composés contenus dans les pellicules des baies, comme les tanins et les pigments colorés. Cette absorption peut être favorisée par diverses opérations, comme les pigeages et remontages (voir ces mots). Lorsqu'elle est excessive, on parle de surextraction.

Extra-dry

Se dit d'un champagne très légèrement moelleux dont le dosage est compris entre 12 et 17 g/l. (Voir dosage.)

F

Fatigué

Terme s'appliquant à un vin ayant perdu provisoirement ses qualités (par exemple après un transport) et nécessitant un repos pour les recouvrer.

Féminin
Caractérise les vins dont l'agrément résulte de l'élégance et de la finesse plus que de la puissance.

Fermé
S'applique à un vin de qualité encore jeune, n'ayant pas acquis un bouquet très prononcé et qui nécessite donc d'être attendu pour être dégusté.

Fermentation
Processus permettant au jus de raisin de devenir du vin, grâce à l'action de levures transformant le sucre en alcool.

Fermentation malolactique
Transformation, sous l'effet de bactéries lactiques, de l'acide malique du vin en acide lactique et en gaz carbonique ; elle a pour effet de rendre le vin moins acide.

Fillette
Nom donné dans le Val de Loire à la demibouteille (37,5 cl).

Filtration
Clarification du vin à l'aide de filtres.

Finale
Impressions plus ou moins durables que l'on ressent en bouche une fois le vin avalé (ou recraché dans le cas d'une dégustation professionnelle). La finale peut être courte ou persistante.

Finesse
Qualité d'un vin délicat et élégant.

Fleur
Maladie du vin se traduisant par un voile blanchâtre et un goût d'évent.

Floral
Se dit d'un vin dominé par des arômes évoquant les fleurs ; suivant les cas, fleurs blanches (aubépine, acacia, jasmin, chèvrefeuille…), rose, pivoine, violette…

Fondu
Désigne un vin, notamment un vin vieux, dans lequel les différents caractères se mêlent harmonieusement entre eux pour former un ensemble bien homogène.

Foudre
Tonneau de grande capacité.

Foulage
Opération consistant à faire éclater la peau des grains de raisin.

Foxé
Désigne l'odeur, entre celle du renard et celle de la punaise, que dégage le vin produit à partir de certains cépages hybrides.

Frais
Se dit d'un vin légèrement acide, mais sans excès, qui procure une sensation de fraîcheur.

Franc
Désigne l'ensemble d'un vin, ou l'un de ses aspects (couleur, bouquet, goût…), sans défaut ni ambiguïté.

Friand
Qualificatif d'un vin à la fois frais et fruité.

Fruité
Se dit d'un vin, en général jeune, dont la palette aromatique est dominée par des arômes de fruits frais. Selon la couleur et le style des vins : arômes de fruits rouges (cerise, griotte, framboise, groseille, fraise…), noirs (cassis, myrtille, mûre), jaunes (abricot, pêche jaune, mirabelle), exotiques (mangue, litchi, ananas), blancs (pomme, poire, pêche blanche), agrumes (citron, pamplemousse, mandarine…).

Fumé
Qualificatif d'odeurs proches de celle des aliments fumés, caractéristiques, entre autres, du cépage sauvignon ; d'où le nom de blanc fumé parfois donné à cette variété.

Fumet
Synonyme ancien de bouquet.

G

Garde (vin de)
Désigne un vin montrant une bonne aptitude au vieillissement.

Garrigue
Notes évoquant les herbes aromatiques méditerranéennes telles que le thym ou le romarin, décelées dans de nombreux vins méridionaux.

Généreux
Se dit d'un vin riche en alcool, mais sans être fatigant, à la différence d'un vin capiteux.

Générique
Terme pouvant avoir plusieurs acceptions, mais désignant souvent un vin de marque par opposition à un vin de cru ou de château, employé parfois abusivement pour désigner les appellations régionales (par exemple AOC bordeaux, bourgogne...).

Gibier
Famille d'arômes animaux évoquant la venaison, et présents dans certains vins rouges vieux. Voir venaison.

Glace (vin de)
Vin liquoreux obtenu par pressurage de baies gelées récoltées au cœur de l'hiver.

Glycérol
Tri-alcool légèrement sucré, issu de la fermentation du jus de raisin, qui donne au vin son onctuosité.

Gouleyant
Se dit d'un vin souple et agréable, glissant bien dans la bouche.

Gourmand
Se dit d'un vin flatteur et aromatique, qui invite à la dégustation immédiate.

Goutte (vin de)
Dans la vinification en rouge, vin issu directement de la cuve au décuvage (voir presse).

Gras
Synonyme d'onctueux.

Gravelle
Terme désignant le dépôt de cristaux de tartre dans les vins blancs en bouteille.

Graves
Sol composé de cailloux roulés et de graviers, très favorable à la production de vins de qualité, que l'on trouve notamment en Médoc et dans les Graves (Bordelais).

Greffage
Méthode employée depuis la crise phylloxérique, consistant à fixer sur un portegreffe résistant au phylloxéra un greffon d'origine locale.

Gris (vin)
Vin obtenu en vinifiant en blanc des raisins à la pellicule colorée (noire ou grise), par pressurage direct, sans macération. Il s'agit d'un rosé très peu coloré.

H

Harmonieux
Se dit d'un vin équilibré laissant une impression flatteuse d'élégance.

Hautain (en)
Taille de la vigne en hauteur.

Herbacé
Se dit d'un arôme végétal peu flatteur évoquant l'herbe ou les feuilles fraîches. Voir végétal.

Hybride
Terme désignant les cépages obtenus à partir de deux espèces de vignes différentes.

IGP
Indication géographique protégée, catégorie définie en 2009 et correspondant aux vins de pays. Elle désigne des vins issus d'une zone géographique délimitée, mais dont le lien au terroir est moins fort que pour les vins en AOC. L'IGP s'applique à d'autres denrées dont la notoriété et le caractère sont liés à un territoire donné mais dont certaines

phases d'élaboration peuvent se dérouler en dehors de cet espace géographique.

Impériale
Voir Mathusalem.

INAO
Institut national de l'origine et de la qualité (autrefois Institut national des appellations d'origine). Organisme français dépendant du ministère de l'Agriculture et ayant en charge les signes de qualité : AOC, IGP, STG (spécialités traditionnelles garanties), labels rouges et agriculture biologique.

J

Jambes
Synonyme de larmes.

Jéroboam
Grande bouteille contenant l'équivalent de quatre bouteilles.

Jeune
Qualificatif très relatif pouvant désigner un vin de l'année déjà à son optimum, aussi bien qu'un vin ayant passé sa première année mais n'ayant pas encore développé toutes ses qualités.

L

Lactique (acide)
Acide obtenu par la fermentation malolactique.

Larmes
Traces laissées par le vin sur les parois du verre lorsqu'on l'agite ou l'incline.

Léger
Se dit d'un vin peu coloré et peu corsé, mais équilibré et agréable. En général, il est à boire assez rapidement.

Levures
Champignons microscopiques unicellulaires provoquant la fermentation alcoolique.

Lies
Dépôt constitué par les levures mortes après la fermentation. Certains vins blancs sont élevés sur leurs lies, ce qui rend leurs arômes et leur structure plus complexes et plus riches.

Limpide
Se dit d'un vin de couleur claire et brillante ne contenant pas de matières en suspension.

Liqueur d'expédition
Dans le champagne et les vins élaborés selon la méthode traditionnelle, ajout (précédant le bouchage) de vin destiné à combler le vide dans la bouteille créé par le dégorgement. Ce vin ajouté est souvent édulcoré par du sucre, incorporé en proportion variable selon le style de vin recherché, brut, demi-sec, etc. (voir dosage). Synonyme : liqueur de dosage. Liqueur de tirage
Dans le champagne et les mousseux issus de la méthode traditionnelle, liqueur ajoutée au vin au moment de la mise en bouteille (tirage) ; elle est composée de sucres et de levures dissous dans du vin. Ces composants provoqueront la seconde fermentation en bouteille aboutissant à la formation de bulles de gaz carbonique.

Liquoreux
Vins blancs riches en sucre, souvent obtenus à partir de raisins sur lesquels s'est développée la pourriture noble, et se distinguant entre autres par un bouquet spécifique (notes confites ou rôties). Les vins liquoreux peuvent aussi provenir d'un passerillage des baies sur souche ou sur claies (vins de paille).

Long
Se dit d'un vin dont les arômes laissent en bouche une impression plaisante et persistante après la dégustation. On dit aussi : d'une bonne longueur.

Lourd
Se dit d'un vin excessivement épais, trop chargé

en tanins ou en sucres, manquant selon les cas de souplesse ou de fraîcheur.

M

Macération
Contact du moût avec les parties solides du raisin pendant la cuvaison.

Macération carbonique
Mode de vinification en rouge par macération de grains entiers dans des cuves saturées de gaz carbonique ; il est utilisé notamment pour la production de certains vins primeurs.

Macération pelliculaire
Technique consistant à laisser macérer les baies de raisin à l'abri de l'air et à basse température avant la fermentation, ce qui a pour résultat de favoriser l'expression aromatique du vin.

Mâche
Terme s'appliquant à un vin possédant à la fois épaisseur et volume et qui donne l'impression qu'il pourrait être mâché.

Madérisé
Se dit d'un vin blanc qui, en vieillissant, s'oxyde et prend une couleur ambrée et un goût rappelant celui du madère.

Magnum
Bouteille correspondant à deux bouteilles ordinaires.

Malique (acide)
Acide présent à l'état naturel dans beaucoup de vins et qui se transforme en acide lactique par la fermentation malolactique.

Marc
Matières solides restant après le pressurage.

Mathusalem
Autre nom pour la bouteille impériale, équivalant à huit bouteilles ordinaires.

Maturation
Transformation subie par le raisin quand il s'enrichit en sucre et perd une partie de son acidité pour arriver à maturité.

Merrain
Bois de chêne fendu utilisé dans la fabrication des barriques.

Méthode traditionnelle
Technique d'élaboration des vins effervescents comprenant une prise de mousse en bouteille, conforme à la méthode d'élaboration du champagne. Autrefois abusivement appelée « méthode champenoise ».

Mildiou
Maladie provoquée par un champignon parasite qui attaque les organes verts de la vigne.

Millerandage
Anomalie dans la maturation du raisin, conduisant à la présence, dans une même grappe, de baies de taille inégale et souvent réduite. Ce phénomène, dû à de mauvaises conditions climatiques au moment de la floraison, a pour conséquence de diminuer les rendements et parfois d'améliorer la qualité du vin, grâce à l'importance relative des pellicules qui contiennent les composés les plus intéressants du vin.

Millésime
Année de récolte d'un vin.

Minéral
Se dit d'un vin présentant une note aromatique évoquant les roches (dans les blancs : silex, craie, note saline, voire pétrole dans certains rieslings évolués ; dans les rouges : graphite, schiste chauffé au soleil...). Cette série aromatique est souvent associée à des sensations de vivacité. La minéralité pourrait être un effet du terroir (exemple : touches de pierre à fusil des vins de Loire issus de sauvignon planté sur argiles à silex).

Mistelle
Moût de raisin frais, riche en sucre, dont la fermentation a été arrêtée par l'adjonction d'alcool. Synonyme : vin de liqueur.

Moelleux

Qualificatif s'appliquant généralement à des vins blancs doux se situant entre les secs et les liquoreux proprement dits. Se dit aussi, à la dégustation, d'un vin à la fois gras et peu acide.

Mordant

Caractère d'un vin très vif et/ou astringent, légèrement agressif.

Mou

Se dit d'un vin déséquilibré par son manque d'acidité.

Moût

Désigne le liquide sucré extrait du raisin.

Musquée

Se dit d'une odeur rappelant celle du musc.

Mutage

Opération consistant à arrêter la fermentation alcoolique du moût en y ajoutant de l'alcool vinique, pratiquée notamment pour obtenir vins doux naturels et vins de liqueur.

N

Nabuchodonosor

Bouteille géante équivalant à vingt bouteilles ordinaires.

Négoce

Terme employé pour désigner le commerce des vins et les professions s'y rapportant. Est employé parfois par opposition à viticulture ou à propriété.

Négociant-éleveur

Dans les grandes régions d'appellations, négociant ne se contentant pas d'acheter et de revendre les vins mais, à partir de vins très jeunes, réalisant toutes les opérations d'élevage jusqu'à la mise en bouteilles.

Négociant-manipulant

Terme champenois désignant le négociant qui achète des vendanges pour élaborer lui-même un vin de Champagne.

Nerveux

Se dit d'un vin marquant le palais par des caractères bien accusés et une pointe d'acidité, mais sans excès.

Net

Se dit d'un vin franc, aux caractères bien définis.

Nez

Terme regroupant l'ensemble des odeurs perçues en respirant le vin. Le « premier nez » désigne les premières senteurs humées, avant l'agitation du verre.

Nouveau

Se dit d'un vin des dernières vendanges, et plus particulièrement d'un vin primeur.

O

Odeur

Perçues directement par le nez, à la différence des arômes de bouche, les odeurs du vin peuvent être d'une grande variété, rappelant aussi bien les fruits ou les fleurs que la venaison.

Œil

1) Synonyme de bourgeon. 2) Terme désignant l'aspect visuel du vin. Synonyme : robe.

Œnologie

Sciences (chimie, biologie, microbiologie) appliquées à l'élaboration et à la conservation du vin.

Œnologue

Titulaire du diplôme national d'œnologie, chargé d'élaborer le vin, parfois conseil des propriétés ou des maisons de négoce.

Œnophile

Amateur de vin.

Oïdium

Maladie de la vigne provoquée par un petit champignon et qui se traduit par une teinte grise et un dessèchement des raisins ; se traite par le soufre.

OIV

Organisation internationale de la vigne et du

vin. Organisme intergouvernemental étudiant les questions techniques, scientifiques ou économiques soulevées par la culture de la vigne et la production du vin.

Onctueux
Qualificatif d'un vin se montrant en bouche agréablement moelleux, gras.

Organoleptique
Désigne les qualités ou propriétés perçues par les sens lors de la dégustation, comme la couleur, l'odeur ou le goût.

Ouillage
Opération consistant à rajouter régulièrement du vin dans chaque barrique pour la maintenir pleine et éviter l'oxydation du vin au contact de l'air.

Ouvert
Se dit d'un vin au nez épanoui et expressif, en général à son apogée.

Oxydatif (élevage)
Méthode d'élevage visant à faire acquérir au vin certains arômes d'évolution (fruits secs, orange amère, café, rancio...) en les exposant à l'air ; on les élève alors soit dans des barriques, demi-muids ou foudres non ouillés, parfois entreposés en plein air, soit dans des bonbonnes exposées au soleil et aux variations de températures. Ce type d'élevage caractérise certains vins doux naturels, portos et autres vins de liqueur.

Oxydation
Résultat de l'action de l'oxygène de l'air sur le vin. Excessive, elle se traduit par une modification de la couleur (tuilée pour les rouges, ambrée pour les blancs) et du bouquet.

P

Paille (vin de)
Vin liquoreux obtenu grâce à un passerillage après récolte de grappes de raisins déposées sur des claies ou suspendues dans des locaux bien aérés.

Parfum
Synonyme d'odeur avec, en plus, une connotation laudative.

Passerillage
Dessèchement du raisin à l'air s'accompagnant d'un enrichissement en sucre. Les baies passerillées (ou flétries) donnent des vins liquoreux.

Perlant
Se dit d'un vin dégageant de petites bulles de gaz carbonique.

Persistance
Phénomène se traduisant par la perception de certains caractères du vin (saveur, arômes) après que celui-ci a été avalé. Une bonne persistance est un signe positif.

Pétillant
Désigne un vin légèrement effervescent dont la pression du gaz carbonique est moins forte que dans les autres vins mousseux.

Phylloxéra
Puceron qui, entre 1860 et 1880, ravagea le vignoble européen en provoquant la mort des racines par sa piqûre.

Pièce
Nom du fût utilisé en Bourgogne (capacité de 228 litres).

Pierre à fusil
Se dit d'un arôme qui évoque l'odeur du silex venant de produire des étincelles.

Pigeage
Au cours de la vinification des vins rouges, opération consistant à enfoncer dans le moût du raisin le chapeau (voir ce mot) constitué par les parties solides du raisin, ce qui favorise une extraction des composants du raisin. Voir aussi : extraction, remontage.

Piqué
Qualificatif d'un vin atteint d'acescence, maladie se traduisant par une odeur aigre prononcée.

Piqûre (acétique)

Synonyme d'acescence.

Plat

Se dit d'un vin déséquilibré, trop faible en alcool.

Plein

Se dit d'un vin ayant des qualités d'ampleur, qui donne en bouche une sensation de plénitude.

Pommadé

Se dit d'un vin déséquilibré, pâteux, sirupeux, dont la trop grande richesse en sucres donne une impression de lourdeur.

Pourriture noble

Nom donné à l'action du Botrytis cinerea sous certaines conditions atmosphériques (matinées brumeuses et journées ensoleillées) grâce à laquelle les baies de raisin se concentrent en sucres, permettant d'élaborer des vins blancs liquoreux.

Presse (vin de)

Dans la vinification en rouge, vin tiré des marcs par pressurage après le décuvage. Voir goutte (vin de).

Pressurage

En blanc ou en rosé de pressurage, action de presser le raisin pour en tirer du jus. En rouge, opération consistant à presser le marc de raisin pour en extraire le vin.

Primeur (achat en)

Achat fait peu après la récolte et avant que le vin soit consommable.

Primeur (vin)

Vin élaboré pour être bu très jeune, mis en bouteille et commercialisé très peu de temps après la fermentation (environ deux mois). Synonyme : nouveau.

Prise de mousse

Nom donné à la deuxième fermentation alcoolique à l'origine des vins mousseux. Elle donne lieu à un dégagement de gaz carbonique dans la bouteille.

Puissance

Caractère d'un vin qui est à la fois plein, corsé, généreux et d'un riche bouquet.

R

Racé

Caractère d'un grand vin remarquable par son élégance et sa finesse.

Rafle

Terme désignant dans la grappe le petit branchage supportant les grains de raisin qui, lors d'une vendange non éraflée, apporte des tanins et une certaine acidité au vin.

Raisonnée (agriculture)

Agriculture conventionnelle mais soucieuse de limiter au maximum les traitements de synthèse.

Rancio

Caractère particulier pris par certains vins doux naturels (arômes de noix) au cours de leur vieillissement.

Râpeux

Se dit d'un vin très astringent, donnant l'impression de racler le palais.

Récoltant-manipulant

En Champagne, vigneron élaborant lui-même ses cuvées à partir des raisins de sa propriété exclusivement.

Réduction

Évolution d'un vin en bouteille, à l'abri de l'air. Elle permet l'apparition d'arômes plus éloignés du fruité originel, dits arômes tertiaires (venaison, truffe, sous-bois...).

Réduit

Se dit d'un vin présentant des arômes rappelant le renfermé, qui peuvent se dégager à l'ouverture d'une bouteille longtemps fermée. Ils s'estompent généralement à l'aération.

Remontage

Opération consistant, en début de fermentation,

à soutirer le moût hors de la cuve par le bas, puis à l'y réincorporer par le haut. Elle a pour but d'apporter de l'oxygène au moût pour favoriser la multiplication des levures responsables de la fermentation, tout en humidifiant le chapeau (voir ce mot) qui pourrait s'oxyder ou s'altérer. Enfin elle met en contact les jus avec les pellicules des baies, riches en pigments colorés, en composés aromatiques et en tanins.

Remuage
Dans la méthode traditionnelle, opération visant à amener les dépôts contre le bouchon par le mouvement imprimé aux bouteilles placées sur des pupitres. Le remuage peut être manuel ou mécanique (à l'aide de gyropalettes).

Riche
Qualificatif d'un vin coloré, généreux, puissant et en même temps équilibré.

Rimage
Désigne un vin doux naturel mis en bouteille précocement pour lui conserver son fruité, à la différence de ceux élevés en milieu oxydatif (voir ce mot).

Robe
Terme employé souvent pour désigner la couleur d'un vin et son aspect extérieur.

Rognage
Action de couper le bout des rameaux de vigne en fin de végétation.

Rond
Se dit d'un vin dont la souplesse, le moelleux et la chair donnent en bouche une agréable impression de rondeur.

Rôti
Caractère spécifique donné par la pourriture noble aux vins liquoreux, qui se traduit par un goût et des arômes de confit.

S

Saignée (rosé de)
Vin rosé tiré d'une cuve de raisin noir au bout d'un court temps de macération.

Salmanazar
Bouteille géante contenant l'équivalent de douze bouteilles ordinaires.

Sarment
Rameau de vigne de l'année.

Saveur
Sensation (sucrée, salée, acide ou amère) produite sur la langue par un aliment.

Sec
Pour les vins tranquilles, caractère dépourvu de saveur sucrée (moins de 4 g/l) de sucres résiduels. Dans l'échelle de douceur des vins effervescents, il s'agit d'un caractère très légèrement sucré (dosage entre 17 et 35 g/l).

Sévère
Se dit d'un vin rouge généralement jeune, très marqué par les tanins et astringent.

Solera
Méthode d'élevage pratiquée en Andalousie pour certains xérès, et qui vise à assembler en continu vins anciens et vins plus jeunes. Elle consiste à empiler plusieurs étages de barriques ; celles situées au niveau du sol (solera) contiennent les vins les plus âgés, les plus jeunes étant entreposés dans les barriques de l'étage supérieur. On prélève dans les tonneaux du niveau inférieur le vin à mettre en bouteille, qui est remplacé par du vin plus jeune de l'étage supérieur, et ainsi de suite.

Solide
Se dit d'un vin bien constitué, possédant notamment une bonne charpente.

Souple
Se dit d'un vin dans lequel le moelleux l'emporte sur l'astringence.

Soutirage

Opération consistant à transvaser un vin d'un contenant (cuve ou fût) dans un autre pour en séparer la lie.

Soyeux

Qualificatif d'un vin souple, moelleux et velouté, avec une nuance d'harmonie et d'élégance.

Stabilisation

Ensemble des traitements destinés à la bonne conservation des vins.

Structure

Désigne à la fois la charpente et la constitution d'ensemble d'un vin.

Sulfatage

Traitement au sulfate de cuivre appliqué à la vigne pour prévenir les maladies cryptogamiques.

Sulfitage

Introduction de solution sulfureuse (SO2) dans un moût ou dans un vin pour le protéger d'accidents ou maladies, ou pour sélectionner les ferments.

Surmaturité

Caractère de raisins récoltés tardivement, riches en sucres, qui donnent des vins souvent moelleux et marqués par des arômes confits.

T

Taille

Coupe des sarments pour régulariser et équilibrer la croissance de la vigne afin d'en contrôler la productivité.

Tanin

Substance se trouvant dans le raisin, et qui apporte au vin sa capacité de longue conservation et certaines de ses propriétés gustatives.

Tannique

Caractère d'un vin laissant apparaître une note d'astringence due à sa richesse en tanin.

Tendu

Se dit d'un vin vif et nerveux.

Terroir

Territoire s'individualisant par certaines caractéristiques physiques (sol, sous-sol, exposition...) déterminantes pour son vin.

Thermorégulation

Technique permettant de contrôler et de maîtriser la température des cuves pendant la fermentation.

Tirage

1) Synonyme de soutirage.
2) Mise en bouteille du champagne avant la prise de mousse.

Tonneau

Unité de mesure pour le transport et la commercialisation des vins en vrac et correspondant à 4 barriques de 225 l, soit 900 l.

Tranquille (vin)

Désigne un vin non effervescent.

Tries (vendanges par)

Vendanges effectuées en plusieurs passages successifs pour récolter à leur concentration optimale les raisins touchés par la pourriture noble. Elles permettent l'élaboration de grands vins liquoreux.

Tuilé

Caractère des vins rouges évolués qui, en vieillissant, prennent une teinte rouge jaune. Plus spécialement, mention sur l'étiquette désignant un vin doux naturel rouge élevé au moins trente mois en milieu oxydatif.

V

VDQS

Devenu AOVDQS. Appellation d'origine vin délimité de qualité supérieure, produit dans une région délimitée selon une réglementation précise. Antichambre des AOC, cette catégorie a disparu en 2011.

Végétal

Se dit du bouquet ou des arômes d'un vin (principalement jeune) rappelant l'herbe ou la végétation. Les arômes végétaux peuvent traduire un manque de maturité de la récolte ou une extraction trop forte.

Venaison
S'applique au bouquet d'un vin rappelant l'odeur de grand gibier.

Vert
Se dit d'un vin trop acide.

Vieux
Terme pouvant avoir plusieurs acceptions, mais désignant en général un vin ayant plusieurs années d'âge et ayant vieilli en bouteille après avoir séjourné en tonneau.

Vif
Se dit d'un vin frais et léger, avec une petite dominante acide mais sans excès, et agréable.

Village
1) Terme employé dans certaines régions pour individualiser un secteur particulier au sein d'une appellation plus large (côtes-du-rhône, côtes-du-roussillon, beaujolais).
2) En Bourgogne, vin d'appellation communale non classé en premier cru.

Vin de liqueur
1) Vin doux ne répondant pas aux normes réglementaires des vins doux naturels.
2) Vin obtenu par mélange de moût et d'eau-de-vie (pineau des charentes, floc-degascogne, macvin-du-jura). Syn. : mistelle.

Vin de pays
À l'origine, vin appartenant au groupe des vins de table, mais dont on mentionnait sur l'étiquette la région géographique d'origine. Devenus IGP (indication géographique protégée) en 2009, les vins de pays sont désormais classés dans la catégorie des vins avec indication géographique, comme les AOC. La mention « vin de pays » peut subsister sur l'étiquette. Voir IGP.

Vin de table
Catégorie de vin n'affichant aucune indication géographique sur l'étiquette et provenant souvent de coupages entre des vins de différents vignobles de France ou de l'UE. Ces vins sont désormais appelés « vins sans indication géographique » (et « vins de France » s'ils proviennent du territoire national).

Vin doux naturel
Vin obtenu par mutage à l'alcool vinique du moût en cours de fermentation, souvent issu des cépages muscat et/ou grenache et correspondant à des conditions strictes de production, de richesse et d'élaboration.

Vineux
Se dit d'un vin possédant une certaine richesse alcoolique et présentant de façon nette les caractéristiques distinguant le vin des autres boissons alcoolisées.

Vinification
Méthode et ensemble des techniques d'élaboration du vin.

Viril
Se dit d'un vin à la fois charpenté, corsé et puissant.

Volume
Caractéristique d'un vin donnant l'impression de bien remplir la bouche.

VQPRD
Vin de qualité produit dans une région déterminée. Correspondait au vin AOC dans le langage réglementaire de l'Union européenne. Aujourd'hui, l'UE distingue les vins avec indication géographique (IG), qui incluent les anciens vins de pays, des vins sans indication géographique (VSIG). VSIG Vin sans indication géographique. Dans le langage réglementaire de l'UE, désigne aujourd'hui les anciens vins de table, qui peuvent être issus de coupages de différents vignobles. Cette catégorie exclut désormais les vins de pays (IGP) qui proviennent obligatoirement d'une zone géographique.

GLOSSAIRE DES CÉPAGES

A

Abouriou

Cépage rouge du Sud-Ouest présent notamment dans les assemblages du côtesdu-marmandais (Lot-et-Garonne). Il donne un vin coloré, très tannique et peu acide. Airén Cépage blanc d'Espagne, adapté aux régions sèches et chaudes comme la Castille La Manche, donnant des vins souples et légers. En déclin, il figure encore parmi les variétés les plus cultivées du pays. Albariño Cépage blanc du nord-est de la Péninsule ibérique ayant acquis une belle réputation pour ses vins secs, vifs et particulièrement aromatiques, notamment en Galice (Rias Baixas). Il peut aussi entrer dans l'assemblage des Vinhos verdes du Portugal. Synonyme : alvarinho

Aligoté

Cépage blanc principalement planté en Bourgogne où il constitue le cépage unique de deux appellations : bourgogne-aligoté et bouzeron. On le trouve également en assemblage dans certains crémants. Il donne un vin léger et vif, à boire jeune, qui est aussi traditionnellement associé à la crème de cassis pour composer le kir.

Altesse

Cépage blanc cultivé en Savoie et dans le Bugey, donnant des vins secs, corsés, élégants et aromatiques. Il est vinifié seul dans les AOC roussette-de-savoie et roussette-du-bugey et peut être associé à d'autres variétés de ces régions pour produire des vins tranquilles ou mousseux. Synonyme : roussette.

Amigne Cépage blanc du Valais (Suisse), qui engendre des vins généreux aux nuances d'agrumes. Ses baies peuvent flétrir sur pied et donner naissance à des liquoreux de vendanges tardives. Ceux de Vétroz sont réputés.

Aragnan

Cépage blanc très rare, que l'on peut trouver dans les assemblages de l'appellation palette (Provence).

Aramon

Cépage rouge extrêmement productif, surtout en plaine, donnant des vins peu colorés et légers. Il s'est répandu en Languedoc à partir de la seconde moitié du XIXe siècle pour produire des vins ordinaires : il occupait une superficie de 150 000 ha en 1958. Exclu de l'encépagement des vins d'appellation, il a été massivement arraché.

Arbane

Cépage blanc de l'Aube donnant des vins nerveux et bouquetés. Il peut entrer dans l'encépagement du champagne, mais a presque disparu en raison de faibles rendements et d'une maturité tardive.

Arrufiac

Cépage blanc local des vignobles de la région du Béarn, à l'origine d'un vin riche en alcool et bouqueté. Il s'accorde bien avec les autres cépages blancs de la région (petit et gros mansengs, courbu). C'est un cépage secondaire du pacherenc-du-vicbilh et du saint-mont blanc.

Auxerrois

Cépage blanc d'origine lorraine donnant un vin plutôt souple, aux arômes de fleurs et de fruits blancs. Il est souvent vinifié seul dans les appellations de Lorraine (côtes-de-toul, moselle) et les vins de la Moselle luxembourgeoise, et parfois assemblé au pinot blanc en Alsace. Cépage noir : voir malbec.

B

Baco

Cépage blanc issu de l'hybridation de la folle blanche et du noah. C'est le seul hybride à rester autorisé dans un vignoble français d'appellation, celui de l'armagnac, où il prospère notamment sur les sables fauves du Bas-Armagnac. Distillé, son vin donne des eaux-de-vie rondes, suaves et aromatiques, aux nuances de fruits mûrs.

Barbarossa

Cépage rouge de cuve et de table cultivé en Corse, qui entre notamment dans l'appellation ajaccio.

Barbaroux

Cépage rouge cultivé en Provence, dont les raisins étaient autrefois utilisés pour la table. On peut le trouver dans l'appellation côtesde-provence, mais il est devenu très rare.

Barbera

Cépage rouge italien donnant des vins frais, fruités et agréablement parfumés, plus ou moins concentrés, dont les vins d'appellation Barbera d'Alba et Barbera d'Asti offrent une belle expression.

Baroque

Cépage blanc du Sud-Ouest, cultivé dans les Landes, à la base des blancs de l'appellation tursan. Il donne un vin sec et nerveux au bouquet agréable rappelant celui du sauvignon.

Bergeron

Voir roussanne.

Bouchy

Voir cabernet franc.

Bourboulenc

Cépage blanc produisant un vin de qualité aux légers parfums floraux. Ses raisins étaient autrefois utilisés à table en Provence, car ils se conservaient bien durant l'hiver. Il joue un rôle en assemblage dans de nombreuses AOC du sud de la France : en Provence, dans la vallée du Rhône, et particulièrement en Languedoc. Synonyme : doucillon.

Braquet

Cépage rouge de Provence qui contribue à la personnalité des vins rouges de l'AOC bellet, près de Nice. Il donne un vin peu coloré mais corsé, gagnant à vieillir. Synonyme : brachet.

Braucol

Voir fer-servadou.

Breton

Voir cabernet franc.

C

Cabernet franc

Cépage rouge originaire du Bordelais et répandu dans le monde entier. Dans le Bordelais, il est surtout cultivé sur la rive droite de la Dordogne, en Libournais (appellations pomerol, saint-émilion, castillon-côtes-debordeaux...) ; généralement minoritaire, il est assemblé au merlot et parfois au cabernet-sauvignon. Dans le Sud-Ouest, il occupe une place non négligeable dans les appellations voisines du Bordelais et en coteaux-du-quercy. Dans le Val de Loire, il est appelé breton. Souvent vinifié seul, il donne leur caractère à de nombreux vins de Touraine (chinon, bourgueil, saint-nicolas-de-bourgueil). Il est très présent aussi dans les rouges d'Anjou-Saumur, seul ou en assemblage. Ce cépage est à l'origine de vins rouges et rosés moyennement tanniques et très parfumés, rappelant la framboise et la violette, parfois teintés de notes de poivron lorsqu'ils naissent de terres plus froides. Synonymes : breton, bouchy.

Cabernet-sauvignon

Cépage rouge le plus diffusé dans le monde après le merlot. Il tient ses lettres de noblesse du Bordelais, notamment du Médoc et des Graves, où il trouve son terroir de prédilection : de belles croupes de graves, terres chaudes et bien drainées particulièrement propices à cette variété tardive. En Bordelais, le cabernet-sauvignon n'est jamais vinifié seul, mais il peut représenter jusqu'à 75 % du total, le solde étant généralement fourni par le merlot, le cabernet franc ou le petit verdot. Il donne des vins très colorés, denses et tanniques, aux arômes de cassis et de cèdre, qui doivent attendre quelques années pour donner leur pleine mesure. L'élevage en barrique renforce leur complexité. Le cabernet-sauvignon participe aussi aux assemblages de nombreux vins du Sud-Ouest et, à titre accessoire, à quelques appellations provençales (côtes-de-provence et coteaux d'aix-en-provence par exemple). Il est également admis dans de nombreuses appellations d'Anjou, du Saumurois et de Touraine.

Camaralet

Cépage blanc originaire du Béarn, variété accessoire et rare de l'appellation jurançon. Il donne un vin fin aux arômes épicés (poivre ou cannelle).

Carignan

Cépage rouge originaire d'Aragon en Espagne. Le carignan s'est répandu depuis des siècles dans les régions méditerranéennes de France. Pouvant donner des rendements astronomiques, il s'est diffusé dans les plaines languedociennes jusque dans les années 1970. On en tirait des vins de table alcooliques, acides et neutres, qui ont nui à sa réputation alors qu'il donne de bons résultats lorsqu'il naît de petits rendements et de vieilles vignes plantées sur ses terroirs de prédilection (schistes, argilo-calcaires). Il a été massivement arraché mais garde droit de cité dans les appellations méditerranéennes, de la Provence au Roussillon en passant par la vallée du Rhône méridionale, où il entre dans des assemblages avec d'autres variétés comme le grenache noir, la syrah, le mourvèdre. Il confère aux vins de la couleur, de la chaleur, une belle charpente et des arômes de fruits rouges, d'épices et de garrigue. Il est très présent dans les assemblages des appellations fitou, corbières, corbières-boutenac, côtes-du-roussillon, côtes-du-roussillon-villages.

Carmenère

Cépage rouge d'origine bordelaise donnant des vins de belle qualité, à la robe profonde et à la bouche ronde et ample. Jadis très cultivée en Médoc, la carmenère a fortement régressé à cause de rendements faibles. On n'en trouve plus que quelques hectares en Gironde alors qu'elle est devenue une des variétés vedettes du Chili.

César

Cépage rouge de l'Yonne introduit, selon la tradition, par les légions romaines. Il entre à hauteur de 10 % maximum dans l'AOC irancy (Bourgogne), assemblé au pinot noir. Il donne un vin très coloré, aux arômes de fruits rouges et à la structure tannique particulièrement solide.

Chardonnay

L'un des premiers cépages blancs de qualité au monde. C'est la variété presque exclusive des vins blancs de Bourgogne dont les plus illustres (chablis, corton-charlemagne, meursault, montrachet, pouillyfuissé) l'ont rendu mondialement célèbre. Il donne des vins élégants, souvent arrondis par une fermentation malolactique, aux arômes complexes de fleurs, de fruits blancs, d'agrumes, de fruits secs et de pain grillé, qui prennent mille nuances selon les terroirs et l'élevage (souvent boisé). Vifs et minéraux dans les régions septentrionales, ils se font beurrés et miellés dans les secteurs plus chauds. Le chardonnay compose aussi près de 30 % de l'encépagement de la Champagne où il est assemblé au pinot noir ou vinifié seul (blanc de blancs). Il peut aussi entrer dans la composition d'autres vins effervescents (certains crémants notamment). Dans le Jura, le chardonnay est vinifié seul ou assemblé au savagnin ; dans le Sud, il se plaît sur les terres fraîches de Limoux. On le trouve encore dans le Bugey, en Centre-Loire (orléans, saint-pourçain, côtes-d'auvergne). On en tire plus rarement des vins liquoreux à partir de raisins surmûris, dont les plus connus sont produits en Autriche.

Chasselas

Raisin de table blanc très apprécié en Europe (l'un des rares à bénéficier d'une appellation d'origine contrôlée, à Moissac). C'est aussi un raisin de cuve, cultivé principalement en Suisse (sous le nom de fendant dans le Valais) et en Savoie dans les secteurs proches du lac Léman (Crépy). En Alsace, il est devenu rare et entre souvent dans des assemblages. On le trouve aussi dans le Centre-Loire (Pouilly-sur-Loire), où il a cependant décliné au profit du sauvignon. Son vin frais et floral se termine souvent par une agréable amertume. Synonyme : fendant, gutedel.

Chenin blanc

Cépage blanc vigoureux et précoce du Val de Loire, cultivé en Touraine occidentale (appellations vouvray, montlouis-sur-loire, touraineazay-le-rideau...), dans le Saumurois (saumur blanc et mousseux, coteaux-de-saumur) et en aval du fleuve, en Anjou (anjou blanc, bonnezeaux, quarts-de-chaume, coteaux-dulayon, coteaux-de-l'aubance, anjou-coteauxde-la-loire, savennières) ; on le trouve aussi dans la vallée du Loir, son affluent de rive droite (jasnières, coteaux-du-loir). Le chenin donne des vins fruités, dont la vivacité contribue au potentiel de garde. Il peut être vinifié en effervescent ou en vin tranquille sec, demi-sec ou moelleux. La pourriture noble se développe aisément sur ses baies et permet d'obtenir de grands vins liquoreux (bonnezeaux, quarts-de-chaume...) caractérisés par une fine acidité qui leur donne de la fraîcheur. À Savennières et à Jasnières, le chenin donne des vins secs réputés. En vin tranquille, il est le plus souvent vinifié seul, parfois assemblé avec un peu de chardonnay ou de sauvignon (anjou blanc). Le chenin se rencontre aussi en Languedoc-Roussillon (à Limoux) et dans de petits vignobles aveyronnais (vins d'entraygues-et-du-fel). Il a fait souche dans plusieurs pays du monde, notamment en Afrique du Sud. Synonyme : pineau de la Loire.

Cinsault

Cépage rouge méridional, le cinsault peut participer aux assemblages de la plupart des appellations méditerranéennes. C'est dans certaines cuvées de rosé (en corbières, côtes-de-provence...) qu'il est sans doute le plus présent : il donne à ces vins des arômes fort appréciés de fraise, de pêche et de framboise. En vin de pays (IGP), il est souvent vinifié seul, en général en rosé.

Clairette

Cépage blanc méridional donnant un vin floral, souple et rond, à la finale amère et fraîche. Il est vinifié seul dans les appellations clairette-de-bellegarde (Gard), clairette-du-languedoc (Hérault) et clairette de-die méthode traditionnelle (Drôme), et constitue le cépage principal du crémant de-die. Il n'intervient qu'à titre accessoire dans la clairette-de-die méthode ancestrale, dominée par le muscat à petits grains. Il se mêle à d'autres cépages dans de nombreux vins blancs d'appellation du Sud-Est (châteauneuf-du-pape, côtes-du-provence, côtes-du-rhône, bandol, cassis, palette...).

Colombard

Cépage blanc d'origine charentaise, le colombard a perdu du terrain au profit de l'ugni blanc mais reste encore utilisé pour l'élaboration des vins destinés au cognac et à l'armagnac, eaux-de-vie auxquelles il apporte un caractère fruité. Il entre dans la composition du pineau-des-charentes et du floc-de-gascogne, et dans certaines AOC bordelaises de blancs secs (côtes-de-blaye) souvent à titre accessoire (bordeaux, entre-deux-mers...). Il est vinifié seul ou en assemblage pour produire certains vins de pays aromatiques (côtes-de-gascogne notamment).

Côt

Voir malbec.

Counoise

Cépage rouge figurant parmi les nombreux cépages autorisés pour l'appellation châteauneuf-du-pape, mais devenu très rare. Il n'intervient que dans des proportions minimes dans certains assemblages de cette appellation et dans quelques vignobles proches (côtes-du-rhône, gigon das, coteaux-d'aix-en-provence). Il donne des vins à la robe foncée, aux arômes de fruits noirs et d'épices.

Courbu

Cépage blanc cultivé essentiellement dans les Pyrénées-Atlantiques, souvent associé au petit manseng et à quelques autres cépages de la même région dans les appellations locales comme le jurançon. Il donne un vin élégant, corsé, vieillissant bien.

D

Doucillon

Voir bourboulenc.

Duras

Cépage rouge du Tarn généralement vinifié en assemblage avec les autres cépages locaux. C'est une des variétés de l'appellation gaillac. Il donne un vin coloré, riche en alcool, nerveux, à saveur poivrée.

F

Fer servadou

Cépage rouge du Sud-Ouest donnant un vin aux tanins épicés et aux arômes de cassis et de framboise. Sous le nom de mansois, c'est le cépage principal du marcillac ; c'est aussi une des variétés importantes du Gaillacois, où il est appelé braucol. Il intervient également dans les assemblages d'autres appellations du Sud-Ouest (fronton, estaing, madiran, saint-mont...). Synonymes : braucol, pinenc, mansois.

Folle blanche

Cépage blanc à la base d'eaux-de-vie de grande qualité (cognac, armagnac), mais qui a largement régressé pour céder la place à l'ugni blanc après la crise phylloxérique. Il donne des vins légers en alcool et d'une bonne vivacité dans l'appellation gros-plant-du-pays-nantais. Synonyme : gros plant.

Fuella nera

Vieux Cépage rouge de Provence donnant un vin très coloré, bouqueté et rond, généralement assemblé avec d'autres cépages méridionaux. C'est une des deux variétés principales de l'appellation bellet, au-dessus de Nice.

Furmint

Cépage blanc cultivé en Hongrie et dans les pays limitrophes d'Europe centrale, il est au cœur des célèbres vins blancs de la région de Tokaj, parfois associé à des cépages secondaires (harsevelü, muscat...). Ses raisins prennent facilement la pourriture noble et ses vins associent richesse en sucres et forte acidité. Ils peuvent être vinifiés en vins secs, demi-secs et liquoreux.

G - J

Gamaret

Cépage rouge de Suisse issu d'un croisement réalisé en 1970 entre le gamay et le reichensteiner (cépage blanc). Il engendre des vins structurés et de garde, aux arômes de fruits noirs et d'épices.

Gamay

Cépage rouge à l'origine d'un vin fruité, gouleyant et d'une agréable vivacité, le plus souvent de courte ou moyenne garde. C'est le cépage unique des rouges du Beaujolais. On le trouve encore dans la vallée de la Loire (Anjou et Touraine notamment) dans le Centre et le Massif central.
Il est associé avec le pinot noir dans le bourgogne-passetoutgrain et la dôle du Valais. Il entre également dans les assemblages de plusieurs vins du Sud-Ouest.

Gewurztraminer

Cépage blanc caractéristique de l'Alsace. Il donne

des vins à la robe dorée, à la bouche puissante et ample et aux arômes aussi exubérants que caractéristiques (nuances de rose, de litchi et d'épices). On le vinifie en vin sec ou en vin doux (vendanges tardives et sélection de grains nobles notamment).

Grenache blanc

Cépage blanc cultivé principalement en Espagne et un peu dans le sud de la France (vallée du Rhône méridionale, Languedoc-Roussillon). C'est la variété blanche du grenache noir. Il entre dans l'assemblage de plusieurs vins blancs (vins secs ou vins doux naturels) auxquels il confère richesse, gras et notes florales.

Grenache gris

Variété grise du grenache cultivée dans les Pyrénées-Orientales, l'Aude et le sud de la vallée du Rhône. Ses vins puissants et ronds entrent dans l'assemblage de blancs ou rosés secs et de vins doux naturels.

Grenache noir

Cépage rouge originaire d'Espagne, l'une des grandes variétés de qualité du sud de la France. Parfois vinifié seul, il est le plus souvent assemblé à un ou plusieurs autres cépages rhodaniens ou méridionaux aux qualités complémentaires comme la syrah, le mourvèdre, le carignan ou le cinsault. Ses vins sont chaleureux, empreints d'arômes de fruits rouges (cerise) et d'épices ; ils s'oxydent avec le temps. Vinifié seul ou en très grande proportion, le grenache noir donne aussi de grands vins doux naturels en Roussillon (rivesaltes, banyuls, maury) et dans la vallée du Rhône (rasteau).

Grenache poilu

Voir lledoner pelut.

Gringet

Cépage blanc de la vallée de l'Arve en Haute-Savoie. Confidentiel, c'est le cépage principal du vin-de-savoie Ayze (tranquille ou effervescent).

Grolleau

Cépage rouge de la vallée de la Loire à l'origine de vins légers. Il entre surtout dans l'assemblage de rosés mais peut aussi être associé à d'autres variétés dans des vins effervescents de la région (crémant-deloire, saumur). Synonyme : groslot.

Gros manseng

Cépage blanc du Sud-Ouest surtout cultivé dans les Pyrénées-Atlantiques où il entre principalement dans l'assemblage des jurançon et pacherenc-du-vic-bilh secs. Voisin du petit manseng, il donne un vin jugé moins fin tout en étant bien équilibré, charpenté, vif et fruité.

Gros plant

Voir folle blanche. Grüner veltliner Cépage blanc surtout cultivé en Autriche, qui a gagné en popularité grâce à ses vins secs, dont les meilleurs peuvent offrir une belle structure et un fort potentiel de garde. Humagne rouge Cépage rouge tardif originaire du Val d'Aoste, répandu dans le Valais (Suisse). Il produit des vins de moyenne garde aux tanins plutôt souples et aux arômes de fruits des bois, de sous-bois et de violette.

Jacquère

Cépage blanc de Savoie qui donne des vins légers et frais, aux arômes de fleurs blanches et d'agrumes nuancés de touches de pierre à fusil. Variété principale de l'appellation vin-de-savoie, il est vinifié seul ou en assemblage. On le rencontre également, à titre accessoire, dans le Bugey.

L

Len de l'el

Cépage blanc du Sud-Ouest ayant contribué à la renommée des gaillac. Son nom occitan (« loin de l'œil ») s'explique par un pédoncule très long qui place la grappe loin du bourgeon (œil) qui lui a donné naissance. S'il peut produire des vins secs, les vignerons laissent volontiers surmûrir ses grosses grappes pour en tirer des vins moelleux ou liquoreux. Il peut être vinifié seul ou assemblé à un ou plusieurs cépages de l'appellation : mauzac, muscadelle, ondenc ou sauvignon. Synonyme : loin de l'œil.

Lledoner pelut

Cépage rouge originaire d'Espagne, qui tire son nom de l'aspect de ses feuilles. Il peut figurer dans l'encépagement de plusieurs appellations du Languedoc-Roussillon. Il donne un vin peu coloré, assez proche du grenache, légèrement moins riche en alcool. Synonyme : grenache poilu.

Loin de l'œil

Voir len de l'el.

M

Macabeu

Cépage blanc d'Espagne (Catalogne) introduit en Roussillon il y a fort longtemps. Il participe à l'assemblage de plusieurs vins blancs AOC du Languedoc-Roussillon. Vendangé tôt et associé à d'autres cépages comme le grenache blanc, il fournit des vins blancs secs, floraux et fruités, d'une bonne fraîcheur. Vendangé plus tard, il entre dans la production de certains vins doux naturels comme le rivesaltes blanc. Synonyme : maccabéo.

Malbec

Cépage rouge caractéristique du Sud-Ouest de la France, devenu le principal cépage rouge de l'Argentine. Majoritaire dans le cahors (au moins 70 % de l'encépagement), il est associé notamment aux cabernets et au merlot dans de nombreuses AOC du Sud-Ouest (bergerac, pécharmant...) et du Bordelais (médoc, graves, côtes-de-bourg...). Dans la vallée de la Loire (Touraine), le malbec est appelé côt. Il est vinifié seul ou assemblé avec le cabernet franc et le gamay. Il fournit des vins colorés, aromatiques, charpentés. Synonymes : côt, auxerrois.

Malvoisie

Nom donné localement à différents cépages, notamment le pinot gris (Pays nantais) et le vermentino (Provence et Corse).

Mansois

Voir fer-servadou.

Marsanne

Cépage blanc de la vallée du Rhône septentrionale donnant des vins amples et assez chaleureux. La marsanne est assemblée à la roussanne dans des appellations comme crozes-hermitage, hermitage ou saint-péray (tranquilles et effervescents). Elle entre également dans l'assemblage de nombreux vins blancs de la vallée du Rhône méridionale (mais pas dans le châteauneuf-du-pape blanc) et du Languedoc-Roussillon.

Mauzac

Cépage blanc du Sud-Ouest, à l'origine de vins aux nuances de pomme. Intimement liée à l'appellation gaillac, c'est la variété exclusive du gaillac mousseux méthode ancestrale ; le mauzac est également très présent dans les vins blancs de l'appellation, où il est associé notamment au len de l'el et à la muscadelle. Il s'est diffusé en Languedoc (blanquette-de-limoux).

Melon de Bourgogne

Vieux cépage blanc bourguignon, peu utilisé dans sa région d'origine mais ayant gagné la région nantaise. C'est le cépage exclusif du Muscadet. Il donne un vin sec jaune pâle, souple et vif, au bouquet intense, auquel un élevage sur lie confère gras et complexité aromatique.

Merlot

Cépage rouge le plus cultivé en France, principalement en Gironde, où il est assemblé au cabernet-sauvignon et parfois à d'autres variétés comme le cabernet franc et le malbec. Dans le Bordelais, il est étroitement associé aux appellations de la rive droite de la Dordogne telles que pomerol et saint-émilion, où il est majoritaire, mais il a progressé partout, jusqu'en Médoc.

Il domine les assemblages en AOC régionales (bordeaux, bordeaux supérieur). Ses vins sont ronds ; leurs arômes de fruits rouges plus ou moins confiturés évoquent le pruneau lorsque le raisin est très mûr et prennent des nuances de sous-bois, de cuir et d'épices avec le temps. Assemblé au cabernet-sauvignon, le merlot confère de la souplesse au vin qui peut ainsi être bu plus rapidement. Le merlot a connu une explosion de ses plantations en Languedoc-Roussillon, où il fournit surtout des vins de pays (IGP). Il est très présent en Europe de l'Est, en Italie et en Amérique.

Meunier
Voir pinot meunier.

Molette
Cépage blanc cultivé en Haute-Savoie et dans l'Ain, qui produit quelques vins tranquilles (AOC seyssel molette) et qui entre dans la composition du seyssel mousseux et du bugey blanc mousseux.

Mondeuse
Cépage rouge cultivé depuis longtemps en Savoie, d'où il s'est propagé dans l'Isère et dans l'Ain. Avec le gamay et le pinot noir, il entre dans l'encépagement des appellations vin-de-savoie et bugey où il fournit des cuvées monocépages (notamment en Savoie à Arbin et à Saint-Jean-de-la-Porte). Il donne un vin coloré, solide, chaleureux et de garde, aux arômes de fraise, de framboise et de cassis agrémentés de notes florales et épicées.

Montils
Cépage blanc charentais qui, distillé, donne une eau-de-vie appréciée pour la finesse et l'intensité de ses arômes. Il est devenu cependant très minoritaire pour l'élaboration du cognac.

Mourvèdre
Cépage rouge méridional très cultivé en Espagne (où il est appelé monastrell). Il entre dans la composition de plusieurs vins de Provence, en particulier le bandol rouge (au moins 50 % de l'assemblage), aux côtés notamment du grenache et du cinsault. On le trouve aussi dans la vallée du Rhône, où il fait partie des cépages autorisés du châteauneuf-du-pape. Il a été implanté plus récemment en Languedoc-Roussillon. Il est à l'origine de vins colorés, tanniques, chaleureux, complexes (cerise noire, fruits mûrs, poivre, cuir...) et de longue garde.

Müller-thurgau
Résultant du croisement du riesling et d'une autre variété, ce cépage précoce peut prospérer sous des climats frais et donne des vins vifs, moins élégants que ceux issus du riesling. En régression, il reste répandu en Allemagne ainsi qu'en Europe centrale et orientale.

Muscadelle
Cépage blanc cultivé en Gironde et en Dordogne, donnant des vins fruités discrètement muscatés. Très rarement vinifié seul, il peut être assemblé au sauvignon et au sémillon dans toutes les appellations de vins blancs secs ou doux du Bordelais (bordeaux sec, entre-deux-mers, sauternes...), du Bergeracois (bergerac, monbazilllac...) et d'autres AOC de ce secteur (côtes-de-duras, buzet blanc...).

Muscardin
Cépage rouge de la vallée du Rhône méridionale, donnant des vins d'une belle fraîcheur, au bouquet floral. Rare, il fait partie des cépages du châteauneuf-du-pape et peut entrer dans l'encépagement des appellations voisines (gigondas, vacqueyras...) et des côtes-du-rhône.

Muscat blanc à petits grains
Cépage blanc cultivé depuis l'Antiquité sur les bords de la Méditerranée, considéré comme le plus noble des muscats. On en tire surtout des vins doux, souvent issus de mutage. En France, c'est le cépage unique de nombreux vins doux naturels : muscat-de-frontignan, muscat-de-mireval, muscat-de-lunel, muscat-de-saint-jean-deminervois, muscat-de-beaumes-de-venise, muscat-du-cap-corse. Associé au muscat d'Alexandrie, il donne

le muscat-de-rivesaltes. Il entre aussi dans la composition de blancs effervescents (clairette-de-die ; et asti spumante en Italie) et secs (alsace-muscat). Puissamment aromatiques et complexes, ses vins évoquent le raisin frais, la rose, les fruits exotiques, les agrumes, les épices.

Muscat d'Alexandrie

Cépage blanc qui serait originaire d'Égypte. Il est consommé en raisin de table, en jus et en vins doux. Cultivé principalement dans les Pyrénées-Orientales, il participe à la production de vins doux naturels et notamment au muscat-de-rivesaltes (associé au muscat à petits grains). Il entre aussi à titre accessoire dans d'autres vins doux naturels blancs comme le rivesaltes. Ses vins onctueux présentent un bouquet évoluant vers le raisin passerillé et la figue sèche.

Muscat ottonel

Cépage blanc cultivé en Alsace où il entre dans l'encépagement de l'alsace muscat (avec le muscat à petits grains, qui a régressé car un peu trop tardif pour la région). Il donne un vin aromatique finement muscaté, souvent vinifié en vin sec. On peut aussi récolter les grappes surmûries et/ou botrytisées pour obtenir des vendanges tardives et des sélections de grains nobles.

N - O

Nebbiolo

Cultivé dans le nord-ouest de l'Italie, c'est l'un des plus grands cépages rouges de la Péninsule. Il donne naissance à des vins comme le Barolo et le Barbaresco (Piémont), dont la concentration, la forte acidité et la charpente autorisent une longue garde. La palette aromatique mêle les fruits rouges mûrs, la violette, les épices et des notes empyreumatiques (fumée, torréfaction), qui gagnent encore en complexité avec le temps (truffe, cuir, fruits confiturés…)

Négrette

Cépage rouge du Sud-Ouest cultivé au nord de Toulouse, donnant des vins colorés, aromatiques et fruités aux notes caractéristiques de violette et de réglisse. C'est le cépage principal de l'AOC fronton. Il y est vinifié seul ou assemblé à une ou plusieurs des variétés suivantes : syrah, côt, cabernets, fer-servadou (et accessoirement gamay). Il entre aussi dans l'encépagement des fiefs vendéens.

Niellucciu

Voir Sangiovese

Noah

Hybride blanc américain qui produit un vin désagréable aux arômes foxés. Sa culture est aujourd'hui interdite en France.

Ondenc

Cépage blanc du Sud-Ouest devenu assez rare. Rarement vinifié seul, il fait partie de l'encépagement du gaillac (notamment du doux) et d'autres appellations du Sud-Ouest (bergerac, côtes-de-duras, montravel, monbazillac).

P

Palomino Cépage blanc cultivé en Andalousie (Espagne), donnant des vins peu acides, utilisés pour l'élaboration du xérès. Petite arvine Cépage blanc du Valais (Suisse), qui donne des vins réputés et aptes à la garde. Vineux et soutenus par une forte vivacité, ses vins peuvent être secs, tendres ou provenir de raisins flétris issus de vendanges tardives. Syn. : arvine.

Petit manseng

Cépage blanc cultivé dans les Pyrénées-Atlantiques, où il fait notamment la renommée des jurançon moelleux, assemblé ou non avec d'autres cépages locaux comme le gros manseng et le courbu. Les vins, même moelleux, présentent une pointe d'acidité agréable et le cépage apporte de belles notes de fruits mûrs (pêche, agrumes), de fruits exotiques et d'épices. Le petit manseng entre aussi dans l'encépagement d'autres AOC du piémont pyrénéen (béarn, irouléguy, pacherenc-du-vicbilh, saint-mont).

Petit meslier
Cépage blanc de Champagne dont les vins, nerveux et fruités, prennent facilement la mousse. Il est devenu confidentiel.

Petit verdot
Cépage rouge du Bordelais pouvant entrer dans l'assemblage des AOC girondines, notamment en Médoc, en complément des cabernets et du merlot. Rare, il fournit un vin de qualité, coloré, tannique et élégant tout à la fois.

Picardan
Cépage blanc très rare qui fait partie de l'encépagement du châteauneuf-du-pape.

Picpoul
Voir piquepoul.

Pineau d'Aunis
Cépage rouge de la vallée de la Loire, produisant des vins peu colorés, jadis appréciés des rois de France et d'Angleterre. Il a régressé au profit du cabernet franc, mais entre encore dans l'assemblage de certains rouges et rosés de la Touraine et de l'Anjou. C'est le cépage principal des vins rouges et rosés en AOC coteaux-du-loir et coteaux du-vendômois (et même le cépage exclusif du gris du Vendômois, typique par son fruité vif et poivré).

Pineau de la Loire
Voir chenin blanc.

Pinenc
Voir fer-servadou. Pinotage Cépage rouge cultivé en Afrique du Sud, résultant du croisement du pinot noir et du cinsault. Productif, il engendre des vins colorés et ronds, agréables jeunes. Leurs arômes, amyliques, offrent un fruité mûr, plus complexe lorsque les raisins sont récoltés à bonne maturité et proviennent de vieilles vignes.

Pinot blanc
Variation blanche du pinot noir, ce cépage donne des vins secs caractérisés par une acidité modérée, des arômes de fleurs et de fruits blancs. En France, il est essentiellement cultivé en Alsace où il est vinifié seul ou en assemblage avec l'auxerrois. Il fournit également des vins de base pour l'élaboration des crémants-d'alsace.

Pinot gris
Cépage aux baies gris-rose qui est une variation grise du pinot noir. Il est cultivé en Alsace, en Allemagne, en Suisse, en Italie du nord et en Europe orientale. D'une belle couleur jaune doré, ses vins possèdent beaucoup de corps, une certaine rondeur et des arômes caractéristiques de fruits jaunes, de fruits secs, de miel, de fumé, de sous-bois. On en tire aussi bien des vins secs que des vins moelleux (alsace vendanges tardives) et liquoreux (alsace sélection de grains nobles). On le trouve également dans la région nantaise (coteaux-d'ancenis) sous le nom de malvoisie. en AOC orléans, châteaumeillant (gris)...

Pinot meunier
Cultivé au XIX\ siècle dans tous les vignobles septentrionaux, ce cépage rouge a largement régressé depuis. Très présent dans la vallée de la Marne, il constitue un tiers de l'encépagement en Champagne, aux côtés du pinot noir et du chardonnay avec lesquels il est souvent assemblé. Il apporte aux champagnes de la rondeur et des arômes de fruits rouges ou jaunes. Le pinot meunier est aussi le cépage dominant des vins rouges et rosés en AOC orléans et du rare touraine-noble-joué, un vin gris. Synonyme : meunier.

Pinot noir
Cépage rouge à l'origine des grands vins rouges de Bourgogne (chambertin, romanée-conti, clos-de-vougeot, corton, pommard...). Peu productif mais hautement qualitatif, il fournit des vins d'une belle couleur quoique peu intense. Leur bouquet de

griotte et de petits fruits rouges et noirs évolue avec le temps vers la cerise à l'eau-de-vie, le gibier et le cuir. Sa maturation précoce permet au pinot noir de produire des vins d'une grande finesse dans les régions septentrionales alors qu'il réussit moins dans les secteurs chauds. Il s'est répandu en Alsace, en Champagne et dans la vallée de la Loire (surtout en amont de Blois), en Allemagne, en Suisse et dans d'autres pays voisins. Plus récemment, il a été acclimaté avec succès dans des régions fraîches du Nouveau Monde (Oregon, Nouvelle-Zélande...). En Bourgogne, le pinot noir est le cépage presque exclusif des vins rouges ; il ne concède une petite place à d'autres variétés que dans certaines AOC régionales et en mâcon. Il exprime une multitude de nuances selon le terroir où il est planté. En Champagne, il constitue près de 40 % de l'encépagement et entre dans de nombreux assemblages, aux côtés du chardonnay et parfois du pinot meunier.

Piquepoul

Cépage languedocien existant en noir, en blanc et en gris. Il fait aussi partie de l'encépagement des châteauneuf-du-pape, côtes-du-rhône et autres AOC voisines, ainsi que des palette (Provence). Le vin de piquepoul noir, chaleureux, assez vif, floral, utilisé en assemblage à titre accessoire, est en régression. Le piquepoul blanc, qui entre dans l'encépagement d'appellations languedociennes, est surtout connu en AOC Picpoul-de-Pinet, car il y est vinifié seul. C'est un vin nerveux aux arômes floraux. Synonyme : picpoul.

Poulsard

Cépage rouge cultivé dans le Jura et le Bugey. Même vinifié en rouge, il fournit un vin clairet presque rosé, peu tannique, frais et fruité. Seul ou associé au trousseau et au pinot noir, il entre dans les arbois et les côtes-du-jura rouges. Vinifié en blanc dans l'appellation l'étoile (avec le chardonnay et le savagnin), il apporte de la rondeur en bouche et de la finesse aromatique. Il peut aussi entrer dans la composition des vins de paille et du macvin de la même région. Synonyme : ploussard.

R

Riesling

Cépage blanc qui a fait la réputation des vins du Rhin, de la Moselle et de l'Alsace. Il est devenu le premier cépage blanc cultivé en Allemagne et représente aujourd'hui plus de 20 % du vignoble alsacien. Il produit des vins vifs, racés, élégants et de garde aux fines notes de citron, de fleurs, de pêche et de tilleul, agrémentées de nuances minérales. On en tire également des vins moelleux (alsace vendanges tardives) et liquoreux (alsace sélection de grains nobles issus de baies botrytisées) et des vins de glace issus de raisins gelés.

Rolle

Voir vermentinu.

Romorantin

Cépage blanc qui n'est pratiquement cultivé que dans le Loir-et-Cher pour la production de l'appellation cour-cheverny, dont il est le cépage exclusif. Il fournit un vin vif, dont les arômes évoquent le raisin bien mûr, le miel et l'acacia.

Roussanne

Cépage blanc de la vallée du Rhône et de la Savoie où il est appelé bergeron. La roussanne produit des vins élégants aux arômes de miel, d'abricot et d'aubépine, dont l'acidité permet une bonne aptitude à la garde. Elle est généralement assemblée à la marsanne dans les appellations rhodaniennes hermitage, crozes-hermitage, saint-joseph et saint-péray, mais elle peut aussi être vinifiée seule. Elle s'est répandue dans la vallée du Rhône méridionale (châteauneuf-du-pape par exemple) et en Languedoc-Roussillon où on l'assemble à diverses variétés comme le grenache blanc et la clairette. En Savoie, elle est le cépage unique du vin-desavoie Chignin-Bergeron. Synonyme : bergeron.

Roussette

Voir altesse.

S

Sacy

Voir tressalier.

Sangiovese

Cépage rouge très planté en Italie où il participe à la notoriété du Chianti, du Brunello di Montalcino et du Vino nobile di Montepulciano. Sous le nom de niellucciu, il est également cultivé en Corse pour la production de vins rouges et de rosés. C'est le cépage principal (90 % au moins en vin rouge) de l'AOC patrimonio. Colorés, cha leureux et tanniques, ses vins rouges supportent bien la garde. Synonyme : niellucciu.

Sauvignon

Cépage blanc à l'origine de vins secs très aromatiques, aux nuances de buis, de bourgeon de cassis et, selon les terroirs, de fleurs blanches, d'agrumes et de pierre à fusil. Dans la vallée de la Loire et le Centre-Loire, il est vinifié seul dans la plupart des appellations (sancerre, pouilly-fumé, quincy, reuilly et menetou-salon blancs, touraine-sauvignon...). Dans le Bordelais et le Bergeracois, il est soit vinifié seul soit, le plus souvent, associé au sémillon et parfois à la muscadelle. Cet assemblage est habituel lorsqu'il s'agit de vins moelleux et liquoreux (dominés par le sémillon) comme le sauternes en Bordelais ou le monbazillac dans la région de Bergerac ; le sauvignon apporte alors sa fraîcheur et ses arômes à l'assemblage. Le sauvignon fournit des vins de pays monocépages dans d'autres régions de France et s'est répandu dans les nouveaux pays viticoles jusqu'en Nouvelle-Zélande. Synonyme : blanc fumé.

Savagnin

Cépage blanc du Jura, originaire du Tyrol et cultivé aussi en Allemagne et en Suisse. Il donne des vins de bonne conservation dont le célèbre vin jaune du Jura (AOC arbois, côtes-du-jura, l'étoile et châteauchalon, la plus réputée). Ce vin de très longue garde au bouquet caractéristique de noix et d'épices résulte d'un élevage sous voile et vieillit plus de six ans avant sa commercialisation. Le savagnin peut aussi être assemblé à tous les autres cépages jurassiens, notamment au chardonnay, pour donner des vins blancs secs, des vins de paille, du macvin-du-jura, voire du crémant-du-jura. Synonyme : naturé.

Sciaccarellu

Cépage rouge cultivé en Corse, donnant des vins peu colorés mais bien charpentés et fruités (groseille, cassis, mûre, framboise) qui s'apprécient plutôt jeunes. C'est l'une des variétés de l'AOC vin-de-corse et le principal cépage de l'AOC ajaccio.

Sémillon

Cépage blanc du Bordelais qui a fait la réputation des vins de ce vignoble et du Bergeracois voisin (monbazillac), notamment en matière de liquoreux (sauternes, barsac...). Dans ces régions, il est assemblé au sauvignon et parfois à la muscadelle, pour donner des vins de qualité, secs ou doux (il est majoritaire dans ces derniers). Moins aromatique que le sauvignon, il délivre des notes de miel, de cire d'abeille, de fruits secs, et apporte beaucoup de rondeur et de gras en bouche. Le sémillon s'est répandu dans les vignobles du Nouveau Monde, où il est parfois vinifié seul (Australie).

Shiraz

Voir syrah.

Sylvaner

Cépage blanc répandu en Allemagne et en Alsace, principalement dans le BasRhin. Il donne des vins frais et légers aux arômes d'agrumes et de fleurs blanches, parfois accompagnés de notes minérales. Cultivé en coteau, il engendre des vins plus consistants, notamment sur le Zotzenberg, seul grand cru alsacien où le sylvaner est autorisé.

Syrah

Cépage rouge de la vallée du Rhône septentrionale, donnant un vin charpenté et de garde, à la robe sombre, aux arômes puissants et complexes de fruits rouges et noirs, de violette, de réglisse et d'épices (poivre). C'est la variété des côte-rôtie, des cornas, des hermitage, des crozes hermitage et des saint-joseph rouges. Sa culture a littéralement explosé en France depuis 1960 : la syrah s'est propagée dans le sud de la vallée du Rhône, en Provence et en Languedoc-Roussillon où elle entre dans l'encépagement de toutes les AOC de vins rouges, le plus souvent assemblée aux cépages de ces régions comme le grenache ou le mourvèdre. Elle s'est même diffusée dans les secteurs orientaux du Sud-Ouest (AOC gaillac et fronton). Elle est également très cultivée dans tous les vignobles du Nouveau Monde où elle fournit nombre de cuvées monocépages. Synonyme : shiraz.

T

Tannat

Cépage rouge du Sud-Ouest donnant des vins de garde charpentés, riches en tanins, qui demandent plusieurs années de vieillissement pour s'arrondir et développer un parfum de framboise et de mûre. Originaire du Béarn, il est surtout cultivé dans les Pyrénées-Atlantiques et les départements limitrophes : il constitue le cépage principal des AOC madiran et saint-mont, et il participe à l'encépagement des irouléguy et tursan. C'est une variété accessoire du cahors. Le tannat est également très cultivé en Uruguay.

Tempranillo

Le plus cultivé et le plus célèbre des cépages rouges de la péninsule ibérique, au cœur de nombreux vins réputés de l'Espagne (Rioja, Ribera del Duero et nombreuses appellations de la Castille, de la Manche, de l'Aragon et de la Catalogne). Sous le nom de tinta roriz, il entre aussi dans l'assemblage du porto. Il donne naissance à des vins à la robe profonde, complexes, célèbres pour leur aptitude à la garde, mais dont la vinification peut aussi privilégier la rondeur et le fruité.

Terret

Cépage rouge, gris ou blanc du Languedoc. Le terret figure dans la liste des variétés autorisées des AOC châteauneuf-du-pape, côtes-du-rhône et corbières, mais il n'est pratiquement plus cultivé.

Tibouren

Cépage rouge cultivé en Provence, donnant des vins peu colorés, délicats et frais. Associé au cinsault, au grenache, au mourvèdre ou à la syrah, il est surtout utilisé pour élaborer des rosés (AOC côtes-de-provence et palette).

Torrontés

Cépage blanc cultivé en Argentine, et qui s'est taillé un certain succès à l'export grâce à son côté très aromatique et à un équilibre alliant rondeur et vivacité.

Tourbat

Cépage blanc catalan devenu rare, donnant des vins vifs et fruités. Il peut entrer dans l'assemblages de plusieurs AOC (collioure, côtes-du-roussillon blanc, rivesaltes ambré, rosé, tuilé). Synonyme : malvoisie du Roussillon. Touriga nacional Cépage rouge du Portugal cultivé dans la vallée du Douro et dans le Dão. Assemblé avec d'autres variétés, il est au cœur du porto. Qu'ils soient mutés ou secs, ses vins sont corsés, chaleureux, complexes et de garde.

Tressalier

Cépage blanc de l'Allier identique au sacy cultivé en Bourgogne. Rarement vinifié seul, il entre dans l'assemblage des vins blancs de Saint-Pourçain, associé au chardonnay, cépage principal de l'appellation. Synonyme : sacy.

Trousseau

Cépage rouge du Jura donnant des vins pourpre intense, corsés et de bonne garde. Il est vinifié seul ou en assemblage avec le poulsard et le pinot noir dans les AOC arbois et côtes-du-jura ; il peut aussi contribuer aux vins de paille et au macvin de ce vignoble.

U - V

Ugni blanc

Cépage blanc d'origine italienne, et principale variété blanche cultivée en France. Ses grandes grappes donnent des vins fins, légers et vifs, adaptés à la distillation : c'est aujourd'hui le cépage principal pour l'élaboration des cognac et armagnac. L'ugni blanc, un peu plus riche en alcool lorsqu'il est cultivé dans les régions méditerranéennes, peut entrer dans l'assemblage des appellations de Provence et de l'AOC vin-de-corse, souvent associé à d'autres cépages qui apportent des arômes et de la structure, comme la clairette ou le vermentinu. L'ugni blanc peut aussi entrer, à titre accessoire, dans la production de certains vins blancs en Gironde (AOC bordeaux, entre-deux-mers...).

Vaccarèse

Cépage rouge, l'une des nombreuses variétés de Châteauneuf-du-Pape, pouvant être utilisé en assemblage dans cette appellation et d'autres AOC voisines (côtes-durhône, gigondas...). Il produit un vin floral, élégant et frais, qui équilibre la chaleur du grenache. Il est rare.

Vermentino

Cépage blanc de qualité donnant des vins aromatiques. Très cultivée en Corse, c'est la variété exclusive du patrimonio blanc ; elle domine dans les AOC ajaccio, vin-de-corse, dans plusieurs appellations de Provence (bellet, coteaux-d'aix-en-provence...) et s'est répandue en Languedoc-Roussillon. En Italie, le vermentino est cultivé en Ligurie et en Sardaigne. Synonymes : rolle, malvoisie.

Viognier

Cépage blanc de la partie septentrionale de la vallée du Rhône, cultivé depuis fort longtemps en terrasses, sur la rive droite du fleuve. Il est à l'origine du condrieu et du château-grillet, des vins le plus souvent secs aux arômes de pêche, d'abricot, de miel et d'épices, d'une belle rondeur en bouche. Cépage en vogue, il est aujourd'hui également vinifié seul en côtes-du-rhône blanc et en vin de pays. Il s'est étendu dans le sud de la vallée du Rhône et au delà, jusqu'aux États-Unis. Le viognier peut être assemblé à d'autres cépages blancs, et même à la syrah en AOC côte-rôtie (à hauteur de 20 %).

Welschriesling

Cépage blanc cultivé en Autriche et, sous des noms divers, en Europe centrale et orientale. Il donne des vins vifs et agréables mais de moindre réputation que ceux issus de riesling, variété qui n'a rien à voir. Il est à son meilleur dans les vins liquoreux du Burgenland.

Zinfandel

Cépage rouge cultivé aux États-Unis, en particulier en Californie, que l'on a assimilé au primitivo d'Italie du Sud. Il est à l'origine de vins rouges et de rosés de style « gris ». Cultivé à petits rendements dans des régions pas trop chaudes, il donne des vins rouges ronds, chaleureux, intensément fruités et épicés.